РАБАШ
СБОРНИК ТРУДОВ

ТОМ 2

Смысловой перевод

Ступени лестницы
1986

МЕЖДУНАРОДНАЯ
АССОЦИАЦИЯ
КАББАЛЫ

УДК 130.122
ББК 87.3(0)

Все права защищены. Никакая часть данной книги не может быть воспроизведена в какой бы то ни было форме без письменного разрешения владельцев авторских прав.

РАБАШ

СБОРНИК ТРУДОВ, ТОМ 2. Ступени лестницы, статьи 1986 г. / Под ред. М. Лайтмана – М.: НФ «Институт перспективных исследований», 2021. – 408 с.

RABASH

COLLECTION OF WORKS, VOLUME 2. Steps of the ladder, articles 1986 / Edited by M. Laitman – M.: NF «Institute of perspective researches», 2021. – 408 pages.

ISBN 978-5-91072-112-2

РАБАШ (Барух Шалом Ашлаг, 1907–1991) – старший сын и ученик Бааль Сулама (Йегуда Лейб Ашлаг, 1885–1954), величайшего каббалиста XX века, автора знаменитого комментария «Сулам» (Лестница) на Книгу Зоар. После смерти отца РАБАШ издал полный комментарий «Сулам» и остальные рукописи отца, а затем сам начал писать статьи по методике внутренней работы для тех, кто стремится постичь истинную реальность.

РАБАШ был первым, кто дал подробное, практическое описание этапов духовного пути человека.

Впоследствии из статей, записей, писем РАБАШа был составлен многотомник, смысловой перевод которого впервые представлен в этом издании.

УДК 130.122
ББК 87.3(0)

© Laitman Kabbalah Publishers, 2021
ISBN 978-5-91072-112-2 © НФ «Институт перспективных исследований», 2021

Оглавление

Вступительное слово 7

Краткий словарь терминов 11

Статьи 1986 года 17

    И пошел Моше 18
    Статья 1, 1986

    Слушайте, небеса 26
    Статья 2, 1986

    С помощью Торы человек обретает праведность и мир 39
    Статья 3, 1986

    Милосердие 46
    Статья 4, 1986

    Уважение к отцу 54
    Статья 5, 1986

    Уверенность 60
    Статья 6, 1986

    Важность общей молитвы 80
    Статья 7, 1986

    Помощь, приходящая свыше 90
    Статья 8, 1986

    Ханукальная свеча 102
    Статья 9, 1986

    Суть молитвы 110
    Статья 10, 1986

    Истинная молитва 116
    Статья 11, 1986

    Главное, о чем надо просить 121
    Статья 12, 1986

    Пойдем к фараону - 2 128
    Статья 13, 1986

    Для чего нужны сосуды египтян 145
    Статья 14, 1986

    Общая молитва 156
    Статья 15, 1986

Потому что избран Яаков 162
Статья 16, 1986

Порядок собрания 167
Статья 17, 1986

Кто приводит к молитве 174
Статья 18, 1986

Радость 180
Статья 19, 1986

Да будет согрешивший 197
Статья 20, 1986

Выше знания 204
Статья 21, 1986

Если женщина зачнет 218
Статья 22, 1986

Трепет и радость 232
Статья 23, 1986

Отличие подаяния от подарка 236
Статья 24, 1986

Мера выполнения принципов отдачи 251
Статья 25, 1986

Близкий путь и дальний путь 261
Статья 26, 1986

Творец и Исраэль в изгнании 276
Статья 27, 1986

Нет собрания меньше десяти 289
Статья 28, 1986

Разница между намерениями лишма и ло-лишма 299
Статья 29, 1986

Клипа предшествует плоду 319
Статья 30, 1986

Время зарождения и вскармливания 335
Статья 31, 1986

Что означает в молитве «выпрямить ноги и покрыть голову» 357
Статья 32, 1986

Заповеди, которыми человек пренебрегает 369
Статья 33, 1986

Судьи и стражи 380
Статья 34, 1986

Пятнадцатое Ава 391
Статья 35, 1986

Подготовка к покаянию 399
Статья 36, 1986

Международная академия каббалы **406**

Вступительное слово

Статьи РАБАШа начинают постепенно проясняться человеку по мере того, как он реализует их. Сначала кажется, что они написаны некрасиво и неправильно, что их отдельные части не связаны между собой, что они непоследовательны... Мы не видим в них точного движения сил души, которая развивается именно так, потому что мы не знаем свою душу.

Если человек сам выполняет эти действия и вместе с тем изучает эти статьи, он видит, что они написаны абсолютно точно. И не может быть иначе, ведь каббалисты пишут исходя из того, что они чувствуют, а все души проходят один и тот же путь, одни и те же состояния. Поэтому эти статьи становятся для человека все ближе и понятнее – это «рукопись» его души.

Сначала человек учится, пытается запомнить, он помнит отдельные фразы, некоторые из них понимает, а некоторые еще нет, он повторяет их как маленький ребенок, который повторяет слова взрослых, не понимая их смысла. Постепенно, по мере реализации этих статей, он начинает видеть, что эти строки наиболее точно выражают его состояния и иначе написать нельзя.

Это совершенно особые статьи. Я рос на них, они были написаны рядом со мной. А затем, читая их на протяжении многих лет, я видел, что они становятся человеку все ближе и реальнее, так что ты читаешь их уже не из книги, а изнутри, из души, которая раскрывается созвучно этим словам. Это произойдет со всеми, именно по той причине, что эти статьи написаны на основе полного постижения души.

РАБАШ был великим, как ни скрывал себя... Хотя это ему удалось – скрыть себя от всех! Но тот, кто постигает его статьи, видит, что это был великий человек. Во всей предшествующей ему цепочке каббалистов, начиная от Адама, не было никого, кто так последовательно, подробно, сохраняя связь с корнем, с языком ветвей изложил бы систему духовной работы, объясняя ее открыто и доступно для всех.

РАБАШ берет тебя за руку и проводит через все этапы статьи так, что ты не можешь ошибиться. Он подчеркивает каждую деталь, на которую надо обратить внимание. У нас нет учителя более близкого для развития души, чем он. Бааль Сулам очень высок, академичен и универсален, он спускается к нам с высокой горы, а РАБАШ – близкий и нежный воспитатель, который в любви и тревоге мягко передает нам методику исправления.

*Михаэль Лайтман,
ученик и последователь РАБАШа,
основатель Международной академии каббалы*

Краткий словарь терминов

АВАЯ	Четырехбуквенное имя Творца, отражающее четыре стадии построения в нас сосуда (ощущения Творца) и его наполнения. Общая конструкция, общая система всех частей мироздания, соединенных в одну формулу взаимодействия света с желанием. Строение исправленного желания, вошедшего в полное соединение со светом.
Авиют	Толща, глубина, величина желания, степень эгоизма.
Адам	Первый человек, который получил желание познать духовный мир (почти 6000 лет назад).
Адам Ришо́н	Созданная Творцом единая душа, единое желание, включающее все частные души.
Ангел	Духовная сила, выполняющая определенную функцию.
Бина	Свойство отдачи, желание отдачи в чистом виде, еще не реализованное в творении (Малхут).
В знании	В согласии с доводами разума.
Ветвь	Следствие в низшем мире, порожденное причиной (корнем) в высшем мире.
Внутренний свет	Свет, вошедший внутрь сосуда.
Выше знания	Подъем над доводами разума, несмотря на их полную логичность. Готовность принять разум и знание более высокой ступени.
Другая сторона	Нечистые, эгоистические силы.
Заповеди	Действия по самоисправлению, предписанные каббалистической методикой. В тексте называются также принципами отдачи, действиями отдачи и правилами Торы.
Земля	Желание (*на ивр. земля и желание – родственные слова*).

Исраэль (ישראל), народ Исраэля	Желание в человеке, устремлённое «прямо к Высшему» (ישר-אל) – т.е. прямо к отдаче, к Творцу.
Каббала	Наука о законах единой интегральной системы мироздания. Методика, позволяющая приходить в соответствие со всеми уровнями её восприятия и постижения.
Кли (мн. ч. келим)	*Букв.* сосуд. Желание, требующее наполнения.
Клипа́ (мн. ч. клипо́т)	*Букв.* кожура, скорлупа. Эгоистические желания использовать духовный мир исключительно ради самонаслаждения. Силы, действующие против сближения творения с Творцом.
Корень	Фактор, причина в высшем мире, порождающая в низшем мире следствие (ветвь).
Лишма́	Альтруистическое намерение, направленное на отдачу вовне.
Ло-лишма	Эгоистическое намерение, направленное на самонаслаждение.
Малхут	Букв. царство. Законченное, самостоятельное творение, которое сознаёт, что́ и от кого оно получает. Центральная точка, основа всего творения.
Махсо́м	Барьер, граница между духовным и материальным миром.
Мир	Мера, степень скрытия Творца. «Мир» на иврите (עולם) означает «скрытие» (העלם).
НаРаНХа́Й (аббр.)	Пять уровней света: нэфеш, руах, нэшама́, хая, йехида́.
Народы мира	Группы желаний в человеке, происходящие из семидесяти духовных корней.
Нуква	Женское свойство, Малхут.

Обратная сторона	Неисправленное, противоположное отдаче состояние, предшествующее исправлению.
Окружающий свет	Любой свет, отталкиваемый экраном в связи с невозможностью получить его внутрь. Окружающий свет давит на экран, пока не будет получен с правильным намерением.
Отраженный свет	Ответное отношение творения к Творцу, когда оно желает стать подобным Ему. Действие творения с целью уподобиться действиям Творца. Сосуд, в котором они сливаются друг с другом. Облачение на прямой свет.
Приправа	Тора названа «приправой», поскольку она «приправляет», исправляет получающее желание намерением ради отдачи.
Прямой свет	Отдача Творца творению, Его абсолютно доброе отношение к творению.
Работа на Творца, служение Творцу	Работа над самоисправлением по каббалистической методике, чтобы достичь свойства отдачи и соединиться с Творцом.
Сердце	Средоточие желаний человека.
Скверна	Эгоизм, эгоистические свойства, противоположные отдаче.
Слияние с Творцом	Полное подобие Творцу по свойствам, когда все получающие желания действуют с намерением на отдачу.
Сокращение	Отказ принимать свет (наслаждение) с эгоистическим намерением.
Сосуд	Желание, требующее наполнения в виде получения или отдачи.
Сфира́ (мн. ч. сфиро́т)	Десять свойств, которые Творец принимает на себя в восприятии творений.
Тело	Совокупность желаний человека.

Тора	*Букв.* учение. Методика, позволяющая творению реализовать себя в свойстве отдачи и соединиться с Творцом. Система взаимосвязи между Творцом и творением. План общего развития и средство его осуществления. Наука каббала.
Точка в сердце	Духовный сосуд человека, еще не достигшего в своих ощущениях выхода в духовный мир. Зародыш будущей души.
Хасадим	*Букв.* милосердие. Способность сосуда отдавать ради отдачи и свет, соответствующий этому свойству.
Хафец хесед	*Букв.* желающий милосердия. Состояние, в котором человек полностью устремлен к отдаче и абсолютно не готов правильно задействовать свои сосуды получения.
Хлеб стыда, хлеб милости	Нестерпимое чувство стыда, которое испытывает творение, сознавая свою противоположность Творцу по свойствам: оно является получающим, а Творец – Дающим.
Хохма́	*Букв.* мудрость. Способность сосуда получать ради отдачи и свет, соответствующий этому свойству.
Царство небес	Власть Творца, высшее управление.
Четвертая стадия	Окончательная стадия развития желания, когда оно полностью отделено от сущности Творца. Настоящее творение, способное ощущать Творца и желающее слиться с Ним по свойствам.
Шхина́	Совокупность исправленных желаний, присутствие Творца.
Экран (ивр. маса́х)	Сила преодоления, сопротивления эгоизму.

Статьи 1986 года

И пошел Моше
Статья 1, 1986

Сказано в Книге Зоар[1]: «"И пошел Моше"[2]. Рабби Хизкия открыл речь: "Он направлял десницу Моше, руку его славы, рассек воды пред ними"[3]. Два чистых брата и сестра шли среди них: Моше, Аарон и Мирьям. Аарон – это правая рука Исраэля. Сказано об этом: "И услышал хананей, царь Арада, что Исраэль идет путем Атарим"[4]. Путь Атарим означает, что Исраэль были как человек, идущий без руки и опирающийся в каждом месте. Ведь Атарим – значит места́. И тогда: "вступил в сражение с Исраэлем и захватил пленных"[5]. Это случилось потому, что они были без правой руки[6]. Таким образом, Аарон был правой рукой тела, то есть сфирой Тиферет. И потому сказано: "Он направлял десницу Моше, руку его славы"».

Следует понять метафору, отнесенную к строфе: «услышал хананей». Объясняет Раши: он услышал, что Аарон умер и исчезли облака славы – это подобно человеку, идущему без руки. В чем же смысл того, что Аарон был правой рукой? А также следует понять метафору: у кого нет руки, тот при ходьбе опирается в каждом месте.

Здесь надо знать: что бы мы ни хотели сделать, требуется причина, обязующая к этому. Насколько важна причина, настолько человек способен приложить усилия, чтобы достичь желаемого.

---

[1] Книга Зоар с комментарием «Сулам», гл. «Вайелех», пп. 1-2.
[2] Тора, Дварим, 31:1.
[3] Пророки, Йешайау, 63:12.
[4] Тора, Бемидбар, 21:1.
[5] Там же.
[6] См. Книга Зоар с комментарием «Сулам», гл. «Вайелех», п. 3: «Он пошел, как тело без руки, ибо умер Аарон, правая рука».

Поэтому, когда человек вступает на путь служения Творцу, желая работать в вере и отдаче, он, естественно, хочет понять, по какой причине надо идти именно этим путем. Каждому понятно, что, если бы работа базировалась на получении и знании, она была бы лучше и успешнее. Говоря иначе, тело, зовущееся «себялюбием», не слишком сопротивлялось бы этой работе. Правда, тело хочет покоя и вовсе не желает работать, но, если бы основой служили получение и знание, – конечно же всё было бы легче, и, разумеется, больше людей выполняли бы принципы отдачи.

Однако, как сказал Бааль Сулам, Творец пожелал сопротивления со стороны тела – чтобы человек вынужден был обратиться к Нему за помощью, а без этой помощи не мог бы достичь цели. Так устроено для того, чтобы у человека была возможность каждый раз подниматься на более высокую ступень. Сказали об этом мудрецы: «Кто пришел очиститься, тому помогают»[7]. И сказано в Книге Зоар: «Чем ему помогают? Чистой душой»[8]. «Когда рождается, дают ему душу…»[9] Поэтому человеку дают работу, чтобы у него была возможность восходить по духовным ступеням.

Однако по ходу работы, требующей от человека просить помощи у Творца, следует остерегаться. Ведь когда человек приступает к работе, тело говорит ему: «Зачем тебе так расстраиваться? В любом случае ты неспособен преодолеть свою природу – эгоизм – и не в силах выйти из нее. Только Творец поможет тебе в этом. А раз так, зачем тебе стараться и прикладывать большие усилия для выхода из себялюбия? Ведь ты работаешь впустую. И для чего тебе эти старания?»

Сказал об этом Бааль Сулам: перед тем как приступать к любой работе, которую человек хочет выполнить, он должен решить, что выбор целиком зависит от него самого. И не следует тогда

---

7 Трактат «Йома», 38:2.
8 Книга Зоар с комментарием «Сулам», гл. «Ноах», п. 63.
9 См. Книга Зоар с комментарием «Сулам», гл. «Мишпатим», п. 11-12: «Когда рождается человек, дают ему душу (нэфеш), со стороны чистоты, со стороны тех, кто происходит из мира Асия. Заслужил большего – дают ему дух (руах) из мира Ецира. Заслужил большего – дают ему душу (нэшама) со стороны престола, т.е. из мира Брия. Заслужил большего – дают ему душу (нэфеш) через мир Ацилут. Заслужил большего – дают ему дух Ацилута со стороны срединного столпа, и зовется он сыном Творцу».

рассчитывать на помощь Творца. Напротив, сколько своих сил он может приложить, столько и должен. Лишь для завершения работы ему нужен Творец, поскольку человек не в состоянии завершить ее сам, по вышеуказанной причине.

Сказали об этом мудрецы[10]: «Не тебе закончить работу». В таком случае возникает вопрос: «Для чего же мне работать? Ведь не в моих силах завершить работу. Какой же от нее прок?» Об этом говорит продолжение цитаты: «...и не волен ты уклониться от нее».

Здесь мы видим две вещи, как будто противоречащие друг другу. С одной стороны, человеку говорят, что он должен работать, «как бык под ярмом и как осел под поклажей»[11]. Следовательно, духовная работа зависит от самого человека, и он в силах завершить ее. А с другой стороны, сказано: «Творец завершит за меня»[12].

Дело в том, что нам нужно и то, и другое. С одной стороны, человек должен сделать выбор – иными словами, у него должно быть желание работать ради отдачи. Если бы он мог завершить свою работу, то так и остался бы в текущем состоянии. Ведь он уже чувствует себя совершенным, поскольку видит, что все его дела призваны ради отдачи. Чего же еще ему недостает? Как следствие, он не испытывает никакой нужды в привлечении света Торы.

Однако же человек должен испытывать необходимость в духовном продвижении. Ведь Тора – это «имена Творца»[13], которые Он пожелал раскрыть творениям. Но, согласно принципу «нет света без сосуда», как человеку получить свет Торы, если у него нет сосуда – ощущения нужды и потребности? Поэтому, когда человек приступает к работе и видит, что не может ее завершить, – тогда он испытывает нужду и потребность в свете Торы.

Сказали об этом мудрецы: «Кроющийся в ней свет возвращает человека к Источнику»[14]. Таким образом, каждый раз, желая стать

---

10   Трактат «Авот», 2:19: «Не тебе закончить работу, и не волен ты уклониться от нее».
11   Трактат «Авода зара», 5:2.
12   Писания, Псалмы, 138:8.
13   См. Рамбан, Предисловие к книге «Берешит».
14   См. Мидраш «Раба», Эйха, Введение, 2.

чище, человек обязан получать свыше всё бо́льшую помощь. Вот почему нам нужны обе эти вещи, и между ними нет никакого противоречия – просто у каждой свое предназначение.

То же предстает перед нами и в материальном мире. Ведь всё, что свойственно духовному, разумеется, согласно аналогичным принципам, проецируется на материальное. И мы видим порядок вещей. Например, человек стоит на улице с тяжелым мешком и просит прохожих помочь ему взвалить мешок на плечи. Каждый отвечает, что у него нет времени – пускай попросит другого. «Здесь хватает людей, которые могут тебе помочь, так что моя помощь необязательна».

Однако же если человек несет на плечах тяжелый мешок, который немного свешивается, грозя упасть на землю, и если человек просит прохожих помочь ему поправить мешок на плечах, чтобы он не упал, – в этом случае, когда груз может свалиться с плеч, никто не скажет: «У меня нет времени, попроси помощи у кого-нибудь еще». Напротив, первый, кто окажется рядом, сразу поможет ему.

Следует понять это различие. С одной стороны, когда груз лежит на земле и человек просит о помощи, то у каждого находится своя отговорка, чтобы не помогать. С другой стороны, если мешок взвален на плечи и грозит упасть, первый, кто окажется рядом, сразу поможет.

Здесь надо понимать: одно дело – человек, находящийся в рабочем процессе, то есть уже начавший работать. В таком случае ясно, что он просит о помощи, чтобы иметь возможность продолжать работу, – ведь груз на его плечах может упасть. Тогда ему помогают.

И другое дело – если человек хочет сейчас приступить к работе. Тогда ему говорят: «У тебя еще не горит. Представь, что ты захотел бы начать работу немного позже. Ничего страшного». Таким образом, каждый видит, что этот человек не так уж нуждается в срочной помощи – напротив, у него есть время подождать, пока у кого-нибудь не найдется лишней минутки, чтобы ему помочь.

Мораль такова: когда человек ждет, чтобы Творец помог ему, он как бы говорит: «Допустим, сейчас я могу работать. Но пока Творец не даст мне устремление, я не в силах преодолеть желания своего тела. Поэтому я сижу и жду, когда же Творец мне поможет, чтобы я приступил к духовной работе».

Подобно тому, кто стоит и ждет, чтобы кто-то из проходящих мимо взвалил ему на плечи полный тяжелый мешок, так и этот человек стоит, дожидаясь, пока Творец даст ему силы, поможет и взвалит ему на плечи бремя духовной работы, чтобы он стал «как бык под ярмом и как осел под поклажей». Человек хочет, чтобы Творец помог ему с этим тяжелым грузом, – и тогда он начнет работу. Тогда ему и говорят: «Жди возможности, а пока оставайся с грузом духовной работы, лежащим на земле».

Другое дело человек, который уже начал работать, не отговариваясь тем, что подождет, пока Творец даст ему желание для духовной работы, и лишь тогда он приступит к ней. Напротив, он не желает ждать, потому что стремление работать и достичь истины толкает его вперед, хотя он и не видит возможности идти вперед самостоятельно, подобно Нахшону[15].

Однако же человек видит, что не может продолжать эту работу, и боится, поскольку груз духовной работы, который он сейчас несет, начинает падать с плеч. Тогда он начинает взывать о помощи – ведь он видит с каждым разом, что ноша, которую он на себя взял, вот-вот упадет.

Сходная ситуация складывается, когда человек с мешком на плечах видит, что мешок начинает спадать. Как мы знаем, в материальном мире каждый, кого он встретит и попросит о помощи, сразу же предоставит ее. И никто не отложит ее на потом.

Так происходит и в духовном мире, когда человек видит, что груз вот-вот упадет. Иными словами, если ранее он принял на себя духовную работу, «как бык под ярмом и как осел под поклажей», то сейчас она начинает спадать с плеч. Видя, что скоро он окажется в падении, человек взывает к Творцу и тогда получает

---

15 При исходе из Египта Нахшон первым вошел в море по шею, после чего воды расступились перед народом Исраэля (см. трактат «Сота», 37:1).

помощь. Об этом и сказали мудрецы: «Кто пришел очиститься, тому помогают» – как приведено выше из Книги Зоар.

Другое дело человек, который ждет, чтобы сперва ему помог Творец, и отговаривается тем, что потом он будет в силах работать. Бааль Сулам проиллюстрировал это цитатой: «Поджидающий ветра – не посеет, наблюдающий за тучами – не пожнет»[16]. Говоря иначе, человек, который стоит и ждет, чтобы Творец послал помощь, никогда не придет к истине.

Теперь вернемся к нашему вопросу о метафоре: кто идет без правой руки, тот опирается в каждом месте. А когда умер Аарон, исчезла рука, и у ханаанея появилась возможность сразиться с народом Исраэля. Здесь следует знать, что «правая рука» символизирует милосердие (Хесед) – сосуд отдачи. Иными словами, он желает лишь совершать милосердие и отдачу. И Аарон своей силой привлекал эту силу к народу Исраэля.

Как следствие, никто не мог сразиться с Исраэлем. Ведь тело, по природе, дает человеку понять, что если он послушается его, то оно даст ему множество наслаждений. Если же тело слышит, что человек желает одной лишь отдачи, тогда оно видит, что не в силах говорить с ним.

Силу отдачи они получали от первосвященника Аарона, представлявшего свойство милосердия. И были слиты с ним – а потому находились под его управлением. Как следствие, когда Аарон умер, народ утратил силу отдачи, и тогда началась война с эгоистическим получением – ведь тело нашло возможность заводить спор. Поэтому Зоар приводит в пример человека, идущего без правой руки и вынужденного опираться в каждом месте, где он находит опору.

Мораль здесь такова. Поскольку им недоставало сил идти выше знания, представляющего «разум», а также недоставало силы отдачи, представляющей «сердце», постольку для каждого усилия тело требовало опору. Иными словами, оно спрашивало: «На каком основании ты требуешь, чтобы я давало тебе силы для

---

16 Писания, Коэлет, 11:4.

работы?» А народ был лишён свойства милосердия, чтобы ответить, что он идёт выше знания. Этого недоставало, поскольку это – свойство Аарона, представляющего Хесед, «отдачу выше знания».

Это называется «подвесить землю в пустоте»[17]. Как объяснял Бааль Сулам, вера выше знания означает, что у человека нет никакой опоры, но всё висит в воздухе. «Подвесил землю» – «землёю» называется царство (Малхут) небес. «В пустоте» – без всякой опоры.

Таким образом, когда Аарон умер, у них не было того, кто привлечет эту силу. Как следствие, они шли в знании и, само собой, опирались в каждом месте. Говоря иначе, везде, где они видели, что могут получить поддержку, чтобы тело пожелало выполнять принципы отдачи, – они получали ее. Это и называется «путем Атарим» – что похоже на человека, идущего без руки. И, само собой, ханаанеи выходили на войну с народом Исраэля – ведь в знании у них была власть, чтобы воевать. Однако выше знания у них не было никакой возможности спорить с этим путем, поскольку это не требует никакой опоры.

Отсюда следует, что основные усилия начинаются в то время, когда человек хочет идти выше знания и должен получить эту силу свыше. Она приходила к ним в силу свойства Аарона – теперь же он сам должен привлекать эту силу, то есть просить Творца о помощи.

Соответственно, можно провести различие между двумя категориями:

1. Человек, который ждет, чтобы Творец помог ему получить эту силу, – стоит и дожидается этого.

2. Человек, у которого нет терпения, чтобы ждать помощи Творца, приступает к работе, а потом взывает и просит Творца, «ибо дошла вода до самой души»[18]. И поскольку он

---

17 Писания, Иов, 26:7.
18 Писания, Псалмы, 69:2.

уже пришел к ясному знанию о том, что только Творец может ему помочь, постольку получает тогда помощь.

При этом молитва не должна просто сотрясать воздух. Напротив, человек стоит перед лицом опасности, и ему нельзя сдаться во власть зла, когда ему предъявляют сильные доводы, желая сбить его с пути духовной работы. Он желает принять на себя ее бремя, а они прикладывают все усилия, чтобы помешать ему, используя все возможные средства.

Здесь мы видим, что стихотворец дал нам ясную картину зла, которое стоит против нас. Сказано[19]: «К Тебе, взываю, Творец, грозный и вселяющий страх. Не скрывай Своего лица в день бедствия, когда поднимаются на нас враги, говоря, что не следует принимать Творца, преклоняться перед Ним, несовершенным, часто прощающим, да еще и страшиться Его. Как услышу это, дрожит мое сердце. Вот что отвечу тем, кто спорит со мной: упаси Боже забыть и оставить единство Творца».

Таким образом, когда человек желает принять на себя бремя духовной работы, это означает быть «как бык под ярмом и как осел под поклажей». Ведь и бык, и осел противятся работе и выполняют ее по принуждению. Почему же они противятся этому? Потому что чувствуют, что работают. С другой стороны, они наслаждаются работой, когда едят. Хотя и это – работа, но когда они наслаждаются, выполняя ее, это не называется «работой».

Итак, отсутствие правой руки означает отсутствие свойства под названием «желающий милосердия» (хафец хесед)[20], позволяющего наслаждаться работой, – благодаря чему у эгоизма нет никакой зацепки, чтобы бороться с этим. Когда же Аарон мертв, то есть, когда человек еще не заслужил присущего Аарону свойства милосердия, тогда внешние силы обращаются к нему с разными словами об отступничестве. И тогда работа ведется двумя способами.

---

19   Молитва о прощении (Слихо́т) четвертого из десяти дней раскаяния.
20   Пророки, Миха, 7:18.

Слушайте, небеса
Статья 2, 1986

Сказано в Книге Зоар[21]: «Рабби Йехуда открыл речь: «Отворила я возлюбленному моему»[22], «голос возлюбленного стучится»[23] – это Моше, который укорял Исраэль в нескольких спорах и распрях. Сказано об этом: «Вот слова, которые говорил Моше всему Исраэлю»[24], «Непокорны вы были…»[25], «И у Хорэва сердили вы Творца…»[26] – это и означает: «стучится». Но вместе с тем, когда Моше упрекал Исраэль, все его слова проистекали из любви, как сказано: «Ибо ты чистый народ для Творца твоего, и тебя избрал Творец быть Ему народом»[27], «Но из любви Творца к вам…»[28] Об этом сказано: «Отвори мне, сестра моя, подруга моя»[29] – сказано с любовью».

Следует понять эти слова Зоара.

1. Если он так восхваляет народ Исраэля: «Ты чистый народ для Творца твоего, и тебя избрал Творец быть Ему народом» – как это сочетается с порицаниями? Раз уж смысл в том, что они – чистый народ и т.п., тогда чего еще им недостает?

2. Чему это учит нас в конечном счете? Ведь в них кроются две противоположности: или они «чистый народ», или они негодны.

---

21 Книга Зоар с комментарием «Сулам», гл. «Аазину», п. 1-2.
22 Писания, Песнь Песней, 5:6.
23 Писания, Песнь Песней, 5:2.
24 Тора, Дварим, 1:1.
25 Тора, Дварим, 9:7.
26 Тора, Дварим, 9:8.
27 Тора, Дварим, 14:2.
28 Тора, Дварим, 7:8. «Но из любви Творца к вам и ради соблюдения Им клятвы, которою Он клялся отцам вашим, вывел Творец вас рукою крепкой и освободил тебя из дома рабства, из-под власти Фараона».
29 Писания, Песнь Песней, 5:6.

3. Существует принцип: «все преступления покроет любовь»[30]. А также сказано: «Не по многочисленности вашей из всех народов пожелал вас Творец и избрал вас, но из Его любви к вам»[31]. В таком случае как можно находить в них преступления, согласно принципу «все преступления покроет любовь»?

Дело тут в известном принципе: когда два высказывания противоположны друг другу, третье разрешит их противоречие.

В духовном есть понятие трех линий. Свойство милосердия (Хесед) – это правая линия. Милосердие означает, что человек желает давать ближним лишь благо и не хочет за это никакой оплаты. Иными словами, он стремится к любви к Творцу и не заботится о себе. Все его помыслы обращены лишь на то, чтобы доставить удовольствие Творцу, а для себя он довольствуется малым. Это означает, что человеку неважно, ощущает ли он вкус в духовной работе, в молитве, в действиях на отдачу. Напротив, он рад тому, что есть.

Соответственно, отдавая себе самоотчет в духовном продвижении, человек решает, что он верит в частное управление, в то, что всё приходит свыше, иными словами, что Творец дал ему мысль и желание служить Ему и работать на отдачу. И хотя человек не ощущает в этом никакого вкуса, тем не менее, он не смотрит на это и решает для себя, что ему достаточно самой возможности реализовывать веления Творца. Одного этого довольно человеку, как будто он обрел большое богатство. И пускай он не постигает величия Творца, все равно он удовлетворен тем, что у него есть, и верит, что посланные ему мысль и желание – это подарок свыше.

Другим, как он видит, этого не дали, и все их помыслы – лишь о том, чтобы реализовывать материальные запросы: вызывать к себе расположение или радовать свое тело тем же, что используют и животные.

---

30   Писания, Мишлэй, 10:12.
31   Тора, Дварим, 7:7.

Ему же дали мысль и желание служить Творцу. «И кто я такой, что Он выбрал меня?» Сказано об этом: «Благословен Ты, Творец, избирающий Свой народ, Исраэль, с любовью»[32].

Таким образом, мы благословляем Творца, который избрал нас, – ведь нам дали мысль и желание выполнять принципы отдачи. Поэтому, в частном случае, когда человек смотрит на других – лишенных того желания, устремленного к принципам отдачи, какое есть у него, – тогда он говорит, что Творец избрал его более других, чтобы служить Ему. И хотя дал ему малую службу без всякого знания и разумения, но человек говорит, что даже такого, самого малого служения он недостоин. Глядя на себя через призму величия Творца, он говорит, что не заслужил и этого. А значит, он, конечно же, должен испытывать радость, словно удостоился служения, подобающего большим людям.

Эта правая линия приходит из высших сфирот. И категория эта называется сфирой Хесед. Ее смысл – в уподоблении Творцу по свойствам: как Он вершит отдачу, так и низший хочет совершать отдачу Высшему. Это и есть подобие свойств. Человек не смотрит на себя, на то, что у него есть в получающих сосудах. Единственный критерий совершенства для него – в том, что он способен отдавать. И пускай человек не может дать многое – он довольствуется и этим, потому что смотрит на свою низость в призме отдачи. А также человек поверяет себя относительно других людей: он видит, что у них больше достоинств, чем у него, – и все же свыше ему дали мысль и желание, которых не дали им. И ни о чем он не говорит: «Сила моя и крепость руки моей принесли мне этот успех»[33].

Как следствие, человек всегда внутренне удовлетворен, и ему нечего добавить к своей работе – напротив, по мере сил он говорит спасибо Творцу, благодаря и всячески восхваляя Его. И пускай даже человек не воздает Творцу хвалу и благодарность должным, на его взгляд, образом – все равно и об этом он не сожалеет, говоря о себе: «Кто я такой, чтобы постоянно говорить с Царем,

---

32 Благословение перед молитвой «Слушай, Исраэль».
33 Тора, Дварим, 8:17.

как подобает важным людям, а не столь низкому человеку, как я». Таким образом, он постоянно пребывает в совершенстве, и ему нечего добавить к этому.

Иногда человек забывает о духовной работе, с головой погружаясь в дела этого мира. Спустя какое-то время он вспоминает о духовном и, видя теперь, что долгое время был захвачен делами этого мира, все равно не думает о времени, проведенном в отрыве, но радуется тому, что Творец призвал его из всех людей, спросив: «Где ты?». И тотчас благодарит Творца за напоминанием о том, что надо думать о духовном.

Таким образом, даже в этом состоянии человек не думает о недостатках и не сожалеет о том, почему он совершенно позабыл о духовной работе на долгое время. Напротив, он радуется тому, что сейчас он, так или иначе, может думать о служении Творцу. Следовательно, сейчас он тоже находится в состоянии совершенства и не дойдет до того, чтобы ослабеть от работы – но постоянно пребывает в совершенстве. Это и есть правая линия, Хесед – совершенство.

Однако же это зависит от того, насколько человек верит в частное управление. Иными словами, в то, что дает Творец всё: и свет, и сосуд. Это значит: желание и потребность, когда человек испытывает недостаток оттого, что не так уж слит с Творцом, а также телом чувствует нужду в реализации принципов отдачи, – всё дает Творец. И свет, конечно же, должен дать Творец, поскольку вкус принципов отдачи, безусловно, относится к Нему. Сказано об этом: «Как глина в руках гончара: захочет – растянет, захочет – сожмет, так и мы в руке Твоей, Хранящий милосердие»[34].

Допустим, человек видит, что в нем пробуждается желание учиться, пукай даже лишь час в день. А также во время молитвы видит, что несколько минут действительно молится, не забывая, с кем он говорит. Бывает, сердце человека занято помыслами мира, а потом он воспоминает на несколько минут, что обращается к Творцу и что сейчас он посреди молитвы. Тогда человек

---

34 Из молитвы на Судный день. См. также Пророки, Йирмеяу, 18:6. «Как глина в руках гончара, так и вы в руках Моих, дом Исраэля».

начинает думать, с кем он говорит во время молитвы, и чувствует, что не просто сотрясает воздух, а стоит перед Царем, и верит, что «Он слышит молитву всех уст»[35]. И хотя видит, что уже много раз молился и не получил ответа, – все равно верит выше знания, что Творец слышит молитву, а если она еще не принята, то потому, конечно же, что он молился не из глубины сердца. Тогда человек решает молиться с бо́льшим намерением – «а Творец, конечно же, поможет мне и примет мою молитву». И сразу же он начинает благодарить Творца за то, что напомнил ему, что сейчас он стоит перед Ним. И ощущает себя во благе, поскольку смотрит на других людей, которые еще погружены в сон, тогда как его Творец разбудил посреди молитвы. И потому он весел и рад.

Однако спустя несколько минут человек снова забывает, где находится, и размышляет об обыденных вещах. Но вдруг его снова пробуждают свыше. Рассуждая логически, он должен был бы возроптать из-за того, что забыл обо всем. Однако человек не желает об этом слышать – напротив, он рад, что ему сейчас напомнили о главном.

Таким образом, человек смотрит лишь на добрые дела, радуется тому, что может поступать во благо, и не обращает внимания на то, что до сих пор блуждал в мире разобщения.

И всё это он может ощутить в мере правильной самооценки, сознавая, что он не лучше остальных людей.

Глядя на них, человек не понимает, чем он лучше их, раз Творец дал ему мысль и желание выполнять принципы отдачи, пускай даже лишь физически. Иными словами, человек видит, что он всё еще далек от ступени лишма. Однако он говорит: «В любом случае, у меня есть заслуги в категории ло-лишма. А мудрецы сказали, что от ло-лишма мы приходим к лишма. Выходит, по крайней мере, я нахожусь на первом духовном этапе». Тогда он проводит самоанализ: «Как же я счастлив, что Творец впустил меня на первую духовную ступень под названием ло-лишма. Как же я должен благодарить и славить Творца». В особенности, если человек заслужил и ему дали мысль о том, чтобы заниматься

---

35 Из молитвы Шахарит.

тайнами Торы, хотя он не понимает ни слова из написанного там, все равно это большое достижение – приобщаться на учебе к внутренней сути Торы.

Иными словами, он верит, что речь там идет только о духовном. И у него есть возможность копнуть глубже: «Всё, что я изучаю, – это духовные понятия. Раз так, мне, несомненно, выпала большая удача. А значит, остается лишь благодарить и славить Творца. Ведь весь мир, всё, чем они живут, – вздор. Мне же посчастливилось вступить в первый духовный этап под названием ло-лишма». Это и есть правая линия – категория совершенства, когда человек не нуждается ни в каком исправлении.

Однако же сказано: «Правая и левая – а меж ними невеста»[36]. Иными словами, нам нужна и левая линия. В действительности, надо понимать: если человек чувствует, что пребывает в совершенстве и может весь день и всю ночь благодарить и славить Творца, то чего же еще ему недостает? Однако же он сам знает, что это – ло-лишма, тогда как цель заключается в том, чтобы действовать ради отдачи. И он сам признаёт, что еще не достиг этой ступени. Но как же человеку подняться ступенью выше, если он не чувствует недостатка в этом?

Есть правило: если человек просит Творца о чем-то, его просьба должна исходить из глубины сердца. Иными словами, он должен ощущать потребность в сердце, а не сотрясать воздух. Ведь если человек просит излишеств, без которых можно прожить, – никто не жалеет его, когда он взывает и плачет, из-за того, что лишен вещи, которой лишены многие. И хотя он кричит и плачет о том, чтобы ему дали желаемое, но в мире не принято жалеть за такое.

Когда же человек кричит и плачет о том, что у всех есть, а у него нет, тогда люди слышат его плач и призыв о жалости, и каждый, кто может ему помочь, старается оказать помощь.

Так и в духовной работе, когда человек старается найти совершенство в правой линии. Он знает, что надо стараться устремлять все свои дела на отдачу, а также знает, что надо соблюдать

---

36   Субботнее песнопение Ари «Азамéр би-швахим».

принцип: «Лишь к Торе Творца влечение его, и Тору Его изучает днем и ночью»[37], – но не выполняет этого. Человек старается всеми силами ощутить совершенство в правой линии – и тогда, само собой, хотя он знает, что у него еще нет совершенства, все равно не может просить Творца, чтобы Он дал ему силы соблюдать принцип «изучения Его Торы днем и ночью». И воззвать к Творцу, чтобы Он помог ему прийти к лишма, может лишь ради излишества, но не ради насущной необходимости.

Причина та же: когда человек просит, взывая и плача о том, чего нет ни у него, ни у других людей в городе, тогда нельзя сказать, что это жизненно необходимо. Напротив, это излишество, а о недостающем излишке нечего плакать и умолять. Так и здесь: продвигаясь в правой линии, человек видит, что у него есть то, чего нет у других. Ведь мало у кого в мире можно отыскать его духовное достояние. В таком случае, если человек требует от Творца приблизить его, чтобы он мог работать в намерении лишма, – это только излишество. А об излишестве невозможно просить из глубины сердца – так чтобы потребность эта проникла в сердце. Ведь человек сам признаёт: то, что у него есть, – это уже большое достояние. Как следствие, разве можно просить, чтобы из-за излишка Творец пожалел человека и дал силы работать в намерении лишма – то есть желая доставить Ему удовольствие?

Таким образом, у человека нет никакой возможности попросить Творца наставить его на путь истины. Ведь он не испытывает в этом особой нужды, поскольку об излишествах, то есть о том, чего нет у других, сказано: «общая беда – наполовину утешение». Поэтому у человека нет никаких шансов достичь когда-либо осознания зла, то есть увидеть, что его неспособность реализовывать принципы Торы ради отдачи – и есть зло. В результате он мирится с состоянием ло-лишма, хотя путь этот зовется ложным, а не истинным, и никогда он не сможет почувствовать, что идет ложным путем[38].

---

37   Писания, Псалмы, 1:2.
38   См. Предисловие Книги Зоар в комментарии «Сулам», п. 175.

Как следствие, человек должен продвигаться также в левой линии. Однако уделять изучению ее пути надо лишь малое время. Основное же время следует уделять правой линии. Дело в том, что лишь те, у кого есть внутреннее тяготение к лишма, могут продвигаться также в левой линии. Тем же, кто не чувствует себя способным на духовную работу, кто полагает, что не в силах преодолевать свои желания, – нельзя идти левой линией. Ведь это трудно даже тем, у кого есть внутреннее тяготение, и кто стремится достичь лишма. И хотя они способны идти в левой линии, но должны следить за тем, чтобы делать это не постоянно, а лишь в определенные часы на протяжении короткого времени, которое человек выделяет себе на изучение левой линии.

Следует составлять себе расписание на каждый день, или на каждую неделю, или на каждый месяц – каждый согласно своим ощущениям – и по ходу дела не менять заданного распорядка. Если же в процессе работы человеку хочется изменить распорядок, поскольку тело дает ему понять, что лучше составить другое расписание, отличающееся от заданного им первоначально, – тогда следует ответить телу: «У меня есть распорядок – скажем, на неделю. Когда неделя закончится, и я начну составлять новое расписание, тогда ты предложишь мне внести изменения в мой план. Но по ходу дела мне нельзя ничего менять».

Однако следует знать, что такое левая линия. Она подразделяется на множество видов. Бывает левая линия, представляющая полную тьму. Это значит, что «Малхут, являющаяся свойством суда, поднялась в каждой сфере и создала тьму». Иными словами, там не светит никакой свет.

Бывает левая линия, представляющая категорию «хохма́ без хасадим». Это тоже тьма, но только относительно света, тогда как сосуды-желания человека уже обрели свойство отдачи. Говоря иначе, используя сосуды получения, человек тоже может строить намерение ради отдачи. Таким образом, эта левая линия представляет высокую ступень, а тьмою называется из-за раскрывающегося тогда большого изобилия: пока на него нет облачения хасадим, человеку нельзя использовать этот свет. Ведь используя его, он может упасть в получение ради получения – из-за слишком большого изобилия, которое невозможно преодолеть и принять ради отдачи. Как следствие, мы нуждаемся в средней линии, и потому эта левая линия очень важна.

Но, прежде всего, следует знать, что в духовном нет времени и места. В таком случае, что означают понятия правой и левой линий?

Суть в следующем: то, что не требует исправления, называется «правой линией», а то, что требует исправления, называется «левой линией».

Отсюда следует, что левая линия слаба, лишена сил и требует приложить их. Поэтому каждый раз, когда мудрецы хотят привести в пример что-либо, нуждающееся в исправлении, они говорят об этом в контексте левой линии. Дело здесь в том, что после левой линии нам нужна средняя, которая ее исправляет. Вот почему то, что требуется исправить, мы относим к левой линии – дабы знать, что сейчас мы должны произвести исправления.

Исправление левой линии называется средней линией. Ведь левая линия выявляет недостатки в правой, и если в правой линии самой по себе не видно никаких недостатков, то с приходом левой линии, когда человек задействует ее – он видит тогда, что в правой есть недостатки. Вступив в левую линию, он утрачивает совершенство, которое было у него в правой, и потому ощущает теперь недостаток.

Однако в недостатке, который показывает левая линия, кроется множество деталей восприятия. Дело в том, по какой причине в левой линии ощущается недостаток. Она говорит о том, что недостаток есть в правой линии. Однако порой мы не видим никаких недостатков в самой левой линии – и как же тогда распознать, что и в ней кроется недостаток, после того как она выявила недостаток в правой линии? Разумеется, левая линия преподносит себя совершенной. Что же в таком случае заставит нас найти в ней недостаток, из-за которого она и зовется «левой»? Здесь кроется множество аспектов, и всё зависит от конкретных обстоятельств – то есть в каждом из своих состояний человек находит другую причину. Невозможно свести всё к одной причине, но следует действовать по обстоятельствам.

В начале работы левая линия представляет критику правой: правда ли человеку достаточно оставаться во лжи? Ведь принципы Торы даны нам потому, что в нас есть зло под названием себялюбие. Ему ни до чего нет дела – напротив, все средства пригодны для достижения цели. А цель в том, чтобы наполнять наше эгоистическое желание всем, чем только можно. Это называется злом, потому что мешает достичь слияния с Творцом и выйти из эгоизма, к которому обязывает нас животный разум.

Подлинная же цель – заслужить слияние с Творцом, после чего человек получит благо и наслаждение, кроющееся в замысле творения – в «желании доставить благо созданиям Творца». Этим человек и может усладить Творца, поскольку тем самым Творец претворяет Свою цель в действительность, так чтобы создания ощутили благо и наслаждение, которое Он замыслил для них.

А поскольку именно получающее желание, то есть эгоизм, и является помехой для этого, постольку оно называется «злом». Для выхода из этого зла Творец дал нам принципы отдачи, чтобы достичь уровня «работника Творца», работающего не для себя, а для того, чтобы прийти к ступени лишма.

Находясь в правой линии, человек рад совершенству в намерении ло-лишма. Как следствие, он идет путем лжи и хочет оставаться там. Но если он знает, что находится на ступени ло-лишма, то почему хочет оставаться в этом намерении?

Потому что есть правило, согласно которому просить Творца из глубины сердца человек может не об излишествах, а именно о насущной необходимости. И поскольку он рад тому, что пребывает в ло-лишма, пускай даже ему служат оправданием слова о том, что и этому следует радоваться, – все равно он уже не может ощутить недостаток как насущную необходимость. Напротив, это будет для него только излишеством – реализовывать принципы отдачи в намерении лишма. Как следствие, он вынужден оставаться в правой линии.

Поэтому в работе следует уделять внимание критике правой линии – иными словами, видеть кроющиеся в ней недостатки. Дело здесь в том, как сильно человек ощущает их. Ведь если он видит недостатки, это еще ни о чем не говорит. Внутренний отклик на них зависит от того, берут ли они его за сердце до такой степени, что в недостатке он ощущает несовершенство и тянется к истине, тогда как ложь ему отвратительна. Такой недостаток хватает за сердце – вызывает страдания в текущем состоянии. Когда прежнее состояние правой линии, в которой человек испытывал совершенство, оборачивается страданиями, тогда он уже может молить Творца из глубины сердца. Ведь теперь намерение лишма жизненно важно для него. С другой стороны, когда он был слит с правой линией, намерение лишма было для него излишеством, то есть можно было прожить и без этого. Если же человек хочет возвысить свою жизнь, подняться из общего ряда, он должен стараться достичь ступени лишма.

Когда человек видит, что лишма для него – не излишество, то есть хочет подняться из общего ряда, он чувствует себя наихудшим из всех. Ведь теперь ему видно, насколько он далек от Творца. Он очень далек от истины и от других людей и, хотя не видит, чтобы они шли путем лишма, ему ничего не добавляет то, что он не видит никого, идущего в этом намерении. Ведь в том, что лежит на сердце, человек не воодушевляется от других. И хотя сказано, что «общая беда – наполовину утешение», эти слова не изменяют его состояние.

Приведем в пример человека с зубной болью, который кричит и плачет. «Что ты кричишь? – говорят ему. – Ты же видишь, что здесь у зубного врача есть и другие люди, у которых зубы болят так же, как у тебя». Однако человек не перестает плакать от зубной боли, а то, что есть другие такие же, – ничего не меняет. Если ему действительно больно, он не может успокоить свою боль, глядя на других.

Точно так же, если человек действительно ощутил, как он далек от истины, он не может утешиться тем, что все идут путем лжи. Напротив, денно и нощно он стремится найти способ выйти из этого состояния. И тогда человек обретает потребность достичь намерения лишма, поскольку не может вытерпеть ложь.

Однако сосуд этот возникает не сразу. Иными словами, желание, которое человек получает от левой линии, появляется не в один прием, а постепенно формируется в нем, пока не наберется полная мера. А до тех пор человек еще не может достичь намерения лишма. Ведь нет света без сосуда – иными словами, человек не может обрести лишма, пока не пожелает этого. Желание это растет в нем понемногу. Грошик за грошиком добавляются к большому счету[39] – складываются в цельное желание. И тогда намерение лишма может облачиться в это желание, поскольку у человека уже есть полноценный сосуд – цельное желание достичь намерения лишма.

Однако следует знать что, когда человек пребывает в левой линии, то есть в самокритике, он находится в разобщении. Ведь он сам чувствует, что погружен в себялюбие и совершенно не заботится о том, чтобы сделать что-то ради отдачи. И таким состоянием он жить не может, потому что жизнь человека может подпитываться только позитивом, а не негативом.

Как следствие, человек должен снова войти в правую линию – в реализацию принципов отдачи с намерением ло-лишма – и решить для себя, что в этом кроется совершенство, как мы разъяснили выше.

Здесь следует знать важное правило. Известно, что внутренний свет отличается от окружающего. Внутренний свет светит внутри сосудов-желаний, то есть облачается в сосуд благодаря подобию свойств между ними, когда сосуд уже способен получать свет ради отдачи. С другой стороны, окружающий свет – это свечение издалека. Иными словами, хотя сосуд пока еще далек от света, поскольку устремлен на получение, тогда как свет – это лишь отдача, вместе с тем свет излучает издалека подсветку, окружающую сосуды.

---

39 Трактат «Бава батра», 9:2.

Поэтому, реализуя принципы Торы в намерении ло-лишма, мы тоже получаем подсветку в виде окружающего света. Таким образом, благодаря намерению ло-лишма у человека уже есть контакт с высшим светом, хотя и в виде подсветки издалека. Как следствие, это называется позитивом, от которого человек получает жизненные силы и может существовать. Придавая важность намерению ло-лишма, он придает важность, в целом, работе на Творца, то есть сознаёт, что, в любом случае, стоит заниматься принципами отдачи. Ведь в действительности, как сказал Бааль Сулам, человек неспособен оценить всё значение реализации этих принципов с намерением ло-лишма, поскольку, в конечном итоге, на деле ему нечего добавить, – но он выполняет веление Творца. И потому таков первый этап духовной работы, о котором сказали мудрецы: «от ло-лишма приходим к лишма»[40]. Поэтому человек должен получать жизненные силы и совершенство от правой линии – тогда он получает свет Творца в виде окружающего света.

Затем он снова должен переходить к критике своих действий в правой линии, а затем снова переходить в правую линию. Благодаря этому в человеке растут обе линии. Однако каждая из этих линий противоречит другой, и они называются «двумя высказываниями, отрицающими друг друга до тех пор, пока не придет третье и не разрешит их противоречие».

Однако мы должны знать, что третью линию, зовущуюся средней, дает Творец. Сказали об этом мудрецы: «Трое участвуют в рождении человека: Творец, отец и мать. Отец дает белизну, мать дает румянец, а Творец дает душу»[41]. Отсюда следует, что две линии относятся к низшему, а средняя линия относится к Творцу. Иными словами, две линии дают человеку возможность вознести из глубины сердца молитву Творцу, чтобы Он помог ему выйти из эгоизма и достичь слияния с Ним. Ведь когда человек молит из глубины сердца, его молитва принимается.

Однако следует знать, что работа в трех линиях содержит множество аспектов.

---

40   Трактат «Псахим», 50:2. «Пускай всегда будет выполнять человек принципы Торы хотя бы в намерении ло-лишма, и от него придет к намерению лишма».

41   Трактат «Нида», 31:1.

С помощью Торы человек обретает праведность и мир
Статья 3, 1986

В Книге Зоар[42] рабби Аба объясняет, «почему Авраам более всех современников заслужил, чтобы Творец сказал ему: "Уйди из земли своей"[43]». Сказано: «Рабби Аба открыл речь: "Слушайте Меня, черствые сердцем, далекие от праведности"[44]. "Слушайте Меня, черствые сердцем" – означает: насколько жестки сердца нечестивцев, которые видят тропы и пути Торы, но не всматриваются в них. Жестки сердца их, потому что они не возвращаются в раскаянии к Творцу. И потому зовутся черствыми сердцем, далекими от праведности. Это означает, что они отдаляются от Торы и потому далеки от праведности».

Рабби Хизкия сказал[45], что «они отдаляются от Творца и из-за этого зовутся черствыми сердцем. И сказано: "далеки от праведности", потому что не желают приблизиться к Творцу, так как они черствы сердцем. Поэтому они далеки от праведности. А поскольку они далеки от праведности, они далеки от мира, и нет им мира, как сказал Творец: "Нет мира нечестивцам"[46]. Поскольку они далеки от праведности, нет им мира».

Следует разобраться в словах рабби Аба, согласно которым отдаление от праведности означает, что они отдаляются от Торы – и

---

42 Книга Зоар с комментарием «Сулам», гл. «Лех леха», п. 1.
43 Тора, Берешит, 12:1-2. «Уйди из земли своей, и от родни своей, и из дома отца своего – в землю, которую Я покажу тебе. И Я сделаю тебя великим народом».
44 Пророки, Йешаяу, 46:12.
45 Книга Зоар с комментарием «Сулам», гл. «Лех леха», п. 2.
46 Пророки, Йешаяу, 48:22.

потому далеки от праведности. С одной стороны, сказано, что праведность называется Торой, а затем сказано, что, отдаляясь от Торы, они становятся далеки от праведности. Отсюда следует, что Тора – это причина праведности. Но мы не видим никакой связи между Торой и праведностью.

Ведь у народов мира нет Торы, как сказали мудрецы: «говорит Он слово Свое Яакову»[47] – и все же они дают подаяние[48]. Однако, чтобы давать подаяние, разве не надо верить в Творца и выполнять принципы Торы – и лишь тогда можно дать подаяние? Тем не менее, рабби Аба говорит, что поскольку они далеки от Торы, постольку далеки от праведности (подаяния).

Более того, раз он говорит, что поскольку они далеки от Торы, постольку далеки от праведности, – значит, Тора – это как бы причина, по которой можно быть праведными. Иными словами, главное для нас – достичь праведности (подаяния). Как же мы можем достичь столь высокой ступени? Посредством Торы.

В таком случае следует понять, в чем величие и важность подаяния. Ведь выходит, что Тора – это ступень, которая ниже подаяния, так как посредством Торы можно достичь праведности. Это требует разбора.

Еще сложнее понять слова рабби Хизкия, который дополняет слова рабби Аба: что значит черствые сердцем, не желающие приблизиться к Творцу? Они не желают приблизиться к Творцу и потому далеки от праведности. Как это понять? Выходит, благодаря сближению с Творцом они заслужат более высокую ступень – праведность?

А также следует понять, слова рабби Хизкия: «Поскольку они далеки от праведности, они далеки от мира». Понять это еще труднее. Ведь сначала нам разъяснили важность праведности, которая, по мнению рабби Аба, выше Торы, а по мнению рабби Хизкия, выше сближения с Творцом. Теперь же он говорит, что если у них нет ступени праведности, то они не могут достичь ступени мира.

---

47   Писания, Псалмы, 147:19.
48   В данном случае подаяние и праведность на иврите – одно слово (צדקה).

Таким образом, следует понять, что такое ступень мира. Ведь получается, что после всей своей работы человек достигнет этой ступени. Иными словами, первая ступень – это Тора или сближение с Творцом, вторая ступень – это праведность, а третья – мир. Это надо разъяснить.

Как известно, праведность называется верой. Сказано об Аврааме: «И поверил в Творца, и Он вменил ему это в праведность»[49]. Поскольку вера называется праведностью, мы уже можем понять важность праведности – не в буквальном смысле слова, а праведности, указывающей на веру.

Что же такое вера, которая считается праведностью? Мы видим: человек, дающий подаяние бедняку, не ждет, что бедняк отплатит ему чем-то за его подаяние. Тем более, дав подаяние втайне, человек, само собой, не ожидает никакого вознаграждения. Таким образом, праведность означает, что человек действует без всякой оплаты.

Следовательно, вера, которую мы должны принять на себя, должна быть абсолютно безвозмездной. Иными словами, надо верить в величие Творца, о котором сказано в Зоаре: «ибо Он велик и властен»[50]. У человека не должно быть никакой мысли о том, что, принимая на себя бремя духовной работы, он получит от Творца какое-либо вознаграждение. Напротив, он полностью устремляется на отдачу. Вот почему вера называется праведностью – чтобы объяснить нам, какой должна быть наша вера, которую мы принимаем на себя.

Однако от нас требуется внимание к тому, как мы достигаем этой веры, представляющей намерение ради отдачи. Ведь в нашей природе заложено только получать, а не отдавать. В таком случае, как человек может достичь отдачи? На это нам говорят: именно посредством Торы, как сказано: «Я создал злое начало и создал Тору ему в приправу»[51].

---

49   Тора, Берешит, 15:6.
50   Предисловие Книги Зоар с комментарием «Сулам», п. 191.
51   Трактат «Кидушин», 30:2.

Пишет об этом Бааль Сулам[52]: «Из слов мудрецов Талмуда мы видим, что они облегчили нам путь Торы больше, чем мудрецы Мишны, поскольку сказали: «Пускай человек всегда выполняет принципы Торы, даже в эгоистическом намерении ло-лишма – и от него придет к альтруистическому намерению лишма»[53], «ибо кроющийся в ней свет возвращает его к Источнику»[54]. Тем самым они предоставили нам новое средство вместо описанного в Мишне аскетизма, – «кроющийся в Торе свет», в котором имеется сила, достаточная, чтобы вернуть человека к Источнику и привести его к выполнению принципов Торы с намерением лишма».

Отсюда понятны слова рабби Аба: «Далекие от праведности – это означает, что они отдаляются от Торы и потому далеки от праведности». Мы спросили: разве Тора – это причина достижения праведности, и без Торы невозможно дать подаяние? Дело же, как сказано выше, в том, что под праведностью понимается вера, и невозможно прийти к подлинной вере, пока человек не достиг подобия Творцу по свойствам. Иными словами, пока все его дела не устремлены на то, чтобы доставить удовольствие Творцу.

Сказано об этом[55]: «Закон таков, что творение не может получать от Творца зло в явном виде. Ведь это нанесет ущерб величию Творца, поскольку творение воспримет Его как действующего во зло. Поэтому, когда человек ощущает зло, в той же мере довлеет над ним отрицание управления Творца, и скрывается от него Действующий».

Причина в том, что пока человек не обрел сосуды отдачи, он неспособен получать от Творца благо и наслаждение. Как следствие, он ощущает зло и потому не может достичь подлинной веры, пока не исправит свое зло, называющееся получением ради получения.

Таким образом, посредством Торы, возвращающей его к Источнику, человек получает сосуды отдачи и заслуживает тогда веры,

---

52 Бааль Сулам, «Предисловие к Учению о десяти сфирот», п. 11.
53 Трактат «Псахим, 50:2.
54 См. Мидраш «Раба», Эйха, Введение, 2.
55 Предисловие Книги Зоар с комментарием «Сулам», п. 138.

которая зовется праведностью. Человек верит, «ибо Он велик и властен», а не потому, что его вера базируется на получении какой-либо оплаты.

Аналогично этому, становится понятен ответ на вопрос, который мы задали о словах рабби Хизкия, еще больше разъяснившего смысл понятия «черствые сердцем». Он объясняет, что они отдаляются от Творца и потому далеки от праведности. Мы спросили: неужели сближение с Творцом создает возможность быть праведным? Как одно связано с другим? Об этом сказано[56]: «Рабби Хизкия не оспаривает рабби Аба, а разъясняет больше него». И мы спросили: разве объяснение рабби Хизкия не труднее для понимания?

Согласно вышесказанному, рабби Хизкия шире разъясняет, почему «черствые сердцем» далеки от праведности. Ведь если рабби Аба говорит, что они отдалились от Торы, то они могут подумать, что нужно просто изучать Тору – и тем самым они заслужат праведности, зовущейся верой. Однако рабби Аба имел в виду, что с помощью Торы они обретут подобие свойств, то есть сосуды отдачи. Ведь пока у них нет сосудов отдачи, они не могут достичь подлинной веры – как сказано в приведенном выше отрывке.

Поэтому рабби Хизкия разъясняет далее, более простыми словами, что «черствыми сердцем» зовутся те, кто отдаляется от Творца, и это значит, что, не желая приблизиться к Творцу и будучи черствыми сердцем, они, как следствие, далеки от праведности. И, как сказано выше, невозможно обрести веру, представляющую праведность, не достигнув сначала сближения с Творцом, то есть подобия свойств – сосудов отдачи.

А если рабби Аба не разъясняет это как рабби Хизкия, то, возможно, он хочет высказать нам две вещи одновременно: причину и совет. Причина, по которой у них нет веры, заключается в том, что у них нет сосудов отдачи. А совет при этом – реализовывать принципы Торы. Посредством ее света они обретут подобие свойств, когда все их дела будут устремлены лишь на отдачу. И тогда они заслужат праведности, то есть подлинной веры.

---

[56] Книга Зоар с комментарием «Сулам», гл. «Лех леха», п. 2.

А рабби Хизкия добавляет, что благодаря праведности они обретут мир. Мы задали вопрос: если праведность – это столь высокая вещь, означающая веру, то что такое мир? Выходит, мир – это нечто еще более важное?

Следует разъяснить, что мир означает завершение работы. Пока человек не обрел сосуды отдачи, у него нет возможности для веры. А после того, как он уже обрел сосуды отдачи и заслужил веру, тогда он достигает цели творения, состоящей в том, чтобы доставить благо созданиям Творца. Иными словами, тогда человек ощущает благо и наслаждение, созданное Творцом, чтобы доставить благо Своим созданиям. И тогда человек удостаивается мира.

С другой стороны, до того, как человек обрел праведность, то есть веру, на основе сосудов отдачи, в нем нет сосудов-желаний, чтобы постичь благо и изобилие, поскольку для блага недостает исправления – чтобы не было чувства стыда. Из-за этого было утверждено исправление под названием «первое сокращение». И лишь после того, как создания достигнут этого исправления, то есть сосудов отдачи, тогда появится возможность для водворения света Творца, несущего благо Его созданиям.

Ну а до тех пор человек пребывает в раздоре с Творцом, как сказано: «Мир возразил: "Весь он – раздоры"»[57]. Ведь человек не может выполнять принципы Торы ради отдачи, но примешивает к этому самонаслаждение – и, как следствие, постоянно пребывает в раздоре с Творцом, поскольку ему кажется, что он абсолютный праведник, и он совершенно не ощущает своих недостатков. Иными словами, человек не чувствует, что все его дела по реализации принципов Торы ведутся в намерении ло-лишма, – и даже негодует на Творца за то, что ему не посылают благо, как должны посылать абсолютному праведнику.

---

[57] Предисловие Книги Зоар с комментарием «Сулам», п. 175. «При сотворении мира, когда Творец сказал ангелам: "Создадим человека по образу Нашему", Милосердие согласилось: "Можно создать, потому что он проявляет милосердие". Истина сказала: "Нельзя создавать, ибо весь он – ложь". Справедливость сказала: "Можно создать, так как он действует по справедливости". Мир возразил: "Нельзя создавать, поскольку весь он – раздоры"».

Итак, мы видим, что пока человек не обрел праведности – веры в Творца на основе сосудов отдачи, которая приводит его к сближению с Творцом, – нет возможности для мира.

Таким образом, завершение работы, то есть достижение цели творения, наступает, когда мы достигаем ступени мира. И мира этого невозможно достичь, пока мы не пройдем предыдущие этапы: приближение к Творцу, затем вера, называющаяся праведностью, а затем уже цель, которая называется «мир».

Милосердие
Статья 4, 1986

Сказано в Книге Зоар о милосердии[58]: «Почему Писание до сих пор не называло его Авраамом (אברהם)[59]? Дело в том, что до сих пор он не был обрезан, а теперь сделал обрезание. Сделав обрезание, он соединился с буквой hэй (ה), то есть со Шхиной. И Шхина воцарилась в нем. Поэтому он зовется тогда Авраам, с буквой hэй. Сказано: «Вот порождения неба и земли при их сотворении (בהבראם)»[60]. Как мы знаем, буквой hэй сотворил их (בה' בראם). Буквы слов Авраам и при их сотворении совпадают. Это значит, что ради Авраама был сотворен мир.

Откуда разночтения в толкованиях выражения «при их сотворении»? Дело в милосердии (Хесед): одно толкование указывает на Авраама, то есть на свойство милосердия, ради которого сотворен мир. И дело в Шхине: другое толкование говорит, что буквой hэй сотворил их, – это Шхина. Одно здесь не противоречит другому, поскольку всё нисходит вместе: если в мире есть милосердие, то в мире есть и Шхина, и наоборот. А потому два этих значения – милосердие и Шхина – едины. Мир сотворен ради милосердия и ради Шхины».

Следует понять, почему выражение «при их сотворении» означает Авраама, представляющего милосердие. Иными словами, ради милосердия сотворен мир. Разберемся, что такое милосердие. Разве оно не относится только к отношениям между людьми? И неужели для того, чтобы каждый проявлял к другим милосердие, создал Творец высшие миры? Для чего это Творцу? Можно ли утверждать такое?

---

58   Книга Зоар с комментарием «Сулам», гл. «Лех леха», п. 382-383.
59   Сначала имя Авраама (אברהם) было *Аврам* (אברם), без буквы hэй (ה).
60   Тора, Берешит, 2:4

Следовательно, надо понять, что такое милосердие, ради которого, как сказано, сотворен мир.

Известно, что цель творения заключается в том, чтобы доставить благо созданиям Творца. В таком случае возникает вопрос: почему на слова о «порождениях неба и земли при их сотворении» есть два толкования: одно с привязкой к Шхине, а другое – к Аврааму, то есть милосердию?

Здесь надо сказать, что слова «при их сотворении» объясняются лишь в контексте того, как достичь цели – блага для созданий Творца. Смысл в том, что создания должны достичь блага и наслаждения в полной мере – так чтобы при получении блага и наслаждения не испытывать никакого неудобства, зовущегося «хлебом стыда».

Чтобы произвести это исправление, было наложено сокращение, скрывшее благо и наслаждение. Говорит об этом Ари: «Знай, что прежде, чем были созданы создания и сотворены творения, простой высший свет наполнял всю реальность, и не было никакой пустоты. Когда же Он пожелал сотворить миры и вывести на свет совершенство Своих деяний, тогда сократил Себя»[61].

Таким образом, духовное скрыто и, хотя мы должны верить, что «вся земля полна славы Творца»[62], но если бы все создания в мире ощущали Его славу, кто захотел бы тогда заниматься низменными вещами при виде важности духовного?

Ведь человек способен воссоздавать для себя картины из прошлого. К примеру, человек представляет себе, что самый важный период его жизни был тогда, когда он чувствовал, что стоит приобщаться к духовному. Глядя на себя и на весь мир, человек видел, что время проходит без всякой пользы и цели и что мир занимается лишь никчемными вещами. Когда он пребывал в возвышенном состоянии, все люди в его глазах были как маленькие дети, играющиеся в игрушки.

---

61 Хаим Виталь, «Древо жизни», врата 1, гл. 2. Приведено Бааль Суламом в «Учении о десяти сфирот», ч. 1, гл. 1, п. 1.

62 Пророки, Йешаяу, 6:3.

Например, ребенок берет веревку, кладет ее на плечи другому и говорит: «Ты будешь конем, а я буду на вожжах». И тогда оба наслаждаются этой игрой. Если сказать детям: «Вы же играете в небылицу: ты не возница, а он не конь» – разумеется, они не поймут, о чем с ними говорят.

Так и человек представляет себе прошлое состояние наивысшей важности, когда он видел, что люди заняты лишь материальными делами, и он смотрел на них, как взрослый смотрит на маленьких детей, играющих в свои игры.

Чего же нам недостает, чтобы мы могли реализовывать принципы отдачи? Только раскрытия. Иными словами, чтобы перед нами было раскрыто таящееся в них благо и наслаждение – чтобы мы увидели это воочию. И тогда разве кто-то откажется от блага и наслаждения? Разве сможет человек унизить себя, войти в курятник и клевать мусор, подобно курам, радуясь этому, – в то время как у него есть возможность наслаждаться жизнью по-человечески, используя в качестве средств к существованию то, что радует людей, а не животных и зверей?

С другой стороны, в период сокрытия человек не видит в мире другой жизни, кроме той, от которой получает удовольствие. Этим питается весь мир. И когда люди смотрят на тех, кто отказывается от материального в поисках духовной жизни, они видят в них глупых детей, лишенных всякого разумения. Так маленьким детям дают поиграть во что-то важное, а они отбрасывают это ради никчемных вещей. Ведь наслаждаться надо материальным, а они отбрасывают его, помышляя о духовных достижениях, – в то время как для мира духовные понятия никчемны, не обладают никакой ценностью.

Однако всё это вызвано сокрытием, наложенным на духовное.

Теперь разберем два объяснения слов «при их сотворении». Первое толкование – милосердие, второе толкование – Шхина. Мы спросили: неужели ради милосердия стоило сотворить будущий мир и этот мир? Однако же, как разъяснено выше, цель творения состоит в том, чтобы доставить благо созданиям Творца. А благо и наслаждение не может раскрыться, пока они не смогут получать с намерением ради отдачи. В таком случае, нет шансов на то, что цель реализуется полностью.

Следовательно, надо объяснить толкования слов «при их сотворении» в том ключе, что их посредством будет реализована цель творения, а без них нет шансов на то, что цель творения реализуется полностью. Поэтому толкование «милосердие» означает, что, претворяя в жизнь свойство милосердия, создания могут прийти к свойству отдачи, благодаря чему смогут затем получать наслаждение, и это получение будет представлять собой отдачу.

Об этом говорит комментарий «Сулам», приводя высказывание мудрецов: «При сотворении мира, когда Творец сказал ангелам: "Создадим человека по образу Нашему", Милосердие согласилось: "Можно создать, потому что он проявляет милосердие". Истина сказала: "Нельзя создавать, ибо весь он – ложь"»[63].

Там же объясняются слова о том, что Милосердие согласилось: «Милосердие сказало: "Можно создать, потому что он проявляет милосердие". Ведь выполняемый человеком принцип "проявления милосердия", безусловно, является осознанным действием отдачи, посредством которого он постепенно исправляется, пока не сможет выполнять все принципы Торы ради отдачи. В таком случае человек может быть уверен, что в итоге достигнет своей цели – будет действовать на отдачу. И потому Милосердие утверждало, что следует создать его»[64].

Таким образом, слова «при их сотворении» означают лишь средство, а не цель творения, которая, как известно, состоит в том, чтобы доставить благо созданиям Творца. Речь идет о методах достижения, благодаря которым создания смогут принять цель, то есть смогут получить благо и наслаждение.

---

63   Предисловие Книги Зоар с комментарием «Сулам», п. 175. «При сотворении мира, когда Творец сказал ангелам: «Создадим человека по образу Нашему», Милосердие согласилось: «Можно создать, потому что он проявляет милосердие». Истина сказала: «Нельзя создавать, ибо весь он – ложь». Справедливость сказала: «Можно создать, так как он действует по справедливости». Мир возразил: «Нельзя создавать, поскольку весь он – раздоры»».

64   Там же.

Ведь необходимо подобие свойств между Дающим и получающим. Однако создания противоположны по свойствам – и потому никогда не смогут получить благо и наслаждение. Поэтому один из толкователей объясняет, что средством является милосердие, которое каждый проявляет к другим. Благодаря этому они обретут сосуды отдачи и смогут получить благо и наслаждение.

Второе толкование слов «при их сотворении» (בהבראם) – «буквой hэй сотворил их», что означает Шхину. Это не оспаривает первого толкования. «Буквой hэй сотворил их» – это значит, что здесь под малой hэй (ה) подразумевается Малхут, то есть Шхина.

Ари объясняет[65]: «В этом смысл слов «при их сотворении» – буквой hэй сотворил их, ибо все творения представляли пять (ה') парцуфим, как в мире Ацилут, так и в мирах БЕА. Это указывает на малую hэй в Малхут мира Адам Кадмон, после того как она уменьшилась в конце своих семи нижних сфирот».

Бааль Сулам объясняет[66], что мир исправления, то есть миры АБЕА произошли из другой Малхут, подслащенной свойством жалости (рахамим), что называется Вторым сокращением (Цимцум бет), где в Малхут произошло уменьшение. Поэтому Малхут называется малой hэй.

Отсюда следует, что буква hэй в словах «при их сотворении» означает Шхину, получившую исправление под названием «включение свойства жалости в свойство суда». Смысл в следующем: Малхут, зовущаяся свойством суда (дин), – это корень творений, получающее желание, сосуд, который должен принять цель творения, состоящую в том, чтобы доставить благо созданиям Творца. Она представляет собой сосуд получения блага и наслаждения, материал творений – желание получать удовольствие и наслаждение от Творца. Однако, по причине исправления подобием свойств, был установлен закон, запрещающий использовать этот сосуд получения, если невозможно выстроить намерение на отдачу. Это называется сокращением и судом.

---

65 Хаим Виталь, «Древо жизни», врата 3, гл. 2.
66 См. Бааль Сулам, «Дом врат намерений», «Простой свет», п. 43.

Мир не может существовать без этого исправления – без получения ради отдачи. Ведь иначе не будет никакого раскрытия изобилия для низших – вследствие сокращения и суда, установленного в нуждах исправления мира. Но как же изменить природу творения с получения на отдачу, с эгоизма на альтруизм?

Поэтому, чтобы можно было исправить сосуды получения намерением на отдачу, необходимо было исправление под названием «включение свойства жалости в свойство суда» – Второе сокращение, суть которого в том, что Бина, представляющая свойство жалости, свойство отдачи, смешалась с Малхут, представляющей получение. И посредством этого вовлечения жалости в суд мы сможем, выполняя принципы Торы, прийти к изобилию, хотя это и против нашей природы.

Сказано[67], что «в этом смысл слов мудрецов о том, что вначале Творец замыслил создать мир свойством суда, но, увидев, что так мир существовать не может, предварил его свойством жалости и включил его в свойство суда. «Увидев, что так мир существовать не может» – иными словами, в таком случае нет никакой возможности у человека, который должен быть сотворен из этой четвертой стадии, устремить свои дела на отдачу. Поэтому сначала Творец включил свойство жалости в свойство суда, и благодаря этому сочетанию четвертая стадия, представляющая свойство суда, тоже включила в себя искры отдачи из сосуда Бины».

Таким образом, средства, позволяющие нам достичь цели творения – доставить благо созданиям Творца, – у нас есть только благодаря малой hэй, представляющей свойство суда. Это свойство в ней уменьшилось до свойства жалости – иными словами, часть получающего желания уменьшилась и приняла в себя свойство жалости. Тем самым сосуды получения, в корне своем, включили в себя свойство отдачи, зовущееся жалостью.

Отсюда понятны заключительные слова Книги Зоар о том, что между двумя толкованиями нет противоречия, «но всё нисходит вместе». Говоря иначе, если есть милосердие в мире, то есть в

---

67 Бааль Сулам, «Введение в науку каббала», п. 58.

мире и Шхина, – и наоборот. «Мир сотворен ради милосердия и ради Шхины».

Следовательно, смысл в том, что оба они – и свойство милосердия, и Шхина, исправленная свойством жалости, – подразумевают одно. Иными словами, их посредством создания придут к цели творения, состоящей в том, чтобы насладить создания Творца. Об этом и сказано, что если нет милосердия, то нет Шхины.

Смысл в том, что если бы в мире не было исправления милосердием, благодаря которому создания смогут получать с намерением ради отдачи, то не было бы и Шхины, то есть не было бы пользы от произведенного в Малхут исправления – включения свойства жалости в свойство суда. А поскольку в мире есть свойство милосердия, можно сказать, что Малхут была исправлена этим свойством, то есть жалостью, – и это помогает достичь цели.

Однако нужно понять, почему Малхут называется Шхиной. Бааль Сулам привел слова Книги Зоар: «Он – обитающий (Шохен), а она – обитель (Шхина)»[68]. Это значит: место, где Творец раскрыт, называется Шхиной. И это зовется водворением Шхины – то есть там раскрыт Творец.

Поэтому человеку всегда следует молиться о том, чтобы обрести Малхут небес, называющуюся также верой. Иными словами, человек должен молиться, чтобы обрести веру.

Однако здесь возникает вопрос: если человек знает, что ему недостает веры в Творца, в таком случае кому он молится? Ведь только когда человек верит в Творца, можно сказать, что он просит Его дать желаемое.

Объяснить это можно следующим образом[69]: «Для кого Тора – это ремесло[70]. В занятиях Торой проявляется степень веры человека, поскольку выражение «его ремесло» (уманутó – אמנותו) состоит из тех же букв, что и выражение «его вера» (эмунатó – אמונתו). Это

---

68   См. Предисловие Книги Зоар с комментарием «Сулам», п. 228. «Зеир Анпин зовется обитающим (Шохен), а Нуква – обителью (Шхина)».

69   Бааль Сулам, «Предисловие к Учению о десяти сфирот», п. 14.

70   Понятие «Тора как ремесло» берет начало из трактата «Шаббат» (11:1). Оно относится к тем, для кого духовный путь – главное, единственное дело жизни.

похоже на то, как человек, доверяющий своему другу, одалживает ему деньги. Возможно, он верит ему только на одну монету, а если тот попросит две, то откажется одолжить. Или, может быть, он поверит ему на сто монет, но не более. Или, может быть, он поверит ему до такой степени, что одолжит половину своего состояния, но не всё состояние целиком. А возможно и такое, что он без тени страха доверит ему всё состояние. Этот последний вариант считается полной верой, тогда как предыдущие случаи считаются верой не полной, а частичной, в большей или меньшей степени».

Отсюда мы видим, что бывает частичная вера. В таком случае, можно сказать, что, обладая частичной верой, человек молит Творца о помощи, поскольку его вера неполна и он хочет, чтобы Творец помог ему обрести полную веру.

А поскольку невозможно обрести полную веру, не заслужив сперва подобия свойств, постольку и существуют те исправления, о которых говорят объяснения к словам «при их сотворении»:

1. Посредством свойства милосердия создания достигнут подобия свойств – ступени Авраама.
2. Буква հэй, Шхина: Малхут включила в себя свойство жалости, благодаря чему создания обретут отдачу, и тогда реализуется цель творения – доставить благо созданиям Творца.

Уважение к отцу
Статья 5, 1986

Сказано в Книге Зоар[71]: «Рабби Шимон открыл речь: «Сын почитает отца, а раб – своего господина»[72]. «Сын почитает отца» – это Ицхак по отношению к Аврааму. Когда же он его почитал? Когда Авраам связал его на жертвеннике, и он не восстал против него, дабы выполнить волю отца[73]. «Раб – своего господина» – это Элиэзер по отношению к Аврааму. Когда он отправил Элиэзера в Харан, тот полностью выполнил там волю Авраама и почитал его, как сказано: «Творец благословил моего господина»[74]. А также: «И сказал он: «Я раб Авраама»[75] – чтобы проявить почтение к нему. Тот, кто принес серебро, золото, драгоценные камни и верблюдов, и сам выглядел солидно и респектабельно, не сказал, что он близкий Аврааму человек или его родственник, а сказал: «Я раб Авраама» – дабы вознести хвалу Аврааму и почтить его в их глазах».

И далее[76]: «Поэтому сказано: «Сын почитает отца, а раб – своего господина». Вы же, Исраэль, сыновья Мои, стыдно вам говорить, что Я ваш отец, или что вы Мои рабы. «Если Я отец, где почтение ко Мне? И, если Я господин, – где трепет предо Мной?»[77]».

Следует понять слова Зоара о том, что Творец говорит: «Вы же, Исраэль, сыновья Мои, стыдно вам говорить, что Я ваш отец». Выходит, надо сказать кому-то, что Творец – наш отец? И мы не можем этого сказать, потому что нам стыдно? Следовательно, мы должны знать, перед кем нам надо сказать, что Он наш отец. А

---

71 Книга Зоар с комментарием «Сулам», гл. «Ваера», п. 141-144.
72 Пророки, Малахи, 1:6.
73 См. Тора, Берешит, 22:9.
74 Тора, Берешит, 24:35.
75 Тора, Берешит, 24:34.
76 Книга Зоар с комментарием «Сулам», гл. «Ваера», п. 145.
77 Пророки, Малахи, 1:6.

также следует знать, что это за стыд, из-за которого мы не можем сказать этого и о котором говорится: «стыдно вам».

Да и вообще, это трудно понять. Ведь сказано в молитвах: «Отец наш, Царь наш»[78], «Возврати нас, Отец наш, к Твоей Торе»[79]. В таком случае кому еще мы должны сказать, что Творец – наш отец? Мы же стыдимся сказать это, на что Творец сердится, говоря: «Если Я отец, где почтение ко Мне?»

Объяснение таково: сказать, что «Творец – наш отец», мы должны Ему самому. Мы постоянно это говорим: «Отец наш, Царь наш» – и на это Творец сердится: «Как вам не стыдно говорить предо Мной, что Я ваш отец, в то время как вы не оказываете Мне никого уважения». «Если Я отец, – говорит Он, – где почтение ко Мне?» Иными словами, «стыдно вам называть Меня своим отцом, тогда как Я вижу, что Моя слава лежит у вас на земле – что называется, Шхина во прахе. Как же вам не стыдно называть Меня своим отцом?»

«И если Я господин – где трепет предо Мной? Вы говорите, что все вы – рабы Творца. Но Я не вижу, чтобы у вас был трепет предо Мной, который вы должны принять на себя». Ведь раб – это тот, у кого нет никакого личного достояния, как сказали мудрецы: «Что купил раб, то купил его господин»[80]. Раб отменяет себя перед господином, и всё, что получает от него, призвано лишь к тому, чтобы он мог служить господину, а не себе на пользу.

«Однако Я вижу, что вы поступаете наоборот – хотите, чтобы Я служил вам, удовлетворяя ваше себялюбие. Всё, о чем вы Меня просите, призвано лишь увеличивать ваше достояние. Говоря иначе, вы господа, а Я ваш раб. С утра до ночи вы предъявляете Мне претензии, как будто Я ваш должник. И если бы вы могли взыскать с Меня силой, то непременно взыскали бы».

Что же сделал Творец, чтобы они не взыскали силой? Сделал малую вещь – создал в мире тьму, зовущуюся сокрытием, на тот случай, если творения не будут готовы быть рабами и служить

---

78 Из утренней молитвы Шахарит.
79 Из молитвы восемнадцати благословений.
80 Трактат «Псахим», 88:2.

Ему, получая, чтобы доставить удовольствие Создателю, как сказали мудрецы: «слейся с Ним по свойствам»[81]. Известно, что пока человек пребывает в сосудах получения, чем больше он получает, тем он хуже, то есть тем он дальше от Творца. Поэтому Творец произвел великое исправление: когда сосуды получения властвуют в человеке, ни из чего в духовном он не видит возможности извлечь наслаждение.

Вместо этого человек видит лишь те наслаждения, которые может увидеть, – удовольствия от разобщения. Говорит об этом Ари: эгоистическим силам дана тонкая подсветка ко всем материальным усладам, чтобы они могли существовать. Мы можем видеть лишь тот материальный свет, в котором кроется удовольствие, – а духовное, напротив, затянуто облаком тьмы, покрывающим все духовные наслаждения. И само собой, они не взыскивают силой – при том, что и Господин не желает давать, – поскольку не видят наслаждений. Поэтому все те, кто желает лишь потакать себялюбию, бегут от всего истинного, в чем кроется благо и наслаждение, – поскольку тьма покрывает землю.

Как следствие, человек неспособен сразу же в начале работы действовать с намерением лишма, но вынужден начинать в намерении ло-лишма. Ведь при намерении лишма, представляющем истинный путь, тело обязано бежать от работы. Всё стремится к себе подобному, и поскольку человек создан с желанием получать ради получения, постольку, встречаясь с помыслом, словом или делом, ничего не сулящим для его эгоизма, он тотчас бежит от них, так как это ему не свойственно. Человеку присуща природа, с которой он создан, – получение ради получения, без всякой отдачи.

Чтобы человек, приступающий к служению Творцу, не сбежал от работы на отдачу, поскольку она ему не свойственна, – необходимо начинать ее в намерении ло-лишма. Иными словами, мы реализуем установленные Творцом принципы отдачи, и взамен Он выплатит нам вознаграждение за нашу работу. Ведь мы могли бы работать только на материальном уровне, зарабатывая

---

[81] См. трактат «Шаббат», 133:2.

деньги и почести и наслаждаясь покоем. Однако мы отказываемся от стремления к деньгам, почестям и прочим вожделениям, которых тело требует от нас и которые доставляли бы нам удовольствие, и вместо этого реализуем принципы отдачи, установленные для нас Творцом.

Действительно, когда мы требуем от тела поступиться наслаждениями, на которые оно рассчитывает, тогда тело спрашивает: «Какая тебе выгода от новой работы, которую ты хочешь выполнять? Даст ли она тебе больше удовольствий? А иначе для чего тебе менять место работы? Ты уже привык работать у этого хозяина, а теперь хочешь работать у Творца и ради Творца, которому нужен твой труд. Выплатит ли Он тебе бо́льшую зарплату – даст ли больше удовольствий? Насладишься ли ты больше, чем от уже привычной тебе работы?»

В ответ, разумеется, надо сказать телу, что до сих пор оно получало малую выгоду – мнимое удовольствие. Теперь же ты получишь большую выгоду, и наслаждение твое будет подлинным. Ведь Творец желает дать тебе духовное вознаграждение. Однако без работы это будет «хлебом стыда», а потому нам даны принципы отдачи, и мы должны верить, что Он, конечно же, отплатит нам за отказ от потребностей, которые могли бы доставить нам удовольствие, в обмен на подлинную, духовную оплату.

И хотя мы еще не знаем, что такое духовное, все равно мы верим, что это нечто великое, в сравнении с чем все материальные наслаждения подобны тонкой свечке. Сказано об этом у Ари, что посредством разбиения сосудов, вследствие греха с Древом познания искры упали в силы скверны с целью оживлять их, чтобы они не исчезали всё то время, пока нужны. И наоборот, в чистых мирах преобладают благо и наслаждение. Поэтому нам стоит работать над принципами отдачи – благодаря этому мы обретем духовный мир взамен за свою работу.

Однако после того, как человек уже приступил к духовной работе и хочет знать, как правильно выполнять ее, – ему говорят: «Если Я господин – где трепет предо Мной?» Иными словами, раб всё делает на благо хозяина, а не для себя. Как же вы можете работать лишь затем, чтобы обрести духовный мир? То есть вы хотите вознаграждения за свою работу. Но ведь рабу полагается трудиться без всякой оплаты. Господин обеспечивает его нужды лишь затем, чтобы раб мог работать на него. У раба нет никакого имущества, которое было бы закреплено за ним, но есть лишь одна собственность – собственность господина.

В действительности вся наша работа над принципами отдачи должна вестись для того, чтобы достичь подобия свойств, то есть слияния с Творцом. Раньше мы думали, что реализуем каббалистическую методику, поскольку таково желание Творца и благодаря этому Он выдаст нам потом вознаграждение. Однако принципы отдачи даны нам для другого – реализуя их, мы получаем свет Торы, посредством которого сможем достичь подобия свойств. Ведь кроющийся в Торе свет возвращает человека к Источнику[82].

Следовательно, какова оплата, которую мы должны требовать за работу тела, когда поступаемся его нуждами для реализации принципов отдачи? Ведь без оплаты, разумеется, работать невозможно, поскольку тело сразу же спрашивает: «Для чего ты отказываешься от удовольствий, которые можешь получить? Что ты выиграешь»?

Ответ таков: весь наш выигрыш состоит в том, что мы обретем возможность служить Творцу. Это очень важная вещь, поскольку речь идет об истине: человек сможет слиться с Властелином мира.

И совсем другое дело, когда все удовольствия строятся на том, что человек обслуживает себя. Получать удовольствие в виде самонаслаждения могут и животные, а вовсе не только человек. Он избранный из всех созданий, и наслаждаться так же, как животные, ему не подобает.

Напротив, все наслаждения, которые человек хочет получить, должны облачаться в сосуды отдачи. Да, без наслаждения работать невозможно, но человеку пристало наслаждаться и оценивать все свои удовольствия тем, сколько он может дать Царю.

---

82 См. Мидраш «Раба», Эйха, Введение, 2.

Иными словами, если он хочет знать, сколько удовольствия получит от своей работы, то пускай оценивает не степень своего удовольствия от служения Царю, а делá – насколько он хочет, чтобы Царь насладился его работой. Таким образом, человеку важен лишь сам факт служения Царю.

Следовательно, если человек хочет произвести критический самоанализ – продвигается ли он в работе – то должен сделать это двояко:

1. Оценить вознаграждение, которое он надеется получить от Творца: если каждый день он получает всё большее вознаграждение, то мерилом ему служит эгоизм.

2. Оценить, насколько он наслаждается тем, что служит Творцу и что вся его оплата – отдача Творцу. Ведь если человек служит лидеру страны, то испытывает удовольствие, а если служит лидеру поколения, его удовольствие, естественно еще больше. Поэтому он хочет, чтобы Творец каждый день становился для него выше и важнее. Таков подлинный критерий.

Уверенность
Статья 6, 1986

Сказано в Книге Зоар[83]: «Рабби Элазар открыл речь: «Счастлив человек, сила которого в Тебе»[84]. Счастлив человек, укрепляющийся в Творце и возлагающий на Него свою уверенность. Можно истолковать эту уверенность так же, как в случае с Хананией, Мишаэлем и Азарией[85], которые уверенно сказали: «Ведь есть Бог наш»[86] – то есть были уверены, что Творец, конечно же, вызволит их из огненного горнила.

Однако это не так. Ведь получается, что если Творец не спасет их и не проявится для них, то Его имя не благословится на глазах у всех? А потому, узнав, что их слова были неподобающими, они поправились: «А если и не так, да будет известно тебе, царь, что богам твоим мы не служим»[87]. Иными словами, спасет Он или нет, да будет тебе известно, что мы не поклонимся идолам.

Не должен человек вверяться, говоря: «Творец спасет меня» или: «Творец сделает мне так-то и так-то». Но пускай возлагает уверенность на то, что Творец поможет ему как должно, когда он будет прилагать усилия в реализации принципов Торы и стараться идти путем истины. Когда человек приходит очиститься, ему помогают. В этом он должен полагаться на помощь Творца, доверяться Ему и не возлагать уверенность ни на кого другого, кроме Него. Об этом и сказано: «...сила которого в Тебе».

---

83 Книга Зоар с комментарием «Сулам», гл. «Толдот», п. 122-125.

84 Писания, Псалмы, 84:6. «Счастлив человек, сила которого в Тебе, пути к *Тебе* – в сердце их».

85 См. Писания, Даниэль, 3. Царь потребовал от Ханании, Мишаэля и Азарии поклоняться идолам, а когда они отказались, велел бросить их в горящую печь, но та не причинила им вреда.

86 Писания, Даниэль, 3:17.

87 Писания, Даниэль, 3:18.

«Пути к Тебе – в сердце их»[88]. Иными словами, пускай как следует подготовит свое сердце, чтобы не возникла в нем посторонняя мысль. Но как проторенный путь, по которому можно пройти в любое нужное место, как направо, так и налево, – таким пусть будет его сердце. То есть окажет ли ему Творец благо или наоборот, сердце его должно быть подготовлено и исправлено, чтобы не думать плохо о Творце ни при каких обстоятельствах.

И еще: «счастлив человек, сила которого в Тебе» – сказано об этом: «Творец даст силу Своему народу»[89]. Это означает Тору. «Сила которого в Тебе» – иными словами, человек должен заниматься Торой во имя Творца, то есть Шхины, которая называется «Имя». И каждый, кто занимается Торой, не прилагая стараний ради нее (лишма), – лучше бы ему не быть сотворенным. «Пути к Тебе – в сердце их» – как сказано: «Славьте Восседающего на небесах, чье имя Творец»[90]. Это значит: превозносить Восседающего в небесах.

«Пути к Тебе – в сердце их» – это значит, что при реализации Торы намерение человека должно состоять в том, чтобы превозносить Творца, придавая Ему славу и важность в мире. Иными словами, пускай направляет свое сердце так, чтобы, реализуя Тору, привлекать изобилие знания к себе и ко всему миру, дабы имя Творца возрастало в мире, как сказано: «наполнится земля знанием Творца»[91]. Тогда сбудутся слова: «И будет Творец Царем на всей земле»[92]».

Из вышесказанного трудно понять, что такое уверенность, о которой Книга Зоар говорит нам: «Не должен человек вверяться, говоря: "Творец спасет меня" или: "Творец сделает мне так-то и так-то"». Ведь мы видим: если человек просит другого об одолжении, и если это его друг, у которого, как он знает, доброе сердце, то он полагается на то, что тот выполнит просьбу. Но как можно полагаться на него, даже если он не выполнит просьбу, по

---

88   Писания, Псалмы, 84:6.
89   Писания, Псалмы, 29:11.
90   Писания, Псалмы, 68:5.
91   Пророки, Йешаяу, 11:9.
92   Пророки, Захария, 14:9.

принципу: «Не должен человек вверяться, говоря: "Творец спасет меня"»?

Также трудно понять слова: «не возлагать уверенность ни на кого другого, кроме Него». Сказано об этом: «...сила которого в Тебе». И следует понять это. Ведь, с одной стороны, человек не должен говорить: «Творец спасет меня» – то есть уверенность должна быть, даже когда Творец не спасает, как в случае с Хананией. Тогда причем тут сомнение: «не возлагать уверенность ни на кого другого»? Выходит, другой наверняка поможет и спасет его? Иными словами, есть некто, наверняка способный спасти человека, без всяких сомнений, и потому запрещено полагаться на других, но вверяться надо только Творцу, хотя человек и не знает, спасет ли Он его? Но как может кто-то спасти его, если в пример приведены Ханания, Мишаэль и Азария? Разве могут они положиться на другого, как будто в мире есть кто-то, способный спасти их из огненной печи? Возможно ли такое?

Чтобы понять слова Зоара, сперва надо вспомнить о цели творения. Со стороны Творца есть цель, которую Он пожелал от творения. А также есть цель со стороны творений – чего они должны достичь, чтобы прийти к цели, ради которой созданы.

Известна цель со стороны Творца: из желания доставить благо Своим созданиям Он создал их, чтобы дать им благо и наслаждение. А поскольку Он пожелал, чтобы Его благодеяние для них было совершенным, постольку произвел исправление, согласно которому, пока создания не смогут получать ради отдачи, они не получат никакого изобилия, называющегося благом и наслаждением. Причина этого в том, что ветвь, по природе, стремится к подобию своему корню. А поскольку корень созданий кроется в отдаче им, постольку при получении они испытывают дискомфорт.

Из-за этого было произведено исправление под названием «сокращение и экран». Только получая ради отдачи создания смогут насладиться благом и наслаждением, заложенным в замысле творения. А цель творения состоит в том, что они должны достичь слияния, то есть подобия по свойствам. Иными словами, как Творец желает нести благо Своим созданиям, так и они должны прийти к тому, чтобы всё их желание было обращено на благо Творцу.

Поэтому люди, которые хотят встать на путь истины и достичь слияния, должны приучить себя к тому, чтобы каждая их мысль, каждое слово и действие сопровождались намерением: пускай из их работы над реализацией принципов Торы произрастет удовольствие Творцу. Им нельзя производить расчет на то, что они могут получить от Творца за свое желание доставить Ему удовольствие. Иными словами, пускай не думают о том, что Творец им даст, так чтобы они могли выводить что-либо из Его владения в свое владение. Вследствие этого они создадут два владения, относящиеся к Творцу и к творениям, – а это противоположно слиянию. Ведь слияние – суть единство, когда из двух вещей создается одно при их соединении друг с другом.

В отличие от этого, два владения означают разобщение. Когда создания помышляют о себе, о том, как получить от Творца что-то в свое владение, тогда из-за этого получения они становятся более отделены, чем раньше.

Отсюда понятны слова Зоара о строфе «милость племен – порочность»[93], поскольку «всё хорошее, что делают, – делают для себя»[94]. Возникает вопрос: почему недостаточно проявлять милость, то есть действовать на отдачу в милосердии? Почему мы говорим, что надо не получать за это награду? Потому что их намерение устремлено не к милосердию, а к оплате, которую они за это получат. Это и называется: «для себя» – они проявляют милосердие не для того, чтобы сделать добро другим. Напротив, их намерение в том, что, делая добро другим, они получат какую-то оплату. И неважно, что они получат: деньги или уважение и т.п. – главное, что получат оплату для своего эгоистического желания.

Однако нужно понять следующее: если сказано «порочность», значит лучше бы им не проявлять милосердия? Возможно

---

93 Писания, Мишлэй, 14:34.
94 См. «Исправления по Зоару», 22:1.

ли такое? Ведь в милости нет ничего плохого. В таком случае, почему это называется «порочностью»?

Из того, что мы объяснили о людях, желающих идти путем истины и достичь слияния с Творцом, подобия свойств, следует, что если они «сидят и ничего не делают»[95], то есть не требуют ничего в свои сосуды получения, то не совершают ничего, что отдалило бы их от Творца.

С другой стороны, когда они проявляют какое-либо милосердие, тем самым они просят, чтобы Творец дал им какую-то оплату в их получающие сосуды. Следовательно, они требуют того, что отделит их от Творца. И потому милость зовется «порочностью» (однако здесь не имеется в виду Тора и принципы отдачи, о которых сказали мудрецы: «Пускай всегда будет выполнять человек принципы Торы в эгоистическом намерении ло-лишма, и от него придет к альтруистическому намерению лишма»[96]).

Однако же есть правило: без наслаждения невозможно произвести никакого действия. В таком случае как можно работать ради отдачи, не получая при этом в свое владение никакой оплаты, а отменяя себя перед Творцом и отменяя свое владение, так чтобы осталось лишь одно владение, относящееся к Нему? Какое горючее придаст людям силы, чтобы они смогли работать ради отдачи?

Горючее, которое придаст силы для работы, должно поступать от того, что человек служит Царю – согласно степени Его важности. Ведь Творец заложил в природе силу, вызывающую большое наслаждение от служения важному человеку. В результате, сознавая важность Царя, человек испытывает удовольствие. Иными словами, если человек чувствует, что служит великому Царю, в этой степени растет его наслаждение. И потому, чем выше важность Царя, тем больше удовольствия и наслаждения человек получает от своей работы.

Это наслаждение, получаемое от служения Царю, таково, что чем более велик Царь, тем больше человек хочет отменить себя

---

95 См. трактат «Эрувин», 100:1. «Лучше сиди и ничего не делай».
96 Трактат «Псахим, 50:2.

перед Ним. Таким образом, всё получаемое человеком удовольствие и наслаждение не поступает в его владение. Напротив, в мере осознания величия и важности Царя он хочет отменить себя перед Ним, и здесь есть лишь одно владение – владение Единого.

С другой стороны, когда человек хочет получить от Царя какую-то оплату за свою работу, тогда у него есть два отдельных друг от друга владения. Тем самым, вместо того чтобы идти к слиянию с Творцом, человек отдаляется от Него. Этот путь прямо противоположен цели, которой должны достичь творения.

Следовательно, причина, придающая человеку силы для работы, состоит лишь в том, что он может совершать отдачу Царю. А пока человек не пришел к ощущению величия Творца, он ведет войны с телом, поскольку оно не согласно работать без оплаты. Работать вследствие большого наслаждения от служения Царю оно не может, потому что человеку недостает ощущения величия Царя. А вернее потому, что ему недостает веры в то, что в мире есть Царь.

Сказали об этом мудрецы[97]: «Знай, что́ над тобой: око зоркое и ухо чуткое, и все твои дела записываются в книгу». Когда человек верит, что в мире есть Попечитель, тогда начинаются расчеты, насколько Он велик и важен. Когда человек верит, что в мире есть Попечитель, эта вера уже придает ему ощущение важности, и пускай даже он не делает расчета на величие Творца, все равно у него уже есть силы для работы в служении Творцу.

Однако, поскольку веры ему недостает, и он обладает лишь частичной верой[98], постольку, когда человек хочет работать на отдачу, тело сразу начинает кричать во весь голос: «Ты что, сошел с ума!? Собираешься работать без оплаты? Ты говоришь, что хочешь служить Царю и само служение для тебя – большая оплата. Но это относится к тем, кто ощущает Царя. Когда Царь смотрит на каждое движение человека, тогда можно сказать, что он работает в силу того, что это большая привилегия – служить Царю. Но это не про тебя».

---

97 Трактат «Авот», 2:1.
98 См. Бааль Сулам, «Предисловие к Учению о десяти сфирот», п. 14.

Это приводит к войне со злым началом, в которой иногда человек берет верх над телом, а иногда тело берет верх над ним. Человек заявляет телу: «Ты виновато в том, что я не чувствую величия Царя, потому что ты всё хочешь получать в свое владение – что называется, получать ради получения. А на это было произведено сокращение и скрытие, так что невозможно увидеть ничего истинного. Поэтому дай мне выйти их твоего желания, и мы начнем работать ради отдачи. Тогда ты обязательно увидишь важность и величие Царя и само согласишься со мной в том, что стоит служить Ему и нет в мире ничего важнее этого».

В результате человек хочет работать только ради отдачи, не получая ничего. Все его расчеты строятся на том, что Творцу приятна его работа, посредством которой он хочет доставить Ему удовольствие. На себя же он не смотрит вовсе.

Но как человеку знать, действительно ли он идет этим путем? Возможно, он обманывает себя и всё его намерение устремлено лишь к получению? Иными словами, возможно, он совершает отдачу эгоистически и не идет путем истины, на котором все его желания и чаяния должны быть призваны лишь к тому, чтобы отдавать ради отдачи?

Здесь человек может критически анализировать себя – то есть свое намерение. И человек молит Творца о помощи в войне со злым началом, чтобы оно не пыталось властвовать над ним своими претензиями к его работе. Пускай Творец даст ему лишь желание работать для Него всем сердцем и всей душой. И, разумеется, нет молитвы без уверенности в том, что Творец слышит эту молитву. Иначе, если человек не уверен, что Творец услышит его молитву, не будучи убежден в этом, человек не может молиться.

Здесь возникает вопрос: что если человек видит, что его молитва не услышана? Иными словами, ему не отвечают на молитву, как он это понимает, – не дают того, что он требует. Ведь Творец «жалостлив и милосерден»[99], и раз Он слышит, то, конечно же,

---

99   См. Тора, Шмот, 34:6.

дает человеку требуемое. В таком случае почему его молитва безответна? Неужели Творец не слышит ее? Возможно ли такое?

Однако же человек должен верить, что Творец слышит молитву, как сказано: «Ты слышишь молитву всех уст, милосердно внимаешь молитве Твоего народа, Исраэля»[100]. И при этом надо верить в то, что «Мои помыслы – не ваши помыслы»[101]. Иными словами, Творец знает, что́ хорошо для человека, для его совершенства, и что может помешать его совершенству.

Таким образом, следует сказать, что Творец всегда слышит и отвечает человеку – согласно тому, что для него хорошо. И дает ему именно это – те состояния, которые человек испытывает. Надо верить, что Творец хочет, чтобы человек испытывал их, поскольку это ему на благо.

Следовательно, уверенность, с которой человек должен полагаться на Творца, базируется на том, что Творец слышит его молитву и отвечает на нее – но не согласно пониманию человека, а согласно Своему пониманию того, что стоит ему дать. Таким образом, главное в уверенности – это полагаться на Творца, который помогает всем, как сказано: «милосердие Его – на всех Его делах»[102]. Человеку следует быть уверенным в том, что Творец поможет ему не согласно его разумению, а согласно тому, что верно в Его глазах.

Некоторые люди думают, что уверенность обусловлена как раз тем, что недостает человеку в его понимании, – и в этом он должен быть уверен. Если он не верит, что Творец обязан помочь ему согласно его пониманию, – нельзя сказать, что он верит и полагается на Творца. Наоборот, уверенность человека должна соответствовать его собственным желаниям.

Отсюда понятны слова Книги Зоар, относительно которых мы задались вопросом: «Не должен человек вверяться, говоря: «Творец спасет меня» или: «Творец сделает мне так-то и так-то». Но пускай возлагает уверенность на то, что Творец поможет ему

---

100 Добавка «Анену» к Молитве восемнадцати благословений.
101 Пророки, Йешаяу, 55:8.
102 Писания, Псалмы, 145:9.

как должно». В доказательство Зоар приводит пример Ханании, Мишаэля и Азарии, которые сказали: «Спасет Он или нет...» И говорит там Зоар, что «когда человек приходит очиститься, ему помогают. В этом он должен полагаться на помощь Творца, доверяться Ему и не возлагать уверенность ни на кого другого, кроме Него». Об этом и сказано: «...сила которого в Тебе».

Мы спросили: что значит «не возлагать уверенность ни на кого другого, кроме Него»? Неужели есть кто-то другой, способный помочь человеку, и потому предписано не полагаться на другого? Но ведь Зоар говорит об уверенности на примере Ханании – и кто же мог спасти их из огненной печи, чтобы из-за этого был выдан запрет полагаться на другого?

Дело в следующем. Когда человек хочет идти истинным путем, чтобы все его дела были призваны ради Творца, то есть ради отдачи, а не для собственной пользы, тогда он должен верить, что Творец знает, что ему дать, а чего не давать. Ведь чтобы человек не обманывал себя и каждый раз видел, идет ли он путем, позволяющим доставить удовольствие Творцу, – он должен поверять себя, и в каком бы состоянии он ни находился, он должен быть удовлетворен.

Человек должен полагаться на Творца – на то, что, конечно же, таково Его желание. А раз так, ему неважно, в каком состоянии он находится. Напротив, он должен прикладывать усилия и молитву в том, что ему понятно, и полагаться на Творца, который окажет помощь ему во благо. А что на благо человека – это знает Творец, а не человек. Тем самым у человека появляется возможность критически анализировать себя, свою работу по реализации принципов отдачи: проистекает ли его намерение из желания совершать отдачу Творцу, а не себе. Иными словами, не намеревается ли он отдавать эгоистически.

Поэтому, когда человек выстраивает для себя порядок работы и собирается молиться Творцу, он, безусловно, должен полагаться на Творца, который принимает его молитву. И тогда он должен возлагать уверенность на суждение Творца, не полагаясь на другого. Кто же этот «другой»? – Сам человек. Иными словами, уверенность в помощи Творца должна базироваться на том, как это понимает Творец, а не человек.

Человек называется «другим» согласно словам мудрецов[103]: «Всякий, кто сочетает духовную работу с чем-то другим, искореняется из мира, как сказано: "Кроме одного лишь Творца"[104]». Следовательно, надо устремляться ради одного лишь Творца, без самонаслаждения, которое зовется получением. Иными словами, даже если человек, реализующий принцип отдачи, строит намерение на Творца, но желает также немного пользы для себя, – он искореняется из мира.

Что значит «искореняется из мира»? Неужели те, кто не сумел верно направить все свои дела, искореняются из мира? Здесь следует понимать, о каком мире идет речь. Согласно науке каббала, имеется в виду вечный мир, зовущийся миром Творца. Там признано имя Творца – Добрый и Творящий добро. И там проявлен Его замысел – Его желание доставить благо Своим творениям.

С этой целью Он создал духовный мир, и из него человек искореняется, то есть не может заслужить, чтобы ему раскрылось благо и наслаждение. Причиной тому – исправление сокращением, произведенное, чтобы человек обрел слияние, подобие свойств. Поэтому, когда человек хочет получить также немного пользы для себя, отдаляясь в той же мере от слияния с Творцом, – само собой, он не может обрести благо и наслаждение, заложенные в цели творения. И потому он искореняется из духовного мира.

Из всего вышесказанного следует, что если человек хочет знать, не обманывает ли он себя, и хочет ли служить Творцу с одним лишь намерением доставлять Ему удовольствие, тогда, говорит Книга Зоар, моля Творца о помощи, он, конечно же, должен быть уверен, что Творец поможет ему. Иначе, без уверенности, как можно просить, если человек не полагается на помощь Творца? В таком случае нет места для молитвы, поскольку человек не

---

[103] Трактат «Сукка», 45:2.
[104] Тора, Шмот, 22:19. «Да будет истреблен жертвующий богам – кроме одного лишь Творца».

может молить и просить кого-то об услуге, если не знает, что тот в силах оказать ему эту услугу.

А потому, моля Творца, человек непременно должен быть уверен, что тот, конечно же, поможет ему. Если же человек видит, что Творец не помогает ему согласно его пониманию, и, как следствие, сомневается в Творце, который, возможно, не слышит молитву, – тогда, говорит Зоар, он должен молиться и полагаться на то, что Творец обязательно поможет нам согласно Его пониманию. Ведь этот человек хочет заниматься как раз тем, что устремлено лишь на благо Творцу, а не на собственную выгоду.

В таком случае, какая разница, как человек работает и совершает отдачу Творцу? Он должен верить, что если, согласно пониманию Творца, ему на пользу работать в текущем состоянии, то неважно, что, по его оценке, Творец получит больше удовольствия, оказав помощь в соответствии с логикой человека – с тем, как человек понимает, что́ лучше для Творца.

Напротив, он должен полагаться на то, что Творец поможет ему согласно Своему пониманию. Об этом и говорит Книга Зоар: «Пускай возлагает уверенность на то, что Творец поможет ему как должно». Иными словами, Творец понимает, что человек должен пребывать лишь в таком состоянии. И в рамках этого состояния человек должен просить Творца о помощи (то есть в текущем состоянии человек понимает, что это ему и нужно, – и что понимает, того и просит: лишь бы Творец «сделал как Ему угодно»[105]).

Итак, в каком случае можно сказать, что человек согласен с волей Творца и не будет упрямствовать, желая, чтобы Творец помог ему согласно его собственному пониманию? Именно в том случае, когда человек просит согласно своему пониманию и молит Творца о помощи, как он ее понимает, но все равно отменяет свое желание перед волей Творца. Тогда можно сказать, что он «возлагает уверенность на то, что Творец поможет ему как должно» – согласно Своему пониманию, а не пониманию человека.

---

105   Пророки, Шмуэль, I, 3:18.

Сказано об этом: «отмени свое желание перед Его желанием»[106]. Если же у человека нет никакого желания достичь некоей цели, когда он молит Творца о помощи в ее достижении, то, само собой, нельзя сказать, что он отменит свое желание перед волей Творца и скажет: «Я хочу того, чего мне недостает в моем понимании, а Ты поступи со мной согласно Твоему пониманию». Так человек отменяет свое желание перед волей Творца.

Однако, для чего человеку нужно отменять свое желание? Если же у него нет желания, чтобы было что отменять, – выходит, он несовершенен? Логика, наоборот, обязывает к тому, что если человек согласен с волей Творца, это лучше, чем когда его желание отличается от воли Творца и он должен его отменить. В таком случае в нем как будто есть нечто дурное, и он должен отменить это зло. Разве не лучше было бы, если бы в нем совсем не было зла?

Дело в следующем. Как известно, чтобы духовный сосуд был готов получать изобилие блага и наслаждения, он должен отвечать двум условиям:

1) наличие «толщи» желания получать благо и наслаждение (авиют);

2) наличие экрана (масáх), чтобы получать благо и наслаждение не согласно своему желанию и устремлению, а в силу того, что это порадует Творца, – что называется, получать, чтобы доставлять Ему удовольствие.

Если же у человека нет сосуда получения, то есть нет стремления к удовольствию и наслаждению, тогда он не готов получать изобилие свыше, так как не бывает наполнения без потребности. Поэтому необходимо стараться создать в себе потребность – стремление к тому, чтобы Творец приблизил человека и дал ему от всех благ, какие Он может дать. Человек стремится получить это, вместе с тем отменяя свое желание и полагаясь на то, что Творец, конечно же, поможет ему и даст то, что считает нужным

---

106 Трактат «Авот», 2:4.

для его блага. Как следствие, тогда у человека нет претензий из-за того, что Творец не помогает ему согласно его пониманию.

Это и означает, что человек отменяет свое желание, говоря: «Я делаю свое дело – то, что мне во благо согласно моему пониманию. А также я понимаю и верю, что Творец, конечно же, лучше знает мое состояние. И я согласен реализовывать принципы отдачи, как будто Творец помог мне согласно моему пониманию того, как Он должен ответить мне на молитву. И хотя я вижу, что Он не дал мне никакого ответа на то, что я просил, все равно я верю, что Творец слышит мою молитву и отвечает мне согласно тому, что хорошо для меня. Поэтому я всегда должен молиться, чтобы Творец помогал мне согласно моему пониманию, а Творец помогает мне согласно Своему пониманию того, что для меня хорошо».

Здесь возникает вопрос: если Творец в любом случае помогает согласно Своему пониманию, то зачем человеку нужна молитва? Раз Творец не отвечает на молитву – за исключением молитвы о том, чтобы Он поступил по Своему разумению, – в чем польза от молитвы человека? И для чего Творцу нужно, чтобы мы молились о том, чего нам недостает согласно нашему пониманию, а Он отвечал согласно Своему пониманию?

Однако же следует знать, что такое молитва. Мы молим том, чего нам недостает, и мы, безусловно, знаем, чего нам недостает, – и мы хотим, чтобы Творец ответил нам на нашу молитву согласно нашему пониманию, так что, если Он выполнит нашу просьбу, мы будем счастливы, поскольку Он дал нам всё, чего нам недоставало.

Следует знать, что существует правило: «нет света без сосуда». Это значит, что не может быть наполнения без потребности. При этом даже если, допустим, человек знает, чего ему недостает, все равно это не является потребностью, которая будет наполнена. Если человек думает о недостающем, это еще не говорит о том, что у него есть потребность. Ведь потребность – это то, чего не хватает человеку по-настоящему, а не просто то, чего у него нет. У человека нет многих вещей, и тем не менее, это еще не является потребностью, создающей место для наполнения.

Возьмем, к примеру, человека, живущего в стране, где провели президентские выборы и избрали кого-то в президенты. Человек же остался простым гражданином и не испытывает никаких страданий из-за того, что президентом выбрали не его. Однако другой человек, полагавший, что его выберут в президенты, и приложивший много сил среди друзей и известных людей, чтобы они помогли ему в этом, в итоге, когда выбрали другого, остался лишь со своим желанием. Разумеется, эти двое отличаются друг от друга, и хотя оба остались ни с чем, не став президентами, тем не менее, огромное различие лежит между тем, кто приложил силы, чтобы стать президентом, и остался с желанием без наполнения, и тем, кто хотя и не стал президентом, но не испытывает страданий из-за того, что его не избрали. Даже если бы его захотели сделать президентом, у него нет для этого сосудов-желаний, позволяющих выполнять президентскую должность.

Сосуд для наполнения – это желание чего-либо. Такое желание, когда человек терзается по тому, чего он желает. Даже если человек хочет чего-то, и кажется, что это уже можно назвать желанием, но это еще не настоящая потребность – такая, чтобы желание это было способно получить наполнение.

Ведь потребность – это терзания по недостающему. А наполнение – это наслаждение тем, что достиг желаемого. Таким образом, насколько человек страдает от недостатка, в той же степени он может насладиться наполнением.

Отсюда понятно, что такое молитва, с которой мы обращаемся, чтобы Творец помог нам согласно нашему пониманию. Нам надо верить, что «Он слышит молитву всех уст», и вместе с тем полагаться на Творца, слышащего молитву всех уст. Но полагаться не на то, что Творец должен помочь согласно пониманию человека, а на то, что Творец поможет согласно Своему пониманию.

Мы задали вопрос: в таком случае зачем человеку нужна молитва? Ведь Творец всегда поступает согласно Своему пониманию. Однако же благодаря молитве расширяется желание наполнения. Чем больше человек молится, тем больше его потребность, и он начинает чувствовать недостаток в том, о чем просит. Когда он начинал просить какого-то наполнения своей потребности, сам он еще не чувствовал, что ему по-настоящему недостает того, о чем он просит. Просто он видел, как другие просят какого-то наполнения, слышал от товарищей, что надо просить у Творца какого-то наполнения, – и сам тоже начал молить Творца, чтобы Он дал ему желаемое. Но сердцем человек еще не ощущал настоящей потребности в том, чего просил.

Однако, продолжая молиться, человек сам начинает вникать: действительно ли ему необходимо то, о чем он просит, или это для него лишь добавка, то есть он желает излишества? Таким образом, он делает то, что положено, но при этом желает излишества, духовной добавки для себя – вместо того чтобы быть простым человеком, подобно всем, кто служит Творцу.

Благодаря этому анализу собственных молитв человек осознаёт, что он действительно нуждается в помощи Творца – в том, чтобы Творец помог ему осуществить что-то духовное. Молитвы привлекают внимание человека к себе самому: ради чего он молится? «Ведь молитвы эти составлены мудрецами. Действительно ли мне недостает того, о чем, по их словам, мы должны молиться? Или мне недостает прочих вещей, о которых стоит просить по логике моего тела?»

Таким образом, продолжая молиться, человек начинает испытывать подлинную потребность, вплоть до страданий от недостатка. И это придает ему настоящее желание, чтобы Творец приблизил его к Себе. Это и есть помощь Творца, как сказано в Книге Зоар: «Пускай возлагает уверенность на то, что Творец поможет ему как должно». Иными словами, нужна уверенность, что Творец поможет в ответ на молитвы согласно Своему пониманию того, как надо ответить человеку.

Теперь проясним дальнейшие слова Книги Зоар: «"Счастлив человек, сила которого в Тебе" - сказано об этом: "Творец даст силу Своему народу". Это означает Тору. "Сила которого в Тебе" - иными словами, человек должен заниматься Торой во имя Творца, то есть Шхины, которая называется "Имя"».

Следует понять эти слова: «во имя Творца, то есть Шхины, которая называется "Имя"». Известно, что мы должны выстраивать одно лишь намерение – доставить удовольствие Творцу. В таком случае, почему, комментируя слова Зоара, Бааль Сулам пишет, что человек должен заниматься Торой во имя Творца, то есть Шхины, которая называется «Имя»? Выходит, реализуя принципы Торы, мы должны строить намерение для Шхины? Тогда надо понять, что значит «для Шхины». В нескольких местах Книги Зоар сказано: «поднять Шхину из праха». Следовательно, надо понять это разночтение: Творец и Шхина.

В предыдущих статьях мы привели объяснение Бааль Сулама на слова Зоара: «Он – обитающий (Шохен), а она – обитель (Шхина)»[107]. Смысл в том, сказал Бааль Сулам, что место, где Обитающий раскрыт, называется Шхиной. В таком случае это не две вещи, а одна. Иными словами, есть свет и сосуд, и постичь Творца можно только посредством сосудов, которые постигают Его. Поэтому, когда речь идет о Творце, мы говорим лишь о том, как Творец раскрывается нам посредством сосудов.

С другой стороны, о свете без сосуда мы не говорим вовсе. Замысел творения, заключающийся в том, чтобы доставить благо Его созданиям, мы называем именем «Бесконечность», то есть «Дающий благо». Таким образом, Дающий благо совершает отдачу творениям, а сосуд, в котором проявляется изобилие, называется Малхут, или Шхина, в которой раскрыто благо и наслаждение.

Отсюда следует, что поскольку Творец желает давать творениям благо и наслаждение, только у низших нет сосудов для получения, так как получающие противоположны по свойствам Дающему, и, само собой, благо и наслаждение не раскрыты, – постольку в мире есть злое начало, которое представляет духовное, то есть отдачу, как нечто плохое. Лишь то, что можно получить ради получения, хорошо для него.

Как следствие, у низших нет возможности сделать что-то ради отдачи – ведь человек не причиняет зло себе самому. Таким образом, у человека нет возможности обрести горючее для работы

---

[107] См. Предисловие Книги Зоар с комментарием «Сулам», п. 228. «Зеир Анпин зовется обитающим (Шохен), а Нуква – обителью (Шхина)».

ради отдачи. И само собой, высшее изобилие – благо и наслаждение – не может раскрыться низшим.

Как следствие, имя Творца – общее имя «Добрый и Творящий добро» – исчезает и скрывается от низших. Это имя, зовущееся Шхиной, представляет имя Творца в категории Доброго и Творящего добро. И имя это находится в изгнании – иными словами, начав немного работать на отдачу, мы сразу же ощущаем изгнание в этой работе и хотим сбежать от этих состояний. Ведь пока человек погружен в себялюбие, у него нет никакого понятия о работе ради отдачи – и как только он почувствовал, что следует принципу отдачи без всякого получения, у него темнеет в глазах и он хочет сбежать от этого состояния, подобно тому, кто хочет сбежать из изгнания, в которое его отправили.

Подобно этому, человек, совершивший преступление против государства и наказанный изгнанием, постоянно думает о том, как сбежать оттуда. Так же и человек, ощущающий, что от этой работы его эгоистическому желанию не достанется ничего, – в таком случае у него нет желания работать, и тогда он хочет сбежать прочь с поля боя. И потому имя Творца, то есть Шхина считается тогда находящейся в изгнании. Иными словами, человек ощущает вкус изгнания в этой работе.

А потому мы молим Творца и реализуем принципы Торы, чтобы «поднять Шхину из праха». Имеется в виду место Шхины, представляющей имя Творца. Иными словами, Добрый и Творящий добро раскрывается в сосудах отдачи, и человек ощущает в этой работе вкус праха. А также это называется «Шхина в изгнании», поскольку человек ощущает в ней вкус изгнания и хочет сбежать из него – сбежать от духовной работы. А духовное – это намерение доставить удовольствие Творцу.

И потому мы должны просить индивидуального избавления – чтобы каждый почувствовал, что вышел из изгнания. Иными словами, чтобы, работая ради отдачи, ощущал, что он находится в земле Исраэля (ישראל, то есть своим желанием[108] стремится лишь «прямо к Творцу» (ישר-אל), что и называется землей Исраэля.

---

108 *Желание* (рацо́н – רצון) и *земля* (э́рец – ארץ) – родственные слова.

Признак этого – когда человек может от чистого сердца сказать: «Благодарим Тебя, Творец, за то, что Ты дал в наследственный удел нашим отцам землю желанную, добрую и обширную»[109]. Иными словами, помимо того, что мы должны молиться за общее избавление, мы должны молиться также за индивидуальное избавление.

Таким образом, место и время изгнания, вкус которого человек чувствовал, – это когда ему открывалась картина отдачи лишь ради Творца, а не для собственной пользы, и он ощущал изгнание и вкус праха. А во время избавления, выходя из изгнания, он ощущает в работе на отдачу вкус желанной, доброй и обширной земли.

Итак, земля изгнания – это состояние, в котором мы ощущаем вкус страданий и постоянно ищем, как сбежать с этой земли. А выход из изгнания означает, что человек вступил в желанную, добрую и обширную землю, о которой мы говорим: «Благодарим Тебя, Творец…» Это и есть земля Исраэля, и к этому избавлению нам надо стремиться.

Однако здесь сам собой возникает вопрос: почему человек ощущает вкус праха в работе на отдачу и хочет сбежать от нее, как из изгнания?

И хотя тому есть много причин, следует также добавить вот какую. Поскольку существует правило о том, что нет света без сосуда, то есть нет наполнения без потребности, постольку сначала надо войти в изгнание – испытать страдания от этой работы. Ведь тело, то есть получающее желание, отвергает эту работу и противится ей, так как она противоречит его природе. И человек испытывает страдания, находясь в изгнании.

Таким образом, речь именно о тех, кто ведет работу на отдачу. Тело сопротивляется, но они не капитулируют перед его доводами и страдают от него – от того, что оно сопротивляется им. И не бегут с поля боя, но постоянно ведут войну со злым началом:

---

109   Из благословения после трапезы с хлебом.

иногда берет верх человек, иногда тело. И постоянно он испытывает подъемы и падения, и нет покоя его душе.

В этих страданиях человек не похож на других людей, которые, видя, что тело противится работе на отдачу, сразу же бегут от такой работы. Они не испытывают страданий, так как не ведут эту работу, чтобы ощутить вкус изгнания, когда тело сопротивляется им. Они сдаются во власть тела и говорят об этом то же, что утверждали разведчики, злословившие на землю Исраэля[110].

Как мы сказали в предыдущих статьях с цитатами из Книги Зоар, само собой, у них нет сосудов, чтобы они смогли получить избавление. Разъясняется об этом[111]: «Изгнание – суть отсутствие, предшествующее существованию. И оно относится к избавлению. Все буквы избавления (גאולה) мы находим в изгнании (גולה), кроме буквы алеф (א), которая указывает на Властелина (Алу́ф – אלוף) мира. Это говорит о том, что форма отсутствия есть не что иное, как отрицательная стадия существования».

Поэтому мы говорим: «Благодарим Тебя, Творец, за то, что вывел нас из земли Египта и освободил нас из дома рабства»[112]. Смысл в следующем: чтобы мы достигли желанной, доброй и обширной земли, необходимо сперва пройти этап формирования сосудов, то есть находиться в земле Египта и видеть себя рабами, работающими на Фараона, царя египетского. Тогда муки изгнания порождают потребность в молитве к Творцу, чтобы Он вывел нас из изгнания, как сказано: «И застенали сыновья Исраэля от работы, и возопили, и поднялся их вопль к Творцу»[113]. Таким образом, изгнание – это сосуд, а избавление – это свет и изобилие.

Итак, комментарий «Сулам» разъясняет, что имя Творца – это Шхина. Мы спросили: почему, реализуя принципы Торы, надо строить намерение ради Шхины? И объяснили это словами Бааль Сулама о том, что Обитающий (Шохен) и обитель (Шхина) – это

---

110 См. Тора, Бемидбар: «И распускали худую молву о земле, которую осмотрели» (13:32), а также: «Склонили они сердце сыновей Исраэля не идти в эту землю» (32:9).
111 Бааль Сулам, «О Йехуде».
112 Из благословения после трапезы с хлебом.
113 Тора, Шмот, 2:23.

одно и то же. Просто то место, где Обитающий раскрыт, называется обителью.

Понять это можно на примере. Допустим, мы называем кого-то мудрым, или богатым, или щедрым. Являются ли все эти имена чем-то другим, то есть отдельной от самого человека сущностью? Это один человек. Когда людям раскрывается его мудрость, они зовут его мудрым, или, соответственно, богатым. Иными словами, имя проистекает из того, что раскрыто другим. Таким образом, его имя – это лишь раскрытие от Творца.

Важность общей молитвы
Статья 7, 1986

Сказано в Книге Зоар[114]: «Сказал рабби Шимон: общая молитва восходит пред Творцом, и Творец украшается этой молитвой, ибо она восходит несколькими путями: один просит милости (хасадим), другой – мужества (гвуро́т), третий – милосердия (рахамим). Она включает в себя несколько сторон: правую, левую и среднюю. И поскольку включает несколько путей и сторон – становится венцом и возлагается на голову праведника, дающего жизнь мирам, то есть Йесода, несущего всё избавление Нукве, а от нее – всему обществу.

Яаков включал все три линии. И потому Творцу была желанна его молитва, пребывающая в полном совершенстве всех трех линий, подобно общей молитве. Поэтому сказано: «Устрашился Яаков очень, и стало тесно ему»[115] – так как Творец устроил ему это, чтобы он молился, поскольку желал его молитву».

Здесь мы видим, что Зоар разъясняет общую молитву на одном человеке, и говорит, что Яаков включал три линии. Однако во всех местах, где говорится об общей молитве, это просто означает молитву многих: «Сказал рабби Йоханан от имени рабби Шимона Бар Йохая: почему сказано: «А я – молитва моя к Тебе, Творец, время желания»[116]? Когда наступает время желания? Когда молится общество»[117].

Отсюда проистекает простой смысл общей молитвы: когда молятся вместе.

А также следует понять слова Зоара о том, что «молитва становится венцом и возлагается на голову праведника, дающего

---

114 Книга Зоар с комментарием «Сулам», гл. «Ваишлах», п. 45.
115 Тора, Берешит, 32:8.
116 Писания, Псалмы, 69:14.
117 Трактат «Брахот», 8:1.

жизнь мирам». Что значит «становится венцом на голове»? Ведь венец – это царская корона, венец царства. В чем же смысл того, что благодаря молитве у него на голове появляется венец? Что позволяет нам понять важность и величие молитвы? Ведь выходит так, что он хочет раскрыть важность молитвы и потому говорит нам: «Знайте, что из молитвы делается царский венец».

Далее сказано, что это зовется Йесодом и он «несет всё избавление Нукве, а от нее – всему обществу». Нужно понять, почему венец возлагается именно на Йесод. Ведь известно, что молиться надо Творцу. В таком случае как понять, что общая молитва становится венцом именно на Йесод? И как понять, что Йесод совершает отдачу Нукве (Малхут), а от нее – обществу?

По вопросу об «общей молитве» Бааль Сулам объяснил: когда человек молится за многих, это называется молитвой многих. Вот почему она зовется «время желания». Когда человек молится за себя, тогда есть обвинители, оспаривающие, действительно ли стоит принять его молитву. Если же он молится за многих, нет смысла рассматривать, достоин ли он ответа на свою молитву, – ведь он ничего не просит для себя, а просит только для общности. И потому сказано, что молитва многих – это время желания, когда молитва человека принимается.

Из того, что разъясняется в нескольких местах комментария «Сулам», следует, что под молитвой многих имеется в виду Малхут, зовущаяся «собранием Исраэля» или Шхиной. Она называется «многие», потому что включает все души. А поскольку Шхина находится в изгнании, мы просим за изгнанную Шхину, зовущуюся иногда «Шхиной во прахе». Все эти имена показывают нам суть цели творения, призванной доставить благо созданиям Творца.

Как известно, для того чтобы проявить совершенство действий Творца, было произведено Первое сокращение. Его смысл в следующем: где есть лишь сосуд, получающий ради получения, из того места скрыто высшее изобилие. Оно приходит лишь в то место, где мы можем выстроить намерение ради отдачи. А поскольку человек, по природе своей, рождается лишь получающим, постольку в том месте, где видит свое получающее свойство – себялюбие, – он не может получать. Напротив, он всё должен делать для Шхины, то есть для Малхут, и только посредством этого в Малхут раскроется слава Творца. Ведь только когда Творец может раскрыться низшим, видно имя Его славы. Сказано об этом, что место, где раскрывается Обитающий (Шохен), зовется обителью (Шхина)[118]. И об этом слова: «Да возвысится и освятится Его великое имя»[119]. Ведь тогда имя Творца, зовущегося «Добрым и Творящим добро», раскрывается в мире. И поскольку тогда все постигают цель творения – доставить благо Его созданиям, – поскольку уже есть достойный получения сосуд – намерение ради отдачи, называющееся слиянием с Творцом.

Таким образом, поскольку творения, по природе своей, способны получать лишь эгоистически и без преодоления своей природы не могут действовать ради отдачи, постольку они приводят к тому, чтобы Малхут оставалась во прахе, то есть не могут видеть ее высоту. Иными словами, не могут видеть то, что ей следует получать от Творца, поскольку всё скрыто из-за сокращения.

И нам нужен самоотчет. Иными словами, мы должны верить в слова мудрецов о том, что все услады, кроющиеся в материальных удовольствиях, – это лишь тонкое свечение[120] в сравнении с духовными наслаждениями, как сказано[121]: «Это было также причиной разбиения сосудов, произошедшего до сотворения мира. Ведь вследствие разбиения духовных сосудов и их падения в разобщенные миры БЕА вместе с ними упали в скверну и искры отдачи. Из-за них под власть скверны попали удовольствие и любовь всевозможных видов, потому что они передают эти искры человеку для получения и самонаслаждения».

Таким образом, основные наслаждения находятся в духовном. Однако мы наблюдаем обратное: в материальном каждый видит,

---

118 См. Предисловие Книги Зоар с комментарием «Сулам», п. 228. «Зеир Анпин зовется обитающим (Шохен), а Нуква – обителью (Шхина)».

119 Слова из молитвы Кадиш и др.

120 См. напр. Предисловие Книги Зоар с комментарием «Сулам», п. 23: «Другая сторона может существовать лишь за счет того, что духовное светит ей тонким свечением». Книга Зоар с комментарием «Сулам», гл. «Берешит», ч. 2, п. 40: «Внешняя часть внешней Малхут светит им тонким свечением».

121 Предисловие Книги Зоар с комментарием «Сулам», п. 175.

что ему есть чем наслаждаться. С другой стороны, когда дело доходит до духовной работы, невозможно призвать человека к реализации принципов отдачи, не пообещав ему вознаграждения за эту работу. Ведь реализуя принципы отдачи, он не чувствует в этом никакого вкуса. Напротив, именно когда ему обещают вознаграждение, и он верит в это, тогда он может работать над реализацией принципов отдачи – поскольку получит оплату.

Когда же человек занят материальными вещами, будь то еда, питье, деньги, почести и т.п., он не задается вопросом о том, для чего ему это нужно. Ведь когда человек чувствует наслаждение, он не спрашивает: «С какой целью я его получаю?». Всё, о чем он может помышлять, получая наслаждение, – это как расширить его количественно и качественно. И никогда человек не задумается о самом получении удовольствия: «Для чего я его получаю?».

Иногда бывает так, что человек получает удовольствие от того, за что он ему не пришлось ничего заплатить. И хотя ему очень приятно, все же у него возникает вопрос: в чем цель этого наслаждения? Пример бесплатного наслаждения – отдых. Его не надо покупать, это удовольствие человек получает не за деньги. Часто бывает так, что человек спрашивает себя: «Что я заработаю, наслаждаясь отдыхом?»

Однако, когда человек получает настоящее удовольствие, в таком состоянии ему никогда не приходит в голову мысль о том, в чем цель этого наслаждения. Если же он все-таки задумывается о том, какова цель наслаждения, которое он сейчас испытывает, значит, это наслаждение не настоящее. Ведь в его разуме еще остается место для размышлений о цели – признак того, что в наслаждении этом чего-то недостает. А если есть недостаток, человек может задуматься о другой цели, отличной от той, которую он ощущает сейчас.

Из всего вышесказанного следует, что основной вкус жизни и наслаждений кроется в реализации принципов Торы. Там заложен высший свет в качестве «вложения», как сказано[122]: «Когда

---

[122] Предисловие Книги Зоар с комментарием «Сулам», «Мар'от а-сулам», п. 1.

удостаиваются «услышать голос Его речения»[123], 613 принципов отдачи становятся вложениями (пку́дин), от слова вклад (пикадо́н). Ибо есть 613 принципов отдачи, в каждом из которых заложен свет определенной ступени, соответствующей определенному органу из 613 органов и связок души и тела. Таким образом, реализуя принцип отдачи, человек привлекает к соответствующему органу в его душе и теле ступень света, относящегося к этому органу и связке. Такова лицевая сторона принципов отдачи».

Итак, посредством реализации принципов отдачи раскрывается цель творения – доставить благо созданиям Творца. Однако комментарий «Сулам» говорит, что осуществляется это именно после того, как мы заслуживаем реализации принципов отдачи, «слыша голос Его речения». С другой стороны, когда мы реализуем принципы отдачи в качестве «исполняющих Его слово»[124], прежде чем удостаиваемся «услышать», эти принципы называются «советами» и представляют обратную сторону. Иными словами, в них еще не светит относящийся к ним высший свет, и они представляют собой советы о том, как достичь света лицевой стороны принципов отдачи.

Вся работа человека по укреплению и преодолению своих желаний и помыслов, мешающих ему идти путем истины, ведется лишь тогда, когда он пребывает в обратной стороне, в категории «исполняющих Его слово». В этом состоянии человек еще не чувствует высшего света, облаченного в принципы Торы, и потому всё делает из веры в то, что это большое достижение – возможность реализовывать принципы отдачи, пускай даже он не чувствует их важности, но всё делает верой выше знания. Ведь такова цель человека – прийти к слиянию с Творцом, – и он делает всё, чтобы достичь этого. А потому он выполняет всё и прилагает большие старания, где только возможно, и намерение его лишь в том, чтобы достичь совершенства.

---

123 См. Писания, Псалмы, 103:20. «Благословите Творца, ангелы Его, могущественные силой, исполняющие Его слово, чтобы слышать голос Его речения».

124 См. Писания, Псалмы, 103:21. «Благословите Творца, все воинства Его, служители Его, исполняющие Его слово».

Когда же человек видит, что после всех стараний и преодолений в стремлении возобладать над встающими перед ним помехами он, тем не менее, все еще стоит снаружи, и хотя слияние означает подобие свойств, он не сдвинулся еще ни на волос из себялюбия – действия, противоположного слиянию с Творцом, – тогда он молит Творца пролить свет на его глаза, чтобы он смог поднять Шхину из праха. Ведь когда человек хочет работать только для Малхут, чтобы в мире раскрылась слава отдачи, он ощущает вкус праха в этом состоянии. И он видит, что все, как и он, презирают отдачу, потому что не умеют ценить ее важность. Это и зовется «общей молитвой» – когда он молится за многих.

Здесь следует выделить две категории:

1. Малхут, зовущаяся «многими», поскольку она включает все души.
2. Общая молитва, когда человек молится за многих – чтобы многие осознали важность принципов отдачи. Иными словами, чтобы они удостоились 613 вложений, в качестве которых высший свет светит в каждом из принципов отдачи.

В конечном итоге две категории многих становятся едины. Иначе говоря, мы молимся, чтобы многие увидели величие и важность Малхут, зовущейся «многими». И произойдет это, когда все обретут сосуды отдачи. Тогда 613 принципов отдачи раскроются по принципу «услышать голос Его речения» и будут называться «613 вложениями».

Отсюда следует, что молитва многих не возвращается пустой, когда мы молимся за общность. Это называется «общность Исраэля», а также называется «Шхина». И поскольку общность состоит из нескольких категорий, постольку, говорит Зоар, общая молитва принимается по той причине, что в ней есть совершенство: «Творец украшается этой молитвой, ибо она восходит несколькими путями: один просит милости, другой – мужества, третий – милосердия».

Следует понять, почему нам нужно, чтобы молитва включала в себя всех. Есть правило: все детали восприятия, которые мы различаем в духовном, – это раскрытия, которые должны проявляться для исправления низших. Следовательно, раскрытие трех линий, которое мы называем совершенством, обусловлено тем, что Творец пожелал дать низшим изобилие, чтобы они могли использовать его без всяких изъянов, а не так, как было в мире Некудим, где произошло разбиение сосудов, поскольку там не было исправления через три линии, как говорит Ари.

Иными словами, когда высший дает низшему некое изобилие, он хочет, чтобы изобилие, получаемое низшим, пошло ему на пользу. Если же сосуд, в который должно поступить изобилие, несовершенен, тогда всё изобилие уйдет внешним силам. Вот почему произошло разбиение сосудов – изобилие вышло за пределы отдачи. Как следствие, изобилие не дается низшим, то есть молитва не принимается.

В этом суть исправления через три линии в общности. Смысл его в том, что Малхут, зовущаяся «многими», включила в себя общность. Иными словами, посредством исправления через три линии изобилие останется в рамках отдачи и не уйдет к внешним силам. Поэтому такая молитва может быть принята, то есть в ответ на нее могут дать изобилие.

В связи с этим Книга Зоар разъясняет, что «Яаков включал три линии». Ведь Яаков олицетворяет среднюю линию, в которую включены правая и левая. «И потому Творцу была желанна его молитва, пребывающая в полном совершенстве всех трех линий, подобно общей молитве». Иными словами, со стороны Творца нет никаких препятствий к тому, чтобы давать изобилие вниз – ведь Он желает доставить благо Своим творениям. Но Он как бы ждет сосуда получения со стороны низших, чтобы они были достойны получать.

Поэтому, когда со стороны низшего есть готовый сосуд, то есть молитва, являющаяся сосудом, который готов к получению, тогда стоит условие: изобилие не должно уйти к внешним эгоистическим силам. Следствием становится исправление на сосуд Малхут, которая должна передать изобилие низшим. Это и есть исправление через три линии.

Теперь разъясним дальнейшие слова Зоара, о которых мы задались вопросом. Он говорит: «Поскольку молитва включает несколько путей и сторон, она становится венцом и возлагается на голову праведника, дающего жизнь мирам, то есть Йесода, несущего всё избавление Нукве, а от нее – всему обществу».

Мы спросили: если молиться следует Творцу, то как понять, что общая молитва становится венцом именно на Йесод? Дело в том, что порядок наделения изобилием, поступающим к Малхут, называется «Йесод». Это значит, что все первые девять сфирот дают все свои свойства Йесоду, и он, как известно, зовется «всё».

Таким образом, речь всегда идет о Дающем[125] и получающем изобилие, который называется «Малхут». Как следствие, поскольку Наделяющий хочет давать и ждет, чтобы низшие предоставили сосуды, способные получить изобилие, постольку, когда молитвы восходят наверх в том порядке, который достоин быть принятым, они называются сосудом для получения изобилия. Тем самым сосуд поднимается к Дающему, а поскольку общий Дающий – это Йесод, выходит, что молитва поднялась к Йесоду.

Таким образом срабатывает правило: «действие внизу пробуждает действие свыше»[126]. Это значит, что благодаря пробуждению низших, когда они хотят сблизиться с Творцом и заслужить слияния с Ним, тогда они просят у Него помощи. Сказано об этом: «Кто пришел очиститься, тому помогают»[127]. «Если человек приходит очиститься, ему помогают чистой душой, очищают и освящают его, и он зовется чистым (дающим)»[128].

Отсюда мы видим, что, когда человек хочет улучшить свои дела, он приводит к взаимодействию (зивуг) наверху, благодаря чему вниз привлекается изобилие. Это и называется поднятием молитвы, когда мы вызываем недостаток наверху. И следует

---

125   На иврите слова *Дающий* и *изобилие* однокоренные. *Дающий* (משפיע) – букв. *наделяющий изобилием* (שפע).

126   См. Книга Зоар с комментарием «Сулам», гл. «Цав», п. 105.

127   Трактат «Йома», 38:2.

128   Книга Зоар с комментарием «Сулам», гл. «Ноах», п. 63.

понять, как можно говорить о том, что низшие вызывают недостаток наверху.

Для этого мы должны знать, что такое недостаток. Известно, что сосуд называется недостатком: если есть недостаток, то есть место, которому можно дать наполнение, чтобы заполнить недостачу. Со стороны Наделяющего нет никаких препятствий к отдаче – напротив, Он желает нести благо, а скрытие света, которое мы видим, вызвано тем, что у низших нет сосудов для получения изобилия. Поэтому, когда низший пробуждается, чтобы очистить себя, но ему недостает сил и он просит Творца о помощи, тогда этот недостаток поднимается наверх. В результате у Высшего появляется сосуд, которому можно дать изобилие. Это и называется поднятием молитвы.

Таким образом, когда молитва – недостаток, который низший просит заполнить, – восходит к Дающему, то есть к Йесоду, который совершает отдачу собранию Исраэля, то есть Малхут, тогда молитва становится венцом на его голове. Венец указывает на царскую корону, то есть важность Царя. Иными словами, когда есть раскрытие Его света, тогда все сознают важность Творца.

С другой стороны, во время скрытия лицевой стороны Шхина, то есть место раскрытия Царя, находится в изгнании и во прахе: мы не чувствуем никакого вкуса в духовном, а Тора и принципы отдачи отдают для нас прахом. Всё это потому, что у низших нет сосудов для получения изобилия. И как следствие, слава Творца оскверняется среди народов. Это значит, что, прежде чем достичь категории «иудей»[129], человек подобен категории «народы мира». Ведь известно, что каждый человек – маленький мир, в который включены «семьдесят народов» и «Исраэль».

Во время сокрытия, когда высшее изобилие не может раскрыться низшим, поскольку у них нет пригодных для этого сосудов, – как следствие, если дать им какую-то высшую подсветку, она уйдет к силам эгоизма. Поэтому высшее изобилие должно быть скрыто

---

129 Ивр. еһуди (יהודי) – от слова единство (ихуд – איחוד).

от них. Сказано об этом: «пал венец с нашей головы»[130]. Это означает, что важность Творца оскверняется.

Однако, когда человек приходит очиститься, то есть хочет, чтобы Творец приблизил его к Себе и дал ему сосуд отдачи, благодаря чему он достигнет слияния, тогда всё раскрывающееся высшее изобилие будет ради отдачи. Ведь человек хочет, чтобы свыше ему дали силы, которые позволят ему всегда оставаться в отдаче, то есть в слиянии. Тогда из его молитвы создается венец, царская корона, поскольку в таком случае признается важность Царя. В этом и заключается смысл слов Зоара о том, что молитва «становится венцом и возлагается на голову праведника, дающего жизнь мирам, то есть Йесода, несущего всё избавление Нукве, а от нее – всему обществу». Ведь благодаря молитве низшим дается высшее изобилие, и тогда раскрыто благо и наслаждение. Это и есть венец, царская корона, осознание важности Царя.

---

130 Писания, Эйха, 5:16.

Помощь, приходящая свыше
Статья 8, 1986

«Сказал рабби Шимон Бен Лакиш: злое начало берет верх над человеком каждый день, желая погубить его. Об этом сказано: «грешник наблюдает за праведником, желая его смерти»[131], и если бы Творец не помогал ему, сам бы не справился. И сказано: «Творец не оставит его в руках злого начала и не обвинит его на суде его»[132]»[133].

Книга Зоар говорит[134]: «Сказал рабби Хизкия: почему сказано: «И остался Яаков один»[135]? Где же были все станы ангелов, которые окружали его и шли вместе с ним? Сказал рабби Йехуда: причина в том, что он подверг себя опасности, оставшись один ночью, хотя явно видел эту опасность. А поскольку они пришли охранять его лишь от невидимой взору опасности, то покинули его. И тогда он сказал: «Мал я для всей милости и всей истины, что Ты содеял с рабом Твоим»[136]. И это те станы чистых ангелов, которые окружали его, а сейчас покинули его, поскольку он подверг себя явной опасности. Рабби Ицхак сказал: поэтому отделились от него окружавшие его чистые ангелы – так как он подверг себя явной опасности».

Итак, когда ангелы покинули Яакова? Когда он подверг себя опасности. То есть сначала он подверг себя опасности, а потом ангелы

---

131   Писания, Псалмы, 37:32.
132   Писания, Псалмы, 37:33: «Творец не оставит его (*праведника*) в руке его (*нечестивого*) и не обвинит его на суде его».
133   Трактат «Сукка», 52:2.
134   Книга Зоар с комментарием «Сулам», гл. «Ваишлах», п. 10.
135   Тора, Берешит, 32:25. «И остался Яаков один. И боролся некто с ним, до восхода зари».
136   Тора, Берешит, 32:11.

покинули его. И об этом сказано: «остался Яаков один». Таким образом, когда увидели – тогда покинули. Иначе говоря, один входит – другой выходит.

Следует понять, почему при явной опасности ангелы не пришли его охранять. Можно ли допустить, что они не в силах охранять его от реальной, видимой взору опасности, зато способны охранять его именно тогда, когда опасность не видна? Но если опасность не явная, то кому известно, что есть опасность, требующая охраны? Говоря иначе, кому опасность должна быть очевидна? Человеку? Или же если ангелы видят, что опасность явная, то уходят, хотя человек об этом и не знает?

Чтобы прояснить это в контексте духовной работы, прежде всего мы должны знать, что́ за опасность там имелась. А затем мы выясним, что такое явная опасность.

Известно, что порядок работы начинается с правой линии. Правая линия – это то, что не нуждается в исправлении. И наоборот, то, что требует исправления, относится к левой линии. Сказали об этом мудрецы: «Левая отталкивает, правая приближает»[137].

Как следствие, обучая человека путям духовной работы, начинают с правой линии. Ведь в ней нет никакой опасности для духовной жизни, поскольку человек всегда может продолжать. Правая линия зовется милосердием (Хесед). Это означает, что человек ценит работу на отдачу и считает, что Творец поступил с ним милосердно, дав ему мысль и желание реализовывать принципы отдачи. Человеку достаточно даже самого простого намерения, когда, реализуя принципы отдачи, он не знает правильных помыслов, а знает лишь, что выполняет предписания Творца, переданные нам через Моше. Этого довольно для того, чтобы обязывать к реализации принципов отдачи – каждого в мере его возможностей. Этого человеку достаточно.

А потому каждый раз, изучая Тору или реализуя ее принципы, человек благодарит и славит Творца за то, что Он милосердно поступил с ним, дав ему мысль и желание делать это. Как

---

137 Трактат «Санэдрин», 107:2.

следствие, реализуя каждый принцип, человек благодарит и славит Творца за то, что Он дал ему опору в Торе. И неважно, в какой мере. Пока у человека есть возможность, благодаря тому что тело позволяет ему учиться, – он учится и по мере сил старается выполнять принципы Торы. И он рад тому, что может выполнять желание Творца, – чего не дано другим, таким же, как он, людям. Иными словами, Творец не дал им разума и желания реализовывать Свои предписания.

Когда человек движется таким курсом, это еще не относится к правой линии. Ведь мы видим: когда есть лишь одна сторона и человек не видит второй, нельзя назвать этой правой линией. Сам термин правая означает, что есть и другая линия, – и тогда одну можно назвать правой, а другую – левой.

А потому, когда человека обучают идти путями Творца, ему говорят: знай, что Творец желает от тебя лишь одного – чтобы ты реализовывал принципы Торы в простейшем понимании. Этого тебе уже достаточно, и ты не должен выстраивать больших намерений, подобно большим праведникам. Напротив, Творец требует от человека выполнять принципы Торы согласно его разумению, сообразно свойствам каждого – его врожденным способностям. Невозможно требовать, чтобы человек реализовывал принципы отдачи, подобно людям с выдающимися талантами или большим мужеством. Каждый должен действовать согласно собственным врожденным свойствам. Сказал об этом Ари: «Ни один день не похож на другой, ни одно мгновение не похоже на другое, ни один человек не похож на другого, и гальбан исправит то, чего не исправит ладан»[138]. Иными словами, каждый человек должен исправлять собственную суть и собственное естество, с которым он родился, и от него не требуют ничего, что свыше его врожденных сил и разума.

Таким образом, согласно одной линии, человеку говорят: «Тебе не надо искать недостатки в своей работе. Если ты реализуешь принципы Торы в простейшем понимании, это уже очень много – ведь ты выполняешь предписания Царя». И человек должен

---

[138] См. Ари, «Древо жизни», врата 3, гл. 2.

производить для себя расчет, так чтобы дорожить своей работой в простейшем понимании. Иными словами, обращаясь к Творцу, человек должен ценить, с кем он говорит. Представляя себе, перед кем он стоит, человек, безусловно, испытает другое ощущение. И пускай даже он не знает смысла слов – это тоже очень важно. Ведь здесь главное не то, что он говорит, а то, с кем он говорит.

Поэтому, реализуя какой-либо принцип Торы, человек помнит о том, что не всем предоставлена такая возможность, тогда как ему посчастливилось – и за это он должен принести большую благодарность Творцу. Как следствие, когда в своем простом разумении человек верит в величие Творца и высоко ценит возможность выполнить Его волю, тогда он благословляет Творца и приносит Ему большую благодарность за то, что Он вознаградил его, дав то, чего не дал другим людям.

А также, благословляя за удовольствие, человек тоже благодарит Творца за способность верить в то, что Он предоставляет людям возможность наслаждаться. С другой стороны, другие лишены этого разумения, позволяющего верить, что Творец дал им всё то, чем они могут наслаждаться.

Отсюда мы видим, что надо благодарить Творца за самую малую часть отдачи, которая у нас есть, и придавать ей огромное значение. И хотя мы неспособны ценить ее, все равно должны верить в это. Бааль Сулам однажды сказал, что сколько бы мы ни должны были ценить важность работы на отдачу в намерении лишма – в действительности создаваемое нами намерение ло-лишма неизмеримо важнее того, как мы оцениваем лишма.

Говоря иначе, не в наших силах оценить удовольствие Творца от того, что мы хотим исполнить Его волю. Каждое действие, осуществляемое внизу, в этом мире, вызывает пробуждение наверху, в высших мирах. Сказано об этом в Книге Зоар: «Посредством действия внизу вызывается действие наверху»[139]. Но поскольку человек еще не заслужил того, чтобы войти в Царский чертог и

---

139   Книга Зоар с комментарием «Сулам», гл. «Эмор», п. 74.

обрести света́, обновляющиеся действиями низших, – ему остается лишь верить, что это так.

Например, когда человек обращается к Творцу, для Творца это действие обладает неизмеримой важностью. Ведь к действию как таковому нечего добавить, а значит оно полноценно. И оно важно перед Творцом, как будто человек произвел его с полным намерением законченных праведников. Ведь ему говорят, что праведники дополняют действие только намерением, но к действию как таковому добавить нечего. О нем сказано: «не прибавляй и не убавляй»[140].

Однако же человеку говорят: «Работа с намерениями – это не для тебя, она лишь для особенных людей». И, само собой, если в этом человек обретает полноценность, тогда всю свою энергию и силу он прилагает к сохранению всего того, чему его воспитали. Он знает, что ему надо лишь поддерживать количество. А о качестве, о совершенствовании намерений, то есть о причинах, обязующих его к реализации принципов Торы, он знает то, что ему передали в рамках воспитания: в общих чертах, у него будет этот мир, а также будущий мир – за его работу по соблюдению принципов Торы. Это и есть одна линия, но не правая, поскольку здесь еще нет левой линии, благодаря которой эту мы могли бы назвать «правой». Ведь нет правой линии без левой.

При таком подходе нет никакой опасности утратить духовную жизнь. Напротив, человек постоянно продвигается, поскольку расчеты его строятся на действии и каждый день его счет пополняют новые дела. Как следствие, человек постоянно идет вперед, поскольку неизменно видит, что каждый день он добавляет новые дела. К примеру, достигнув двадцатилетия, он знает, что у него уже есть семь лет выполнения принципов Торы[141]. А к тридцати годам его имущество из принципов Торы составляет уже семнадцать лет.

---

140 Тора, Дварим, 13:1. «Всё, что я предписываю вам, исполняйте на деле. Не прибавляй к тому и не убавляй от того».

141 В данном случае отсчет ведется с еврейского совершеннолетия – 13 лет.

Выходит, что это надежный путь, на котором нет никакой опасности для духовной жизни человека. Ведь у него имеется очевидная основа, чтобы измерять свое продвижение, – а потому путь этот считается надежным, и в нем не кроется никакой опасности для его духовной жизни. Говоря иначе, на этом пути не может случиться так, что человек упадет со своей ступени или придет однажды в отчаяние, увидев, что не преуспевает в работе. Напротив, он всегда может пребывать в душевном покое. Если же порой он сожалеет о чем-то в работе, то лишь об одном: ему больно, почему остальные люди вокруг него не служат Творцу как он. Только об этом человек сожалеет в своей работе. Зато, глядя на себя, он видит, что ему есть чему радоваться, поскольку у него, слава Богу, есть имущество из принципов Торы.

Другое дело, когда человеку говорят, что есть другой путь, зовущийся средней линией, на котором он видит, что хотя он выполняет принципы Торы, все равно он должен исправлять себя во время работы. Причем исправлять не действие – ему нужно исправление намерение. Суть в том, с каким намерением он производит свои действия. Иными словами, какая причина обязует его к выполнению принципов Торы. А это уже «опасный путь» – по двум причинам:

1. Человеку говорят: верно, что без оплаты работать невозможно. Каждый человек, выполняющий какую-либо работу – неважно, большую или малую, – нуждается в горючем, которое придаст ему силы для работы. Если же ему говорят, что оплата заключается в возможности доставить удовольствие Творцу, по принципу «чтобы всё его желание было призвано лишь на отдачу Творцу»[142] – эту причину тело не всегда принимает как достаточную, чтобы придать ему силы для работы. Ведь это противно человеческой природе, так как человек состоит из желания получать ради получения.

А потому, когда человек работает в одной линии, на той основе, что оплату в этом мире и в мире будущем он получит за свою

---

[142] См. Бааль Сулам, «Услышанное», ст. 15.

работу в этом мире, тогда тело может понять, что стоит работать для себя самого, наслаждаясь и получая оплату.

Но когда человеку говорят, что он должен работать с намерениями, устремляя каждое из своих действий к тому, чтобы доставить удовольствие Творцу, он остается без сил для работы. И тогда его тело требует объяснений: «Как такое возможно, чтобы я работал и поступался многим из того, чем тело может наслаждаться, – чтобы это доставило удовольствие Творцу?» На этом пути имеется опасность того, что человек утратит всю духовную жизнь, даже ту, которую он приобрел, работая в одной линии.

2. Вторая причина опасности заключается в следующем: пускай даже человек каждый раз преодолевает себя, желая работать ради отдачи, – однако видит, что с намерением он не справляется. Напротив, он все время видит обратное. Раньше, работая в одной линии, он видел, что продвигается. Спустя десять лет работы он набирал десятилетие в соблюдении принципов Торы; а спустя двадцать лет соблюдения принципов Торы он набирал уже двадцатилетнее имущество. Здесь же, в правой линии, наоборот, если спустя три года человек не может выстроить на свои дела намерение ради отдачи, то он еще больше разбит и сломлен. Ведь уже три года он работает на пути отдачи, а предъявить ему нечего, то есть в руках у него нет никакого имущества, хотя он вложил в работу три года. И тем более, если вложил пять лет и т.д. Поэтому, чем больше времени человек вкладывает в работу, тем хуже он в собственных глазах.

Однако, по словам Бааль Сулама, в действительности, с одной стороны, можно сказать, что человек как раз больше продвигается к истине, то есть к осознанию зла. Прежде чем приступить к работе, он думал, что вряд ли не сможет преодолеть свое зло. Сказано об этом: «Нечестивым злое начало представляется тонким волоском, а праведникам – высокой горой»[143].

А с другой стороны, человек должен видеть истину как она есть – то есть видеть, что его зло в итоге не отступило ни в малейшей

---

[143] См. трактат «Сукка», 52:1.

ступени. И тогда возникает опасность того, что человек придет в отчаяние. Ведь он не придает важности намерению ло-лишма, поскольку главное в работе – это доставить удовольствие Творцу, а в этом он видит, что неспособен преодолеть себя. Таким образом, продвижение в левой линии может совершенно отторгнуть его от духовной жизни. Ведь он уже недооценил намерение ло-лишма. Выходит, он ничего не добился ни в том, ни в другом, и у него нет никакой опоры для духовной жизни.

Потому-то человека и направляют лишь в одной линии. Но бывает, он пробуждается сам, от собственного порыва, и пускается в поиски истины: навсегда ли его наставили на этот путь или только в начале работы ему не раскрывали левую линию – то, что он должен исправить себя, так чтобы все его дела были ради отдачи.

Сказал об этом Рамбам[144]: «Сказали мудрецы: пускай человек всегда выполняет Тору, даже в эгоистическом намерении ло-лишма – и от него придет к альтруистическому намерению лишма[145]. Поэтому, когда обучают детей, женщин и необразованных людей в целом, то обучают их работать лишь из трепета и ради получения награды. Пока они не наберутся разума и мудрости, раскрывают им эту тайну постепенно и приучают их к этому понемногу, пока не постигнут Творца и не узнают Его из любви».

Таким образом, следует идти правой линией и левой линией. Иными словами, пускай даже человек уже знает, что есть истина – намерение лишма, – все равно если раньше он шел путем, на котором у него была лишь одна линия, то теперь линия эта получила новое название и называется «правой».

Однако если теперь мы называем одну линию правой, что это добавляет нам? Объяснение таково: теперь правой линии уже придано намерение. Иными словами, когда мы меняем название одной линии на «правую», это имя указывает на особое намерение, которого не было, когда она называлась «одной линией». Вот почему человеку нельзя отменять левую линию и идти в правой – ведь нет правой линии без левой. Отсюда непреложно

---

144 См. Рамбам, «Мишне Тора», «Законы возвращения», 10:5.
145 См., например, трактат «Псахим», 30:2.

следует, что когда человек шел одной линией, он не знал, есть ли другой путь, – теперь же, когда напротив него есть левая линия, одна линия зовется «правой».

Это значит, что полноценность, которую человек теперь обретает, вызвана не тем, что он продвигается без всяких недостатков. Напротив, он чувствует себя полноценным и радуется своей работе, как и до начала работы в левой линии, – по другой причине. Здесь, в правой линии, полноценность вызвана тем, что он видит себя простым человеком и знает, что есть путь истины, на котором надо работать ради отдачи. Однако человек видит, что он далек от этого, поскольку тело не позволяет ему целиком отменять себя перед Творцом, так чтобы все его задачи в жизни были направлены лишь на отдачу. И тем не менее, человек видит, что Творец все же дал ему силы слегка прикоснуться к отдаче, – а у других нет таких сил. Поэтому человек благодарит и славит Творца за это. И в таком состоянии он полноценен.

Однако теперь, когда человек начал работать в левой линии и понял, что главное – это работа на отдачу, как следствие, ему трудно довольствоваться малым. Если уж работать, то стоит работать, чтобы достичь совершенства. Но прикладывать силы лишь ради легкого прикосновения к работе на отдачу – для этого у тела нет горючего. Сказано об этом: «Везде где недостает отдачи, есть зацепка для сил скверны». Иными словами, эгоизм дает человеку понять: «Неужели ради столь малой оплаты – легкого прикосновения к отдаче – ты должен приложить столько сил?»

Таким образом, у эгоизма есть сила, чтобы отдалять человека от отдачи под очень благовидным предлогом. Ему не говорят, что не стоит прикладывать силы, чтобы достичь отдачи. «Разумеется, отдача, служение Царю – это большая вещь. Но ты же сам видишь, что у тебя нет для этого сил». Тогда возникает опасность – как бы человек, вообще, не забросил работу. Ведь тело теперь оказывает большое влияние на его работу, поскольку человек сам видит свои недостатки в ней.

С другой стороны, работая в одной линии, он знал, что в этом его совершенство. Ведь его изначально учили тому, что намерение лишма – удел больших людей, по природе, родившихся с большими талантами и хорошими качествами. К тому же они родились с большими силами, благодаря которым могут преодолевать свое тело, то есть имеют власть над собой. Они могут претворять в жизнь то, что им нравится, и никто сумеет их остановить.

«А от тебя требуется лишь то, что тебе по силам. Иными словами, на что ты способен, то и должен делать. Этим ты уже выполняешь свой долг. Ведь Тора дана не "ангелам служения", а всем – каждому согласно его возможностям».

Однако, начав продвигаться в левой линии, то есть ощутив, что он тоже должен достичь слияния с Творцом и работать на отдачу, отныне и далее человек уже неспособен чувствовать совершенство, работая в правой линии, поскольку ему мешает левая. Здесь начинается работа в вере выше знания: человек должен верить, что работа на отдачу очень-очень важна, и потому не имеет значения, достиг ли он совершенства – подлинного или того, которое заслужил. Пускай он еще не достиг высокой ступени – стопроцентной работы на отдачу, – а достиг лишь очень малой доли, – это для него огромное достояние, важность которого он не в силах оценить.

Таким образом, работая и продвигаясь в этой линии, человек дорожит отдачей, так что ее важность каждый раз повышается. Причина в том, что он должен верить выше знания в ее величие, пускай даже и не чувствует этого на деле. Человеку нужно сказать себе: «Я должен выше знания верить в важность принципов отдачи, потому что еще не достоин ощутить их важность и высоту. Известно, что пока человек погружен в себялюбие, он неспособен ощутить облаченное в них благо и наслаждение. Но в действительности, когда я буду достоин, я реально увижу это на деле».

Следовательно, человек должен верить выше знания не из-за недостатка в свете, облаченном в принципы Торы, а из-за недостатка в сосуде низшего, который еще не достоин этого. «Творец знает, когда я буду достоин, и тогда, разумеется, даст мне почувствовать вкус принципов Торы». Таким образом, мы должны верить выше знания не потому, что кроющееся в Торе благо и наслаждение нет возможности ощутить, так как свет скрыт и мы не можем его постичь. Ведь в таком случае что́ значат слова о том, что это «наша жизнь»[146], сказанные о принципах Торы? Напротив, человек должен верить выше знания всё то время, пока еще не исправил свой сосуд получения. Однако, когда он завершит свое исправление, благо и наслаждение распространятся в каждом из его духовных занятий.

Соответственно, если человек продвигается в правой линии и верит выше знания в ее важность, тогда в мере важности, которую он придает принципам Торы, он может ценить даже малое. Иными словами, даже от легкого прикосновения, пускай даже в зачатке намерения ло-лишма, он тоже может радоваться, поскольку практически выполняет предписание Творца.

Однако потом человек должен перейти к левой линии, то есть произвести критический разбор своего действия: подпадает ли оно под категорию советов о том, как достичь слияния с Творцом? Сказали об этом мудрецы: «Я создал злое начало и создал Тору как приправу»[147]. Действительно ли он идет к этой цели?

Это и значит подвергнуть себя опасности. А потому, когда человек пребывает в левой линии, основная его работа заключается в молитве – он должен взывать к Творцу о помощи свыше, как сказали мудрецы: «Кто пришел очиститься, тому помогают»[148].

Отсюда мы можем объяснить вопрос об ангелах, окружавших Яакова. Сказано в Книге Зоар, что ангелы пришли охранять его, – то есть это помощь, которая приходит свыше и призвана посодействовать ему, чтобы он смог продолжить свой путь. Однако содействие, приходящее свыше, начинается тогда, когда человек уже приступил к работе, стоит посередине и взывает о помощи. С другой стороны, пока он не приступил к работе, помощь ему не полагается.

---

146 См. второе благословение перед вечерним чтением молитвы «Шма»: «Ложась и вставая… будем радоваться словам Твоей Торы… ибо в них – наша жизнь и продление наших дней».

147 Трактат «Кидушин», 30:2.

148 Трактат «Йома», 38:2.

Поэтому, когда Яаков приступил к работе и, уже подвергнув себя опасности, попросил Творца о содействии, тогда ему были посланы ангелы для охраны, чтобы он смог победить в войне, в которую уже вступил. Другое дело, когда он уже завершил начатую им работу, получил содействие от ангелов и захотел начать новую работу под названием «малые кувшины»[149]. Начало этой работы – это тьма, зовущаяся «ночью». Это и есть «явная опасность». Ведь темное место – левая линия – представляет угрозу. Однако человек должен начать сам, в одиночку. А потом, когда видит, что не может справиться, он начинает просить помощи у Творца. И тогда снова получит помощь свыше.

---

[149] Переправив свой лагерь через реку, Яаков остался один (см. Тора, Берешит, 32:24-25). В трактате «Хулин», 91:1 сказано, что он остался с малыми кувшинами, которые не успел переправить.

Ханукальная свеча
Статья 9, 1986

Сказано в трактате «Шаббат»[150]: «Сказал Раба: «Ясно, что при выборе между домашней и ханукальной свечами предпочтительнее домашняя – ради мира в доме». Раши объяснил: «Речь идет о субботней домашней свече, когда человек беден и не может купить масло для двух свечей. О мире в доме сказано: «лишилась мира душа моя»[151]. Это указывает на зажигание субботних свечей, поскольку его домочадцы сожалеют, если сидят в темноте»[152].

А ханукальная свеча не предназначена для мира в доме, поскольку ее свет запрещено использовать. Об этом мы говорим после зажжения ханукальных свечей: «Эти свечи святы (чисты), и мы не вправе пользоваться их светом – но можем лишь смотреть на них»[153].

Нужно понять следующее:

1. Причина, по которой субботняя свеча предпочтительнее ханукальной, – мир в доме. Здесь требуется объяснение. Неужели это достаточное основание, чтобы отменить зажжение ханукальной свечи? Ведь ее святость столь важна, что, по словам мудрецов, запрещено пользоваться ее светом, – о чем сказано выше: «Эти свечи святы, и мы не вправе пользоваться их светом – но можем лишь смотреть на них». Возможно ли, что ради мира в доме, то есть по материальным соображениям, мы отменяем это предписание?

---

150 Трактат «Шаббат», 23:2.
151 Писания, Эйха, 3:17.
152 Комментарий Раши к Талмуду.
153 Из молитвы после зажигания ханукальных свечей.

2. В целом, надо понять, какова связь между субботней свечой и миром в доме, вытекающая из строфы: «лишилась мира душа моя», что указывает на зажигание субботних свечей.

Чтобы понять вышесказанное, сначала надо прояснить три вопроса:

1. Что такое суббота?
2. Что такое мир в доме?
3. Что такое Ханука.

Сказали мудрецы, что суббота «подобна грядущему миру»[154]. А также сказано: «Ты освятил седьмой день ради Своего имени, как назначение создания неба и земли»[155]. Назначение – это та цель, ради которой сотворены небо и земля.

Известно, что цель творения заключается в том, чтобы доставить благо созданиям Творца. Иными словами, чтобы создания получили благо и наслаждение. Это и есть «цель творения». А то, что предшествует цели, – это время работы. Отсюда вытекает вопрос: если цель заключается в доставлении блага, то зачем нужна эта работа?

Объяснение таково: во избежание чувства стыда нам дана работа, зовущаяся «исправлением творения». Смысл в том, что посредством этого исправления мы сможем получить благо и наслаждение, поскольку уже будем подобны Творцу по свойствам. В таком случае создания хотят совершать отдачу Ему так же, как Он желает совершать отдачу им. А когда творение работает на отдачу, уже нет места для стыда.

Отсюда следует, что данная нам работа относится к исправлению творения, а не к цели, поскольку цель в том, чтобы наслаждаться, а не работать. С другой стороны, то, что мы должны исправить, не относится к наслаждению, поскольку это дает Творец согласно цели. Однако благо и наслаждение, которое мы получим, должно быть совершенно, а совершенство состоит в том,

---

154 См. трактат «Брахот», 57:2.
155 Молитва Амида в вечер субботы.

чтобы мы смогли получать благо, не испытывая дискомфорта. И это подлежит работе, посредством которой мы должны заменить наши сосуды-желания, полученные от природы, и обрести другие сосуды, называющиеся «сосудами отдачи». Когда мы принимаем благо и наслаждение в сосуды отдачи, при получении изобилия уже нет места для дискомфорта.

Две категории, проясненные нами в контексте окончательного достижения цели творения, открываются нам в двух состояниях:

1. Порядок исправления творения заключается в том, что мы реализуем принципы Торы ради отдачи. В таком случае мы используем сосуды отдачи. Иными словами, поскольку есть действия и есть намерения, постольку в этом состоянии мы используем действия на отдачу, относящиеся к Торе и ее принципам. Действия эти означают, что человек работает по принципу: «Как Он милосерден, так и ты милосерден»[156].

Иными словами, человек хочет совершать отдачу Творцу подобно тому, как Творец желает совершать отдачу творениям. Поэтому если человек производит действия по примеру Творца, то есть идет Его путем, то он хочет, чтобы Творец платил ему вознаграждение за работу на благо творений. Однако здесь есть также работа с намерением – выстраивать такое намерение, которое будет соответствовать действию.

Ведь порой бывает так, что хотя действие человека лежит в отдаче, но намерение его иное. Иными словами, причина его отдачи – намерение получить потом оплату. Это называется «ло-лишма».

Как следствие, требуется большая работа, если человек хочет произвести действие на отдачу. И причина, обязующая его заниматься отдачей, кроется в том факторе, который побуждает его именно отдавать, а не получать. Говоря иначе, так уж заведено: когда любишь, в сердце пробуждается желание дать что-то любимому, и в этом проявляется любовь к нему. Так же и по отношению к важному человеку хочется проявить любовь, дав ему подарок.

---

156   См. трактат «Шаббат», 133:2.

Это называется: «уста и сердце равнозначны»[157]. Иными словами, действие и намерение человека равноценны, и нет в его сердце намерения, отличного от действия, – он дает, потому что его намерение устремлено на отдачу. И это называется «лишма».

2. Второе состояние – цель творения. Нам объясняют, что, достигнув ее, мы можем использовать сосуды получения, то есть получать наслаждения. Однако причина, по которой мы хотим получать наслаждения, обусловлена не наполнением наших желаний. Дело не в том, что мы стремимся к удовольствиям и потому хотим сейчас получить наслаждение. Напротив, здесь кроется совершенно иная причина, противоположная нашему действию. Мы стремимся совершать отдачу Творцу, а для себя самих не хотим получать что-либо в наше желание наслаждений, так как это отделяет нас от Творца.

Но что мы можем дать Творцу, чтобы Он насладился этим? И о чем можно сказать, что этого Ему как бы недостает? Можно назвать лишь одно: поскольку Он создал творение, чтобы принести благо Своим созданиям, постольку мы хотим получать благо и наслаждение, так как хотим исполнить Его желание нести благо.

Теперь мы можем разъяснить вопрос о том, что такое Ханука. Мы объяснили, что первое состояние – это работа по исправлению творения, чтобы обрести сосуды отдачи, с которыми мы сможем потом достичь цели творения. И это можно определить как «духовное», поскольку человек не желает совершать никакого действия для себя, но всё устремляет ради Творца. Сказали об этом мудрецы: «Олá – это жертва всесожжения, то есть вся она – Творцу, целиком духовна».

Чудо Хануки относилось к духовному. Сказано об этом: «Когда встало злодейское царство греков на народ Твой, Исраэль, чтобы заставить их забыть Твою Тору и отвратить их от законов Твоей воли, Ты в великой милости Своей встал за них в час беды»[158].

Из объясненного выше следует, что «духовное» – это использование сосудов отдачи. А власть греков проявлялась в том, что

---

157 Трактат «Трумот», 17:2.
158 Ханукальная молитва «Аль а-нисим».

они не давали делать ничего относящегося к сосудам отдачи, поскольку в этом была также власть над реализацией принципов Торы. Так происходило во внешнем. И тем более, внутри они властвовали над помыслами, чтобы у народа Исраэля не было возможности выстроить хоть какое-то намерение на отдачу. Наоборот, греки хотели, чтобы народ Исраэля погрязал в эгоизме и тем самым отделялся от Творца. Все помыслы сил скверны направлены лишь на то, чтобы отдалить Исраэль от Творца. А отдаление и разобщение возникает только вследствие различия по свойствам – то есть эгоизма.

Отвечая на вопрос мудрецов «что такое Ханука?»[159], Бааль Сулам объяснил: Ханука (חנוכה) значит хану-ко (חנו-כה) – «остановились здесь». Иными словами, 25 числа (כ"ה) месяца кислев[160] – это не конец войны, а лишь временная остановка. Аналогично, когда армия готовится к новому мощному наступлению, ей дают передышку, чтобы заново собраться с силами и продолжить войну. Но некоторые глупцы, сказал Бааль Сулам, получив приказ не идти вперед на врага, а отдохнуть, думают, что уже завершили войну и победа над врагом больше не нужна.

Таким образом, Ханука – это еще не окончательное достижение цели, а лишь исправление творения, посредством которого были исправлены сосуды отдачи – то есть действия на отдачу. И потому нельзя использовать свет Хануки, ведь его использование – это действие по получению, тогда как чудо относилось только к действиям на отдачу – их можно было совершать, строя намерение ради отдачи, что называется «лишма».

В этом и состояло чудо: народ Исраэля вышел из-под власти греков и мог идти верой выше знания, тогда как власть греческой скверны не позволяла производить никакого действия, не зная, для чего оно и какую выгоду принесет, а в особенности, пытаясь направить всё верой выше знания.

Из объясненного выше следует, что хотя ханукальная свеча символизирует духовное чудо – выход народа Исраэля на свободу

---

159 Трактат «Шаббат», 21:2.
160 День, когда Маккавеи освободили Храм.

из-под власти греков, – но это было только полдела. Иными словами, чудо Хануки исправило только сосуды отдачи, что является «исправлением творения», но еще не целью творения.

С другой стороны, суббота, которая «подобна грядущему миру», – это «назначение неба и земли», называющееся «целью творения». Назначение – суть окончательная цель. И подобие того, что раскроется в конце исправления, светит в субботу.

Вот почему суббота – это время получать наслаждение. Иными словами, мы используем сосуды получения и должны лишь строить намерение на отдачу. Все люди должны достичь этой ступени. Сказано: «не будет отторгнут от Него отверженный»[161]. Все придут к окончательной цели – к такому получению, которое будет ради отдачи.

Теперь разъясним заданный нами вопрос: какова связь между субботней свечой и миром в доме? Известно, что «домом» называется Малхут, получающая высшее изобилие в сосуды получения ради отдачи. Однако у Малхут много имен, и имя «дом» указывает на совершенство. Сказано об этом[162]: «Следует знать: когда человек пребывает во всем совершенстве, он считается сидящим в доме. Слово дом указывает на Нукву Зеир Анпина, которая светит светами мохин трех первых сфирот, как сказано: «Мудростью (хохма́) выстраивается дом»[163]. И потому те, кто получает от нее, считаются сидящими в доме. Однако, когда человеку нужны исправления, поскольку он несовершенен, тогда ему нужна охрана, чтобы за него не ухватились внешние силы, желая совратить его. И потому он вынужден выйти из дома, так как ему нельзя получать эти высокие света́ мохин из страха перед тем, как бы не стали прикармливаться от него внешние силы. И обязан человек выйти на путь Творца, чтобы получить нужные ему исправления. В это время ему разрешено получать света́ мохин от соединения Зеир Анпина и Леи, так как они представляют света́ хасадим, укрытые от света хохма́, и от них нет

---

161   Пророки, Шмуэль II, 14:14.
162   Книга Зоар с комментарием «Сулам», гл. «Ноах», п. 249.
163   Писания, Мишлэй, 24:3.

никакой подпитки внешним силам. Эти света́ мохин называются «постоялым двором»[164], так как предназначены для путников. И потому, хотя праведник Ноах «был непорочен»[165], все равно Книга Зоар уподобляет его гостю-путнику».

Отсюда мы видим, что в распорядке работы следует выделить два состояния:

1. Состояние под названием «дом».
2. Состояние под названием «гость-путник».

Когда человек еще не пребывает в совершенстве и должен выйти в состояние идущего по пути Творца, чтобы получить исправления, посредством которых он придет к совершенству, тогда он зовется путником. Такие люди пока что находятся в пути и еще не пришли к цели, которой должны достичь.

И пускай такой человек праведен, по примеру Ноаха, который был непорочным праведником, тем не менее, у него всё еще есть недостаток, так как он исправил лишь сосуды отдачи, зовущиеся «духовными сосудами». Это и есть «исправление творения»: человек уже способен отдавать ради отдачи – что относится к намерению лишма.

Отсюда понятно, что свеча Хануки (חנו-כה) означает лишь остановку, а не завершение работы. И потому нельзя использовать свет ханукальной свечи – ведь чудо относилось к духовным сосудам, а сосуды отдачи нельзя использовать, чтобы получить наслаждение от света. Вот почему на эти свечи мы «можем лишь смотреть».

Другое дело субботняя свеча. Ведь суббота – это «назначение неба и земли», «подобие грядущего мира», что относится к «цели творения» – доставить благо Его созданиям, чтобы они получили благо и наслаждение. Как следствие, этот свет принимается в сосудах получения, «получающих ради отдачи». То есть здесь используются именно сосуды получения.

---

164 На иврите слова *постоялый двор* (אכסניא) и *укрытые* (מכוסים) являются однокоренными.

165 Тора, Берешит 6:9. «Ноах, человек праведный, непорочен был в своих поколениях».

И это называется «домом»: «мудростью выстраивается дом». Малхут, являющаяся корнем душ и зовущаяся «собранием Исраэля», получает изобилие для душ. Когда низшие достойны получать свет хохма́, это называется «мохин субботы», или мохин дэ-хохма́ – свет цели творения. Отсюда следует, что ханукальная и субботняя свечи символизируют две категории, не похожие друг на друга.

Теперь разъясним заданный нами вопрос о связи между миром в доме и субботней свечой, которая, по словам мудрецов, «предпочтительнее ханукальной». Сфира Йесод называется «мир в доме», потому что она совершает отдачу Малхут, являющейся корнем душ. Когда Малхут находится в состоянии точки, то есть светит лишь как малая точка, тогда у душ нет нужного им изобилия. Состояние это называется «Шхина в изгнании». Тогда силы скверны растут, желая властвовать над тем, что относится к отдаче, – и низшим требуется большая работа. Отсюда произошло расхождение между отдачей и скверной.

Когда же приходит Йесод большого состояния (гадлу́т), дающий Малхут высшее изобилие, то есть дающий ей свет хохма́, тогда возникает «мир в доме». Сказано об этом: «Если Творец благоволит к путям человека, то и врагов его примирит с ним»[166]. Поэтому Йесод зовется «миром» – так как водворяет «мир в доме». И тогда упраздняются силы скверны, как сказано[167]: «Когда наступает суббота, она отделяется от нечистой стороны, и все украшаются новыми душами».

Таким образом, «дом» – это Малхут, и когда она получает изобилие субботы, возникает мир. Тогда все свойства суда уходят от нее. Следовательно, субботняя свеча символизирует изобилие конца исправления, тогда как ханукальная свеча указывает на свет, который мы обретаем посередине работы – с тем, чтобы мы смогли продолжить и завершить ее. Поэтому субботняя свеча называется «миром в доме», указывая на изобилие, поступающее от Йесода к Малхут.

---

166 Писания, Мишлэй, 16:7.
167 «Кегавна» – часть субботней вечерней молитвы.

Суть молитвы
Статья 10, 1986

Сказали мудрецы[168]: «"Любить Творца вашего и служить Ему"[169] – это молитва. Молитва ли это, как ты говоришь, или только работа? Сказано об этом: "всем сердцем"[170]. Что же это за работа в сердце? Это и есть молитва».

Следует понять, почему молитва называется «работой». Разве это работа – молить Творца, чтобы Он выполнял наши желания и просьбы? Но если мудрецы сказали так, значит они хотят намекнуть нам, что в понятии молитва заложен особый смысл и что это работа, а не просто молитва. В таком случае, на что же намекают мудрецы?

Разумеется, нельзя сказать, что человек молится и просит дать ему что-то, если он не испытывает в этом недостатка. Только когда человек испытывает недостаток в чем-то, он просит относящегося к этой потребности наполнения у того, кто может выполнить его желание. Ведь просить можно лишь у того, кто обладает нужной тебе вещью, – если ты знаешь к тому же, что он желает делать добро другим.

Соответственно, когда человек молит и просит Творца, чтобы Он дал недостающее, разумеется, его молитва должна быть ясна. Иными словами, он должен четко знать, чего ему недостает. Это значит, что, обращаясь с просьбой к Творцу, человек должен представлять себе, что говорит сейчас с Царем, который может сразу же облагодетельствовать его, сделав счастливейшим человеком в мире, ибо в царском доме ни в чем нет недостатка. А раз так, человек должен сперва тщательно разобраться перед молитвой, чтобы знать, чего ему действительно недостает – так что, если

---

168 Трактат «Таанит», 2:1.
169 Тора, Дварим, 11:13. «Любить Творца вашего и служить Ему всем сердцем».
170 Там же.

Царь даст ему недостающее, он уже ни в чем не ощутит недостатка и станет безупречнейшим человеком в мире.

Как мы знаем, цель творения состоит в том, чтобы доставить благо созданиям Творца. Следовательно, со стороны Творца нет никаких препятствий к тому, чтобы давать созданиям благо и наслаждение. Иными словами, Творец создал в творениях потребность, зовущуюся «желанием получать», для того чтобы наполнить этот недостаток. И, как мы объяснили, недостаток представляет собой страдания и горести, если человек не может его удовлетворить.

Таким образом, каждая потребность была создана с тем намерением, чтобы ее посредством ощутить наслаждение. Ведь и потребность тоже включена в намерение нести благо – согласно тому принципу, что стремление к чему-либо обеспечивает наслаждение от наполнения. Известно, что даже если дать человеку царское угощение, когда у него нет соответствующего желания, он не может получить удовольствие от трапезы.

Таким образом, когда человек испытывает недостаток, не имея возможности удовлетворить его, разумеется, он просит Творца дать ему желаемое. В целом, человек просит Творца лишь об удовольствиях и наслаждениях. Однако, как мы знаем, со стороны Творца нет необходимости в том, чтобы человек молил Его о благе и наслаждении, поскольку это и есть Его желание – доставлять благо Своим созданиям. А значит, нет смысла просить кого-то, если дающий и так желает давать.

Следовательно, прежде чем просить Творца выполнить его желания, человек должен разобраться, чего ему недостает, – и именно этого просить у Творца. Это выглядит так, будто Творец не дает человеку желаемого, пока тот сперва не попросит. То есть, поскольку просьба не включена в цель творения – доставить благо созданиям Творца, – но родилась в творении позже, постольку творение должно просить Творца, чтобы Он дал ему желаемое. И все же нет смысла просить Творца об изобилии и наслаждении, чтобы у Него появилось желание отдачи, поскольку Он и так желает этого. Мы уже сказали, что желание Творца – давать удовольствие и наслаждение низшим.

Однако следует знать, что было произведено сокращение, которое зовется «исправлением творения», – с тем, чтобы подарок Творца не вызывал неудобства, зовущегося «хлебом стыда». Это исправление мы относим к низшему – к «Малхут Бесконечности», зовущейся «сосудом», которая получила высший свет. В этом получающем, после того как она получила изобилие, возникло стремление к подобию свойств, и потому она произвела сокращение.

Сказано в «Учении о десяти сфирот»[171]: «Высший свет не перестает светить творениям ни на мгновение. А понятия сокращения и исчезновения света, о которых здесь говорится, обсуждаются только в мере отклика и получения света в сосуде, то есть в центральной точке. Смысл в том, что, хотя высший свет не перестает светить, тем не менее, сосуд не получает ничего от его свечения, поскольку уменьшил себя».

Таким образом, принцип «не получать ради получения» не относится к цели творения, а является исправлением творения. В этом состоит действие со стороны низшего, который желает подобия свойств. Отсюда следует, что низшие не могут получать благо и наслаждение, хотя высший желает давать, так как нуждаются в сосудах отдачи. И это относится к получающему, а не к дающему. Сказано выше, что Малхут Бесконечности, являющаяся низшим, произвела сокращение. И потому сосуд этот относится к низшему. Смысл в том, чтобы низший хотел получать только при условии, если он может выстроить намерение ради отдачи.

А потому, когда человек молит Творца дать ему недостающее, следует признать, что недостает ему как раз того, что не проистекает из цели творения. Напротив, ему недостает лишь того, что происходит от низшего. Иными словами, Малхут, зовущаяся «низшим» и получающая от высшего изобилие, сделала новый сосуд, так чтобы получать изобилие только в этот сосуд под названием «сосуд отдачи». Как следствие, только об этом сосуде человек должен молить Творца, поскольку лишь этого ему недостает.

---

171 Бааль Сулам, «Учение о десяти сфирот», ч. 1, гл. 2, п. 1:2.

Однако здесь нужно разобраться. Если низший должен сделать этот сосуд, поскольку он относится именно к низшему и Малхут сделала это, тогда почему человек сам не делает этот сосуд, но должен просить его у Творца? Более того, об этом сосуде, который должен сделать низший, человеку говорят, что только этого он должен просить у Творца. Но если это относится к работе человека, почему ему надо просить Творца?

Вопрос этот более разъяснен в другом месте[172]: «Сказал рабби Ханина: всё в руках небес, кроме трепета перед небесами. Сказано об этом: «А теперь, Исраэль, что Творец спрашивает с тебя? Только трепета»[173]».

Раши объясняет: «всё в руках небес, однако праведен человек или грешен – это определяется не небесами, это Творец передал в руки человека и проложил перед ним два пути, чтобы он выбрал себе трепет перед небесами»[174].

Понятие трепета разъясняется в комментарии «Сулам»[175]: «Как первый, так и второй вид трепета – не ради собственной выгоды, но лишь из страха, как бы не убавить в доставлении удовольствия Создателю». Отсюда следует смысл трепета: человек должен направлять всё, сколько бы он ни делал, на то, чтобы доставить удовольствие Творцу.

Мы спросили: если действие по отдаче возложено на человека, то почему он должен просить этого у Творца? Ведь сказано: «всё в руках небес, кроме трепета перед небесами». Однако же следует знать, что человек неспособен идти против природы, с которой родился. А Творец создал человека с эгоистической природой, и без потребности в наслаждении нет никакой возможности наслаждаться.

Как мы знаем, основа творения, представляющего собой «сущее из ничего», – это получающее желание. Поэтому, когда человек хочет сделать что-то ради отдачи, это значит, что он идет сейчас

---

172   Трактат «Брахот», 33:2.
173   Тора, Дварим, 10:12.
174   Комментарий Раши к трактату «Брахот».
175   Предисловие Книги Зоар с комментарием «Сулам», п. 203.

против природы. И не в его власти изменить свою природу. Но раз человек не в силах изменить природу, почему мудрецы сказали: «всё в руках небес, кроме трепета перед небесами»? Выходит, в силах человека изменить ее?

Разъяснить это можно тем, что есть две стадии:

1. Желание, когда лишь в потенциале человек хочет совершать отдачу.
2. Когда он способен также привести свой помысел в исполнение.

Согласно этому можно объяснить: от человека требуется выбрать продвижение по пути отдачи, зная, что это сосуд, позволяющий принять цель творения – получить благо и наслаждение. Если же у человека нет этих сосудов, он останется во тьме без света. Когда он знает это с абсолютной ясностью и начинает направлять свои действия на отдачу, тогда он видит, что неспособен идти против природы.

Здесь наступает время молитвы, и не ранее. Ведь иначе невозможно попросить о срочной помощи, когда человек просит сосуды отдачи – именно те сосуды, в которые он сможет получить жизнь. А без них он считается мертвым, как сказано: «нечестивцы при жизни зовутся мертвыми»[176]. Ведь человек, по природе своей, просит о помощи лишь тогда, когда сам не в силах достичь желаемого. А до того он испытывает стыд. Объясняя строфу «когда возвышается (ке-рум – כְּרֻם) людская низость»[177], мудрецы сказали об этом: «Когда человек нуждается в других людях, он меняется в лице (ке-крум – כְּכְרוּם). Что такое крум? Есть одна птица в приморских городах, зовущаяся крум. Когда солнце светит на нее, она переливается разными оттенками»[178].

Как известно, материальная природа дана нам, чтобы на ее свойствах мы учились духовным вещам. Поэтому пока человек не знает, что сам он неспособен обрести сосуды отдачи, он не просит

---

176 Мидраш «Раба», Коэлет, 9.
177 Писания, Псалмы, 12:9. «Кругом нечестивые расхаживают, когда возвышается людская низость».
178 См. трактат «Брахот», 6:2.

их у Творца. А значит, у него нет подлинного желания, чтобы Творец ответил ему на его молитву.

А потому человек должен сам работать, чтобы обрести сосуды отдачи. После того как он приложил большие старания, но еще не достиг желаемого, – тогда зарождается настоящая молитва из глубины сердца. И тогда он может получить помощь свыше, как сказали мудрецы: «кто пришел очиститься, тому помогают»[179].

Но молитва эта обращена против природы, так как человек создан с получающим желанием, то есть с эгоизмом. Как же он может молить Творца о силе отдачи, когда все его свойства противостоят этому желанию? Вот почему работа эта зовется «молитвой» – человек должен приложить большие усилия, благодаря которым сможет взмолиться к Творцу, чтобы Он дал ему силу отдачи и отменил в нем силу получения.

Поэтому и сказали мудрецы: «"Служить Ему" – это молитва, работа в сердце». Отсюда понятно, почему они называют «молитвой» работу в сердце. Потому что человек должен много работать над собой, чтобы отменить себялюбие и принять на себя работу по обретению сосудов отдачи. Таким образом, ради желания обрести сосуды отдачи человек должен работать над собой, пока не захочет поднять молитву о том, чтобы ему дали силу отдачи.

---

179   Трактат «Йома», 38:2.

Истинная молитва
Статья 11, 1986

Сказано: «Вот имена сыновей Исраэля, пришедших в Египет…»[180] «И встал над Египтом новый царь, который не знал Йосефа…»[181] «И поработили египтяне сыновей Исраэля тяжкой работой…»[182] «И застенали сыновья Исраэля от работы, и возопили, и поднялся вопль их от работы к Творцу. И услышал Творец их стенание»[183].

Следует понять слова «поднялся вопль их от работы к Творцу». Неужели они не испытывали в Египте бо́льших страданий? Выходит, все их вопли, то есть все страдания были вызваны только работой? А также сказано: «И услышал Творец их стенание». Получается, их молитва была услышана благодаря стенаниям об одной лишь работе?

Объясним это по науке каббала. Известно, что человек не приступит к работе на отдачу, если у него нет на это причин. Сказано в Книге Зоар[184], что есть две причины, побуждающие человека к выполнению принципов Торы:

1. Желание получить удовольствия этого мира. Человек боится, что если он не будет выполнять принципы Торы, Творец накажет его.

2. Желание получить удовольствия будущего мира. Поскольку человек боится, что ему могут их не дать, эта причина обязывает его выполнять принципы Торы.

Когда причина, обязывающая человека реализовывать принципы Торы, проистекает из личной выгоды, тело не слишком

---

[180] Тора, Берешит, 46:8.
[181] Тора, Шмот, 1:8.
[182] Тора, Шмот, 1:13.
[183] Тора, Шмот, 2:23-24.
[184] См. Предисловие Книги Зоар с комментарием «Сулам», п. 190-191.

сопротивляется. Ведь в той мере, насколько человек верит в вознаграждение и наказание, он может выполнять свою работу, каждый день ощущая, что движется вперед. Действительно, каждый день, проведенный в реализации принципов Торы, присоединяется к предыдущему, и так человек пополняет свое имущество.

Дело в том, что, главным образом, человек рассчитывает на оплату и не думает о своем намерении, которое должно быть устремлено на отдачу, но верит в вознаграждение и наказание – в то, что за свои дела он получит награду. Поэтому всё его намерение направлено лишь на дела – чтобы они были правильными во всех деталях и тонкостях. Иначе, если они не будут правильными, наверняка не захотят принять его работу и выплатить ему вознаграждение за нее. Поэтому, когда человек видит, что его дела правильны, ему уже не о чем беспокоиться.

Как следствие, всё, что его волнует, – это количество. Иными словами, он должен стараться делать больше добрых дел. И если он хорошо учится, то знает, что ему надо еще больше углубляться в изучаемый материал, а принципы Торы соблюдать более тщательно, чтобы всё было по правилам, с какой стороны ни взгляни. Человек постоянно старается еще пунктуальнее соблюдать законы, в которых обычно допускаются послабления. Но сверх того ему не о чем беспокоиться.

Таким образом, люди, выполняющие принципы Торы по причине «бремени царства небес», чтобы заработать награду в этом мире и в мире грядущем, не нуждаются в Творце для того, чтобы у них были силы на реализацию принципов Торы. В мере их веры в вознаграждение и наказание тело позволяет им действовать – каждому на своем уровне.

Другое дело те люди, которые хотят работать альтруистически, на отдачу, без всякой оплаты, желая выполнять принципы Торы в силу величия Творца. Они почтут за большую честь, если им дадут служить Царю, как сказано[185]: «Основной трепет – это когда человек трепещет перед своим Господином потому, что Он велик и властен, Он основа и корень».

---

[185] См. Предисловие Книги Зоар с комментарием «Сулам», п. 191.

Там же Бааль Сулам объясняет: «есть три вида трепета перед Творцом:

1. Трепет перед наказаниями в этом мире.
2. Когда человек трепещет также перед наказаниями ада.

Оба этих вида не являются истинным трепетом, потому что такой страх обусловлен не велением Творца, а личной выгодой. Иными словами, личная выгода здесь – корень, причина, а трепет – ветвь, следствие из личной выгоды.

3. Основной же вид трепета – когда человек трепещет перед Творцом, потому что Он велик и властен над всем».

Таким образом, величие Творца является причиной, обязывающей человека выполнять принципы Торы. Иными словами, всё, чего он хочет, это лишь совершать отдачу Творцу – что называется, «доставлять удовольствие своему Создателю, а не себе самому».

И здесь начинается изгнание: человеку не дают выстроить намерение, так чтобы его работа была не ради награды, – потому что это противно его природе. И хотя человек может принудить себя, несмотря на несогласие тела, – подобно аскету, идущему против природы, – но это относится к действиям. Иными словами, в неугодных телу делах человек способен идти выше знания, что называется, «против желания тела».

Однако он не может пойти против своего чувства и разума – решить, что он чувствует не то, что чувствует. Например, если человек чувствует, что ему холодно или жарко, он не может решить, что это ощущение не соответствует истине, и заставить себя думать не так, как обязывает его разум, или чувствовать не то, что он сейчас чувствует. Единственный вариант – признать то, что он видит.

Таким образом, когда человек хочет выполнять принципы Торы для того, чтобы совершать отдачу Творцу, природа его тела такова, что не позволит ему совершить ни одного движения, если он не видит какой-либо оплаты за это. А раз так, у человека нет никакой возможности работать ради отдачи, а не для собственной выгоды.

Здесь-то и начинается изгнание – страдания от того что, сколько человек ни работает, он не видит никакого продвижения. Например, если ему двадцать лет, то, с одной стороны, он может сказать, что накопил уже двадцатилетнее имущество в выполнении принципов Торы; но с другой стороны, он может сказать, что уже двадцать лет выполняет принципы Торы и еще не обрел способности сделать что-то ради отдачи – напротив, всё выстроено на базе эгоизма.

Следовательно, вся боль и все страдания, которые человек испытывает, вызваны тем, что он не может работать для Творца. Человек хочет работать на отдачу, но тело, порабощенное эгоистическими силами, не дает ему выстроить это намерение. И тогда человек взывает к Творцу о помощи, ибо видит, что находится в изгнании среди сил скверны, которые властвуют над ним, и не видит впереди никакой возможности выйти из-под их власти.

Тогда-то его молитва и зовется истинной молитвой – ведь человек не в силах выйти из этого изгнания. Сказано об этом: «И вывел Исраэль из среды египтян, ибо навеки милость Его»[186]. Поскольку это против природы, только Творец может вывести Исраэль из этого изгнания.

Однако, как известно, нет света без сосуда, то есть нет наполнения без потребности, которая и является сосудом, получающим наполнение. Поэтому пока человек не погрузился в изгнание, то есть не увидел, что сам не может из него выйти, нельзя рассчитывать, что его вызволят. Ведь хотя он и кричит: «Вытащите меня из состояния, в котором я нахожусь!» – но это не истинная молитва. Откуда человеку знать, что он не сможет выбраться самостоятельно?

Напротив, лишь когда человек ощущает изгнание, он может взмолиться из глубины сердца. Ведь для молитвы из глубины сердца есть два условия:

1. Работа человека должна быть направлена против природы. Иными словами, когда он хочет, чтобы все его дела были

---

186 См. Писания, Псалмы, 136:11.

только на отдачу, когда хочет выйти из себялюбия, тогда можно сказать, что у него есть потребность.

2. Человек сам пытается выйти из эгоизма, прикладывает к этому усилия и ни на волос не может сдвинуться из своего состояния. Тогда он нуждается в помощи Творца, и тогда его молитва истинна, поскольку он видит, что своими силами неспособен даже на самую малость. Тогда, взывая к Творцу о помощи, он знает это из собственной работы, как сказано: «застенали сыновья Исраэля от работы». Иными словами, благодаря тому что работали, желая достичь той ступени, на которой они смогут совершать отдачу Творцу, и увидели, что не могут выйти из своей природы, – тогда взмолились из глубины сердца.

Отсюда понятен ответ на наш вопрос о словах: «поднялся вопль их от работы к Творцу». Выходит, самые большие страдания, о которых они стенали, были вызваны лишь работой, а не прочими вещами? Однако же здесь имеется в виду, что они возопили о своем состоянии, о том, что были не в силах выйти из эгоизма и работать ради отдачи. В этом и состояло их изгнание, причинявшее страдания, когда они видели себя под властью египтян.

Таким образом, что в египетском изгнании сыновья Исраэля обрели сосуды, то есть желание, чтобы Творец помог им выйти из изгнания. Ведь нет света без сосуда, и лишь когда молитва настоящая, поскольку человек видит, что нет у него никакой возможности спастись, но только Творец может помочь ему, – это называется истинной молитвой.

Главное, о чем надо просить

Статья 12, 1986

Известно, что «творение» – это потребность, нехватка. Поэтому оно зовется «сущим из ничего». Человек создан полным потребностей. И потому, чтобы преуспеть в работе по удовлетворению своих потребностей, первым делом он должен знать, какова главная потребность, которой надо отдать предпочтение перед всеми остальными. Но поскольку есть духовные потребности и материальные, прежде всего, нам надо выяснить, какие из них зовутся духовными, а какие – материальными.

Во «Введении в науку каббала» говорится[187]: «Теперь можно понять подлинное определение, позволяющее проводить различие между духовным и материальным. Всё, в чем есть полноценное во всех аспектах желание получать, представляющее четвертую стадию[188], называется «материальным» и находится во всех деталях действительности, предстающей перед нашими глазами в этом мире. А всё, что выше этой большой меры желания получать, называется "духовным"».

Таким образом, «материальным» называется то, что относится к наполнению нашего желания получать. Иными словами, всё, что человек делает ради собственной пользы, называется «материальным». А то, что он делает на пользу Творца, называется «духовным».

Отсюда само собой понятно, что нам не нужно создавать для себя материальный сосуд, желание получать ради получения, потребность в удовлетворении собственных нужд, поскольку такие сосуды нам дал Творец тотчас при появлении творения. Известно,

---

187   Бааль Сулам, «Введение в науку каббала», п. 11.

188   Бхина́ да́лет – четвертая стадия развития творения, Малхут.

что замысел творения – «желание Творца доставить благо Своим созданиям» – создал получающее желание как сущее из ничего, чтобы оно стремилось получить благо и наслаждение. И Творец, конечно же, наполняет этот сосуд по Своему желанию. А значит, о сосудах получения просить не нужно.

Поэтому молитва о материальном относится только к наполнению – чтобы Творец наполнил нам всё, в чем мы испытываем недостаток. Ведь ощущение недостатка приносит нам страдания. А страдания, которые мы испытываем, являются причиной, по которой мы сделаем всё возможное, чтобы восполнить недостающее.

Другое дело, когда мы должны молиться о том, чтобы Творец наполнил наши духовные потребности. Тогда духовная потребность должна стать причиной молитвы, так чтобы Творец выполнил желаемое из-за наших страданий от того, что потребность еще не получила наполнения. Но в нас еще не родилась эта потребность – так чтобы нам недоставало наполнить желание, зовущееся «сосудом отдачи». Ведь в том-то и различие между духовным и материальным: материальное желание зовется сосудом получения и устремлено на собственную пользу, тогда как духовный сосуд желает как раз пользы Творцу, вопреки собственной выгоде.

Этого сосуда нет в природе творения. Ведь человек, по природе, рождается лишь с сосудом, желающим собственной выгоды. Когда же мы говорим своему телу, что надо работать на благо Творцу, оно не понимает даже, о чем тут речь. Ему и в голову не приходит, что можно не искать собственной выгоды, но весь день помышлять о благе Творца. Особенно, когда оно слышит, что стоит отказаться от эгоистических наслаждений ради Его пользы.

Телу так странно слышать о необходимости действовать только ради отдачи, что оно сразу начинает умствовать и спрашивает: «Хотелось бы мне знать, видишь ли ты людей, которые придерживаются этой линии и из-за которых ты хочешь поступать так же? Верно, я бы согласилось с тобой, но скажи сам: сколько ты видишь людей, которых заботит в жизни лишь то, что касается блага Творца, а не собственной пользы? Допустим даже, что ты действительно знаешь людей, следующих этой линии. Однако сколько усилий и времени они вложили ради этой способности – чтобы все их дела были призваны только на отдачу? Главное, сколько времени это потребует: месяц, два месяца, год, два года?» И еще больше умничает тело, спрашивая: «Все ли, кто вложил время и усилия, сумели обрести эту ступень, позволяющую направлять все действия ради отдачи?» В словах этих есть сила, способная отстранить человека от работы, относящейся к пути отдачи.

Из всего этого следует, что у человека нет духовной потребности в том, чтобы доставлять удовольствие Творцу. Наоборот, если ему приходит в голову, что надо сделать что-то для отдачи Творцу, без всякой оплаты, – все мысли и желания тела сразу же восстают против него и кричат: «Не будь глупцом и чудаком, не иди против устоев. Все знают, что главное, ради чего стоит работать, – это собственная выгода».

Только эта сила позволяет человеку соблюдать принципы Торы. И хотя он знает, что надо работать с намерением лишма, на это есть общепринятый ответ – он следует словам мудрецов: «Пускай человек всегда выполняет принципы Торы, даже в эгоистическом намерении ло-лишма – и от него придет к альтруистическому намерению лишма»[189]. Но нет нужды беспокоиться об этом, проверяя себя: действительно ли он приблизился немного к намерению лишма. Напротив, человек знает, что в конце всё будет хорошо, то есть он, конечно же, достигнет намерения лишма. И, само собой, нет необходимости даже поразмыслить, в чем смысл этого намерения, – ведь что на человека не возложено делать, то нет нужды обдумывать, вдаваясь в детали, чтобы узнать, что это такое. Человек просто живет как все.

Следовательно, есть большое различие между молитвой о материальном и молитвой о духовном. В духовной молитве сначала нужно просить о сосуде – иными словами, об ощущении недостатка, когда человек испытывает скорбь и страдание от того, что

---

189 Трактат «Псахим, 50:2.

у него нет этого сосуда, этого желания, чтобы стремиться доставить удовольствие Творцу.

Не следует просить об удовлетворении желаемого, как в материальном, когда у человека есть желание и он просит его наполнить. Ведь сейчас у него нет никакого духовного сосуда. А потому, когда человек просит о духовном, он должен молить о сосуде – о том, чтобы Творец дал желание совершать Ему отдачу. А затем, имея желание, относящееся к духовному, человек может молить о том, чтобы в этот духовный сосуд вошло изобилие.

Отсюда следует, что подлинная потребность, о которой человек просит Творца, должна заключаться в сосуде. Это соответствует принципу «нет света без сосуда». И когда человек просит о том, чего ему действительно недостает, тогда приходит ответ на молитву – Творец дает ему новый сосуд, новое желание. Сказано об этом: «Я извлеку из вашей плоти каменное сердце и дам вам сердце из плоти»[190].

Касательно этой потребности я слышал от Бааль Сулама, пояснившего от имени своего учителя, адмора из Пурсов, строфу: «Вели Аарону»[191]: Раши объяснил: «веление означает не что иное, как побуждение к действию «немедленно и в поколениях»[192]. Сказал рабби Шимон: «В особенности должно Писание «подстегивать» там, где это связано с ущербом для кармана»[193]. И объяснил это просто: «карман» – суть сосуд, в который кладут деньги. А в мире так заведено, что люди вкладывают заботы и усилия, чтобы получить деньги. И сказал: «Более всего человек должен позаботиться там, где есть ущерб для кармана – то есть недостаток сосуда, желания».

Как мы и разъяснили, в духовном человек не должен просить, чтобы Творец дал ему изобилие и свет, но должен позаботиться сперва, чтобы у него был сосуд – желание совершать отдачу

---

190   См. Пророки, Йехезкель, 11:19.
191   Тора, Ваикра, 6:2.
192   Трактат «Кидушин», 29:1.
193   См. Мидраш «Сифра» на кн. Ваикра, 6:2.

Творцу. Ведь от природы у нас есть желание только получать, а не отдавать.

Таким образом, когда человек приступает к духовной работе и хочет достичь совершенства, он должен приложить все силы, чтобы обрести желание – захотеть доставить удовольствие Творцу. На этом он должен сосредоточить все свои молитвы, чтобы Творец помог ему и дал ему этот новый сосуд. Человек говорит: «Властелин мира, с самого начала, создав меня в этом мире, Ты дал мне одно лишь желание получать ради собственной выгоды. И теперь я прошу Тебя: дай мне новый сосуд, чтобы я желал лишь одного – доставить Тебе удовольствие».

Но вопрос остается: как человек может просить, чтобы Творец дал ему сосуд, зовущийся «желанием отдачи», в то время как он не испытывает недостатка в этом сосуде? Ведь человек не чувствует, что ему этого недостает. В таком случае как можно просить о том, что тебе не нужно?

И хотя он видит, что у него нет этого сосуда – «желания отдавать», – однако, не во всем, чего человек лишен, он испытывает недостаток. Сказано о высших сфирот, что Бина, ничего не желающая для себя в состоянии хафец хесед, хотя и вышла из головы Арих Анпина посредством Второго сокращения, все равно рассматривается как бы не вышедшей. И хотя у нее нет света хохма́, это не считается потребностью, поскольку она не испытывает в нем недостатка.

Итак, мы видим, что отсутствующее считается недостающим именно тогда, когда человек испытывает в этом нехватку. Более того, недостача эта должна причинять ему страдания. Иными словами, пускай даже человек чувствует, что ему чего-то не хватает, но если он не страдает от недостачи, это еще не считается потребностью. В таком случае, как человек может просить о том, в чем не испытывает недостатка?

А потому человек должен думать о цели творения, которая, как известно, состоит в том, чтобы доставить благо созданиям Творца. Когда человек начинает разбираться: где это благо среди созданий, наслаждаются ли они в мире благом и удовольствием, которое Творец желает им дать, – он не находит этого среди них. И тогда осознаёт, что, наверняка, есть какая-то причина, лишающая создания этого блага и наслаждения, и по этой причине не может раскрыться высшее изобилие, вследствие чего цель творения не может быть достигнута в полной мере.

И, глядя на себя, человек делает вывод: причина, по которой он видит, что создания не получают изобилия, конечно же, в том, что они не выполняют принципы Торы должным образом, как подобает выполнять веления Царя. Сказано об этом: «Пожелал Творец удостоить Исраэль и потому преумножил им деяния на отдачу»[194]. Отсюда следует, что, реализуя принципы отдачи, мы можем достичь блага и наслаждения.

Однако возникает вопрос: почему мы не выполняем принципы Торы так, как полагается при служении Царю? На это человек отвечает: потому что мы недостаточно ощущаем важность принципов Торы, а также недостаточно ощущаем важность Его предписания о том, чтобы мы выполняли эти принципы отдачи.

Тогда человек приходит к окончательному решению о том, что только Творец может это исправить. Иными словами, если Он немного приоткроет свет, кроющийся в Торе и ее принципах, чтобы мы ощутили заложенное в них наслаждение, тогда, само собой, каждый сможет служить Царю всем своим существом и всей душой, как подобает тем, кто чувствует величие Царя. А значит, просить Творца надо о том, чтобы Он дал немного высшего изобилия. Тогда все будут реализовывать принципы Торы должным образом, не пренебрегая ничем.

Однако же мы видим, что́ говорит Ари: там Нуква не была пригодна, и потому произошло разбиение. А «Учение о десяти сфирот»[195] объясняет эти слова: высшее изобилие должно войти в сосуд, который примет это изобилие ради отдачи. Однако свет оказался больше, чем сосуд был готов получить. Ведь сосуд должен получать свет в точном соответствии со своей способностью выстроить намерение на отдачу – а на столь большой свет у него

---

194 Трактат «Макот», 23:2.
195 См. Бааль Сулам, «Учение о десяти сфирот», раздел «Внутреннее созерцание».

не было возможности выстроить это намерение, и потому свет был вынужден войти в сосуды, желавшие получать ради получения. А это называется «скверной» (клипа́).

Как следствие, сосуды разбились. Иными словами, если в них придет изобилие, то целиком отправится к внешним силам скверны, эгоизма. Подобно этому, если у нас разбивается какая-то емкость, мы ничего не наливаем в нее, потому что всё выльется наружу.

Поэтому человек не должен просить, чтобы ему дали изобилие свыше, – ведь всё, конечно же, уйдет внешним силам. Вместо этого надо просить Творца, чтоб Он дал сосуд – желание совершать Ему отдачу. Когда у человека будет этот сосуд, тогда, безусловно, ему раскроется высшее изобилие, и он ощутит благо и наслаждение, заложенное в цели творения – доставить благо созданиям Творца. Поэтому надо просить у Творца того, чего человеку действительно недостает, – сосуда отдачи. А об остальном он не должен молиться.

Пойдем к Фараону - 2
Статья 13, 1986

Сказано в Торе: «Пойдем к Фараону»[196]. Книга Зоар спрашивает: «Разве не следовало сказать: "Иди к Фараону"?[197] Когда увидел Творец, что Моше боится, и другие высшие посланники не могут приблизиться к нему, сказал Творец: "Вот Я против тебя, Фараон, царь Египта, большое чудовище, лежащее среди его рек"[198]. То есть Творец должен был вести с ним войну, и не кто иной, как сказано: «Я, Творец». И пояснили мудрецы: "Я, а не посланник"[199]»[200].

Разница между словами «пойдем» и «иди» состоит в том, что «пойдем» – значит идем **вместе**. Так же человек говорит приятелю: «Пойдем».

В этом следует разобраться. Ведь Зоар говорит: почему Творец должен был идти вместе с Моше? – Потому что в одиночку Моше не мог вести войну с Фараоном. На это способен только Творец, и никто другой. В таком случае для чего Ему было нужно, чтобы Моше пошел с Ним? Ведь сказано: «Я, а не посланник». А раз так, какая польза Творцу от того, что Он пошел к Фараону, зовущемуся чудовищем, с Моше? Разве не мог Он пойти к Фараону без Моше?

---

196 Тора, Шмот, 7:26. «И сказал Творец Моше: "Пойдем к Фараону, и скажи ему: так сказал Творец: отпусти народ Мой, чтобы они служили Мне"».

197 Книга Зоар с комментарием «Сулам», гл. «Бо», п. 36.

198 Пророки, Йехезкель, 29:3. «Так сказал Творец: «Вот Я против тебя, Фараон, царь Египта, большое чудовище, лежащее среди рек его, сказавшее: "Мне принадлежит моя река, и я (сам) сотворил себя"».

199 Пасхальное сказание: «Я пройду по земле египетской в ту ночь – Я, а не ангел. И поражу всякого первенца в земле египетской от человека до скота – Я, а не серафим. И над всеми богами египтян совершу суды – Я, а не посланник. Я, Творец, – Я это, а не другой».

200 Книга Зоар с комментарием «Сулам», гл. «Бо», п. 38.

А также следует понять слова мудрецов[201]: «Сказал Реш Лакиш: "Злое начало берет верх над человеком каждый день, желая погубить его. Об этом сказано: «грешник наблюдает за праведником"[202] и, если бы Творец не помогал ему, сам бы не справился. И сказано: "Творец не оставит его в руках злого начала"[203]».

Здесь тоже возникает вопрос: если сам человек не может справиться, и Творец должен ему помочь, зачем нужна эта двойственность? Либо Творец даст человеку силы справиться самому, либо Он сделает всё. Почему тут нужны как бы две силы: сила человека, а затем сила Творца? И как будто лишь обе они позволяют преодолеть зло, тогда как одной силы недостаточно.

Как известно, чтобы обрести совершенство, человек должен достичь цели творения – той цели, ради которой создан мир и которая состоит в том, чтобы доставить благо созданиям Творца. Иными словами, создания должны прийти к получению блага и удовольствия, которым Он задумал их насладить.

А до тех пор творение еще не соответствует Творцу. Ведь известно, что от совершенного Действующего должны происходить совершенные дела, так чтобы все ощущали красоту творения, и чтобы каждый мог славить и превозносить творение, и чтобы все могли славить и благодарить Творца за созданное Им творение, и чтобы все могли сказать: «Благословен Тот, по чьему слову возник мир»[204]. Иными словами, все благодарят Творца за то, что Он создал добрый мир, полный услад, и все рады и веселы, испытывая отраду от многочисленных удовольствий, которые они получают в мире.

Однако, когда человек задумывается, действительно ли он доволен своей жизнью, сколько удовлетворения он получает от себя и своего окружения, тогда он видит, наоборот, что все испытывают

---

201   Трактат «Кидушин», 30:2.
202   Писания, Псалмы, 37:32. «Грешник наблюдает за праведником, желая его смерти».
203   Писания, Псалмы, 37:33: «Творец не оставит его (*праведника*) в руке его (*нечестивого*) и не обвинит его на суде его».
204   Молитва Шахарит.

боль и страдания и каждый страдает по-своему. Так что, если человек должен сказать: «Благословен Тот, по чьему слову возник мир», – он видит, что говорит это неискренне.

Однако же, как известно, благо и наслаждение не могут раскрыться в мире, пока у мира нет сосудов отдачи. Ведь наши сосуды получения еще загрязнены получением для себя, очень ограниченным и отделяющим нас от Творца (на сосуды получения было наложено Первое сокращение, так чтобы там не светило изобилие[205]).

Когда же дело доходит до обретения сосудов отдачи, начинаются раздоры и войны, так как это против нашей природы. И потому нам даны принципы Торы – чтобы достичь ступени отдачи, как сказано: «Я создал злое начало и создал Тору как приправу»[206].

А кроме того, нам дан принцип любви к ближним, как к себе[207], о котором рабби Акива говорит: «это великое правило (обобщение) Торы»[208]. Иными словами, работая над любовью к товарищам, человек приучает себя выходить из себялюбия и достигать любви к ближним.

Однако нужно понять следующее: мы видим, что некоторые люди вкладывают силы в товарищескую любовь, но все же ни в малейшей степени не достигли любви к Творцу, так чтобы работать над принципами Торы из любви к Нему. Говоря иначе, на их взгляд, в любви к товарищам они немного продвигаются, но в любви к Творцу не видят никакого продвижения. Однако же следует знать, что и в любви к товарищам есть разные ступени. Здесь надо задуматься о том, что обязывает нас к этой любви.

В пример можно привести двухэтажное здание, в котором есть также цокольный этаж. На втором этаже находится царь. Если человек хочет войти к царю, иными словами, если его цель лишь в том, чтобы побеседовать с царем лицом к лицу, тогда

---

205 См. Предисловие Книги Зоар с комментарием «Сулам», п. 138.
206 Трактат «Кидушин», 30:2.
207 См. Тора, Ваикра, 19:18. «Люби ближнего своего, как себя».
208 Мидраш «Раба», Берешит, 24:7.

ему говорят, что сначала он должен подняться на первый этаж, поскольку невозможно подняться на второй этаж, минуя первый.

Разумеется, каждый понимает, что это так. Однако есть особая причина, по которой нужно подняться на первый этаж, – исправления. Поднявшись на первый этаж, человек может научиться здесь тому, как говорить с царем лицом к лицу. И тогда у него будет возможность попросить у царя того, чего он желает.

Услышав, что сперва нужно подняться на первый этаж, а потом можно будет подняться на второй, человек прекрасно понимает это. Но поскольку всё, чего он хочет, – это увидеть царя, и больше его ничто не волнует, постольку подъем на первый этаж для него – бремя и обуза.

Однако выбора нет, и он поднимается на первый этаж. Ему неинтересно смотреть на то, что там есть. Хотя он и слышал, что на первом этаже обучают тому, как говорить с царем, – но он не обращает на это внимания, потому что не в этом его цель. Его цель – царь, а не то, чему он может научиться на первом этаже. Ведь он ставит себе задачей не учебу, его цель – увидеть лик царя. Зачем же ему уделять время пустякам? Ведь перед царем всё ничтожно. А раз так, для чего ему интересоваться тем, чему учатся на первом этаже?

Поэтому, когда человек поднимается на первый этаж, у него нет желания задерживаться там, – напротив, он хочет сразу же подняться на второй этаж, где находится сам царь. Ведь лишь к этому он стремится. Однако ему говорят: «Если ты не выучишь законы, действующие на первом этаже, то наверняка нанесешь оскорбление царю. А потому не надейся, что сможешь подняться на второй этаж, пока не научишься всему, чему учат на первом».

Так же и с товарищеской любовью: нам сказали, что невозможно обрести любовь к Творцу, пока человек не достигнет любви к товарищам, – согласно словам рабби Акивы: «Люби ближнего своего, как себя» – великое правило Торы.

При этом, практикуя любовь к товарищам, человек не придает ей какого-либо существенного значения, но считает ее излишней. Он делает это только по безвыходности и постоянно дожидается:

«Когда же я достигну любви к Творцу и смогу избавиться от любви к товарищам? Работа над ней – бремя для меня. Ведь так тяжело терпеть товарищей, когда я вижу, что каждый из них отличается от меня по свойствам и мы с ними ни в чем не совпадаем. Я делаю это лишь поневоле, за неимением другого выхода, поскольку мне сказали, что без любви к товарищам я не смогу достичь любви к Творцу. Вот я и сижу с ними по необходимости.

Но себе самому я могу сказать: польза мне от этого лишь одна – я исправляю себя через аскетизм, сидя с ними вместе и снося их речи, которые мне совсем не по духу и не по нраву. Что поделаешь, мне говорят, что я должен страдать в этом мире, – вот я и страдаю: сижу, дожидаясь того времени, когда смогу сбежать от них, не смотреть на них и не видеть их низости».

Как следствие, человек не извлекает из товарищеской любви лекарства под названием «любовь к ближним». Вместо этого он действует лишь потому, что ему сказали: «Выбора нет, иначе ты не сумеешь достичь любви к Творцу». По этой причине он прибегает к товарищеской любви и выполняет все обязательства, накладываемые товарищами. Однако то, чему надо от них научиться, далеко от его помыслов. Иными словами, из себялюбия он не выходит, и любви к ближним не достигает. Товарищескую любовь он практикует не из любви, а из страха, – ведь не дано обрести любовь к Творцу, пока не обретешь сперва любовь к товарищам. А раз так, человек боится, что если он не будет практиковать товарищескую любовь, то ему не позволят обрести любовь к Творцу.

Это похоже на пример с человеком, которому не дали подняться на второй этаж, где находится царь, пока он не поднимется сперва на первый. Смысл здесь в том, чтобы он изучил законы, позволяющие не затронуть честь царя. В таком случае здравый смысл обязывает человека к тому, чтобы радоваться, поднявшись на первый этаж. Ведь сейчас он учится оберегать честь царя и благодаря этому потом, вступив в царский чертог, не нанесет ему оскорбления. Следовательно, находясь на первом этаже, человек должен сосредоточить внимание на принятых там законах и приучиться к ним, – поскольку он хочет войти к царю, чтобы оказать ему благодеяние, а не пренебречь его достоинством.

Относится это только к тем, кто хочет войти к царю, чтобы доставить ему удовольствие. Если же человек хочет войти к царю ради личной выгоды, тогда во всем, что есть на первом этаже, он видит лишние вещи, которые его не интересуют. На первый этаж он поднимается лишь из страха, поскольку знает, что иначе ему не дадут подняться на второй. И он не испытывает никакой нужды в изучении законов, позволяющих не нанести оскорбление царю. Ведь всё его желание войти к царю проистекает из одного лишь себялюбия.

Таким образом, мы должны знать: товарищеская любовь дана нам, чтобы благодаря ей мы учились не наносить оскорблений Царю. Говоря иначе, если у человека нет одного лишь желания доставить Царю удовольствие, то он непременно оскорбит честь Царя – иными словами, отдаст духовное в руки внешних эгоистических сил. А потому не следует пренебрегать важностью работы над товарищеской любовью – ведь благодаря ей человек научится тому, как ему выйти из себялюбия и встать на путь любви к ближним. Когда же он завершит работу над товарищеской любовью, тогда сможет обрести любовь к Творцу.

Следует знать, что в любви к товарищам есть особое преимущество: человек не может обманывать себя, полагая, что он любит товарищей, если на самом деле он их не любит. Здесь можно отдавать себе отчет в том, действительно ты любишь товарищей или нет. С другой стороны, в любви к Творцу человек не может проверить себя: устремлен ли он на любовь к Творцу, то есть желает ли совершать Ему отдачу, или же хочет получать ради получения.

Однако следует знать, что после всех исправлений, которые человек должен произвести без помощи Творца, он не достигнет никакого прогресса в работе на отдачу. В таком случае, спросили мы, для чего человек должен производить действия, чтобы потом получить помощь от Творца? Разве не может Творец помочь и без действий со стороны низших. Ведь в любом случае работа человека не приведет ни к какому продвижению.

Дело в том, что пока человек не приступил к работе, он не знает, что не в состоянии победить в войне с эгоизмом. Когда же человек начинает действовать в работе на отдачу и делает всё, что в его силах, тогда он может поднять настоящую молитву, чтобы Творец помог ему.

Но для чего Творец хочет, чтобы человек обратился к Нему с подлинной молитвой? Если бы речь шла о человеке из плоти и крови, можно было бы сказать, что он хочет настоящей просьбы. Ведь когда кто-то обращается к другому с настоящей просьбой, он выражает ему настоящую благодарность. А человек из плоти и крови, стремясь к почестям, воспринимает благодарность другого как его принижение – и наслаждается этим.

Но разве Творец нуждается в том, чтобы люди воздавали Ему почести? В таком случае, для чего Он хочет, чтобы человек обратился к Нему с подлинной молитвой из глубины сердца?

Дело, как известно, в том, что нет света без сосуда. Иными словами, невозможно дать человеку очень важную вещь, если он ее не хочет. Тогда он пренебрежет ею, не будет беречь и в итоге потеряет ее. Ведь человек нуждается в чем-то согласно тому, насколько ему этого недостает, – вот что придает осознание важности. И в мере этого осознания человек бережет подарок от пропажи.

В противном же случае всё уйдет к силам скверны. Это называется – предоставить эгоизму возможность присосаться, так что всё идет в сосуды получения. Они берут в свое владение всё, чем человек пренебрегает в духовном. Отсюда нам понятно, почему человек должен приступить к работе.

Но почему Творец не дал человеку сил, чтобы самому завершить эту работу, без Его помощи?

Известно объяснение Книги Зоар на слова: «кто пришел очиститься, тому помогают»[209]. «Чем?» – спрашивает Зоар. И отвечает: «чистой душой»[210]. Иными словами, человек получает

---

209   Трактат «Йома», 38:2.
210   См. Книга Зоар с комментарием «Сулам», гл. «Ноах», п. 63.

свыше подсветку под названием «душа» (нэшама́), которая называется также «постижением Творца», и это включено в замысел творения – доставить благо созданиям Творца.

Таким образом, благодаря тому что у человека есть сосуд и желание сосуда отдачи, потом он получает свет под названием «нэшама». А значит, нужны оба этих фактора:

- начав работу, человек тем самым получает сосуд;
- а поскольку самому ему не под силу ее завершить, он взывает к Творцу о помощи и тогда получает свет.

Отсюда понятны слова: «Пойдем к Фараону, ибо Я ожесточил его сердце и сердца его слуг, чтобы совершить эти Мои знамения в его среде»[211]. Возникает вопрос: почему Творец ожесточил его сердце? Тора объясняет: «чтобы совершить эти Мои знамения в его среде». Почему же Творец ожесточил сердце человека, так что он не может сам победить в войне с эгоизмом?

Ответ: для того, чтобы человек воззвал к Творцу. И благодаря этому у него появится сосуд. Тогда Творец сможет внести в этот сосуд, в его среду буквы[212] Торы. Это и есть душа, которую Творец дает человеку в помощь. Сказано об этом: «Тора и Творец едины». «Мои знамения» – суть буквы Торы в качестве имен Творца. Это и значит «доставить благо Его созданиям», что является замыслом творения.

Происходит это с человеком именно тогда, когда у него есть сосуд. А сосуд этот создается посредством ожесточения сердца – тогда возникает необходимость воззвать к Творцу о помощи. И Он помогает человеку чистой душой.

Отсюда понятно, что «пойдем к Фараону» – значит: пойдем вдвоем, вместе. Иными словами, человек должен начать войну, и тогда он видит, что не в силах победить его. Это видно из того, что Моше боялся идти к Фараону и Творец сказал: «Вот Я против тебя, Фараон». То есть тогда-то и пришла помощь от Творца. В чем же она заключалась? В чистой душе, как говорит Книга Зоар.

---

211 Тора, Шмот, 10:1.
212 Слова *буквы* (отиёт – אותיות) и *знамения* (отот – אותות) являются однокоренными.

Таким образом, ожесточение сердца было нужно, чтобы появилась возможность для молитвы. И молитва эта не такая, как у человека из плоти и крови, который хочет почестей – чтобы его просили о чем-то и благодаря этому уважали. Здесь смысл молитвы в том, чтобы у человека появился сосуд, то есть чтобы он ощутил необходимость в помощи Творца. Ведь нет света без сосуда. Когда человек видит, что он ничем не может себе помочь, тогда ему нужна помощь Творца.

Сказано об этом: «Творец ждет молитву праведников»[213]. И здесь тоже возникает вопрос: неужели Творец нуждается в том, чтобы человек покорился и попросил Его о помощи? Однако же, как сказано выше, поскольку Творец желает доставить благо Своим созданиям, но нет света без сосуда, постольку Он ждет молитву праведников, посредством чего они раскрывают сосуды, которые Он сможет наполнить. Следовательно, когда человек видит, что он не в состоянии справиться со злом в себе, **тогда действительно время просить помощи у Творца**.

Отсюда понятны слова Творца: «Я возьму вас Себе народом и буду вам Богом, и вы узнаете, что Я ваш Творец, выводящий вас из-под египетского ига»[214]. Объясняют мудрецы[215]: «Так сказал Творец сыновьям Исраэля: "Когда выведу вас, сделаю вам так, чтобы вы знали, что именно Я вывел вас из Египта, как сказано: 'И вы узнаете, что Я ваш Творец, выводящий вас из-под египетского ига'"».

Следовательно, мало того, что Творец вывел народ Исраэля из Египта, и они освободились от мук и страданий, которые испытывали там. В контексте духовной работы возникает вопрос: разве этого не достаточно? Ведь они обрели свободу от порабощения в изгнании, где не могли служить Творцу из-за власти Фараона и где всё, что они выстраивали для себя, – любой задел в работе – уходило в землю. В пример мудрецы привели города Пито́м и Раамсе́с[216]: «Рав и Шмуэль: один сказал: имя его Питом,

---

213 См. трактат «Йевамот», 64:1 и трактат «Хулин», 60:2.
214 Тора, Шмот, 6:7.
215 Трактат «Брахот», 38:1.
216 Тора, Шмот, 1:11. «И построил города-хранилища для Фараона: Питом и Раамсес».

а Раамсесом зовется потому, что его голова раскалывается[217] первой...» Раши объяснил: когда отстраивали немного, город раскалывался и рушился. И снова строили – и он падал. «...А другой сказал: имя его Раамсес, а Питомом зовется потому, что его в первую очередь поглотили уста бездны[218]»[219].

Как мы видим, разногласие между Равом и Шмуэлем относится не к действительности, а к трактовке. Действительность же там была такова: всё, что они строили, рушилось. Это значит: что бы они ни строили для себя – любое построение в духовной работе, – приходили египтяне, то есть чуждые мысли египтян, и разрушали всю их работу. Иными словами, все их старания, когда они изо всех сил пытались на преодолении выполнять духовную работу, – всё уходило в землю. Каждый день они должны были начинать заново, и им казалось, что они никогда и не занимались духовной работой. Более того, всякий раз, помышляя о продвижении вперед, они видели, что не только не продвигаются, но отступают вспять, – так как всегда у них возникали новые вопросы «Кто?» и «Что?»[220].

Отсюда следует понять исход из Египта. В то время они уже могли служить Творцу без чуждых мыслей египтян. А раз так, что́ говорит нам знание, о котором сказано «узнаете»? Почему следует знать, что именно Творец выводит сыновей Исраэля из земли Египта? И еще большее недоумение возникает, если приглядеться к египетскому рабству: коль скоро они трудились на тяжких работах и освободились от этого, то чего еще им недостает?

Что такое тяжкая работа? Объясняют мудрецы[221]: «"Горькой сделали их жизнь всякой работой, к какой жестоко принуждали их"[222]. Сказал рабби Шмуэль Бар Нахмани от имени рабби Йона-

---

217 *Раскалывается* – ивр. *митросе́с*.

218 Уста бездны – ивр. *пи теhо́м*.

219 Трактат «Сота», 11:1.

220 Вопрос Фараона: «Кто такой Творец, чтобы я слушался Его?» (Тора Шмот, 5:2) и вопрос сыновей: «Что для вас эта работа?» (Тора, Шмот, 12:26).

221 Трактат «Сота», 11:2.

222 Тора, Шмот, 1:14. «Горькой сделали их жизнь тяжким трудом над глиной и кирпичами, всяким трудом в поле, и всякой работой, к какой жестоко принуждали их».

тана, что они заменяли мужскую работу женской, а женскую – мужской». «И поработили египтяне сыновей Исраэля тяжкой работой»[223]. «Рабби Эльазар сказал: «мягкими речами»[224]»[225].

Следует понять, что значит «тяжкая» в контексте духовной работы. Здесь имеются два аспекта:

1. Действие, называющееся **открытой частью**. Это то, что открыто человеку, и нельзя сказать, что он ошибается или обманывает себя. Ведь в том, что открыто взору, ошибиться невозможно. В соблюдении принципов Торы и учебе человек видит – и другие могут видеть, – выполняет он это или нет.

2. Намерение. Оно называется **скрытой частью**, поскольку другие не могут видеть, с каким намерением человек производит свои действия. Да и сам он, действуя, тоже не может видеть намерение, поскольку в намерениях есть возможность ошибиться или обмануться. Только в предстающих перед взором вещах, в **открытой части**, все могут видеть истину – тогда как в том, что зависит от намерения сердца и от помыслов, человек не может полагаться на себя. Это скрыто от него и от других.

Теперь мы сможем объяснить суть «тяжкой работы», о которой сказано, что «они заменяли мужскую работу женской». Это значит, что человек – уже мужчина, то есть уже может преодолевать[226] зло в себе и на деле реализовывать принципы отдачи. А раз так, что́ он должен делать, когда уже зовется мужчиной, воином? В таком случае он уже способен на деле воевать со своим злом. Следовательно, настало ему время приступить к работе во втором аспекте – в скрытой части, то есть в намерении. Это значит: отныне и далее стараться направлять все свои дела на то, чтобы доставить удовольствие Творцу, а не себе на пользу.

---

223   Тора, Шмот, 1:13.

224   *Тяжкая – ивр. па́рех* (פרך). *Мягкие речи – ивр. пэ рах* (פה-רך).

225   Трактат «Сота», 11:2.

226   На иврите слова *мужчина* (ге́вер – גבר) и *преодолеть* (леитгабе́р – להתגבר) являются однокоренными.

Что же сделали египтяне, увидев, что Исраэль – мужчина, способный выйти из-под их власти и вступить в отдачу? Тогда они заменили работу сыновей Исраэля и дали им «женскую работу», чтобы они занимались только ею. Иными словами, египтяне дали им понять: «Кому нужны эти намерения? Главное – дела. А в делах ты преуспеешь. Ведь здесь ты видишь, что ты мужчина и можешь преодолевать зло в себе, соблюдая принципы Торы во всех деталях и тонкостях. И ты должен прикладывать все свои силы, чтобы делать это как можно более тщательно.

А намерениями не занимайся, эта работа не для тебя, а лишь для избранных. Если же ты станешь работать на отдачу, то есть каждый раз будешь думать, как выстроить намерение ради отдачи, – у тебя уже не останется сил на тщательное выполнение открытых действий, в которых ты себя не обманешь. Ведь ты видишь то, что делаешь. А значит, в этом ты можешь совершенствоваться, придерживаясь во всех своих делах всех деталей и тонкостей.

С другой стороны, намерения ты не можешь контролировать по-настоящему. Так что мы советуем тебе это для твоей же пользы.

И не думай, что мы хотим отлучить тебя от духовной работы. Наоборот, мы хотим, чтобы ты поднимался по духовным ступеням».

Вот что значит заменять мужскую работу женской. Вместо того чтобы народ Исраэля выполнял работу, относящуюся к мужскому свойству, египтяне объясняли, что ему лучше выполнять женскую работу – то, что относится к женскому свойству.

«А женскую работу заменяли мужской». Смысл в том, что у этих людей не было сил для преодоления. «Иссякли их силы, как у женщины»[227]. Иными словами, ослабев в реализации принципов Торы, они были не в силах соблюдать и реализовывать даже открытую часть, означающую только действие. И вся работа по преодолению велась лишь в действии, а не в намерении.

Тогда приходили к ним египтяне и давали понять: «Мы не хотим мешать вам в духовной работе, а наоборот, хотим, чтобы вы были истинными служителями Творца. Ведь мы видим, что вы хотите

---

[227] См. трактат «Брахот», 32:1.

выполнять духовную работу, и потому даем вам совет: главное в работе не действие, главное – намерение. Поэтому вам нужно заменить преодоление в действии. Вы приучаетесь преодолевать свое тело – учиться еще час или молиться еще полчаса. Вы стараетесь говорить – что положено, молчать – когда положено. Кому это надо?

Главное – намерение ради отдачи. Вот, где вы должны прилагать все свои силы и старания. Зачем же вам тратить силы на пустяки? Хотя закон требует соблюдать все эти мелочи, но эта работа не для вас. Она подходит женщинам. А вы должны выполнять **мужскую** работу. Если же вы хотите работать лишь в действии, это вам не гоже. Ведь вы должны делать упор на намерении – использовать все имеющиеся у вас силы в устремлении на то, чтобы всё было ради отдачи.

Только не подумайте, что мы хотим помешать вам в служении Творцу. Наоборот, мы хотим, чтобы вы поднялись по духовным ступеням и достигли совершенства, когда все ваши дела будут призваны лишь для того, чтобы доставить удовольствие Творцу».

Между тем, сыновья Исраэля находились еще на «женской» ступени, то есть у них не было сил для преодоления, даже в действии. Это и называется: «иссякли их силы, как у женщины». Египтяне же тогда давали им понять, что главное – намерение лишма. Тем самым египтяне были уверены, что у них не будет сил для преодоления в духовной работе.

Вот что написал об этом Рамбам[228]: «Сказали мудрецы: «Пускай всегда будет выполнять человек принципы Торы хотя бы в эгоистическом намерении ло-лишма, и от него придет к намерению на отдачу лишма»[229]. Поэтому, когда обучают «детей», «женщин» и «простолюдинов» в целом, то учат их работать лишь из трепета и ради награды. Пока не поумнеют и не наберутся мудрости, раскрывают им эту тайну понемногу и приучают их к этому мягко – пока не постигнут Его, не познают Его и не станут служить Ему из любви».

---

228   Рамбам, «Мишне Тора», «Законы возвращения», 10:9.
229   Трактат «Псахим, 50:2.

Тем, кто пребывал в женском свойстве, египтяне советовали поступать не согласно Рамбаму, а наоборот: хотя они находились на ступени «женщин и детей», им давали понять, что начинать работу надо сразу с намерения лишма. Тем самым египтяне были уверены, что они останутся под их властью, вне духовного.

Это и называется «тяжкой работой». Рабби Шмуэль Бар Нахмани сказал[230]: «тяжкая работа означает ломку[231]». А Раши объяснил: ломку и разбиение тела и поясницы. Смысл в том, что если заменить мужскую работу женской, а женскую – мужской, получится то, что описано выше. Ведь мужская работа состоит в том, чтобы идти вперед на преодолении, строя намерение лишма. А египтяне ослабляли их в этой работе, так как были против нее. В результате, помимо работы по преодолению, чтобы выстраивать намерение ради отдачи, у них была еще одна работа, поскольку египтяне давали им понять, что вся эта работа является излишней, так как работа на отдачу предназначена не для них, а для избранных.

Само собой, это зовется «двойной работой», которая требует:

а) стараться выстраивать намерение ради отдачи;

б) воевать с египтянами, утверждая, что это не так и они смогут достичь намерения лишма, вопреки советам о том, что они должны выполнять женскую работу. Это был ключевой посыл египтян – чтобы сыновья Исраэля не приближались к работе на отдачу.

А кроме того, египтяне заменяли женскую работу мужской, говоря, что женская работа ничего не стоит. Ведь сыновья Исраэля реализовывали принципы Торы лишь практически, то есть война со злым началом велась лишь за действие, согласно Рамбаму, который сказал, что «женщины» должны вести работу только практически и не следует учить их построению намерения лишма. Соответственно, когда египтяне говорили им, что они

---

230   Трактат «Сота», 11:2.

231   На иврите слова *тяжкая* (па́рех - פרך) и *ломка* (приха́ - פריכה) являются однокоренными.

должны выполнять мужскую работу с намерениями, нацеливаясь на отдачу, – им приходилось тяжело работать:

1. Работать в намерении лишма они вообще были неспособны.
2. Преодолевать тело и практически реализовывать принципы Торы им стало труднее, чем до прихода чуждых мыслей египтян, которые давали им понять, что реализация без намерения ничего не стоит, и преуменьшали важность реализации принципов Торы в намерении ло-лишма. Как следствие, из-за египтян женская работа стала для них низкой. И это несло им тяжкую работу, означающую «разбиение тела и поясницы».

Таким образом, понятие «тяжкой работы» трактуется трояко, и нет никакого противоречия между разными трактовками. Напротив, там присутствовали все три аспекта, и каждый трактуется по-своему.

1. Первое толкование дает рабби Эльазар – «мягкие речи».
2. Рабби Шмуэль Бар Нахмани говорит: «ломка», то есть «разбиение».
3. Рабби Шмуэль Бар Нахмани от имени рабби Йонатана: они заменяли мужскую работу женской, а женскую – мужской.

Однако же все трактуют «тяжкую работу» как «ломку», то есть разбиение тела. Причина в том, что это была тяжелая работа – до такой степени, что ее называют «работой, разбивающей тело и поясницу». Это вызвано тем, что они заменяли мужскую работу женской, а женскую – мужской, что несло им тяжелый труд.

Но почему они прислушивались к мнению египтян? Потому что те говорили с Исраэлем «мягкими речами». Помыслы египтян приходили к Исраэлю в виде «мягких речей», как будто всё, что они говорили им делать, вовсе не было призвано отдалить их от духовной работы, а наоборот, они хотели наставить сыновей Исраэля на пути Творца, на стезю успеха, так чтобы они не тратили времени попусту, без пользы – не видя продвижения в духовной работе. И поскольку сыновья Исраэль слышали, что к ним обращаются с «мягкими речами», им было трудно преодолеть эти помыслы.

Таким образом, говоря, что они заменяли мужскую работу женской, он дает объяснение, почему они прислушивались к египтянам. Ответ: из-за «мягких речей», с которыми те обращались. Как следствие, по двум вышеуказанным причинам они вели «тяжкую работу», которая, как говорит рабби Шмуэль Бар Нахмани, означает ломку и разбивает тело.

Отсюда следует понять: разве недостаточно народу Исраэля того, что Творец вывел его из Египта? Иными словами, выйдя из-под рабства у египтян, они обрели возможность реализовывать принципы Торы – каждый согласно своему постижению, – и у египетской скверны не было сил помешать их работе. Насколько же велико это чудо, и кто способен оценить его важность? Ведь когда человек отдает себе отчет в том, сколько страданий и тягот он испытывает, будучи помещен в изгнание в рабстве у Фараона, царя египетского, он оценивает в сердце степень тьмы при строительстве «Питома и Раамсеса».

Теперь же разом открылись врата египетской скверны, и они вышли на свободу и вступили в собственное владение. Иными словами, теперь у них появилась свобода, позволяющая реализовывать принципы Торы как им угодно, без всяких помех. Какую же радость и подъем духа это несет человеку, когда он сравнивает время тьмы и время света. Сказано об этом: «Отделяющий свет от тьмы»[232].

Из вышесказанного понятно, почему необходимо знать, что именно Творец «выводит вас из-под египетского ига», как сказали мудрецы: «Когда выведу вас, сделаю вам так, чтобы вы знали, что именно Я вывел вас из Египта, о чем сказано: «И вы узнаете, что Я ваш Творец, выводящий вас из-под египетского ига».

Дело в том, что всегда нужно помнить цель, которой мы должны достичь. А поскольку цель творения – доставить благо созданиям Творца, постольку наша цель в том, чтобы получить благо и наслаждение, которые Он задумал для нас. Однако в нуждах исправления, называющегося «слиянием» и означающего подобие

---

232   Из молитвы «Авдала» на исходе субботы.

свойств, у нас есть работа, требующаяся, чтобы обрести сосуды отдачи. Но это лишь исправление творения, а не совершенство. Совершенство же – это «познание Творца». Речь идет о том, чтобы познать и постичь Тору, зовущуюся «именами Творца».

Таким образом, недостаточно того, что у нас уже есть силы, чтобы реализовывать принципы Торы без всяких помех, поскольку это только лишь исправление, а не конечная цель. Окончательная цель в том, чтобы обрести знание Торы по принципу «Тора, Исраэль и Творец едины». Об этом и сказали мудрецы: «Так сказал Творец Исраэлю: "И вы узнаете, что Я ваш Творец, выводящий вас из-под египетского ига, – Я, а не посланник"». Это значит, что все должны прийти к знанию Творца, – что и есть Тора, зовущаяся «именами Творца».

Для чего нужны сосуды египтян
Статья 14, 1986

Сказано в Торе[233]: «"Скажи народу, чтобы каждый взял в долг у знакомого и каждая у знакомой сосудов серебряных и сосудов золотых". И дал Творец благосклонность к народу в глазах египтян».

Объяснили мудрецы[234]: «Сказали ученики рабби Яная: это выражено как просьба. Творец сказал Моше: "Пожалуйста, пойди скажи Исраэлю: 'Прошу вас, возьмите в долг у египтян серебряные и золотые сосуды'" – так чтобы не сказал тот праведник, что Творец исполнил слова об угнетении, но не исполнил слова об исходе с большим имуществом»[235].

Возникает вопрос: если Творец хотел исполнить Свое обещание Аврааму, как сказано: «потом они выйдут с большим имуществом», – разве не мог Он обогатить народ Исраэля без заимствования сосудов у египтян? Ведь это выглядит обманом: на первый взгляд, кажется, что они позаимствовали вещи, изначально солгав – с намерением не возвращать их.

А также следует понять: когда Творец сказал Моше, чтобы он уговорил сыновей Исраэля взять вещи в долг у египтян, это выглядело просьбой. Что же это за уговоры? Выходит, Творец знал, что они воспротивятся, и потому попросил Моше поговорить с народом? В таком случае нужно понять, по какой причине народ Исраэля сопротивлялся этому.

---

233   Тора, Шмот, 11:2-3.

234   Трактат «Брахот», 9:1-2.

235   Праведник – это Авраам, которому Творец сказал: «Знай, что пришельцами будут потомки твои в чужой земле, и поработят их, и будут угнетать их четыреста лет. Но и над народом, которому они будут служить, Я произведу суд, а потом они выйдут с большим имуществом» (Тора, Берешит, 15:13-14).

Кроме того, нужно понять слова: «Дал Творец благосклонность к народу в глазах египтян». Как объяснить этот переворот от края до края? Хотя со стороны Творца всё возможно, однако в простой трактовке трудно это понять. Ведь сказано: «По мере того как изнуряли его, он преумножался и разрастался, так что египтяне опасались сыновей Исраэля»[236]. А мудрецы объяснили[237]: «Это значит, что они были в глазах египтян как колючки[238]». Выходит, если раньше египтяне не могли выносить народ Исраэля, и он казался им колючками, то теперь всё обратилось в диаметральную противоположность и народ Исраэля понравился египтянам?

Творец пообещал Аврааму: «Потом они выйдут с большим имуществом». Здесь тоже нужно в целом понять то, что говорит Тора: «И сказал *Авраму*: "Я Творец, который вывел тебя из Ура Халдейского, чтобы дать тебе эту землю в наследие". И Аврам сказал: "Господи Боже, как мне знать, что я унаследую ее?"»[239] «И сказал Он Авраму: "Знай, что пришельцами будут твои потомки в чужой земле, и поработят их, и будут угнетать их четыреста лет... А потом они выйдут с большим имуществом"».

Здесь тоже нужно понять, какой ответ получил Авраам на свой вопрос: «Как мне знать, что я унаследую ее?». Ответ Творца был следующим: «Знай, что пришельцами будут твои потомки в чужой земле... А потом они выйдут с большим имуществом». Таким образом, вопрос был о гарантии наследия, а ответ о гарантии состоял в том, что народ Исраэля будет в изгнании. Но разве изгнание – это гарантия унаследования земли?

Бааль Сулам объяснил смысл вопроса: известно, что нет света без сосуда. Иными словами, невозможно получить наполнение, если нет потребности в нем. Эта потребность и называется сосудом. Увидев, что Творец хочет дать его потомкам, Авраам сказал: «Я не вижу, что они будут нуждаться в духовном унаследовании земли. Ведь если они получат хотя бы малую подсветку,

---

236 Тора, Шмот, 1:12.
237 Трактат «Сота», 11:1.
238 На иврите слова *опасались* (ויקצו) и *колючки* (קוצים) являются однокоренными.
239 Тора, Берешит, 15:7-8.

то уже будут удовлетворены, поскольку самая малая ступень в духовном несет человеку больше наслаждения, чем все материальные услады, которые есть в мире. А значит, получив хотя бы малую подсветку, они сразу могут подумать, что нет более высоких ступеней, чем та, которой они достигли. И тогда у них не будет нужды просить чего-то еще».

Отсюда проистекал вопрос Авраама к Творцу: «Как мне знать, что они будут нуждаться в духовном унаследовании земли?» Тем самым он попросил Творца сказать ему, как это возможно, что у них будет свет без сосуда. Авраам понимал, что свет дает Творец, но как быть с сосудами, то есть с желанием светов, бо́льших, чем уже полученные ими? Кто даст им понять, что они должны взойти еще выше по сравнению с тем, что ощущают сейчас?

Существует правило: в любом духовном состоянии, которое приходит к человеку, он ощущает непревзойденное совершенство. Ведь любое духовное состояние – это полноценное ощущение без всякого изъяна. Иначе оно не было бы духовным. Только в материальном состоянии может быть так, что мы наслаждаемся и все-таки чувствуем, что есть еще большее наслаждение. В духовном мире это не так.

И потому Авраам недоумевал, как и в чем они испытают нужду просить Творца, чтобы Он дал им более высокую ступень под названием «наследование земли». И сказано, что Творец ответил ему: «Знай, что пришельцами будут твои потомки в чужой земле». Таков ответ Творца Аврааму: исходя из этого – из египетского изгнания – у них будет нужда просить Творца, чтобы Он давал им каждый раз больше сил.

Причина в том, что когда человек приступает к духовной работе, желая, чтобы все его дела были с ради отдачи, и видя, что не в его силах преодолеть эгоизм, тогда он просит помощи у Творца. Сказали об этом мудрецы: «Кто пришел очиститься, тому помогают»[240]. И спрашивает Зоар: «Чем ему помогают? Чистой душой»[241].

---

240   Трактат «Йома», 38:2.
241   Книга Зоар с комментарием «Сулам», гл. «Ноах», п. 63.

Как следствие, все их усилия по преодолению в работе уходили в землю, как сказано о строительстве Питома и Раамсеса[242]. Иными словами, каждый день они должны были начинать свою работу заново, так как всё, что выстраивали, уходило в бездну. И всегда они видели себя так, словно никогда и не начинали работу, поскольку не помнили из Торы ничего, что касалось работы. И всегда, отдавая себе самоотчет, они вопрошали: «Где наша работа? Где все те силы, которые мы вложили в нее? Куда они ушли?»

И еще труднее было понять, как скверна Фараона способна поглощать всю работу, которую они производили, – до такой степени, что они не чувствовали, что когда-то служили Творцу, что была у них цель – достичь совершенства, и что они знали, чего хотят. Внезапно они приходили к такому состоянию, в котором забывали всё, и у них не оставалось никаких следов от этой работы.

И всё это было задумано изначально. Творец приготовил для этого скверну – эгоистичные желания, – чтобы каждый раз они оказывались в начале пути. А, как известно, всякое начало тяжело. В результате они были вынуждены просить Творца о помощи, как сказано: «Кто пришел очиститься, тому помогают». И, как говорит Зоар, каждый раз они получали «чистую душу» – силу свыше. Иными словами, раз за разом они получали добавки души. А они собираются затем в большое количество – ведь, как известно, «что дается свыше, не забирается обратно»[243].

Каждая подсветка, которую мы получаем свыше, хотя исчезает пока что, но в итоге, когда человек набирает сумму усилий, возложенных на него согласно принципу: «всё, что в твоих силах сделать, – делай»[244], тогда он единовременно получает всё, что получал раз за разом. Человек думал, что всё уходит к скверне, – но в итоге всё получает назад.

Таким образом, **всё египетское изгнание было призвано для того, чтобы получить сосуды и нужду в больших светах**,

---

242 Тора, Шмот, 1:11. «И построил города-хранилища для Фараона: Питом и Раамсес».
243 См. трактат «Хулин», 60:1. «Творец давать дает, а забирать не забирает».
244 Писания, Коэлет, 9:10.

называющихся «наследование земли». Об этом и недоумевал Авраам, когда сказал, что не видит, что его потомки будут нуждаться в этих больших светах. А поскольку нет света без сосуда, постольку, даже если желают дать им свет, у них нет сосудов, чтобы получить его.

Поэтому сыновьям Исраэля было уготовано египетское изгнание, чтобы посредством вопросов и доводов египтян они каждый раз опустошались от того немногого, что обретали себе в духовном и что египтяне высасывали у них. Как следствие, у них всегда была нужда просить Творца, чтобы Он осветил им путь, по которому они смогут идти вперед. При этом они видели, что каждый раз откатываются назад. Как написал об этом Ари, во время исхода из Египта народ Исраэля пребывал в 49 вратах скверны, пока не раскрылся им Творец и не избавил их.

На первый взгляд, это противоречит логике. Ведь известно, что Моше и Аарон пришли в Египет и говорили народу Израиля, что Творец желает вывести их из Египта. Они произвели там все знамения, и десять казней, полученных египтянами, конечно же, должны были приближать народ Исраэля к духовному, а не вызывать противоположное действие, в результате которого они падали каждый раз в более глубокие врата скверны – пока не настало время, когда они должны были выйти из Египта. Иными словами, нужна была большая подготовка, чтобы получить свет избавления, – а в итоге, что же мы видим? В каком состоянии они оказались при избавлении? В 49 вратах скверны. Возможно ли такое?

Как объяснил Бааль Сулам, египетское изгнание было нужно для того, чтобы обрести сосуды египтян. Но только в долг, а потом вернуть им обратно. Бааль Сулам пояснил: когда Творец сказал Аврааму: «пришельцами будут твои потомки в чужой земле» – это было **гарантией унаследования**. Иными словами, гарантией того, что **у них будет нужда** получить изобилие от Творца. Ведь желание выйти из египетского рабства может возникнуть только с помощью чистой души. Тогда, само собой, они каждый раз будут нуждаться в помощи Творца. И благодаря этому у них будет нужда в том, чтобы с каждым разом привлекать всё более высокие ступени.

Отсюда можно разъяснить суть «египетского изгнания» и «заимствования сосудов у египтян». Мы видим, что́ произошло, когда Моше и Аарон пришли к сыновьям Исраэля. Сказано об этом[245]: «И пошел Моше с Аароном, и собрали всех старейшин сыновей Исраэля. И пересказал Аарон все слова, которые сказал Творец Моше, и совершил знамения пред глазами народа. И поверил народ, и услышали».

Отсюда мы видим, что как только Моше и Аарон пришли к сыновьям Исраэля, те приняли на себя верой выше знания все слова, сказанные Творцом Моше. Всё, что египтяне давали им понять, со всеми вопросами и сложностями работы на отдачу, осталось без внимания, так как они пошли выше знания. И потому пребывание в изгнании всё это время никак не могло теперь на них отразиться.

Итак, после того как Моше и Аарон пришли к сыновьям Исраэля с посланием о том, что Творец хочет вывести их из изгнания, те сразу приняли на себя условие не слушать отныне и далее доводы египтян, говоривших от имени Фараона, царя египетского, что сыновьям Исраэля предпочтительнее оставаться под их властью. Египтяне хотели внушить сыновьям Исраэля истинность своего пути, так чтобы они не слушали то, что говорят им Моше и Аарон. «Мы видим, что вы кричите: "Пойдем, принесем жертвы Творцу"[246]. Это дает вам понять, что вы должны оставить Египет и пойти за ними. И когда они говорят с вами, нам ясно, что вы хотите послушаться их с закрытыми глазами. Но разве можно поступить подобным образом, в то время как мы приводим вам логичные обоснования? Вам нечего возразить нам, но вы все равно упрямитесь и готовы идти до конца по слову Моше и Аарона».

Отсюда мы видим: после прихода Моше и Аарона с вестью об избавлении, о том, что они выходят сейчас из рабства, в котором

---

245   Тора, Шмот, 4:29-31.
246   Тора, Шмот, 5:8. «Они ленивы, потому и кричат: "Пойдем принесем жертвы Творцу"».

не могли работать на отдачу, сыновья Исраэля обрадовались этой вести и не нуждались ни в каких подтверждениях. Они были рады лишь этому – тому, что смогут теперь выполнять принципы Торы только в действии. Это доставило им полное удовлетворение, и они были рады выполнить желание Творца, как сказано: «Они кричат: "Пойдем принесем жертвы Творцу"».

Таким образом, теперь, когда они выходят из египетского изгнания с сосудами, им ничего не нужно. Напротив, «поверил народ, и услышали». У них нет никакой нужды в унаследовании земли Исраэля, хотя Творец обещал Аврааму: «Знай, что пришельцами будут потомки твои в чужой земле… А потом выйдут с большим имуществом». Изгнание являлось гарантией того, что у них будет нужда получить благо и наслаждение, то есть унаследовать землю Исраэля, которую Творец обещал дать потомкам Авраама. Однако у них всё еще нет сосудов для этого – напротив, они довольствуются малым.

Вот почему «сказал Творец Моше: "Скажи народу, чтобы каждый взял в долг у знакомого и каждая у знакомой сосудов серебряных и сосудов золотых"». Из объяснения Бааль Сулама следует, что взять у египтян серебряные и золотые сосуды – значит взять их желания и томления[247], то есть все трудные вопросы, которые были у них на пути народа Исраэля.

Египтяне всегда требовали от сыновей Исраэля: «Всё, что вы делаете, должно быть осознано и осмысленно. Если же вы занимаетесь преодолением, чтобы выйти из себялюбия и всё делать ради отдачи, – это неправильный путь. Ведь Творец добр и творит добро. Создавая мир, Он, само собой, желал доставить благо Своим созданиям, так чтобы мы, эти создания, наслаждались Его благом. Вы же сходите с правильного пути и встаете на путь, который поистине противен цели творения. И вы говорите нам, что это истинный путь, что ничего не нужно для себялюбия, но всё нужно делать ради того, чтобы доставить удовольствие Творцу».

---

247   На иврите *серебро* (кéсеф – כֶּסֶף) и *томление* (кисýф – כִּסּוּף) являются однокоренными словами.

Слыша злословие египтян, порочащих путь отдачи, народ Исраэля всегда бежал от них – бежал от этих мыслей, когда они приходили, чтобы запутать помыслы сыновей Исраэля и укоренить свои суждения в их сердцах.

И потому Творец знал, что они не захотят слышать трудные вопросы египтян, которые спрашивали: **«Кто?»** и **«Что?»**[248]. У них не было сосудов, которые позволили бы дать им большое имущество. Ведь нет света без сосуда – иными словами, невозможно дать человеку что-то, чего он не хочет. Поэтому если бы Творец спросил сыновей Исраэля: «Что вы хотите, чтобы Я вам дал?», они, конечно же, ответили бы: «Нам от Тебя ничего не нужно. Наоборот, мы стремимся лишь к отдаче Тебе, а не к тому, чтобы Ты совершал отдачу нам». В таком случае, как они могут получить благо и наслаждение, зовущиеся «большим имуществом?» Говоря иначе, Творец желает дать им ступени нэфеш, рýах, нешамá, хая и йехидá[249], однако они не испытывают нужды в этом.

Поэтому пожелал Творец, чтобы они взяли сосуды египтян – их трудные вопросы и их желания. Но взяли не на самом деле, а только в долг. Иными словами, им надо было взять сосуды египтян лишь для того, чтобы ощутить нужду в удовлетворении этих потребностей, но не так, чтобы сосуды эти действительно остались у них. Ведь эти сосуды – эти мысли и желания – не относятся к народу Исраэля. Речь идет лишь о заимствовании на время.

А потом надо вернуть их египтянам. Потом – то есть после того, как сыновья Исраэля получат наполнение, относящееся к этим заимствованиям. Именно благодаря заимствованиям появляется возможность дать им наполнение. Как будто они получили светá, относящиеся к их сосудам – «сосудам получения ради получения», – но сразу же выбросили эти сосуды и использовали относящиеся к ним светá – однако всё получили ради того, чтобы доставить удовольствие Творцу.

---

[248] Вопрос Фараона: «Кто такой Творец, чтобы я слушался Его?» (Тора Шмот, 5:2) и вопрос сыновей: «Что для вас эта работа?» (Тора, Шмот, 12:26).

[249] Пять уровней света, отдачи со стороны Творца.

Аналогичным образом Бааль Сулам объяснил противостояние Амана и Мордехая[250]. Он задал вопрос о том, как царь Ахашверош хотел оказать почет Мордехаю. Сказано об этом: «И сказал царь: "Что было сделано для Мордехая в знак почета и уважения за это?" И сказал царь Аману: "Что сделать для того человека, которому царь хочет оказать почет?" "И сказал Аман царю: человеку, которому захочет царь оказать почет, пусть принесут царское одеяние"»[251].

Бааль Сулам спросил, как такое может быть: если царь желает оказать «почет» Мордехаю, то почему он спрашивает Амана: «Что сделать для того человека, которому царь хочет оказать почет?» И объяснил Бааль Сулам, что это намек на порядок отдачи изобилия низшим. Ведь Творец, разумеется, желает оказать почет и уважение праведнику, то есть Мордехаю. Но если Он спросит самого праведника: «Что ты хочешь, чтобы Я тебе дал?», – праведник скажет, что ничего не хочет получить, а наоборот, хочет лишь совершать отдачу Царю.

Поэтому надо было спросить свойство Амана в нем: что, по его мнению, стоит получить? А потом царь сказал: «Сделай так для Мордехая»[252]. Иными словами, пускай получит почет и уважение не в сосуды Амана, «получающего ради получения», а в сосуды «получающего ради отдачи».

Аналогичным образом следует объяснить и заимствование сосудов у египтян. Творец сказал Моше, чтобы он попросил сыновей Исраэля взять в долг сосуды у египтян. Мы спросили: почему Творец должен был просить это у них? И почему народ Исраэля не захочет позаимствовать эти сосуды? Ответ таков: когда Моше и Аарон пришли с поручением от Творца, чтобы вывести народ Исраэля из изгнания, «поверил народ, и услышали» – верой выше знания, и не нуждались более ни в чем, и не было у них никакой нужды в высоких ступенях, но было достаточно им того,

---

250 См. Писания, Свиток Эстер.
251 Писания, Свиток Эстер, 6:3-8.
252 Писания, Свиток Эстер, 6:10.

что они смогут реализовывать принципы Торы без всяких помех со стороны египтян.

Это сходно с тем, о чем мы говорили выше: если царь спросит праведника Мордехая: «Чего ты хочешь? Ведь я желаю оказать тебе почёт и уважение» – тот, разумеется, ответит, что ничего не хочет получить от царя, а наоборот, хочет совершать ему отдачу. И потому царь спросил Амана: «Что сделать для того человека, которому царь хочет оказать почёт?» А Аман как раз знает, чего просить. И он сказал: «Пусть принесут царское одеяние, которое надевал царь, и приведут коня, на котором ездил царь, и на голову которого возложен был царский венец»[253]. Вот почему царю нужны были сосуды Амана – то, что, по мнению Амана, следует получить от царя.

Поэтому Творец должен был попросить Моше обратиться с просьбой об одолжении к сыновьям Исраэля, чтобы они взяли в долг сосуды египтян – на время, чтобы у них было желание наполнить все те потребности, которые египтяне требовали удовлетворить. Он был обязан попросить, потому что сыновья Исраэля довольствовались тем, что есть, и всегда бежали от мыслей и желаний египтян. Теперь же им говорят прислушаться к трудным вопросам египтян.

Поскольку Творец обещал Аврааму, что «потом они выйдут с большим имуществом», постольку Ему было нужно, чтобы они позаимствовали сосуды египтян, а затем отдали им обратно. Иными словами, сыновья Исраэля не имеют ничего общего со своими заимствованиями и взяли их лишь на время, чтобы у них была возможность получить света́ под названием «наследование земли», которую Творец обещал Аврааму.

Отсюда понятен ответ на заданный нами вопрос: каким образом всё перевернулось от края до края? Ведь сказано: «опасались сыновей Исраэля» – то есть они были в глазах египтян как колючки. А затем «дал Творец благосклонность к народу в глазах египтян». Они увидели, что народ Исраэля готов прислушаться к их вопросам, и это дало «благосклонность» – они подумали,

---

253 Писания, Свиток Эстер, 6:8.

что Исраэль собирается пойти их путем. Творец «дал благосклонность» тем, что сказал сыновьям Исраэля взять у египтян сосуды в долг, – ведь этого египтяне и хотели.

Общая молитва
Статья 15, 1986

Сказано в Книге Зоар[254]: «Она сказала: "Среди народа своего я живу"[255]. Что это значит? Когда суд нависает над миром, человек не должен обособляться отдельно от общности. Ибо когда суд нависает над миром, те, кто известен и записан отдельно, даже если они праведники, застигаются первыми. Поэтому человек никогда не должен отрываться от народа – ведь милосердие Творца всегда пребывает над всем народом вместе. И потому она сказала: "Среди народа своего я живу и не хочу обособляться от них"».

«Суд (дин), царящий над миром», – это получающее желание, себялюбие. Творения родились в этой природе, как известно, в силу желания Творца доставить благо Своим созданиям. И поскольку имелось желание достичь подобия по свойствам, чтобы не было чувства стыда, был установлен закон (дин), запрещающий использовать сосуд получения, за исключением тех случаев, когда человек знает, что сможет выстроить намерение на получение ради отдачи, – тогда ему можно использовать сосуд получения.

Таким образом, «когда суд царит в мире», то есть, когда все в мире погружены в себялюбие, тогда в мире царит тьма, так как нет возможности привлечь свет вниз к созданиям – по причине различия свойств между светом и созданиями, которые его получают. И на это различие наложен закон, согласно которому создания не наделяются высшим изобилием.

Когда человек пробуждается и хочет, чтобы Творец приблизил его – то есть дал ему сосуды отдачи, что и является «приближением», – он просит Творца о помощи. Однако известно, что

---

254 Книга Зоар с комментарием «Сулам», гл. «Бешалах», п. 11.
255 Пророки, Мелахим, II, 4:13.

помощь, приходящая от Творца, зовется высшим изобилием или «душой». Сказано об этом в Книге Зоар, что помощь, которую мы получаем свыше, – это «чистая душа»[256].

И потому, когда человек собирается просить Творца приблизить его к Себе, он предстает отдельно – иными словами, понимает, что Творец должен приблизить его лично. Почему же человек думает, что вся общность может оставаться в текущем состоянии, и только с ним Творец должен поступить иначе? Потому, что понимает: он обладает достоинствами, которых нет у других. И хотя такие люди не относятся к общности, поскольку понимают, что заслуживают приближения к Творцу более других, и считают себя праведниками, – они-то и застигаются первыми. Иными словами, свойство суда – получение для себя – царит над ними более, чем над остальной общностью, и они становятся хуже по размерам своего эгоизма.

Такова причина: человек думает, что ему полагается больше, чем остальным. То есть остальным достаточно того, что у них есть, тогда как, глядя на себя, он видит, что заслуживает больше прочих. Мысль эта – настоящее свойство получения, стопроцентный эгоизм. Таким образом, себялюбие начинает развиваться у него более, чем у других.

Как следствие, человек постоянно работает в эгоизме. Однако себе самому он кажется праведником, поскольку хочет действовать в качестве дающего. Человек говорит себе, что просьба к Творцу приблизить его – это праведность. Ведь он просит, чтобы Творец дал ему силы выполнять принципы Торы ради отдачи. Какой же изъян может быть в том, что он хочет служить Царю?

Отсюда можно объяснить слова Книги Зоар, дающей совет тем людям, у которых есть внутреннее требование и которые не могут мириться со своим состоянием, поскольку не видят никакого продвижения в духовной работе. Они верят в слова Торы: «Любить Творца твоего, слушать Его голос и сливаться с Ним, ибо Он твоя жизнь и продление твоих дней»[257]. И они видят: им недо-

---

256   См. Книга Зоар с комментарием «Сулам», гл. «Ноах», п. 63.
257   Тора, Дварим, 30:20.

стает любви и слияния, они не ощущают жизни в Торе и не знают в душе, где искать способы, чтобы по-настоящему ощутить то, что в ней сказано.

И совет им таков: просить за всю общность. Иными словами, в чем бы человек ни испытывал недостаток, прося о наполнении, пускай не считает себя исключительным, как будто ему полагается больше, чем есть у общности в целом. Напротив, «среди народа своего я живу». Иначе говоря, я прошу за всю общность, поскольку хочу достичь такого состояния, в котором буду заботиться не о чем-либо для себя, но лишь об удовольствии Творцу. И в таком случае, какая мне разница, испытает ли Творец удовольствие от меня, или то же удовольствие может быть доставлено другими.

Тем самым человек просит Творца придать ему понимание, базирующееся на принципе «всё ради Него», – так чтобы быть уверенным в себе и не обманывать себя тем, что он хочет совершать отдачу Творцу. Ведь может быть так, что в действительности он руководствуется лишь своим себялюбием, желая испытать благо и наслаждение.

И потому человек молит Творца за общность. Иными словами, если в общности есть несколько человек, которые могут достичь цели – слияния с Творцом, и если это доставит Творцу больше удовольствия, чем его собственное сближение с Ним, тогда человек поступается собой и хочет, чтобы Творец помог им, так как это доставит наверху больше удовольствия, чем его работа. И потому он молит за общность – чтобы Творец помог общности в целом и придал ей чувство удовлетворения от возможности совершить Ему отдачу и доставить Ему удовольствие.

Поскольку во всем должно быть пробуждение снизу, постольку человек обеспечивает это пробуждение. А пробуждение свыше получат другие – те, о которых Творец знает, что это принесет Ему больше пользы.

Если у человека есть силы для такой молитвы, тогда его, несомненно, ждет настоящий экзамен: согласен ли он на эту молитву?

Но что, если человек знает, что своими словами он только сотрясает воздух? Что он может поделать, видя, что тело не согласно на такую молитву, на абсолютно чистую отдачу без примеси получения?

Здесь имеется лишь известный способ – молить Творца и верить выше знания, что Он может помочь ему и всей общности. И не обращать внимания, видя, что он уже не раз молился и не получил ответа. Это приводит человека в отчаяние, и тело смеется над ним, говоря: «Разве ты не видишь, что неспособен ни на что. Ты как будто совсем безнадежен. И теперь ты просишь Творца дать тебе вещи, неприемлемые для благоразумных людей?

Более того, – заявляет тогда тело, – скажи мне, кто из благонравных и практичных людей захочет, чтобы Творец дал им нечто иррациональное? И еще: ты же видишь, что еще не получил ответа даже на просьбы поскромнее того требования, с которым сейчас обращаешься к Творцу за помощью, – хотя ты просил, чтобы Он избавил тебя. И теперь ты хочешь просить, чтобы Он выполнил твои требования о чем-то столь важном и великом? Не так много молитв в мире призывают Творца дать силы, чтобы действовать ради общности, и чтобы благодаря твоим усилиям все обрели благо и наслаждение. Это называется чистой, незапятнанной отдачей без крупицы себялюбия. И после того, как твои молитвы о малых вещах не были приняты, ты полагаешь, что другая участь постигнет мольбу о чем-то великом и важном, поистине бесценном?»

К примеру, стоит ли обращаться к человеку, у которого дома есть ценности настолько редкие, что нужно обойти весь мир, чтобы отыскать нечто подобное? Такие вещи имеются только у избранных. И вот, приходит обычный человек, у которого дома едва ли есть обычная утварь, и которому внезапно пришло в голову, что он должен постараться раздобыть и те вещи, которые есть у избранных. Само собой, если кто-то услышит об этом, он посмеется над ним.

Так и здесь: когда человек не особого ума, ниже среднего, хочет попросить Творца, чтобы Он дал ему вещи, которыми обладают лишь избранные в мире, тогда само тело смеется над ним и говорит: «Ну, и глупец же ты. Как тебе взбрело на ум просить Творца о том, чего нет даже среди людей сведущих? И как я могу дать тебе силы для работы над такими глупостями?»

Здесь-то и начинается настоящая работа. Ведь работа человека в этом мире состоит в том, чтобы выйти из-под власти злого начала, представляющего получение ради получения. И теперь он хочет, чтобы Творец помог ему идти путем чистой, незапятнанной отдачи, без всякой примеси получения для себя.

Эта работа действительно направлена против зла, поскольку человек не хочет оставить ему никакого имущества. Наоборот, теперь он стремится к тому, чтобы отныне своей работой не обслуживать получающее желание, и просит Творца, чтобы даже его прежнее служение Ему, закрепленное во владении эгоизма, задним числом перешло в Его владение.

Как следствие, теперь человек молит Творца дать ему силы для раскаяния[258]. Иными словами, чтобы Творец дал ему силы вернуть все эгоистические дела в Его владение, как в прошлом, так и в будущем. В этой связи Рамбам говорит[259], что раскаяние должно охватить и прошлое: «Раскаяние означает, что грешник оставит свой грех, удалит его из своих помыслов и решит в своем сердце, что больше не сделает этого, как сказано: "оставит нечестивый свой путь"[260], и раскается в прошлом, как сказано: "после того как я обратился, я раскаялся"[261], и засвидетельствует о нем Знающий тайны, что не вернется к этому греху никогда».

Отсюда понятно, как важна общая молитва, о которой сказано: «Среди народа своего я живу», а Книга Зоар говорит: «Поэтому человек никогда не должен отрываться от народа – ведь милосердие Творца всегда пребывает над всем народом вместе». Это значит, что если человек просит, чтобы Творец дал ему сосуды отдачи, о чем сказано: «Как Он милосерден, так и

---

258 На иврите *раскаяние* и *возвращение* – одно слово.
259 Рамбам, «Мишне Тора», «Законы возвращения», 2:3.
260 Пророки, Йешаяу, 55:7.
261 Пророки, Йирмеяу, 31:18.

ты милосерден»²⁶², тогда человек должен молиться за всю общность, поскольку в таком случае очевидно его намерение – чтобы Творец дал ему сосуды чистой отдачи. Ведь сказано, что «милосердие Творца всегда пребывает над всем народом вместе». И, как известно, «свыше не дают половину»²⁶³ – иными словами, когда свыше дают изобилие вниз, оно предназначено для всей общности.

Следовательно, человек должен просить за общность в целом. Ведь любое изобилие, приходящее свыше, всегда приходит для всего народа. Об этом и сказано: «милосердие Творца всегда пребывает над всем народом». Здесь заложены два значения. Ведь для чистой отдачи было бы достаточно молитвы лишь за одного человека, кроме себя. Однако же здесь есть еще один аспект – человек должен просить о целом, поскольку таково правило в духовном: как известно, свыше всегда приходит целое, а все отдельные детали восприятия относятся только к низшим. И потому человек должен просить за всю общность.

Изобилие приходит к общности в целом, и нет света без сосуда, то есть невозможно получить наполнение, если нет места, потребности, куда это наполнение сможет войти. Вот почему человек получает ответ на свою молитву, когда просит за многих. Сказали об этом мудрецы²⁶⁴: «Каждый, кто просит милосердия для другого, первым получает ответ, поскольку нуждается в том же». Смысл в том, что хотя изобилие приходит к общности, но общности недостает сосудов.

Иными словами, изобилия, приходящего свыше, достаточно для всего народа. Однако, когда нет сосудов, то есть потребностей, которые оно сможет наполнить, тогда общность не обретает приходящее свыше изобилие. Тот же, у кого есть потребности, получает ответ первым.

---

262   См. трактат «Шаббат», 133:2.
263   См. трактат «Хулин», 79:2.
264   См. трактат «Бава кама», 92:1.

Потому что избран Яаков
Статья 16, 1986

В Книге Зоар рабби Хия объясняет строфу: «Яакова избрал себе Творец»[265]: «Рабби Хия открыл речь: "Яакова избрал себе Творец, Исраэля – Своим дорогим достоянием". Как любимы сыновья Исраэля пред Творцом, который пожелал их, пожелал соединиться с ними и скрепить с ними связь и сделал их единым народом в мире, как сказано: "Кто подобен Твоему народу, Исраэлю, народу единому на земле»[266]. И они пожелали Его и скрепили с Ним связь. Сказано об этом: «Яаков избрал себе Творца"[267]. И сказано: «Удел Творца – народ Его»[268]. Он дал остальным народам правителей и властителей над ними, а себе взял в удел Исраэль»[269].

В этом высказывании рабби Хии следует понять следующее:

1. Начиная объяснять высказывание: «Яакова избрал себе Творец», он говорит, что Творец выбрал Яакова, потому что «пожелал их, пожелал соединиться с ними и скрепить с ними связь». А затем он дает противоположное объяснение: «Они пожелали Его и скрепили с Ним связь. Сказано об этом: "Яаков избрал себе Творца"».

2. Как понять слова: «сделал их единым народом в мире», о чем сказано: «Кто подобен Твоему народу, Исраэлю, народу единому на земле»? Ведь этот народ состоит в числе семидесяти народов мира. В таком случае что значит «единый

---

265   Писания, Псалмы, 135:4. «Яакова избрал себе Творец, Исраэля – Своим дорогим достоянием».

266   Пророки, Шмуэль II, 7:23.

267   Оригинал на иврите ("כי יעקב בחר לו יה") можно трактовать двояко: «Яакова избрал себе Творец» и «Яаков избрал себе Творца».

268   Тора, Дварим, 32:9.

269   Книга Зоар с комментарием «Сулам», гл. «Трума», п. 1.

народ»? Выходит, Творец сделал так, чтобы они были единственным народом?

3. Объясняя слова: «Удел Творца – народ Его», он говорит, что остальным народам Творец «дал правителей и властителей над ними, а Себе взял в удел Исраэль». Следует понять, что значит дать остальным народам правителей и властителей, а народ Исраэля взять себе в удел?

Известно, что есть два вида управления:

а) частное управление;

б) управление вознаграждением и наказанием.

Они противоречат друг другу, и Бааль Сулам объяснил, что человек не в силах постичь это внешним разумом. Лишь когда человек достиг совершенства на своей внутренней ступени, тогда он может постичь это.

А порядок духовной работы человека таков: нам дана работа на Творца, управляемая вознаграждением и наказанием, и потому человеку нельзя говорить: «Подожду, чтобы Творец дал мне желание реализовывать принципы отдачи. Когда придет подходящее ощущение, тогда и буду их выполнять». Нельзя говорить: «Раз сказано: "как глина в руках гончара, так и мы в руках Творца"[270], то какой нам прок преодолевать себя в работе против разумения нашего тела?»

Нам говорят: человек не должен смотреть на тело, требующее удовлетворять свои желания. Наоборот, надо приучать и убеждать тело, чтобы оно следовало законам отдачи, согласно оно на это или нет. Мы должны верить в вознаграждение и наказание, в то, что всё зависит от наших дел, от того, насколько мы принуждаем свое тело следовать законам отдачи. Сказали об этом мудрецы: «по страданию – платеж»[271].

А Бааль Сулам сказал, что надо соблюдать два этих вида управления следующим образом:

---

270 См. Пророки, Йирмеяу, 18:6. «Как глина в руках гончара, так и вы в руках Моих, дом Исраэля».

271 Трактат «Авот», 5:23.

Перед действием, при подготовке к реализации принципа отдачи, человек должен верить в управление вознаграждением и наказанием. В таком случае «всё, что в твоих руках и силах сделать, – делай»[272]. Иными словами, всё зависит от работы человека: сколько усилий он вкладывает в преодоление при реализации принципов отдачи, такое вознаграждение и получит.

А сделав дело, человек должен решить для себя, что верит в частное управление.

Однако это трудно для человека, после того как он вложил много труда и сил. Как же ему признать потом, что это было частное управление? В результате, и потом человек работает по принципу вознаграждения и наказания. Иными словами, если он старается поверить, что это было частное управление, то получает за это вознаграждение; а если не может поверить в частное управление, тогда получает наказание за то, что не хочет поверить в него.

Как следствие, когда человек верит в частное управление, в то, что ничего не зависит от его действий, но Творец избрал его, чтобы скрепить с ним связь, тогда он должен воздать хвалу и благодарность Творцу за то, что избрал его. И это относится к каждой категории: даже если человек совершил малое духовное действие, он тоже должен благодарить Творца за то, что дал ему мысль и желание сделать это.

И стоит приучить себя к этой работе. Например, когда человек встает под утро – проснулся ли он сам или по будильнику, или его разбудил товарищ, – он должен верить, что хотя он преодолел свою лень, с большим усилием встав с кровати, и ему, конечно же, положена большая благодарность и большое вознаграждение за эту тяжелую работу, все равно это Творец дал ему желание преодолеть все мысли, которые были у него во время подъема с постели.

Таким образом, в противоположность суждениям человека, это Творцу полагается благодарность за то, что дал ему силы и желание преодолеть все свои мысли и позывы. Выходит, с одной стороны, Творец избрал его – и это **частное управление**, а с другой

---

272 См. Писания, Коэлет, 9:10.

стороны, «Яаков избрал Творца» – и это **принцип вознаграждения и наказания**.

Теперь разъясним то, о чем мы спросили: как понять слова: «сделал их единым народом в мире»? Ведь в мире есть еще семьдесят народов. Однако сказано: «Кто подобен Твоему народу, Исраэлю, народу единому на земле».

Известно, что единственное и множественное число в духовном трактуется как отличие и подобие свойств. Сказано: «Расположился там Исраэль станом напротив горы»[273]. А Раши объяснил: «как один человек с единым сердцем». Поэтому и сказано «расположился» – в единственном числе. Однако все прочие остановки сопровождались недовольством и раздором, и потому сказано о них «расположились» – во множественном числе[274]. Следовательно, под «единым» подразумевается подобие свойств.

Отсюда следует разъяснить, что хотя Творец сделал народ Исраэля в виде многих, о чем сказано: «как лица их не похожи друг на друга, так и суждения их не похожи друг на друга»[275], все равно Он сделал их единым народом в мире. И это большое открытие: хотя они являются народом, то есть многими, у них все же есть единая форма – благодаря подобию свойств. И подобно тому, как было при даровании Торы, таким должно быть совершенство народа Исраэля – иными словами, он должен стать единым.

Пишет Бааль Сулам[276]: «Поэтому, в контексте того периода, Тора говорит о них в единственном числе: «расположился там Исраэль станом напротив горы». А мудрецы объяснили: «как один человек с единым сердцем", потому что каждый из народа полностью отрешился от себялюбия и тем самым сплотились воедино все индивидуумы в народе, став как одно сердце и как один человек. И лишь тогда стали пригодны для получения Торы».

---

273   Тора, Шмот, 19:2.
274   См. напр., Тора, Шмот, 13:20, 14:2, 15:27 и др.
275   Трактат «Брахот» (Иерус.), 63:2. См. также трактат «Брахот» (Вавил.), 58:1.
276   Бааль Сулам, «Поручительство», п. 23.

Отсюда мы видим: Творец сделал так, чтобы народ Исраэля достиг совершенства, дав им силы всем пребывать в подобии свойств – в устремлении доставить удовольствие своему Создателю.

А также следует прояснить третий вопрос: что значит дать остальным народам правителей и властителей, а народ Исраэля взять себе в удел? Разъясним это в контексте духовной работы одного человека, в единственном лице. Когда человек относит всё происходящее в мире только к Творцу, который совершает и будет совершать все действия, – тогда он считается уделом Творца. Когда же человек не относит всё происходящее в мире к Творцу, а считает это действием других сил, не относящихся к духовному, – тогда он находится в состоянии «народов мира». Иными словами, в то время, когда есть управители и властители, он пребывает в состоянии «остальных народов мира».

Порядок собрания
Статья 17, 1986

«Сказал рабби Симлай: пускай всегда будет человек воздавать славу Творцу, а потом будет молиться. Откуда нам это известно? От Моше, как сказано[277]: "Умолял я Творца в то время"»[278].

Бааль Сулам объяснил: когда кто-либо хочет попросить другого об одолжении, он должен знать:

1. Может ли другой дать ему то, что он просит. Ведь если нет – какой прок просить.
2. Другой должен быть щедр. Ведь может быть так, что у него есть желаемое, но нет щедрости, чтобы дать это.

Поэтому сначала человеку надо воздать славу Творцу – иными словами, поверить, что у Творца есть всё, чего он просит, и что Творец милостив и каждому дает желаемое во благо.

Отсюда следует, что, когда товарищи собираются в одном месте, собрание это, несомненно, преследует некую цель. Ведь если каждый отдает ему часть своего времени, которое должен был использовать для собственных нужд, поступается всеми своими делами и приходит участвовать в сборе, – в таком случае он хочет обрести что-то. А значит, надо стараться, чтобы каждый товарищ, уходя домой, видел, с чем он пришел на собрание и что приобрел сейчас, когда идет домой.

Порой бывает так, что во время собрания товарищей каждый чувствует в нем вкус и тогда ему не приходит в голову подумать: «С чем, с каким достоянием я ухожу сейчас домой? Что я на деле приобрел на собрании товарищей – такое, чего у меня не было, пока я не пришел в группу?» И тогда человек видит, что в руках у него ничего нет.

---

277   Тора, Дварим, 3:23.
278   Трактат «Брахот», 32:1.

Это похоже на то, что сказано в Торе[279]: «Когда войдешь в виноградник ближнего твоего, можешь есть виноград сколько душе угодно, досыта, а в свой сосуд не клади».

Следует объяснить это так: когда собираются товарищи – что называется, «виноградник ближнего твоего», – когда они сидят, едят и пьют вместе, разговаривая о том о сем, тело наслаждается. К этому можно отнести слова: «можешь есть виноград сколько душе угодно, досыта».

Другое дело, когда товарищи расходятся по домам, желая видеть, есть ли в их сосудах жизненные силы, которые можно взять с собой. Покидая собрание и проверяя, что́ осталось в их сосудах от этой встречи, они видят то, о чем сказано: «в свой сосуд не клади». У них в сосудах нет ничего, что позволило бы оживить душу после собрания.

Однако же, прикладывая к чему-то усилия, человек должен видеть, что не останется без оплаты. Сказано об этом: «Придет в Цион избавитель[280]... Дабы не трудились мы впустую[281]». Поэтому, приходя на собрание, человек должен получать там пропитание. А также, уходя домой, он должен проверять, есть ли ему что положить в свои сосуды. Тогда у него будет чем подпитывать себя до следующей встречи. На это время у него будет готовый запас из того, что он приобрел во время собрания товарищей.

Поэтому **сначала надо превознести важность собрания товарищей**, а затем смотреть, что можно приобрести благодаря этому действию. Об этом и сказано выше: «Пускай всегда будет человек воздавать славу Творцу, а потом будет молиться».

Это значит: в начале собрания, в первых словах, которые его открывают, надо воздать должное группе. Каждый должен постараться привести причины и объяснение достоинств и важности товарищей, не говоря ни о чем, кроме важности группы. И так до тех пор, пока эта важность не будет раскрыта товарищами.

---

279 Тора, Дварим, 23:25.
280 Пророки, Йешаяу, 59:20.
281 Из утренней молитвы Шахарит. См. также Пророки, Йешаяу, 65:23.

Тогда надо завершить первый этап собрания и начать второй. Теперь каждый должен сказать, что́, по его мнению, можно сделать, чтобы у каждого была возможность обрести любовь к товарищам. Иными словами, что **каждый может сделать, чтобы сердцем полюбить каждого в группе**.

А по завершении второго этапа – предложений о том, что сделать на благо группе, – наступает третий этап, относящийся к **практической реализации решений товарищей о том, что необходимо сделать**.

Что касается важности группы: Бааль Сулам пишет о товарищеской любви, что, соединяясь с товарищами, человек может прийти к величию Творца[282]. Весь мир погружен в себялюбие, тогда как он хочет идти путем отдачи. Это против общего мнения, поскольку такова наша врожденная природа, в силу цели творения – желания Творца доставить благо Своим созданиям.

И вся та сила, с которой мы можем пойти против этого и поступить наоборот, не только не желая получать себе на пользу, но желая отдавать, так чтобы все наши дела были призваны лишь доставить удовольствие Творцу, – сила эта проистекает из природы отдачи. Ведь совершая отдачу кому-то важному, человек наслаждается этим. Таким образом, без наслаждения человек не в силах произвести никакого действия, поскольку это против нашей природы.

Однако же мы можем сменить само наслаждение. Иными словами, вместо того чтобы наслаждаться получением, мы хотим наслаждаться отдачей. Ведь это и есть «подобие свойств», о котором следует сказать так: подобно наслаждению, которое есть у Творца от отдачи творениям, – так и у нас должно быть наслаждение от отдачи Творцу.

В противном случае, если при отдаче Творцу мы не испытываем радости и удовольствия, то нарушаем подобие свойств. Сказали об этом мудрецы: «Не было такой радости у Творца, как в тот день, когда были сотворены небеса и земля[283]. Не было такой радости

---

282 См. Бааль Сулам, «Статья в завершение Книги Зоар».
283 Книга Зоар с комментарием «Сулам», гл. «Берешит», ч. 2, п. 103.

у Творца со дня сотворения мира, как та радость, которую Ему предстоит испытать вместе с праведниками в будущем»[284].

Следовательно, если у нас нет радости, когда мы реализуем принципы Торы, то даже если человек выстраивает намерение ради отдачи, это не называется «подобием свойств». Ведь человек может радоваться, только когда испытывает удовольствие. А значит, если у него нет удовольствия и наслаждения от того, что он совершает отдачу Творцу, – это еще не называется «подобием свойств», при котором он может принять высшее изобилие. Ведь ему всё еще недостает удовольствия, которое есть у Творца, когда Он совершает отдачу творениям.

Отсюда проистекает та основа, благодаря которой мы можем получать удовольствие и наслаждение и нам можно наслаждаться. Более того, наш высокий долг – наслаждаться отдачей. Для этого мы должны работать над одним моментом – над тем, чтобы ценить духовное. Это выражается в заботе о том, «к Кому я обращаюсь», «с Кем говорю», «Чьи предписания выполняю» и «Чье учение изучаю». Иными словами, надо искать средства, чтобы ценить Дающего Тору.

И прежде, чем человек, со своей стороны, заслужит какой-то подсветки свыше, он должен искать людей, более или менее сходных с ним, которые тоже ищут способы повышать важность любого контакта с Творцом в какой угодно форме. Когда многие согласны в этом, тогда каждый может получать помощь от товарища.

И следует знать, что минимальное множество – два. Иными словами, если двое товарищей сидят вместе и думают, как повысить важность Творца, у них уже есть силы, чтобы укрепиться в величии Творца путем пробуждения снизу. А потом в ответ на это действие приходит побуждение свыше, и они начинают немного чувствовать величие Творца.

Сказано: «во множестве народа – величие царя»[285]. Следовательно, **чем больше множество, тем действеннее его сила.**

---

284 Книга Зоар с комментарием «Сулам», гл. «Вайера», п. 399.
285 Писания, Мишлэй, 14:28.

Иными словами, создается более насыщенная атмосфера величия и важности Творца. И тогда каждый «телом» чувствует, что все дела, которые он хочет произвести ради духовного, чтобы совершить отдачу Творцу, – это настоящее сокровище. Ведь ему посчастливилось войти в круг людей, удостоившихся служить Царю. И тогда, совершая любое малое действие, человек полон радости и наслаждения, поскольку сейчас у него есть чем послужить Ему.

В мере того, насколько товарищи по группе во время собрания помышляют о величии Творца, каждый в своей мере перенимает осознание Его важности и может весь день провести в радости. Иными словами, он наслаждается каждой малостью в служении Творцу. И даже если на мгновение вспоминает, что надо думать о духовном, тотчас говорит: «Я уже благодарю, хвалю и славлю Творца» – поскольку верит, что Творец призвал его сейчас и хочет говорить с ним.

Когда человек представляет себе, что Царь призывает его и говорит ему, что хочет позабавиться с ним, – какую радость это доставило бы ему и какое настроение у него было бы тогда. В таком возвышенном состоянии он, конечно, не помышлял бы ни о каких пустяках и лишь немного стеснялся бы того, что не знает царских законов и правил приличия, определяющих, как вести себя, когда Царь с ним говорит.

И то, что он способен сделать для Царя, было бы для человека огромным достоянием. Ведь он все-таки немного знает законы, чтобы выполнять предписания Царя, – из того, что изучал в школе, когда был маленьким. Но теперь, когда он уже повзрослел и хочет служить Царю, ему, разумеется, недостает знаний о царских законах. Таким образом, человек озабочен, поскольку не знает, что́ доставит большее удовольствие Царю – какое действие или намерение. А в остальном, человек живет в мире, который весь – благо. Обо всем этом товарищи должны думать на собрании – и говорить о важности группы.

«Пускай всегда будет человек воздавать славу Творцу, а потом будет молиться». Так же с группой: когда мы хотим потребовать чего-то от нее – что и называется «молитвой», – необходимо сначала осознать для себя важность группы. «А потом будет молиться» – иными словами, требовать от группы, чтобы ему дали то, что он желает получить от нее.

В таком случае, сначала человек должен увидеть, чтó есть у группы. Каким достоянием обладают товарищи? Что он может получить от них, соединившись с ними? Ведь может быть, ему не нужно это имущество, и наоборот, он убежит от этого как можно дальше?

Таким образом, приходя на собрание товарищей, человек всегда должен следить за тем, есть ли у них та цель, к которой он стремится, и держится ли за эту цель каждый из них. Человек полагает, что если объединиться всем вместе в устремлении к единой цели, то у каждого будет своя часть от нее, а также части всей группы. Тем самым у каждого в группе будет такая же сила, как у всей группы вместе.

Отсюда следует, что каждый должен со всей серьезностью относиться к цели собрания. И это должно привести к ощущению, что после собрания товарищей у каждого есть в руках что-то, что он может вложить в свои сосуды – в отличие от принципа: «в свой сосуд не клади». И каждый должен принимать в расчет, что если он сидит на собрании без особого внимания, то не только теряет сам, но разлагает всю группу.

Это сходно с тем, что сказано в Мидраше[286]: двое сели в лодку, и один начал сверлить под собой, проделывая отверстие в днище. Другой спросил его: «Почему ты сверлишь?» «Какое тебе дело, – ответил он. – Ведь я сверлю под собой, а не под тобой». И сказал ему тот: «Глупец, ведь мы оба потонем в лодке».

А после того, как на собрании поговорили о важности и необходимости группы, начинается порядок исправлений: как и чем мы сможем усилить группу, чтобы она стала одним целым. Сказано об этом: «Расположился там Исраэль станом напротив горы»[287]. А мудрецы объяснили: «как один человек с единым сердцем»[288].

---

286   См. Мидраш Раба, гл. Ваикра, 4:6.
287   Тора, Шмот, 19:2.
288   Комментарий Раши к Торе.

Порядок должен быть таким, чтобы каждое предложение, которое может поспособствовать товарищеской любви, выносилось на обсуждение. **И решение должно быть принято всеми товарищами, без всякого принуждения.**

До сих пор мы говорили о связи между товарищами, которая принесет нам связь с Творцом[289]. Таким образом, когда мы говорим о важности товарищеской любви, вся важность состоит в том, что это принесет нам любовь к Творцу. А потому надо также думать о том, что товарищеская любовь должна принести нам осознание важности любви к Творцу.

---

[289] См. Бааль Сулам, «Дарование Торы».

Кто приводит к молитве
Статья 18, 1986

Сказали мудрецы[290]: «Пускай всегда будет человек воздавать славу Творцу, а потом будет молиться». Это показывает нам, что человек должен верить. Ведь он приходит к ощущению недостатков в своей духовной работе, то есть чувствует, что у него нет веры, какой она должна быть, – то есть он неспособен поверить, что Творец Добр и творит Добро. По ощущениям, человек видит, что не в силах поблагодарить Творца и искренне сказать, так чтобы уста и сердце были равнозначны: «Благословен Тот, по чьему слову возник мир»[291] – как если он наслаждается миром до такой степени, что воздает благодарность Творцу за то, что создал этот мир, и ему есть чем наслаждаться. Если человек не ощущает блага и наслаждения, которые можно получить, ему трудно благодарить за это. И ему больно: почему он не может восславить Творца за созданный Им мир и чистосердечно сказать: «Благословен Тот, по чьему слову возник мир».

Недостаток этот доставляет человеку боль, и он решает, что его ощущение вызвано тем, что он отдален от Творца. Иными словами, он погружен в себялюбие, и это приводит его к разобщению с Творцом, в результате чего он не чувствует величия Творца, поскольку Творец скрыт от него. И потому он не может видеть истину, о которой сказано: «Творец – жизнь твоя и продление дней твоих»[292]. А также он не может ощутить важность Торы, о которой сказано: «Это ваша мудрость и ваш разум пред глазами народов, которые, услышав обо всех этих уставах, скажут: "Как мудр и разумен этот великий народ"»[293].

---

290   Трактат «Брахот», 32:1.

291   Молитва Шахарит.

292   Тора, Дварим, 30:20.

293   Тора, Дварим, 4:6. «Храните и исполняйте, ибо это мудрость ваша и разум ваш пред глазами народов, которые, услышав обо всех этих уставах, скажут: "Как мудр и разумен

Человек отдает себе самоотчет: «Где воодушевление от того, что народы скажут о нас: «Как мудр и разумен этот народ». Мы таковы в силу Торы, в силу того, что мы выполняем слова: «Храните и исполняйте, ибо это ваша мудрость и ваш разум пред глазами народов». Почему же я не чувствую важность Торы и ее принципов?»

Всматриваясь в себя и чувствуя, как он далек от всякого осознания важности духовной работы, человек начинает пробуждаться и раздумывать о том, что, несомненно, надо что-то сделать, чтобы не оставаться в этом низменном состоянии всю жизнь. И тогда, конечно же, человек начинает молить Творца, чтобы приблизил его к Себе и дал ему помощь свыше, как сказали мудрецы: «Кто пришел очиститься, тому помогают»[294]. Иными словами, чтобы Творец снял с него сокрытие величия и важности духовного, чтобы он смог преодолеть все низменные мысли и желания, приходящие в силу себялюбия, и чтобы его заботило лишь то, как сделать что-то ради духовного – что называется, «ради того, чтобы доставить удовольствие своему Создателю». А это, разумеется, возможно лишь в той мере, насколько он верит в величие и важность Творца.

И потому человек просит Творца открыть ему глаза, чтобы он увидел и почувствовал Его величие и важность, как сказано[295]: «Почему, Творец, Ты покидаешь мою душу, скрываешь Свой лик от меня?» И тогда его молитва идет из глубины сердца. Иными словами, тогда человек хочет, чтобы Творец исцелил его сердце, как сказано[296]: «Исцеляет сокрушенных сердцем и перевязывает их раны».

Тогда, конечно же, человек полагает, что побуждение к молитве о том, чтобы Творец приблизил его к Себе, исходит от него самого, – и ждет от Творца избавления, чтобы Он помог ему, приняв его молитву и ответив на нее. Иными словами, чтобы приблизил его

этот великий народ"».
294 Трактат «Йома», 38:2.
295 Писания, Псалмы, 88:15.
296 Писания, Псалмы, 147:3.

к себе, как человек молит сейчас, поскольку чувствует в себе недостаток, которого не ощущал ранее.

А потому, не получив от Творца то, что, по его мнению, Творец должен ему дать, человек негодует: почему Творец не отвечает на его молитву? Ладно бы другие люди, которых, по его мнению, Творец не приближает к себе из-за того, что они не испытывают недостатка в духовном. Но он-то не похож на остальных людей. У них нет никакой тяги к Творцу, и потому Он, само собой, не должен приближать их к себе. Однако если человек молит Творца о помощи, чтобы Он приблизил его к себе, – разве Творец сам не видит, что он не похож на остальных людей, а стоит выше их, что у него есть понимание жизни мира и его назначения, что он отдает себе отчет, ради какой цели создан и чего должен достичь. С другой стороны, глядя на остальных людей, человек видит их низость: все их помыслы и дела призваны только для личной выгоды – тогда как в себе он ощущает иное понимание, поскольку его разум и качества намного добродетельнее и важнее, чем у остальных людей.

Более того, иногда человек видит, что он выше и важнее даже своих товарищей по группе. Он видит, что они думают о духовном временами, тогда как у него все мысли и желания только о духовном, он все время хочет выйти из себялюбия, и все его просьбы к Творцу направлены лишь на то, чтобы Он вывел его из этой низости. Человек не видит по своим товарищам, чтобы они тоже были настолько серьезными и помышляли только о духовном.

Как следствие, человек негодует на Творца: почему Он не отвечает на его молитву, почему оставляет его в текущем состоянии, как и остальных товарищей, и не прислушивается к нему, к его молитве, которую он действительно поднимает из глубины сердца? В таком случае человек даже видит изъян в том, что касается ответа свыше, и задается вопросом: «Разве не сказано: "Ты слышишь молитву всех уст"[297]. "Все уста" – это значит, что я молю во весь голос, так что всё мое тело требует помощи Творца. В

---

297   Молитва Шахарит.

отличие от этого, остальные не получают ответа на свою молитву потому, что не отвечают условию "всех уст"».

На это Бааль Сулам привел слова[298]: «Прежде чем воззовут, Я отвечу. Еще говорят они, а Я услышу». И объяснил: когда человек ощущает в себе недостаток и молит Творца о помощи, то причина, предоставившая ему возможность для молитвы, не в том, что он ощущает свой недостаток, а в том, что он находит благоволение в глазах Творца, и Творец желает приблизить его.

Тогда Творец посылает человеку ощущение своего недостатка и призывает его соединиться с Ним. Иными словами, Творец приближает человека, придав ему желание обратиться к Нему, говорить с Ним. Следовательно, ответ на молитву есть у человека еще до того, как он взмолится. Творец приблизил его к себе, предоставив ему возможность говорить с собой. Об этом и сказано: «Прежде чем воззовут, Я отвечу». Это значит: Творец приблизил к себе человека еще до того, как ему в голову пришла мысль о том, что надо взмолиться к Творцу.

Но почему Творец выбрал человека, послав ему призыв обратиться к Нему с молитвой? На это у нас нет ответа. Нужно только верить выше знания, что это так. У нас это называется «частным управлением». Иными словами, человеку нельзя говорить: «Подожду, пока Творец даст мне пробуждение свыше. Тогда у меня будет возможность выполнять духовную работу». Сказал Бааль Сулам, что касательно будущего человек обязан верить в вознаграждение и наказание – то есть следовать принципу: «Если не я себе, то кто мне? Когда я себе, кто я? И если не сейчас, то когда?»[299]

А потому нельзя ждать на мгновение дольше. Наоборот, человек должен сказать: «Если не сейчас, то когда?» Нельзя ждать более подходящего времени – «и тогда я начну выполнять духовную работу». Напротив, как сказали мудрецы[300], «не говори: «Будет

---

298 Пророки, Йешаяу, 65:24.
299 Трактат «Авот», 1:14.
300 Трактат «Авот», 2:5.

свободное время – буду учиться». Ведь оно может не появиться никогда».

А сделав дело, говорит Бааль Сулам, человек должен верить в частное управление – в то, что не он взывает к Творцу, а Творец взывает к нему и говорит: «Я хочу, чтобы ты говорил со Мной». Таким образом, причина сближения исходит не от человека, а от Творца. И потому человек не должен думать, что Творец не слышит его молитву. Напротив, Он уже приблизил его, еще до того, как человек обратился к Нему за этим.

Об этом и сказано: «Прежде чем воззовут, Я отвечу». Таким образом, если человек, пробудившись, ощущает собственную низость, это исходит не от него – Творец послал ему такое ощущение, чтобы он попросил приблизить его. А потому, как только человеку приходит мысль, что он далек от Творца, и он хочет попросить Творца приблизить его, – **не следует человеку молиться, пока не воздаст сперва благодарность Творцу за то, что Он зовет его приблизиться к себе**.

Творец желает, чтобы человек обратился к Нему с молитвой. И когда человек отдает себе отчет: почему он вдруг вспомнил сейчас, что существует духовное и что ему надо постараться достичь чего-то в духовном, – если он сразу говорит, что эту мысль послал ему Творец, тогда затем он может молиться.

Вот о чем сказали мудрецы: «Пускай всегда будет человек воздавать славу Творцу». Это значит: не успев задуматься о своем духовном состоянии, человек сразу же должен воздать славу и благодарность Творцу за то, что дал ему мысль и желание, устремленные к духовному. А затем, после того как человек, зная, что Творец зовет его, сразу начал благодарить и славить Царя за то, что приблизил его, – тогда он может обратиться с молитвой о своем состоянии. Ведь человек видит, что ему недостает Торы и, не зная никаких различий между истиной и ложью, молит Творца, чтобы показал ему истинный путь.

Отсюда понятны слова мудрецов[301]: «"Отозвался ему Творец"[302]. Рабби Леви привел притчу о царском сыне, который интриговал против отца, чтобы взять фунт золота. Один интриговал изнутри, а другой – снаружи. Ведь на арабском интриговать значит просить[303]». Там же в контексте даров священнослужителям объясняется, что отец тоже хотел дать ему «фунт золота» и интриговал против него, чтобы он поспешил взять его.

Из того, что мы разобрали, следует, что причина, по которой человек хочет приблизиться к Творцу, исходит от Него самого. И Творец не ждет, пока человек пробудится, но пробуждает человека. А потом человек молится, чтобы Творец приблизил его. Понять это можно из притчи, объясняющей строфу о том, как Ицхак молился Творцу. Согласно притче, отец – Творец – интриговал изнутри, то есть дал сыну мысль и желание молиться Ему. А затем царский сын интриговал снаружи. Смысл в том, что народ Исраэля – это «царские сыновья», которые стоят вне царского чертога и хотят приблизиться к Творцу, то есть войти в царский чертог. Таким образом, отец – Творец – начинает первым.

---

301 Мидраш «Берешит Раба», гл. «Толдот», 63:5.

302 Тора, Берешит, 25:21. «И молился Ицхак Творцу о своей жене, потому что она была бездетна, и отозвался ему Творец».

303 Речь идет о перекрестном значении двух слов: *интриговать* (лахто́р – לחתור) и *просить, молить* (лаато́р – לעתור). В приведенной выше цитате из Торы слово *отозвался* (ויעתר) происходит от второго из этих корней и означает: *ответил на просьбу, выполнил просьбу*. Арабский и иврит относятся к семье семитских языков и имеют общие корни слов.

Радость
Статья 19, 1986

Сказали мудрецы[304]: «С начала месяца ав мы преуменьшаем радость, а с начала месяца адар преумножаем радость. И если есть у кого-то разбирательства с идолопоклонником, пускай судится с ним в месяц адар». Следует понять, что значит преумножать радость и преуменьшать радость. Ведь радость есть результат некоей причины, которая побуждает человека радоваться. Соответственно, преуменьшать и преумножать радость можно только вследствие неких причин. В таком случае следует знать, к какой причине мы должны прибегать, чтобы это принесло нам радость.

Если мудрецы сказали нам, что надо преумножать радость, – конечно же, они имели в виду радость духовную. А значит, нужно выяснить, к какой причине они указали обратиться, чтобы это принесло нам духовную радость. А также следует понять слова: «Если есть у кого-то разбирательства с идолопоклонником, пускай судится с ним в месяц адар». Ведь мы живем в земле Исраэля, и в некоторых городах не найти ни одного нееврея. И даже если, скажем, в каком-то городе есть нееврей, какие будут с ним разбирательства?

Судя по всему, тяжба с идолопоклонниками в месяц адар ведется всегда, а не по воле случая. Иными словами, в том редком случае, когда у сына Исраэля возникнет разбирательство с неевреем, он должен судиться с ним в месяц адар. А раз так, нужно понять, какого идолопоклонника подразумевают мудрецы, говоря о тяжбе с ним.

Мы видим, что в наших молитвах есть два раздела:

1. Порядок воспеваний и восхвалений Творца.
2. Порядок молитв и просьб.

---

[304] Трактат «Таанит», 29:1, 29:2.

И мы видим также, что два эти радела противоположны друг другу. Ведь по природе вещей, если кто-то просит другого дать ему некий предмет, то степень его просьбы зависит от того, насколько он нуждается в желаемом. Если вещь, которую человек просит у другого, задевает его за сердце и необходима ему, тогда в мере этой необходимости он старается сделать всё, что в его силах, чтобы обрести желаемое.

Отсюда следует: когда человек молит Творца, чтобы тот выполнил его просьбу, он должен удостовериться, что его молитва исходит из глубины сердца. Иными словами, он должен прочувствовать свой недостаток, и в мере этого чувства его молитва может быть более искренней. Тем самым его молитва не будет сотрясать воздух, но проистечет из глубины сердца.

А для того, чтобы прочувствовать свой недостаток, человек должен видеть истину. Иными словами, он видит, что у него есть большая потребность и он представляет собой сосуд, абсолютно пустой во всем, что касается духовного. Когда человек чувствует, что он хуже всех в мире, тогда он может сказать, что его молитва – настоящая. Ведь он чувствует, что у него самый большой в мире недостаток, и никто не сравнится с ним в этом.

А противостоит этому вторая категория молитв: песни, воспевания и восхваления. Мы видим, что так заведено в мире: степень благодарности, воздаваемой благодетелю, измеряется величиной полученного от него благодеяния. Например, если кто-то помог другому чем-то малым, чего тому недоставало, тогда и благодарность тоже мала.

Допустим, кто-то предоставляет человеку место работы в период, когда есть много безработных. Сам человек провел без работы несколько месяцев и задолжал большую сумму продуктовому магазину. Хозяин магазина уже сообщил ему, что вынужден прекратить снабжать его продуктами, а человек уже устал искать ссуды на пропитание и насущные нужды.

И вдруг он встречается с кем-то, у кого хотел взять взаймы, а тот предлагает ему место работы с удобными условиями и говорит: «Зачем тебе искать ссуды? Я предоставлю тебе рабочее место.

Слышал, ты человек, достойный доверия. Хотя у меня есть много работников, но верного человека среди них нет. Я дам тебе хорошую зарплату, чтобы ты смог за короткое время отдать все свои долги. Так зачем тебе просить у меня ссуду?»

Представим же себе, какую благодарность он испытывает сейчас к этому человеку. Ему не надо вслух говорить «спасибо» – всеми своими фибрами он благодарит его. Сказано об этом: «Все кости мои скажут»[305].

Или же представим человека, посаженного в тюрьму и приговоренного к пожизненному заключению. Но вот, приходит некто и выпускает его на свободу. Какой же благодарностью к спасителю проникнуто всё его существо.

Таким образом, если человек хочет воздать большую хвалу Творцу, так чтобы «все кости его сказали: Творец, кто подобен Тебе, спасающему бедного от более сильного» – тогда, конечно же, ему надо представить, что он сейчас счастливейший человек в мире. В противном случае, если он еще ощущает какой-то недостаток и хочет, чтобы Творец помог ему, – значит благодарность, которую он воздает Творцу, не может соответствовать принципу «все кости мои скажут».

Как следствие, мы видим в порядке наших молитв две диаметральные противоположности. И возникает вопрос: что человек может сделать, когда видит, несколько они далеки друг от друга?

В целом, мы наблюдаем две противоположности во многих вещах:

Пример 1. В порядке светов, которые светят в сосудах. Известно, что существует обратный порядок сосудов и светов. В категории сосудов первыми проявляются большие и чистые: сначала Кетер, а в конце раскрывается сфира Малхут. В категории же светов, наоборот, первыми проявляются малые: сначала Малхут, а в

---

305 Писания, Псалмы, 35:10. «Все кости мои скажут: Творец, кто подобен Тебе, спасающему бедного от более сильного».

конце Кетер. В науке каббала порядок сосудов мы определяем как КаХаБ-ЗОН[306], а порядок светов – как НаРаНХаЙ[307].

Пример 2. Сказал Бааль Сулам: мы видим антагонизм в духовной работе. С одной стороны, сказали мудрецы: «Всячески смиряй свой дух»[308], а с другой стороны, сказано: «Возвысилось сердце его на путях Творца»[309]. Это значит: если человек действительно будет смирять себя перед каждым, то не сможет превозмочь тех, кто осмеивает его, когда он идет путями Творца. Ведь он принижает себя перед всеми. Наоборот, в таком случае ему надо «возвысить сердце на путях Творца» – не обращать внимания, когда они говорят ему: «Работа, которую ты взял на себя, подходит талантливым, смелым людям, которые привыкли преодолевать препятствия и получили хорошее воспитание. С малых лет они привычны к тому, что главное – это духовная работа. Другое дело – ты. Тебе достаточно занимать важное место главы семьи. Следи, чтобы твои дети поступали правильно, – тогда ты будешь уважаемым главою семьи и получишь для своих дочерей знатных женихов. Неужели же в зрелом возрасте ты хочешь встать на путь работы, ведущей к полностью альтруистичному намерению лишма, вместо собственной пользы? Сойди с этого пути, не желай того, что выше твоего уровня».

В таком случае единственный выход – не принимать их во внимание и выполнять то, что сказали мудрецы: «Не стыдись перед насмехающимися»[310]. Тогда человек обязан гордиться своим путем. А с другой стороны, он должен выполнять принцип: «Всячески смиряй свой дух». Однако же не бывает двух противоположностей в одном. Как же можно сочетать и то, и другое в одном человеке? Есть еще множество примеров двух противоположностей в духовной работе. Но они могут присутствовать в одном носителе в разное время, одна за другой.

---

306 Аббревиатура от *Кетер, Хохма, Бина, Зеир Анпин* и *Нуква (Малхут)*.
307 Аббревиатура от *нэфеш, руах, нэшама, хая, йехида*.
308 Трактат «Авот», 4:4.
309 Писания, Диврей а-ямим, II, 17:6.
310 Йосеф Каро, «Накрытый стол» («Шульхан арух»), «Путь жизни» («Орах хаим»), 1:1.

О корне этого явления сказано в «Предисловии к Книге Зоар»[311]. Там задается вопрос: «Как может из чистоты Творца произойти система скверны и эгоистических сил? Ведь она предельно далека от Его отдачи.

Желание получать, являющееся самой сутью душ по их сотворению, – это скверна и эгоистические силы. Причина в том, что присущее им отличие по свойствам отделяет их от Творца. Чтобы исправить это разобщение, лежащее на сосуде душ, Творец сотворил все миры и разделил их на две системы: четыре чистых мира АБЕА, а напротив них – четыре нечистых мира АБЕА. И отпечатал желание отдавать в системе чистых миров АБЕА, и удалил из нее желание получать для себя, и поместил его в системе нечистых миров АБЕА».

Как же будут исправлены две эти вещи, противоположные друг другу по свойствам? Для этого была создана «реальность этого материального мира – иными словами, место, в котором есть тело и душа, а также время для порчи и исправления. Тело – желание получать для себя – исходит из своего корня в замысле творения, проходит через систему нечистых миров и остается в подчинении у этой системы до тринадцатилетия[312]. Это время порчи»[313]. А затем, после тринадцатилетия, начинается исправление. «Реализуя принципы Торы ради того, чтобы доставить удовольствие Творцу, человек начинает очищать отпечатанное в нем желание получать для себя и постепенно обращает его намерением ради отдачи»[314].

Таким образом, с момента своего создания творение состоит из двух противоположностей:

а) из сосудов получения;

б) из сосудов отдачи.

---

311 Бааль Сулам, «Предисловие к Книге Зоар», п. 10.
312 Тринадцать лет – еврейское совершеннолетие.
313 Бааль Сулам, «Предисловие к Книге Зоар», п. 11.
314 Там же.

Нет большей противоположности, чем между двумя этими вещами, и они сочетаются в одном носителе, но друг за другом. И представляется, что есть средняя линия, включающая их обе:

а) желание получать;

б) желание отдавать.

Средняя линия включает их оба, когда желание получать включено в желание отдавать – что называется «получением ради отдачи». Таким образом, в эту среднюю линию включены обе силы: получение и отдача вместе.

Отсюда вытекает ответ на заданный нами вопрос: как в работе человека абсолютное совершенство и недостаток самой низкой степени могут сочетаться в одном носителе? Ответ таков: это может происходить в разное время. Иными словами, человек должен разделять порядок своей работы на две категории.

Первая категория относится к правой линии, называемой «совершенством». Когда человек начинает движение, сначала он должен обратиться «вправо», к «совершенству», а затем «влево». Ведь идти он может именно двумя ногами, тогда как на одной ноге идти невозможно.

Итак, правая линия – это совершенство. Когда человек стремится взять на себя духовную работу, порядок таков, что нужно принять бремя Высшего управления, «как бык под ярмом и как осел под поклажей»[315].

Под «быком» подразумевается разум. Он зовется «быком» согласно принципу: «вол знает своего владельца»[316]. Здесь имеется в виду вера выше знания. А под «ослом» подразумевается чувство, «сердце». Оно зовется «ослом» согласно принципу: «осел знает ясли своего хозяина»[317]. Здесь имеется в виду себялюбие.

---

315 Трактат «Авода зара», 5:2.
316 Пророки, Йешайау, 1:3. «Вол знает своего владельца, а осел – ясли своего хозяина».
317 Там же.

Поэтому, когда речь идет о необходимости работать ради того, чтобы доставить удовольствие Творцу, это представляется человеку грузом, который он всегда хочет сбросить с плеч. Однако же он всегда смотрит, чтó ему достанется на пропитание от этой работы – иными словами, какое наслаждение сможет получить его получающее желание.

Принимая на себя эту работу, человек думает так: «Разумеется, я должен следить за собой, то есть постоянно проверять, не обманываю ли я себя, полагая, что иду правильным путем, каким он должен быть – реализация принципов отдачи в силу наказа Творца, а не каких-либо иных причин. Но я же выполняю слова мудрецов: «Пускай всегда будет выполнять человек принципы Торы в эгоистическом намерении (ло-лишма), и от него придет к намерению на отдачу (лишма)»[318]. Раз так, зачем мне проверять себя, реализую ли я принципы Торы со всеми полагающимися намерениями, так чтобы всё было ради Творца?

Напротив, большая заслуга для меня в том, что Творец дал мне мысль и желание реализовать что-то из Торы. Ведь как правило, в том, что важно, количество не играет для нас большой роли. Пускай оно мало – если нам важно качество, то даже малая, но качественная часть очень важна. Как следствие, поскольку выполнять принципы Торы предписал нам Творец через Моше, постольку мне неважно, в какой мере я могу реализовать веление Творца. Пускай даже это будет с самыми скверными и низкими намерениями – в конечном счете, физически я выполняю это, насколько позволяет мне тело.

И хотя я неспособен преодолеть желания тела, все равно я рад тому, что у меня, по крайней мере, есть силы хоть как-то выполнять принципы Торы. Ведь я верю, что все подчинено Высшему управлению. Говоря иначе, это Творец дал мне мысль, желание и силы, чтобы выполнять принципы Торы. И я благодарен Ему за это. Ведь я вижу, что не все удостоены такого – выполнять веления Творца».

---

318 Трактат «Псахим, 50:2.

В таком случае человек должен признать, что не в его силах оценить величие и важность реализации велений Творца, даже без всякого намерения.

Приведем пример из жизни. Если ребенок не хочет кушать, он не получает никакого удовольствия от еды. Но родители дают ему еду, хочет он того или нет. И хотя он не испытывает никакого удовольствия, но, в конечном итоге, даже через принуждение это принесет ему пользу – он сможет жить и расти. Лучше, конечно, если ребенок сам хочет кушать, то есть получает удовольствие от еды. И все-таки даже без удовольствия, но только по принуждению, это тоже полезно для него.

То же можно сказать и о духовной работе. Даже если человек реализует принципы Торы принудительно, то есть принуждает себя к этому, а его тело противится всему духовному, – все равно действие, которое он производит, делает свое. Иными словами, посредством этого человек сможет прийти к тому состоянию, когда у него появится желание выполнять принципы Торы. И тогда все произведенные им действия не остаются тщетными – напротив, всё, что человек сделал, становится частью духовного.

Объяснить это можно толкованием мудрецов на строфу: «Пусть принесет его в жертву по его воле пред Творцом»[319]. «Сказали мудрецы: "принесет его в жертву" – это значит, человека принуждают. Однако сказано: "по его воле". Как такое может быть? – Его принуждают, пока не скажет: "Хочу"»[320].

Итак, мудрецы были озадачены словами «по его воле пред Творцом». Это значит, что все действия человека, которые он производит с тем, чтобы приблизиться[321] к Творцу, не зовутся «действиями», если он не хочет действовать ради Творца – по Его воле. В таком случае человек еще не в состоянии производить действия на пользу Творцу. Следовательно, его действия ничего не стоят,

---

[319] Тора, Ваикра, 1:3.

[320] См. трактат «Арахин», 21:1.

[321] На иврите слова *жертва* и *приближение* являются однокоренными. *Принести жертву* (להקריב) – букв. *приблизить*.

как будто он ничего не сделал, – ведь они еще не соответствуют воле Творца.

Однако же сказано: «принесет его в жертву». По словам мудрецов, это значит, что человека принуждают. То есть сделать это надо даже принудительно. Иными словами, когда человек не хочет действовать ради Творца, это тоже называется «жертвой», «приближением». Но как же так: ведь человек не хочет принести жертву пред Творцом – а значит, начало строфы противоречит ее концу.

И мудрецы объяснили это: «Его принуждают, пока не скажет: "Хочу"». Смысл в том, что это соответствует правилу: «Пускай всегда будет выполнять человек принципы Торы в эгоистическом намерении, и от него придет к намерению на отдачу». Здесь имеется в виду, что человек каждый раз принуждает себя, хотя тело не согласно работать ради Творца, поскольку, не усматривая пользы для себя, не в состоянии сделать ничего.

И все-таки человек не прислушивается к претензиям своего тела и говорит ему: «Знай, что даже в принудительном порядке ты выполняешь веление Творца. И никакое сопротивление этому действию тебе не поможет. Ведь сказано, что практическая реализация способна привести человека к намерению на отдачу». Вот что значит: «его принуждают» – человек принуждает себя и не слушает никаких разумных доводов и суждений, которыми тело хочет его убедить. Наоборот, человек говорит ему, что в конце концов придет к намерению лишма. В этом смысл слов «пока не скажет: "Хочу"». То есть от намерения ло-лишма мы приходим к лишма – что и называется: «Хочу».

Как следствие, каждый раз, когда человек вспоминает о каком-либо действии, относящемся к духовному, в нем сразу пробуждается большая радость – ведь он заслужил какую-то причастность к тому, что Творец предписал ему делать. И хотя он знает, что все его дела – это лишь ло-лишма, все равно нет предела его радости, поскольку мудрецы гарантировали нам, что «из намерения ло-лишма мы приходим к лишма».

И тем более человек действует для себя, поскольку мудрецы сказали: «Когда человек раскаивается из любви, совершенные им злоумышления становятся ему как заслуги. А когда раскаивается из трепета, злоумышления становятся ему как оплошности»[322]. Таким образом, когда человек сможет действовать в намерении лишма, тогда, конечно же, все веления Творца, реализованные им в намерении ло-лишма, станут частью духовного и будут важны, как будто он выполнил их с намерением лишма.

Следовательно, даже когда человек действует пока что в намерении ло-лишма, это важно ему, как будто он работает в лишма. Иными словами, он строит для себя расчет на то, что все его действия, конечно же, важнее злоумышлений и, безусловно, будут исправлены на благо. И, конечно же, каждое его действие, даже малое, засчитается ему большим благодеянием. Сказали об этом мудрецы[323]: «Будь аккуратен в легкой заповеди так же, как в строгой, потому что ты не знаешь, какое вознаграждение за них дается».

Поэтому, когда человек делает для себя расчет на свои дела – чьи веления он выполняет, – а также в то время, когда произносит слова Торы, он говорит себе: «Чью Тору я изучаю?» И когда произносит какое-либо благословение, он думает: «К Кому я обращаюсь сейчас?»

Тогда выходит, что он абсолютно совершенен. И это совершенство порождает радость, потому что человек тогда слит с Творцом, согласно его представлению о том, что он обращается к Творцу, который Добр и Творит добро. И само собой, он получает радость, исходящую из самого корня. А корень всех творений – это Творец, зовущийся «Добрым и Творящим добро».

Сказали мудрецы: «Добрый для меня и Творящий добро для других»[324]. Иными словами, тогда человек может верить, что Творец поступает с ним по-доброму, а также творит добро всем. Это значит, что тогда человек способен верить выше знания,

---

322 См. трактат «Йома», 86:2.
323 Трактат «Авот», 2:1.
324 Комментарий Овадьи из Бертиноро на трактат «Брахот», 9:2.

что это действительно так. Хотя, сделав расчет своим внешним разумом, он еще не видит добра во всем совершенстве, – но теперь, благодаря расчету, произведенному на реализацию принципов Торы, человек видит себя, на данный момент каким-то образом слитым с Творцом, и тогда у него есть силы верить выше знания, что это действительно так. И, само собой, «истина проявит свой путь»[325]: если человек думает о том, что он говорит сейчас с Творцом, из этого произрастет и пробудится большая радость, как сказано: «Слава и великолепие пред Ним, сила и радость в Его месте»[326].

Нужно понять, в отношении кого сказано, что есть «радость в Его месте». Разумеется, все имена, которые мы упоминаем, определяются восприятием творений – то есть их ощущениями. Что же касается самого Творца, сказали мудрецы: «Мыслью не постигается Он вовсе»[327]. Всё, о чем идет речь, относится к восприятию творений.

Это значит: именно те, кто чувствует, что стоит пред Творцом, ощущают славу и великолепие. А также те, кто думает, что стоит в Его месте. Ведь «местом» называется подобие свойств.

И есть еще одно объяснение, указывающее на то, что я слышал от Бааль Сулама. Сказано: «Где мысли человека, там и он сам»[328]. Следовательно, если человек думает, что стоит и разговаривает с Царем, то он находится в Его месте – там, где находится Царь. И тогда человек чувствует, как сказано, «силу и радость в Его месте».

Отсюда понятен ответ на заданный нами вопрос о словах мудрецов: «С начала месяца адар мы преумножаем радость». Мы спросили: что значит преумножать радость? Ведь радость есть результат некоей причины. В таком случае, что это за причина, которую мы можем задействовать, чтобы она принесла нам радость?

---

325 См. комментарий Рамбана к Торе, Бемидбар, 20:8.
326 Писания, Диврей а-ямим, I, 16:27.
327 «Исправления по Зоару» («Тикуней а-Зоар»), испр. 70, 121:2.
328 Бааль Шем Тов, комментарий на Тору, гл. «Бехукотай», 2.

Согласно вышесказанному, речь идет о том, чтобы преумножать продвижение в правой линии, зовущейся «совершенством». Когда человек находится в состоянии совершенства, это называется «подобием свойств». Иными словами, будучи совершенным, человек слит с Совершенным, как сказано: «Благословенный сливается с благословенным, а про́клятый не сливается с благословенным»[329]. Поэтому если человек находится в состоянии критического разбора, называемого «левой линией», то зовется «про́клятым» и, само собой, отделен от Совершенного. Как следствие, в таком случае он может ощущать лишь тьму, а не свет. Ведь только свет несет радость.

Однако нужно понять, почему именно в месяц адар надо преумножать радость? И почему бы не идти в правой линии весь год? На это следует ответить так: потому что в месяц адар произошло чудо Пурима, когда светил свет окончательного исправления. Сказано об этом[330]: «В будущем все праздники отменятся, кроме «Свитка Эстер»[331]. Причина в том, что никогда не было столь великого чуда – ни в субботние, ни в праздничные дни».

А потому подготовкой к столь большому свету должна быть радость, которая готовит к встрече уважаемого гостя – света, что придет в будущем. Как следствие, благодаря подготовке через «преумножение радости», мы привлекаем свет, зовущийся «днями пиршества и веселья»[332].

Это происходит согласно правилу, о котором сказано в Книге Зоар: «Действие внизу вызывает действие наверху»[333]. Смысл в том, что согласно действиям, которые производят низшие, в той же мере вызывается действие наверху. Иными словами, когда низшие работают над радостью, они аналогичным образом

---

329 См. Мидраш «Раба», Тора, гл. «Хаей Сара», 59:9.
330 См. Бааль Сулам, «Учение о десяти сфирот», ч. 15, п. 220. Цитата из книги Ари «Врата намерений».
331 «Свиток Эстер» – часть Писаний, описывает события, на основе которых установлен праздник Пурим.
332 Писания, «Свиток Эстер», 9:22.
333 Книга Зоар с комментарием «Сулам», гл. «Эмор», п. 293.

привлекают вниз свет радости. Сказано об этом[334]: «И написал Мордехай, чтобы обязались сделать эти дни из года в год как дни, в которые иудеи обрели покой от своих врагов, и как месяц, в который обратилась для них печаль в радость и скорбь в праздник, – сделать их днями пиршества и веселья». Так чтобы посредством этого они привлекали свет окончательного исправления, который светил тогда.

Привлекая радость, следует понимать, в чем причина этого. Как мы сказали, человек воздает благодарность Творцу за то, что Он приблизил его. Таким образом, воздавая благодарность, он работает на отдачу, поскольку благодарит и славит Творца за то, что дал ему мысль и желание как-то соприкоснуться с духовным.

И теперь человек не хочет, чтобы Творец дал ему что-то, – а потому не просит чего-либо у Творца. Всё его устремление сейчас лишь в том, что он хочет воздать Творцу благодарность. Таким образом, сейчас у человека есть слияние с Творцом, поскольку он действует на отдачу. И тогда, благодаря этому, из слияния к нему проистекает радость и совершенство – в силу того, что он слит сейчас с Совершенным. Вот почему тем самым мы преумножаем радость.

Другое дело, когда человек обращается с просьбой и его молитва, идущая из глубины сердца, полна недостатков, которые он испытывает. Ведь чем сильнее ощущение недостатка, тем более глубока молитва. Как следствие, в такое время невозможно человеку пребывать в радости. Таким образом, радость возникает тогда, когда человек воздает хвалу и благодарность, а не тогда, когда он занят проверкой недостатков.

Отсюда можно объяснить слова мудрецов: «Если есть у кого-то разбирательства с идолопоклонником, пускай судится с ним в месяц адар». Звучит так, что есть разбирательства с иноверцем, как будто это в порядке вещей – тяжбы между Исраэлем и иноверцами. Но ведь речь идет о людях, ведущих духовную работу, а не какую-либо ремесленную деятельность или торговлю.

---

334   Писания, «Свиток Эстер», 9:20-22.

В контексте духовной работы, **речь здесь идет об идолопоклонниках, которые есть в Исраэле** как общем целом. Кода люди хотят идти путями Творца, тело сопротивляется им. Сказано: «да не будет в тебе чужого бога»[335]. А мудрецы объяснили: «Что такое чужой бог в человеке? Это злое начало»[336]. Оно-то и зовется «идолопоклонником» – потому что противится быть «Исраэлем». Вот что такое «разбирательства».

А в месяц адар, удостоившись чуда, иудеи радовались и веселились, ибо «охватил народы страх пред иудеями»[337], которые, «наоборот, обрели власть над своими ненавистниками»[338]. Следовательно, в этом месяце человек может вести тяжбу с иноверцем в себе. И, конечно же, преуспеет в этом месяце, представляющем переворот, о котором сказано: «иудеи обрели власть над своими ненавистниками».

И следует помнить: разбирательства человека со своим идолопоклонником состоят в том, что каждый заявляет: «Оно целиком мое». Исраэль утверждает, что тело создано только для того, чтобы быть Исраэлем и служить Творцу, а не для себялюбия. С другой стороны, иноверец в нем утверждает: «Оно целиком мое». Иными словами, «тело целиком создано с получающим желанием – потому, разумеется, что оно должно заботиться исключительно о нуждах этого желания. С какой же стати ему помышлять о желании отдачи?» И он демонстрирует человеку ряд доказательств того, что правда на его стороне, поскольку так «заведено в народе»[339].

Иноверец говорит человеку: «Иди и посмотри, как поступает большинство и есть ли кто-нибудь, кто станет заботиться о благе окружающих, пока не удовлетворит все свои нужды – то, что требуется ему для собственной пользы. Есть одиночки, крохотная горстка, которые после удовлетворения своих нужд начинают заботиться о благе ближних. Но и тогда они бдительно следят за

---

335 Писания, Псалмы, 81:10.
336 Трактат «Шаббат», 105:2.
337 Писания, «Свиток Эстер», 8:17.
338 Писания, «Свиток Эстер», 9:1.
339 Трактат «Брахот», 45:1. «Выйди и посмотри, как заведено в народе».

тем, чтобы забота о других ни в коем случае не нанесла ущерба их себялюбию. Ты же заявляешь: «Оно целиком мое». По-твоему, не следует вовсе помышлять о себялюбии, а всю свою энергию ты хочешь использовать на нужды ближних. И ты аргументируешь мне свое желание работать на благо других – что называется «любовью к ближним» – тем, что это еще не всё, но ты полагаешь, что, практикуя любовь к ближним, сможешь достичь любви к Творцу. То есть ты хочешь, вообще, отменить себя перед Ним. И что тогда будет с телом, если ты хочешь в итоге всё его отдать Творцу и полностью отмениться перед Ним? Скажи сам, как я могу согласиться с чем-то столь странным для человеческого разумения? А потому я обязан заявить: «Оно целиком мое» – и не позволить тебе ни шага вперед».

В таком состоянии ведется тяжелая война. Ведь каждый говорит, что правда на его стороне. Исраэль в человеке утверждает: поскольку Творец создал нас с намерением, вытекающим из Его желания доставить благо Своим созданиям, постольку Он, конечно же, знает, что́ для них хорошо. Иными словами, Он понимал: только если они устремят все свои дела на то, чтобы доставить Ему удовольствие, это даст им силы получить высочайшие ступени, зовущиеся «раскрытием Творца», которое облачается во внутренний разум и внутреннее ощущение сердца. Говоря иначе, только таким способом у творений появится возможность получить всё благо и наслаждение, которое Творец пожелал дать им.

С другой стороны, если бы они вели получение в свои получающие сосуды, то, помимо вызываемого этим разобщения, они довольствовались бы малым. Смысл в следующем: мы должны верить словам Книги Зоар о том, что есть тонкое свечение[340], которое светит низшим в эгоистических свойствах. То есть все наслаждения, имеющиеся в материальном мире, – это лишь тонкий свет в сравнении с благом и наслаждением, которое есть в духовном.

---

[340] См. напр. Предисловие Книги Зоар с комментарием «Сулам», п. 23: «Другая сторона может существовать лишь за счет того, что духовное светит ей тонким свечением». Книга Зоар с комментарием «Сулам», гл. «Берешит», ч. 2, п. 40: «Внешняя часть внешней Малхут светит им тонким свечением».

Говоря иначе, даже на малой духовной ступени – например, нэфеш дэ-Асия – есть больше наслаждения, чем во всех материальных усладах. И разумеется, если бы человек получил это изобилие в силу желания получать для собственной пользы, он довольствовался бы им и не смог бы обрести другие, более высокие ступени. Ведь с точки зрения собственной пользы, человеку достаточно этого свечения нэфеш дэ-Асия, и, как следствие, у него нет никакой нужды добавить что-то к тому наслаждению, которое он испытывает.

Однако, когда человека обучают работать ради того, чтоб доставить удовольствие Творцу, он не может решить для себя: «Мне довольно того, что есть». Ведь он всё получает во благо Творца – и потому не может сказать: «Мне достаточно уже того, что я доставил Ему удовольствие, получив немного высшего света. От этого Творцу приятно, и я не хочу получить что-то еще».

Нельзя говорить: «Мне довольно, поскольку я уже доставил Творцу удовольствие, получив от Него это малое свечение». Наоборот, человек должен стараться каждый раз доставлять Творцу всё больше и больше удовольствия. А всякое удовольствие наверху состоит в том, что цель творения – доставить благо созданиям Творца – достигает низших на деле. Это и доставляет наверху удовольствие. И потому в месяц адар, когда настает время чуда, как сказано: «наоборот, иудеи обрели власть над своими ненавистниками», – тогда приходит пора пробудить иноверца в себе по принципу: «пускай всегда будет человек ополчать доброе начало на злое начало»[341], как сказано: «гневайтесь и не грешите»[342]. А Раши объяснил: «ополчать доброе начало» – чтобы оно вело войну со злым началом.

Смысл здесь в том, что в месяц адар есть больше возможностей победить злое начало. Ведь тогда произошло чудо свыше, как сказано[343]: «"Выполнили и приняли"[344] – выполнили то, что уже приняли». И объяснил Раши: «поколение приняло это в дни

---

341 Трактат «Брахот», 5:1.
342 Писания, Псалмы, 4:5.
343 Трактат «Шаббат», 88:1.
344 Писания, «Свиток Эстер», 9:27.

Ахашвероша»³⁴⁵ – «из любви к чуду, которое свершилось для них»³⁴⁶.

С другой стороны, месяц ав – время, когда был разрушен Храм, и надо скорбеть об этом. Соответственно, слова мудрецов о преуменьшении радости относятся к радости месяца адар, когда мы идем в правой линии, чтобы вызвать чудо, раскрывшееся в этот месяц, как сказано: «из любви к чуду выполнили и приняли».

В месяц ав, наоборот, надо скорбеть о разрушении Храма и работать в левой линии, подвергая критическому разбору действия, требующиеся на духовном пути: ведь путь этот устремлен на отдачу, тогда как человек далек от нее.

Когда человек думает об этом, он отдален от духовного и погружен в одно лишь себялюбие. Вся основа, на которой он реализует принципы Торы, целиком строится на том расчете, чтобы наполнить получающее желание любым наполнением, какое только возможно.

Поэтому, когда человек оценивает свою низость, у него есть возможность пробудить боль духовного крушения, имеющегося в каждом. И тогда осуществляются слова: «Каждый скорбящий об Иерусалиме удостаивается увидеть его утешение»³⁴⁷.

---

345   Трактат «Шаббат», 88:1.
346   Комментарий Раши к трактату «Шаббат».
347   См. трактат «Таанит», 30:2.

Да будет согрешивший
Статья 20, 1986

Сказано в Книге Зоар[348]: «"И будет, если согрешил и виновен"[349]. Почему в начале говорится: "если согрешил", а в конце: «виновен»? Ответ: "согрешил" теми нарушениями, которыми грешат творения, как сказано: "из всех грехов человеческих"[350]. А "виновен" – значит: "повинное, возвращаемое Творцу"[351]. Иными словами, "виновен" – значит: "исправит". Таким образом, "если согрешил", то есть если исправит свои дела, "то вернет награбленное, которым он завладел". Сказал рабби Йоси: "Следовательно, слово вернет означает, что человек возвращает сам. Ведь не сказано: пускай вернет в повелительной форме, а сказано: "вернет" – именно так, сам"».

Следует понять, что означают слова: «"согрешил" теми нарушениями, которые зовутся грехом, как сказано: "из всех грехов человеческих"». Разве есть нарушения, которые не зовутся грехом? На это приводится обоснование – цитата обо «всех грехах человеческих». А далее объясняется строфа о награбленном, относящаяся именно к отношениям между людьми. Однако, что же происходит в отношениях между человеком и Творцом?

Разъясним это в контексте духовной работы. Известно, что причина всех прегрешений – желание получать, отпечатанное в созданиях в силу замысла творения – доставить им благо. На

---

348 См. Книга Зоар с комментарием «Сулам», гл. «Ваикра», п. 251.

349 Тора, Ваикра, 5:23. «И будет, если согрешил и виновен, то вернет награбленное, которым он завладел, или присвоенное, которое он выдает за свое, или вклад, который был ему доверен, или пропажу, которую нашел».

350 Тора, Бемидбар, 5:6-7. «Говори сынам Исраэля: "Если мужчина или женщина совершат *что-либо* из всех грехов человеческих, являя неверность Творцу, и провинится та душа, то пусть признают грех свой, который совершили, и вернет он то, чем провинился, сполна и пятую часть прибавит к нему, и отдаст тому, перед кем провинился"».

351 Тора, Бемидбар, 5:8. «А если нет у того человека родственника, чтобы вернуть повинное, то повинное, возвращаемое Творцу, будет коэну».

эгоистическое получение был наложен запрет, призванный исправить сокращение, произведенное, чтобы избежать чувства стыда. Затем, вследствие этого исправления, посредством нисхождения миров, возникли силы скверны. А затем, посредством греха Адам Ришон с Древом познания, образовались две системы – по принципу: «одно напротив другого сделал Творец»[352]. Таким образом, есть чистые миры АБЕА[353], а напротив них – нечистые миры АБЕА.

Отсюда проистекают все прегрешения – из желания получать только ради получения. Иными словами, человек, по природе своей, создан с себялюбием – он не заботится ни о чем, кроме личной выгоды. И только реализуя принципы Торы можно исправить его, так чтобы им двигало намерение ради отдачи. А пока человек не получил этого исправления под названием «ради отдачи», он хочет всё захватить в свое владение. Это значит: он хочет всё вывести из владения Творца и поместить в свое собственное.

Отсюда проистекают три классификации в нашем мире:

1. Запрещенные вещи и разрешенные вещи.
2. Разрешенные вещи мы также подразделяем на две категории: обязательные и опциональные.
3. Намерение: не совершая запрещенных вещей, мы тоже должны выстраивать намерение, исходя из отдачи. В разрешенных вещах, как обязательных, так и опциональных, намерение должно быть ради отдачи, а не для собственной выгоды, – человек выполняет принципы Торы в силу веления Творца, поскольку верит в Него и в то, что Творец получит удовольствие, если человек реализует всё, что Он ему предписал. И в этом заключается всё намерение человека: что бы он ни выполнял, будь то предписывающие или запрещающие принципы либо опциональные вещи, – занимаясь ими, человек всё старается направлять на благо Творца.

Отсюда следует, что, если человек получает наслаждение для себя, его прегрешение состоит в том, что он выводит благо из

---

[352] Писания, Коэлет, 7:14.
[353] Миры Ацилут, Брия, Ецира и Асия.

владения Творца в свое собственное. Ведь всё должно поступать во владение Творца, а человек – лишь раб Творца, и у него нет собственного владения. Напротив, всё находится во владении его Господина, и нет у раба ничего своего.

Однако, когда человек получает наслаждения мира для себя, это выглядит так, словно есть два владения. Это и называется выводить из владения Творца, которому принадлежит мир, и помещать в свое владение.

Вывод из владения другого в свое собственное бывает двух видов:

1. Когда другой не видит, как человек выводит что-то из его владения и помещает в свое, это называется «воровством». Если другой этого не видит, человек набирается смелости, чтобы внести его имущество в свое владение. Если же человек видит, что другой посмотрит и заметит, как он берет вещи и вносит их в свое владение, тогда он не украдет.

2. Иногда бывает так, что человек берет имущество другого, даже если тот против. Это называется «грабежом»: человек грабит другого даже на виду у него, и не смущается, когда тот кричит, что это грабеж и что он не позволяет это брать. Человек гнет свою линию, и у него нет сил, чтобы преодолеть в себе страсть к чужому имуществу. Он обязан ограбить. А причина, по которой человек не смущается перед другим, когда тот видит, как он берет, – разумеется, в том, что его эгоистическое желание уже развито в полной мере.

Как сказал Бааль Сулам, различие между вором и грабителем состоит в том, что у грабителя эгоистическое желание больше, чем у вора. Поэтому, когда вор знает, что хозяин будет смотреть на него при краже, этот стыд придает ему силы, чтобы преодолеть себя и отказаться от воровства. С другой стороны, у грабителя эгоистическое желание настолько сильно, что никакая вещь не помешает ему осуществить задуманное. Из-за огромного желания и вожделения он не обращает внимания ни на что и приводит свой замысел в исполнение.

Исходя из этого, можно разъяснить заданный нами вопрос: на что указывают слова «если согрешил»? Говоря иначе, какие нарушения зовутся «грехом», как сказано: «из всех грехов человеческих»? Сначала говорится: «"согрешил" теми нарушениями, которые зовутся грехом», а затем приводится обоснование – цитата обо «всех грехах человеческих». Что значит «все»? Здесь имеется в виду тот корень, из которого проистекают все прегрешения, – эгоистическое желание получать. С него начинаются все действия в мире, и им завершается всякая работа. Иными словами, нам дано исправить это получающее желание, чтобы оно действовало ради отдачи. Когда общее желание получать будет исправлено намерением ради отдачи, это назовется «окончательным исправлением».

Это значит, что все исправления, в которых мы должны усердствовать, реализуя принципы Торы, призваны не более чем исправить получающее желание, чтобы оно было ради отдачи. Тем самым мы обретем слияние с Творцом и тогда сможем достичь цели творения, заключающейся в том, чтобы «доставить благо Его созданиям».

Таким образом, окончательное исправление, когда всё исправлено и исправлять больше нечего, означает, что всё должно войти в отдачу. И даже злоумышления тоже должны войти в отдачу – ведь иначе получится, что нам недостает части получающего желания, оставшейся вовне и еще не получившей исправления. На это и указывают слова «из всех грехов человеческих» – на всё, что проистекает из этого корня. Иными словами, мы должны знать, что нет ни одного прегрешения, которое не исходило бы из исконного желания получать, являющегося, как известно, корнем всех созданий. Соответственно, если останется хотя бы одно прегрешение, то, поскольку оно происходит из этого корня – желания получать, – постольку и оно обязано исправиться намерением на отдачу. В противном случае недостаток этот будет заметен в корне – в Первом сокращении, произведенном на исконное желание получать, с тем чтобы всё кроющееся в замысле творения о принесении блага созданиям Творца мы получали в сосуды, исправленные на отдачу.

Понять это можно на иллюстрации. Допустим, к примеру, что желание Творца доставить благо Своим созданиям было рассчитано на сто килограммов наслаждения. Само собой, надо было подготовить сосуд с потребностью в этих ста килограммах. Иначе их некуда поместить, ведь наполнение возможно только там, где есть недостаток в нем. Соответственно, если при наполнении этих сосудов, то есть потребностей, снаружи осталась часть, относящаяся к этим ста килограммам, – сосуды, которые не чисты и не пригодны для наполнения приготовленным для них изобилием, – тогда не исполнилось желание Творца дать изобилие в сто килограммов наслаждения, поскольку часть сосудов, относящихся к части изобилия, еще не получили то, что к ним относится.

Следовательно, все сосуды, возникшие при сотворении, должны войти в отдачу. Отсюда понятны слова Зоара: «В будущем ангел смерти станет чистым ангелом»[354]. Как сказано выше, всё зло происходит из получающего желания, которое Творец создал, а затем произвел на него сокращение, зовущееся «исправлением». И потому, безусловно, все сто килограммов созданного желания получать должны быть приняты через исправление под названием «получение ради отдачи». Те категории, которые невозможно исправить до окончательного исправления, зовутся «нечистотой», «скверной» и «другой стороной». Однако при окончательном исправлении все сосуды обязаны войти в отдачу по вышеуказанной причине. Иначе останется недостаток в изобилии, а между тем, все сосуды обязаны получить изобилие, относящееся к их части.

Отсюда понятны слова: «из всех грехов человеческих». Речь идет о корне прегрешений – желании получать. Об этом и сказано: «если согрешил и виновен». Слова «из всех грехов человеческих» не означают прегрешений в отношениях между людьми, как сказано далее в объяснении слова виновен: «повинное, возвращаемое Творцу». В этом смысле виновен – значит: «исправит свои дела», «вернет награбленное, которым он завладел», что звучит именно как отношения между людьми.

---

354 См. Книга Зоар с комментарием «Сулам», гл. «Ноах», п. 130.

Однако же следует объяснить это согласно вышесказанному: корень всех прегрешений – желание получать ради получения. Это означает то, что человек получает от Творца, из Его владения, и помещает всё в свое владение. И это зовется грабежом: человек выводит благо из владения Творца, хотя Тора во весь голос предупреждает о том, что нельзя ничего получать в свое владение. Иначе выходит, как будто есть два владения, и человек выводит наслаждения из владения Творца в свое собственное. Как следствие, человек зовется не вором, а грабителем, поскольку, хотя Творец видит, что он берет, его получающее желание столь сильно, что он не в силах преодолеть его. И потому человек зовется грабителем, а не вором.

А исправление его состоит в том, чтобы «вернуть награбленное, которым он завладел». Иными словами, совершить возвращение[355] и исправить всё так, чтобы все его дела вошли в отдачу. Это значит: привлечь желание, чтобы все его дела были ради отдачи. И потому в контексте выражения «если согрешил и виновен» слово виновен объясняется как исправит.

А рабби Йоси добавляет: «Следовательно, слово вернет означает, что человек возвращает сам. Ведь не сказано: пускай вернет в повелительной форме, а сказано: «вернет» – именно так, сам». Иными словами, есть возвращение из трепета, при котором «злоумышления становятся ему как оплошности»[356], и в таком случае, хотя человек возвращает награбленное, – но еще не по желанию, а именно из-за трепета он возвращает награбленное. Это не называется «сам», по доброй воле, как если бы человек был удовлетворен тем, что возвращает награбленное. Напротив, здесь у него как бы нет другого выхода. При возвращении из трепета еще не исправляется грех, поскольку в этом случае злоумышления становятся для человека только как оплошности. В результате еще есть сосуды вне отдачи, в которые не может облачиться высшее изобилие. А раз так, желание Творца доставить благо Своим созданиям не может совершать отдачу низшим – ему нет места для облачения, как если бы цель еще не достигнута.

---

355 На иврите *возвращение* и *раскаяние* – одно слово: תשובה.
356 См. трактат «Йома», 86:2.

А потому нам дано исправление под названием «возвращение из любви», при котором «злоумышления становятся ему как заслуги»[357]. Само собой, эти сосуды, входящие в категорию «злоумышлений», представляющие желание получать и, согласно цели творения, относящиеся к высшему изобилию, не достойны получать изобилие. Однако, когда эти сосуды стали заслугами, тогда они уже достойны того, чтобы высшее изобилие облачилось в них. И тогда может полностью осуществиться цель – доставить благо созданиям Творца – в размере того изобилия, которое Он пожелал дать им. Ведь теперь в отдачу вошли все сосуды, относящиеся к общему желанию получать, которое разделилось на несколько частей, поскольку малые части легче исправить.

Бааль Сулам объясняет это на примере, иллюстрирующем исправление греха с Древом познания. Один царь пожелал отослать большую сумму золотых динаров своему сыну в заморскую страну. Но все жители его страны – воры. Тогда он разменял динары на мелкие монеты[358]. Грошик за грошиком добавляются к большому счету[359], и благодаря этому будет исправлено всё.

---

357 Там же.
358 Царь разменял динары на мелкие монеты и отослал их с многочисленными посланцами, так чтобы им не было смысла насладиться грабежом.
359 См. трактат «Бава батра», 9:2.

Выше знания
Статья 21, 1986

О понятии «выше знания». Следует пользоваться этим инструментом (сосудом) как в отношениях с товарищами, так и в отношениях с Творцом. Однако есть различие. В отношениях между человеком и Творцом инструмент этот должен служить всегда. Иными словами, никогда нельзя пренебрегать сосудом, называющимся «верой выше знания». Другое дело отношения с товарищами: лучше, если человек может в знании видеть достоинства товарища.

Однако, по природе тела, человек, наоборот, всегда видит недостатки товарища, а не его достоинства. И потому сказали мудрецы: «Суди о каждом человеке с лучшей стороны»[360]. Иными словами, хотя в знании человек видит, что товарищ неправ, все равно он должен стараться судить о нем с лучшей стороны. И это может быть выше знания: хотя логически человеку нечем оправдать товарища, все равно в подъеме над знанием он может это сделать.

Если же человек может оправдать товарища в знании, это, конечно, лучше. Допустим, в качестве иллюстрации, человек видит, что товарищи стоят на более высокой, чем он, ступени. Он видит в знании, насколько он низок по сравнению с ними: все они соблюдают расписание, вовремя приходят на урок, больше интересуются происходящим в их среде, чтобы помочь каждому чем только можно, всё услышанное на уроках о духовной работе сразу же приводят в исполнение на деле и т.п.

Разумеется, это влияет на человека, придавая ему силы, чтобы преодолевать свою лень – и при побудке, когда он должен встать рано утром, и во время занятий, когда его тело проявляет бо́льший интерес к урокам, поскольку иначе он будет самым

---

360 Трактат «Авот», 1:6.

отстающим среди товарищей. К тому же человеку приходится с большей серьезностью принимать всё духовное, поскольку тело не может выносить унижение. Более того, когда человек смотрит на группу и в знании видит, как все работают на отдачу, тогда его тело тоже дает ему работать ради духовного.

Как мы уже сказали, причина, по которой тело помогает человеку работать на отдачу, в том, оно не готово терпеть унижение. Всякое тело преисполнено гордыни и не готово мириться с реалиями, если товарищ оказывается выше его. Как следствие, когда человек видит, что товарищи стоят на более высокой, чем он, ступени, это вызывает подъем во всех смыслах.

Сказано об этом: «Зависть среди мудрецов преумножает мудрость»[361]. Иными словами, когда все в группе, глядя на товарищей, видят их на высоком уровне – как в мыслях, так и в действиях, – тогда, по природе вещей, каждый чувствует себя обязанным подняться на ступень более высокую, чем та, которую обеспечивают свойства его тела.

Это значит, что даже если человек лишен прирожденной тяги к высоким желаниям и нет у него сильного устремления к почестям, все равно благодаря зависти он может обрести дополнительные силы, не присущие ему по природе. Зависть порождает в нем новые силы, которые имеются в группе, и с их помощью он получает новые свойства – те силы, которые он не унаследовал от родителей при рождении. Таким образом, теперь у человека есть новые свойства, порожденные в нем группой.

Итак, человек обладает свойствами, которые родители передают детям, и свойствами, приобретенными от группы. Это новое приобретение достается ему только в силу соединения с группой, посредством зависти к товарищам, возникающей, когда человек видит в них качества более высокие, чем его собственные. Это придает ему подъем, с тем чтобы перенять у товарищей их добродетели, которых у него нет и за которые он им завидует.

---

361 Трактат «Бава батра», 21:1.

Тем самым человек получает от группы новые свойства, перенимая их в силу того, что видит товарищей на более высокой, чем он, ступени и завидует им. По этой причине он может теперь быть выше, чем был бы без группы, – ведь благодаря ей он обретает новые силы.

Однако это верно в том случае, если человек действительно видит, что товарищи стоят на более высокой, чем он, ступени. Другое дело, когда злое начало показывает ему низость группы и, наоборот, дает понять: «Это не для тебя – соединяться с такими товарищами. Ведь они находятся на много ступеней ниже твоего уровня. И потому из такой группы ты не извлечешь никакой пользы. К тому же, хотя твои врожденные силы малы, качества этих товарищей еще ниже, чем у тебя. Так что лучше держись от них подальше. Если же ты все-таки хочешь соединиться с ними, удостоверься, по крайней мере, что все будут прислушиваться к тебе – к твоему мнению о том, как товарищи должны себя вести: как и в каком виде им сидеть на собраниях, как и в каком виде учиться и молиться. Так чтобы все проявляли серьезность, ни в коем случае не улыбались и никогда не говорили о материальной стороне жизни товарища: есть ли у него заработок, как он зарабатывает себе на жизнь, с легкостью или тяжелым трудом, или у него есть синекура, или у него строгие хозяева, от которых он страдает, не досаждают ли ему сослуживцы, вместе с которыми он работает, и т.п. Все эти темы несущественны, и не стоит задумываться о них, поскольку они относятся лишь к материальной стороне».

Ведь человек приходит и участвует в собраниях товарищей ради высокой задачи – он хочет быть настоящим служителем Творца. Ему хочется забыть о своих материальных делах. Хотя в действительности они бередят ему сердце, он все-таки отказывается от них и не желает помнить об этом.

Но тут приходят товарищи и заводят разговоры о материальных заботах друг друга. Человека не интересует материальная сторона их жизни, потому что он сейчас желает духовного.

«С какой стати товарищи морочат мне голову материальными делами, которые меня совершенно не касаются. Разве для того я хочу забыть о своих материях, чтобы у меня было время на мысли об их материях? Возможно ли такое? Раз так, – говорит ему тело, – лучше послушайся меня и держись от них подальше. Тогда ты, несомненно, добьёшься бо́льших успехов – так зачем тебе морочить себе голову подобными глупостями?»

Итак, тело показывает человеку низость товарищей. Что же он может ответить телу, когда оно предъявляет свои праведные претензии? Ведь совет держаться подальше от товарищей не означает, что тело советует человеку стать нечестивцем. Наоборот, оно говорит ему: «Отстранившись от группы, ты станешь праведником. Ты будешь помышлять только о своём духовном продвижении и, в случае необходимости, – также о своих материальных делах».

Поэтому, если человек верит, что без группы невозможного продвигаться навстречу любви к Творцу, поскольку это трамплин для выхода из себялюбия в любовь к Нему, – тогда ему остаётся лишь идти выше знания. Иными словами, сказать своему телу: «Да, ты видишь, что товарищи не очень-то стремятся достичь любви к Творцу по сравнению с тобой. И поскольку ты – моё тело, я вижу тебя более чистым, чем тела́ остальных товарищей. Вижу, что ты хочешь быть служителем Творца, как хочу и я, и советуешь мне оставить товарищей, потому что по их телам снаружи заметна их низость. У них нет сил, чтобы скрыть свои постыдные свойства, хотя это общепринято: каждый скрывает дурное в себе от других, чтобы его уважали за важные качества.

Здесь же зло товарищей настолько велико, что у них нет сил преодолеть и скрыть его, чтобы другие этого не видели. И потому, разумеется, в моих глазах они низки. Однако без группы я ничего не достигну, со всеми своими хорошими качествами. Так что я буду выше знания выполнять слова мудрецов: «Всячески смиряй свой дух»[362]. Иначе говоря, я обязан идти выше знания и верить, что товарищи стоят на более высокой, чем я, ступени. И тогда, согласно своей вере, я смогу получить от группы поддержку и подкрепление, получить от товарищей то, что группа способна

---

362   Трактат «Авот», 4:4.

дать». Таким образом, человек принимает любовь к товарищам выше знания лишь по необходимости, за неимением другого выхода, а в знании видит, что правда на его стороне.

Однако же именно здесь, в отношениях с товарищами, **то, что внутри знания, важнее ступени, лежащей над знанием**. Ведь правда в том, что когда человек хочет приблизиться к слиянию с Творцом и прилагает усилия, чтобы работать только ради отдачи, тогда в нем начинает раскрываться зло. И осознаётся оно не разумом, а через ощущение в сердце.

Иными словами, человек должен сам почувствовать, что он хуже всех и ниже всех в мире. Если же он еще не пришел к этому ощущению, и напротив, ему кажется, что есть еще кто-то хуже него, – безусловно, он еще не достиг осознания зла. То есть зло, скрытое в сердце человека, еще не проявилось в нем.

Ведь дурное можно увидеть, только когда в тебе есть немного хорошего. Например, в темноте мы не видим в доме никакой грязи, но, когда зажигаем лампу, видно, что грязь есть.

Аналогично этому, если человек не совершает хороших дел – не учится и не просит Творца, желая приблизиться к Нему, – тогда у него нет никакого света, который осветил бы его сердце, так чтобы он смог увидеть всё кроющееся там зло.

Таким образом, почему человек еще не видит, что в его сердце больше зла, чем у всех товарищей? Потому что ему еще недостает добра. Как следствие, человек считает себя более добродетельным, чем его товарищи.

Следовательно, когда человек видит, что есть товарищи, которые хуже его, это вызвано недостатком света, благодаря которому он увидел бы зло в себе. А значит, дело не в самом зле, которое имеется в человеке. Ведь у всех есть это зло, называющееся «желанием получать ради получения», – то есть себялюбие. Различия же определяются раскрытием зла. Иными словами, не каждый видит и чувствует в себялюбии нечто дурное и вредное, поскольку человек не видит, что ему будет плохо от удовлетворения своего эгоистического желания получать.

Но когда он приступает к духовной работе на истинном пути, то есть хочет достичь слияния с Творцом, так чтобы все его дела были ради отдачи, – благодаря этому он с каждым разом получает немного света, который светит ему. И тогда человек начинает ощущать, что себялюбие – это зло.

Процесс этот ступенчатый. Каждый раз, когда человек видит, что именно мешает ему достичь слияния с Творцом, он всё отчётливее сознаёт, что желание получать – и есть его подлинный ненавистник. Так же и царь Шломо называл злое начало «ненавистником», как сказано: «Если голоден твой ненавистник, накорми его хлебом. Ибо горящие угли собираешь ты на голову его»[363].

Отсюда мы видим: в действительности человек должен чувствовать, что он хуже других, потому что такова истина. А также следует понимать то, о чем сказано: «Зависть среди мудрецов преумножает мудрость» – именно в знании. И наоборот, в подъеме над знанием достоинства товарища не очень-то видны, чтобы зависть к нему побуждала и вынуждала человека работать и прилагать усилия.

Бааль Сулам объяснил высказывание рабби Йоханана: «Увидел Творец, что праведники малочисленны, встал и рассадил их в каждом поколении»[364]. Сказано: «Творцу принадлежат устои земли, и Он утвердил на них мироздание»[365]. Раши объяснил: «Он рассеял их во всех поколениях, чтобы они были основой и опорой для существования мира».

«Малочисленны» – значит их становится всё меньше. А потому Творец «встал и рассадил их в каждом поколении». Иными словами, посредством того, что Он рассадил праведников в каждом поколении, они преумножатся. Здесь следует понять: если Он рассеял их во всех поколениях, каким образом они преумножатся? Говоря иначе, следует понять, в чем разница: находятся ли все праведники в одном поколении или рассеяны Творцом во всех поколениях? Ведь, как вытекает из слов Раши, благодаря

---

363 См. Писания, Мишлэй, 25:21.
364 Трактат «Йома», 38:2.
365 Пророки, Шмуэль, I, 2:8.

тому, что Он рассеял праведников во всех поколениях, их станет больше.

И сказал Бааль Сулам: благодаря тому, что праведники будут в каждом поколении, появится шанс для людей, которые лишены врождённых свойств, позволяющих достичь слияния с Творцом. Присоединяясь и приобщаясь к праведникам, рассаженным в каждом поколении, они будут учиться на их делах и смогут перенимать у них новые свойства. Поэтому Творец рассеял праведников в каждом поколении – чтобы таким образом они преумножались.

И, как уже сказано выше, благодаря объединению товарищей можно достичь того же самого – новых свойств, посредством которых они будут способны прийти к слиянию с Творцом. Причем всё это верно, только если человек видит в товарищах достоинства. Тогда можно сказать, что он будет учиться на их делах. Если же человек видит, что он способнее товарищей, то уже ничего не сможет получить от них.

Поэтому сказано, что когда злое начало показывает человеку низость товарищей, он должен идти выше знания. Однако, безусловно, было бы лучше и успешнее, если бы он мог видеть в знании, что товарищи стоят на более высокой, чем он, ступени. Отсюда можно понять молитву, составленную для нас рабби Элимелехом[366]: **«Дай нам в сердце видеть достоинства товарищей, а не их недостатки»**[367].

Однако же совсем другое дело – отношения между человеком и Творцом. Здесь подъем над знанием предпочтительнее. То есть если человек принимает на себя веру выше знания, то его работа ведется правильно.

Не так происходит в знании, хотя разум человека понимает иначе. Другими словами, каждый знает и понимает, что если бы ему не нужно было верить, а всё управление Творца было бы раскрыто во всем мире, для всех творений, – тогда, само собой, все

---

[366] Рабби Элимелех бар Элиэзер-Липа Вайсблюм, или Элимелех из Лиженска (1717—1787).
[367] Элимелех из Лиженска, «Молитва перед молитвой».

реализовывали бы принципы отдачи и не осталось бы места для неверующих, поскольку все бы верили.

Но управление Творца не раскрыто низшим – напротив, в него надо верить. А вера – трудная штука, поскольку Творец дал нам разум и понимание, чтобы всякую вещь мы видели такой, какой она предстает перед нашими глазами. Обо всем, что касается отношений между товарищами, мы судим лишь согласно тому, что видим рассудочно, и ничто другое не формирует наши суждения, кроме разума. Сказали об этом мудрецы: «Человек руководствуется лишь тем, что видят его глаза»[368].

А потому, когда человек приступает к духовной работе и ему говорят, что надо принять на себя веру выше знания, он начинает сомневаться: «Ведь я вижу, напротив, что Творец дал нам разумение, чтобы всякую вещь оценивать рассудочно, согласно тому, как понимает наш разум. Как же я могу принять на себя то, что противоречит разуму?» И это очень трудно – добиться того, чтобы тело поняло: стоит вести духовную работу выше знания.

Подъем над знанием происходит и в разуме, и в сердце. По этой причине не каждый способен включиться в духовную работу на отдачу – работу, ведущуюся выше знания. И потому при широком обучении духовной работе порядок таков, как его описал Рамбам[369]: начинают с намерения ло-лишма, пока люди не наберутся разума и мудрости, и тогда им раскрывают, что главное в их работе – намерение ради отдачи, что называется «работой ради Творца».

Однако же следует понять, почему предпочтительнее именно намерение ради отдачи. Ведь разум обязывает к обратному: если бы духовная работа была облачена в знание, тогда больше людей приходили бы, желая быть служителями Творца. Об этом сказал Бааль Сулам: человек не должен думать, что работа выше знания, данная нам Творцом, – это низкая ступень. Напротив, мы должны верить, что это очень высокая ступень и именно

---

368 Трактат «Бава батра», 131:1.
369 Рамбам, «Мишне Тора», «Законы возвращения», 10:5.

благодаря ей у человека есть возможность работать ради отдачи. В противном же случае он вынужден работать ради получения.

Таким образом, хотя при работе в знании, разумеется, было бы больше работников, но они никогда не смогли бы прийти к слиянию с Творцом – к работе ради отдачи. Поэтому, несмотря на возросшее количество, в качественном аспекте у человека не было бы никакой возможности получить то благо и наслаждение, которое Творец пожелал дать творениям. Ведь, как известно, Его желание – доставить благо Своим созданиям.

Чтобы в благе и наслаждении, которое получат творения, не было никакого изъяна, то есть во избежание чувства стыда, было произведено исправление сокращением – так чтобы высшее изобилие светило лишь там, где есть подобие свойств. Это означает, что творения получат изобилие в сосуды отдачи, а пока у них нет этих сосудов, они вынуждены оставаться во тьме – что называется: «умирать без мудрости»[370].

Однако следует знать, что и в намерении ло-лишма кроется свет Торы. Сказали об этом мудрецы: «Пускай всегда будет выполнять человек принципы Торы в эгоистическом намерении (ло-лишма), и от него придет к намерению на отдачу (лишма)[371], ибо кроющийся в ней свет возвращает его к Источнику[372]». Таким образом, потом человек должен прийти к лишма – то есть в разуме и сердце работать выше знания.

С другой стороны, в отношениях с товарищами, если человек может работать над товарищеской любовью в знании, то есть если старается видеть, что товарищи стоят выше его по отдаче, – это, безусловно, лучше. Иными словами, если человек видит в знании, что его товарищи ближе, чем он, к слиянию с Творцом, – разумеется, это лучше, чем если бы он должен был верить в это выше знания.

Говоря иначе, в действительности человек видит, что находится на более высокой ступени, чего его товарищи. В знании он всегда

---

370   Писания, Иов, 4:21.
371   Трактат «Псахим», 50:2.
372   См. Мидраш «Раба», Эйха, Введение, 2.

видит, что они низки, – но выше знания, в силу принципов духовной работы, верит, что он не очень-то соответствует своим представлениям о себе. И, конечно же, если он может видеть в знании, что товарищи выше его по отдаче, – это предпочтительнее.

Аналогичным образом можно объяснить слова Писания[373]: «Сказал Творец Шмуэлю: "Не смотри на его вид и на его высокий рост, ибо Я отверг его. Ведь суть не в том, что видит человек, ибо человек смотрит глазами, а Творец смотрит в сердце"».

Мы видим, когда Творец послал Шмуэля помазать на царство одного из сыновей Ишая, Шмуэль из увиденного понял, что сын Ишая Элиав достоин быть царем Исраэля вместо Шауля. Но Творец не согласился с тем, что он понял. Когда же в конце привели Давида, пасшего стадо, который «был рыжим, с красивыми глазами и благовидным, сказал Творец: "Встань, помажь его, ибо это он"»[374].

Чему это учит нас? Мы видим здесь две вещи:

1. Шмуэль, со своей стороны, разумом оценив достоинства Элиава, понял, что тот достоин быть царем Исраэля.

2. Творец же сказал ему: «Нет, не следуй своему пониманию». Ведь в том, что касается Творца, разум совершенно бесполезен. Поскольку Творец пожелал возвести на престо царя, речь идет об отношениях между человеком и Творцом, где нет места пониманию, ибо «Мои мысли – не ваши мысли, и Мои пути – не ваши пути»[375]. Поэтому сказал ему Творец: «Суть не в том, что видит человек, ибо человек смотрит глазами, а Творец смотрит в сердце».

Отсюда можно объяснить: «человек смотрит глазами» – это хорошо в отношениях между товарищами. В таком случае хорошо, что они могут идти в знании, согласно тому, что предстает глазам человека. С другой стороны, «Творец смотрит в сердце». Иными словами, то, что касается отношений с Творцом,

---

373   Пророки, Шмуэль, I, 16:7.
374   Пророки, Шмуэль, I, 16:12.
375   Пророки, Йешаяу, 55:8.

лежит выше знания. В этом случае человек должен не руководствоваться тем, что видит, а идти выше знания.

Таким образом, следует различать два подхода:

1. В отношениях между человеком и Творцом лучше идти выше знания.
2. В отношениях между человеком и товарищами лучше идти в знании.

Поэтому Творец сказал Шмуэлю: «Не смотри на его вид». Ведь руководствоваться тем, что видишь, хорошо в отношениях с товарищами. Лучше, если ты можешь в знании видеть достоинства товарища. С другой стороны, «здесь, когда Я хочу помазать его на царство, это действие относится ко Мне – Я желаю, чтобы он был царем». Это уже отношения между человеком и Творцом. И здесь верна именно работа выше знания, поскольку благодаря ей-то и появится возможность прийти к получению ради отдачи. А иначе человек упадет в получение ради получения, которое приводит к разобщению и отдаляет от духовного.

Однако здесь возникает вопрос. Человек решил идти выше знания, не обращая внимания на все трудные вопросы, которые тело начинает задавать, когда он приступает к работе на пути отдачи и веры выше знания. Человек преодолевает все препятствия – все вопросы, которые тело приводит ему со всего мира, – и закрывает глаза, не желая смотреть на что-либо противоречащее разуму и сердцу. Наоборот, он решает идти только выше знания.

Но после этого решения бывает так, что к нему внезапно приходят отличные доводы, с которыми его тело обязано согласиться. И тогда человек видит, что идет сейчас в знании. Что же он может сделать теперь, видя эти доводы, полученные свыше? «Что мне делать? – спрашивает себя человек. – У меня сейчас нет возможности работать выше знания. Ведь я вижу и понимаю, что вся моя работа на отдачу должна быть именно такой».

Теперь у человека уже нет никаких трудных вопросов о духовной работе, которые обязали бы его работать выше знания. А поскольку основная работа ведется именно выше знания, что ему делать, когда он оказался в такой ситуации?

Бааль Сулам о том времени, когда человек удостаивается какого-то откровения свыше и чувствует теперь, что стóит быть служителем Творца. Выходит, до сих пор у него была работа выше знания, с которой тело не соглашалось, и человек должен был постоянно превозмогать его, нуждаясь в том, чтобы Творец давал ему силы для преодоления выше знания, – тогда как теперь он уже не нуждается в помощи Творца, поскольку чувствует, что у него есть основа, на которой можно строиться, то есть ему уже есть на что опереться. Получается, что теперь человек подрывает веру, к которой прибегал ранее. Ведь теперь он уже может сказать: «Слава Богу, я избавился от бремени веры. Она была для меня тяжким грузом, зато теперь у меня уже есть основа в знании, поскольку теперь я получил некое побуждение свыше и тело тоже согласно с тем, что стоит реализовывать принципы отдачи». Тем самым человек подрывает веру.

И тогда, по словам Бааль Сулама, человек должен сказать: «Теперь я вижу, что настоящий путь пролегает именно выше знания. И как доказательство, если я заслужил сейчас некое свечение свыше, то потому лишь, что обязался идти выше знания. Благодаря этому я заслужил, чтобы Творец немного приблизил меня к себе и дал мне какое-то пробуждение свыше».

Свечение это, которое человек получил сейчас свыше, дает ему ответ на все трудные вопросы. Таким образом, это свидетельствует о верности пути выше знания. «В таком случае, что мне делать теперь, чтобы и дальше идти тем же путем?» Человеку надо только преодолеть себя и начать искать способы, которые позволят облачить его работу в веру выше знания.

Таким образом, человек совершенно не повредил свою веру, в которой шел до того, как заслужил какое-то свечение свыше. Ведь и теперь он принимает это свечение не за основу, чтобы выстраивать на ней свою работу, а как свидетельство того, что он идет верным путем – верой выше знания. Лишь благодаря такой работе Творец приближает человека к себе и дает ему возможность сблизиться с Ним, поскольку сближение это не даст человеку упасть в сосуды получения, лежащие «внутри знания». Ведь Творец видит, что человек старается идти только выше знания.

Отсюда следует, что на пути выше знания имеется различие в отношениях человека с Творцом и с товарищами. В отношениях с товарищами, если он может в знании видеть их достоинства, это лучше. Но если в знании он видит только недостатки товарищей, тогда нет у него другого выбора – он обязан пойти выше знания и сказать: «Всё, что я вижу, слышу и чувствую, – на самом деле неправда. Ведь не может быть, что, выбрав этих товарищей для объединения, я ошибся и произвёл неверный расчёт.

Я думал, что смогу духовно обогатиться от них, так как у них есть достояние, которого нет у меня, и потому, объединившись с ними, я смогу подняться на ступень более высокую, чем мне представлялось. Теперь выясняется, что на деле я вижу нечто другое.

Но поскольку я слышал слова Бааль Сулама о том, что **единственное средство, способное помочь человеку выйти из себялюбия и достичь любви к Творцу, – это любовь к товарищам,** постольку у меня нет никакого иного выбора – я должен соединиться с этими товарищами. Несмотря на то что в моих глазах лучше было бы держаться от них подальше и не присоединяться к ним, однако выбора нет – я обязан верить выше знания, что в действительности все товарищи стоят на высокой ступени, но своими глазами я не заслужил увидеть их высоту».

И потому человек обязан верить выше знания. Если бы, наоборот, в знании он видел достоинства товарищей, то, конечно же, мог бы получать от них большую пользу. Но что поделаешь, выбирать не приходится.

С другой стороны, в отношениях между человеком и Творцом действует другой порядок: когда человек может идти выше знания, это лучше. И потому если человек может получать какую-то поддержку из знания, то есть если он заслужил небольшое свечение свыше, то у него есть возможность сказать: «Теперь я вижу, что стоит быть служителем Творца, поскольку ощущаю вкус в работе».

Тем самым человек принял это ощущение вкуса в работе за базу и основу, на которой он выстраивает свое продвижение. И теперь он уже понимает собственным умом, что стоит реализовывать принципы отдачи. Таким образом, вся его основа лежит на этом условии: когда он ощущает вкус в работе, тогда стоит слушаться Творца. Следовательно, в противном случае, когда человек не чувствует вкуса в работе, он неспособен выполнять веления Творца.

Известно, что высшее Управление следует принимать «всей своей душой и всем своим существом»[376]. Иными словами, даже если Творец забирает у человека душу[377]. Это значит: даже если у человека нет никаких жизненных сил и нет даже малой части души (нэфеш) – и тогда он обязан быть служителем Творца и не ставить Ему условия, говоря: «Если Ты выполнишь мое желание и удовлетворишь мою потребность в том, чего, в моем понимании, мне недостает, тогда, обещаю Тебе, я буду Твоим служителем. Если же Ты не выполнишь всех моих запросов о том, чего, в моем понимании, мне недостает, тогда я не смогу принять на себя всё, что Ты предписал мне через Моше».

Напротив, человек должен принимать высшее Управление без всяких условий, пускай даже выше знания. Более того, он должен сказать, что работать выше знания нам необходимо не потому, что Творец не может дать нам знание, – но мы должны верить, что всё это нам на пользу. Таким образом, в отношениях между человеком и Творцом надо стараться идти как раз выше знания. Если же человек получает какое-то знание, то должен поступить как описано выше.

---

376 Тора, Дварим, 6:5. «Люби Творца своего всем сердцем своим, и всей душой своей, и всем существом своим».

377 См. слова рабби Акивы в Трактате «Брахот», 61:2. «Все свои дни я сожалел об этой строфе: «Всей душой своей – даже если Он забирает твою душу». Когда, – вопрошал я, – мне выпадет выполнить это? И теперь, когда выпало, разве я это не исполню?»

Если женщина зачнет
Статья 22, 1986

Сказано в Книге Зоар[378]: «Как мы знаем, если женщина зачнет первой, она рождает мальчика[379]. Сказал рабби Аха: "Это то, что мы учили: Творец постановляет о капле семени, мальчик это или девочка. Ты же говоришь: женщина, зачавшая первой, родит мальчика. В таком случае не требуется постановление Творца?" Сказал рабби Йоси: "Разумеется, Творец различает между мужской каплей и женской, а различив, постановляет о ней, будет ли это мальчик или девочка"».

Бааль Сулам объясняет[380]: «Трое участвуют в рождении человека: Творец, отец и мать. Отец дает белизну, мать дает румянец, а Творец дает душу. Если капля мужская, Творец дает мужскую душу, а если женская, Творец дает женскую душу. И это различие, которое Творец проводит в отношении капли – достойна ли она мужской души или женской, – считается Его постановлением. Если бы Он не различил этого и не послал бы мужскую душу, капля не стала бы в итоге мужской. Таким образом, два этих утверждения не противоречат друг другу.

Сказал рабби Аха: "Рождает мальчика" – разве она рождает потому, что зачала? Ведь это зависит от беременности. Следовало бы сказать: женщина, забеременев, рождает мальчика. Сказал рабби Йоси: женщина, с того дня, как зачала и забеременела, до того дня, когда рожает, ни о чем не говорит, кроме как о своем плоде – будет ли это мальчик».

Следует понять всё это. Что дает нам это знание о женщине, которая зачала первой? А также слова о том, что величие Творца – в умении проводить различие между мужской каплей и женской.

---

378 Книга Зоар с комментарием «Сулам», гл. «Тазриа», п. 9.
379 Трактат «Нида», 25:2.
380 Книга Зоар с комментарием «Сулам», гл. «Тазриа», п. 9-10.

Неужели этим Он велик – настолько, что человек получает воодушевление и благодаря этому принимает на себя обязанность быть рабом Творца?

Кроме того, следует понять вопрос рабби Аха – разве не следовало сказать: «женщина, зачав и забеременев, рождает мальчика»? А рабби Йоси объясняет: женщина, с того дня, как зачала и забеременела, до того дня, когда рожает, ни о чем не говорит, кроме того, будет ли ее плод мальчиком. То есть она тревожится за то, будет ли ее плод мальчиком. Что же дает нам это знание о том, что говорит женщина? Что случится, если мы будем знать об этой ее тревоге за то, чтобы плод был мальчиком?

Чтобы понять всё это, разъясним слова «Введения в науку каббала»[381]: «Вся задача сокращения, произведенного, в четвертой стадии[382], состояла в ее исправлении, так чтобы она никак не отличалась по свойствам, принимая высший свет. Иными словами, задача состояла в том, чтобы из этой четвертой стадии создать тело Адама, который, реализуя принципы отдачи, чтобы доставить удовольствие Творцу, обратит силу получения в четвертой стадии намерением на отдачу. Тем самым он уподобляет форму получения абсолютной отдаче. И тогда наступит окончательное исправление, поскольку благодаря этому четвертая стадия снова станет сосудом получения для высшего света, а также полностью сольется со светом без всяких отличий по свойствам. Для этого Адам должен включать также уровни, лежащие над четвертой стадией, чтобы быть способным на добрые дела в отдаче. Ведь четвертая стадия, которая должна быть корнем тела Адама, целиком находилась в состоянии пустоты без света, будучи противоположной высшему свету по свойствам. Как следствие, она являлась отделенной и мертвой. И если бы Адам был создан из нее, он никак не смог бы исправить свои дела, поскольку в нем не было бы никаких искр отдачи».

---

381 Бааль Сулам, «Введение в науку каббала», п. 57.
382 Четвертая стадия распространения прямого света (бхина́ да́лет). На этом этапе появилось законченное, самостоятельное творение, которое желает получать и ощущает себя получающим.

Чтобы исправить это, было произведено **включение свойства милосердия в свойство суда**. Ведь в свойстве суда мир существовать не может. Сказано об этом[383]: «Творец увидел, что мир не может существовать. Иными словами, в таком случае у Адама, который должен быть создан из этой четвертой стадии, не было никакой возможности адаптировать свои дела к отдаче, чтобы благодаря ему мир существовал в нужной мере исправления. Поэтому Творец предварил дело свойством милосердия и включил его в свойство суда[384]. Благодаря этому сочетанию четвертая стадия, представляющая свойство суда, тоже включила в себя искры отдачи, кроющиеся в сосуде Бины. Тем самым тело Адама, происшедшего из четвертой стадии, оказалось способно включить также свойство отдачи. Это позволяет ему совершать добрые дела, чтобы доставить удовольствие Творцу, пока получение в нем целиком не обратится намерением ради отдачи. И благодаря этому мир будет существовать, двигаясь к исправлению, требующемуся с его сотворения».

Включение свойства милосердия в свойство суда объясняется так[385]: «Есть две точки в Малхут. Одна – это точка Малхут Первого сокращения, которая не подсластилась в Бине, являющейся свойством милосердия, и в этом отношении не достойна получать никакой свет, поскольку сила экрана и сокращения господствует над ней. А вторая точка – это точка Малхут, которая подсластилась в свойстве милосердия, то есть в Бине. Все света́, которые получает Малхут, относятся ко второй точке. Соответственно, первая точка спрятана внутри нее, и лишь вторая точка открыта и властвует в ней – и потому она достойна получать высшие света. По этой причине Малхут называется «Древом познания добра и зла»[386]. Если человек заслуживает, она – добро, поскольку первая точка скрыта, и только вторая властвует. Тогда в Малхут есть всё благо, и низший получает от нее. Если же не заслужил, будучи

---

383 Бааль Сулам, «Введение в науку каббала», п. 58.
384 См. также комментарий Раши на Тору, Берешит, 1:1. «Вначале Творец замыслил создать мир в свойстве суда. А увидев, что мир не может существовать, предварил дело свойством милосердия и включил его в свойство суда».
385 Книга Зоар с комментарием «Сулам», гл. «Тазриа», п. 95.
386 Тора, Берешит, 2:9.

грешником, тогда у змея есть сила раскрыть в Малхут первую точку, которая не соединялась с Биной, и тогда она – зло».

Исходя из этого, следует объяснить слова Зоара: «женщина, зачав, рождает мальчика». Мы спросили, о чем это говорит нам: «Женщина, зачавшая первой, рождает мальчика»? Согласно словам Зоара, получается, что в человеке есть две силы:

1. «Свойство суда» – женское начало, называющееся Малхут.
2. «Свойство милосердия» – мужское начало, мужская сила, то есть свойство отдачи, о котором сказано: «Как Он милосерден, так и ты милосерден»[387].

Две эти силы властвуют в человеке, но порой свойство суда скрыто, и правит свойство милосердия, а порой свойство милосердия скрыто, и правит свойство суда. И следует знать, что «зачатие» похоже на посев, к примеру, семян пшеницы в землю. Семена разлагаются, и тогда начинает расти пшеница, пригодная в пищу. Также мы стараемся побольше удобрять землю, чтобы пшеница, которая вырастет потом, была хороша для еды.

Отсюда можно объяснить слова о зачавшей женщине. Они означают, что если человек хочет вступить на путь духовной работы, чтобы достичь слияния с Творцом, и если он хочет наслаждаться «человеческой пищей», а не «животным кормом», то порядок его работы должен быть таким, чтобы посеять «женщину» в себе – желание получать. Иными словами, он должен вложить свои сосуды получения в землю и постараться сделать так, чтобы получение для себя разложилось во прахе. По мере того как человек удобряет их, то есть старается понять и почувствовать, что себялюбие омерзительно для него, подобно отбросам, использующимся для удобрения, и старается увидеть низость себялюбия, желая ему сгнить, – это и называется: «зачавшая женщина». Говоря иначе, свое женское начало, сосуды получения, человек хоронит в земле – хочет, чтобы его эгоизм сгнил. И тогда «рождает мальчика» – сосуды отдачи. Благодаря тому, что

---

387 См. трактат «Шаббат», 133:2.

человек старается извести в себе сосуды получения, себялюбие, он обретает тогда сосуды отдачи.

Аналогичным образом, человек берет семена пшеницы и помещает их в землю, чтобы они разложились. Благодаря этому потом у него будет пшеница для «человеческой пищи». А «пищей» зовется то, чем мы наслаждаемся. Иными словами, до того, как человек приступил к работе на пути отдачи, он наслаждался тем, что входило в его эгоистические сосуды, – а теперь вместо этого наслаждается тем, что входит в сосуды отдачи. И это уже «человеческая пища», а не «животный корм», то есть животные наслаждения. Что называется, «человек заслужил – и свойство суда скрылось». Иными словами, получающее желание скрыто и не властвует, а властвует только желание отдачи, свойство милосердия.

«Заслужить» (захá – זכה) – значит хотеть быть чистым, «тонким» (зах – זך), то есть отдавать. А «плотным», «грубым» называется получающее желание. Поскольку человек хочет достичь свойства милосердия, он заслуживает того, что сосуды получения исчезают – не властвуют, а властвует свойство милосердия, называющееся «отдачей», «мужским началом». Об этом и сказано: «рождает мальчика». Этот плод рождается благодаря «зачатию женщины», когда человек хоронит получающее желание в земле, то есть хочет получать все свои наслаждения в сосуды отдачи.

Если же «первым зачнет мужчина»[388], то есть если в начале своей работы человек хочет похоронить «мужское начало» – сосуды отдачи, внесенные в него от корня исправления посредством включения свойства милосердия в свойство суда, – тогда «она родит девочку»[389]. Это значит, что тогда в человеке раскрывается и властвует свойство суда, а свойство милосердия, «мужское начало», исчезает, и у него нет никаких сил сделать что-то посредством сосудов отдачи.

И тогда вся его пища – животный корм, поскольку он погружен в одно лишь в себялюбие, подобно животным. Иными словами,

---

388 Трактат «Нида», 25:2.
389 Там же.

если человек сеет в землю сосуды получения, «женское начало», из этого произрастает человеческая пища – силы для отдачи. Если же он помещает в землю силы отдачи, то «она рождает девочку» и в таком случае вся его пища – лишь в сосудах получения. Это и значит «родить девочку».

Отсюда понятен ответ рабби Йоси на вопрос рабби Аха: «Творец различает между мужской каплей и женской, а различив, постановляет о ней, будет ли это мальчик или девочка». Мы спросили: о чем это нам говорит?

Сказали мудрецы: «Кто пришел очиститься, тому помогают»[390]. А Зоар добавляет: «чистой душой»[391]. Таким образом, когда женщина зачинает первой, то есть, когда в начале работы человек «сеет», «хоронит» в земле свое женское начало – желание получать для себя, – помышляя лишь о том, как избавиться от себялюбия, и этого прося у Творца, тогда Творец различает каплю как мужскую. Ведь человек хочет, чтобы Он дал ему сосуды отдачи. И тогда Творец дает ему «мужскую душу» – иными словами, дает ему свыше силу под названием «чистая душа». Тем самым человек может стать дающим, если Творец видит, что свою работу над реализацией принципов Торы он ведет, чтобы очистить себя, поскольку хочет выйти из скверны себялюбия. И тогда Творец дает ему мужскую душу.

Если же Творец различает каплю как женскую, это значит, что «мужчина зачинает первым». Иными словами, человек начинает работу, чтобы расширить свои сосуды получения, внесенные в него от корня – включения свойства милосердия в свойство суда. Производя действия, он строит намерение лишь на то, чтобы получить более высокую оплату. Сказано об этом в Книге Зоар[392]: «Лают, как собаки[393]: "Дай нам богатство этого мира и дай нам богатство мира грядущего!"»

---

390   Трактат «Йома», 38:2.
391   Книга Зоар с комментарием «Сулам», гл. «Ноах», п. 63.
392   Предисловие Книги Зоар с комментарием «Сулам», п. 96.
393   См. Писания, Мишлэй, 30:15. «У пиявки две дочери: дай! дай!» (арам. гав-гав).

Таким образом, человек намеревается лишь расширить свои обретения, относящиеся к эгоизму. Тем самым, зачиная, он хоронит имеющееся в нем включение свойства милосердия и приводит к тому, чтобы это свойство, представляющее «силу отдачи», было скрыто. При таком «посеве» человек прячет и вкладывает семя пшеницы в землю, где оно скрывается. Это намекает нам на то, что сила отдачи скрыта, а сила получения проявлена, – что называется: «рождает девочку».

Таким образом, слова рабби Йоси о том, что Творец различает мужская эта капля или женская, означают следующее. Человек не должен говорить: «Я так много уделяю реализации принципов Торы, соблюдая их все, "как легкие, так и трудные"[394], – и не вижу, чтобы Творец помогал мне свыше, так чтобы я мог подниматься по духовным ступеням. Где же помощь свыше? – спрашивает человек. – Ведь сказали мудрецы: "Кто пришел очиститься, тому помогают"».

На это рабби Йоси отвечает: Творец распознаёт суть капли. Мужская ли она, если ты хочешь работать на отдачу, – либо ты предпочитаешь женскую работу и трудишься лишь для того, чтобы получить награду, хотя и зовущуюся «отдачей», но ради получения.

И потому не следует человеку говорить, что Творец не слышит его молитву. Напротив, Творец слышит и знает, о чем он молится. И раз человек вовсе не хочет похоронить в земле свое себялюбие – как Творец может дать то, чего он не желает?

Известно, что «нет света без сосуда». «Сосудом» называется потребность в недостающем, а «светом» – наполнение этой потребности. Если человек не испытывает недостатка от того, что он лишен желания отдачи, – в этом главная причина его низости, из-за которой он далек от духовного и неспособен заслужить слияния с Творцом. Это и означает, что у него нет сосуда, чтобы получить наполнение. Вот почему рабби Йоси говорит, что Творец распознаёт суть капли: хочет ли человек, чтобы Творец дал ему **душу – свет, облаченный в сосуд отдачи? Иными словами, хочет ли он от Творца света, чтобы обрести силу отдачи?** Или

---

394 Трактат «Авот», 2:1.

силу получения? Поэтому не может быть никаких претензий к Творцу – ведь Он дает человеку то, что тот хочет.

Сказали об этом мудрецы[395]: «Что значит возвращение? – Пока не засвидетельствует о человеке Знающий тайны, что не вернется больше к своей глупости». Это значит: когда Творец дает человеку мужскую душу, то есть свет, чтобы у него были силы для отдачи, тем самым проявляется свидетельство Творца. Он свидетельствует о том, что человек «больше не вернется к своей глупости». Поскольку Творец дал ему душу, тем самым человек уверен, что отныне и далее не будет работать на себялюбие, но всё будет устремлять ради отдачи.

Об этом и сказано в Книге Зоар: «Кто пришел очиститься, тому помогают». Таким образом, рабби Йоси говорит: разумеется, Творец различает между мужской каплей и женской. И, различив, постановляет о ней, будет ли это мальчик или девочка. Это называется: «Знающий тайны свидетельствует о человеке, что он больше не вернется к своей глупости».

Но как человеку захотеть похоронить свое себялюбие? Такое желание мы называем «сосудом». А Творец даст ему в этот сосуд свет – иными словами, поместит мужскую душу в сосуд, возникший благодаря захоронению получающего желания, о чем сказано: «если женщина зачнет».

После создания человека ему очень трудно, когда свойство суда раскрыто, а свойство милосердия скрыто. Ведь в начале своего сотворения «диким осленком рождается человек»[396], и свойство милосердия в нем представляет черную точку, которая не светит. Как следствие, у него нет никакой нужды и потребности задуматься о том, что он нуждается в сосудах отдачи. Напротив, он заботится лишь о том, как удовлетворить все запросы себялюбия. И если Творец поможет ему, целиком наполнив получающее желание, он почувствует себя счастливейшим человеком в мире, которому больше ничего не нужно.

---

395 См. Рамбам, «Мишне Тора», «Законы возвращения», 2:3.
396 Писания, Иов, 11:12.

А раз так, кто скажет человеку, что ему недостает потребности под названием «желание отдавать»? Ему в новинку услышать о том, что он нуждается в потребности. Иными словами, что некий «сосуд», зовущийся потребностью, будет теперь тем, чего ему недостает. Это значит: человеку недостает потребности, а наполнится он тем, что получит эту потребность. Следовательно, понятия сосуд и свет будут целиком относиться к ощущению недостатка.

Чтобы понять это, приведем сначала слова мудрецов о том, что молитва – суть «работа в сердце»[397]. Почему молитва называется «работой в сердце»? Разве она не произносится устами? Объясним: «молитва» – это потребность, когда человек хочет, чтобы его желание удовлетворили. Иными словами, он хочет ощутить недостаток, изъян в том, что не нуждается в желании отдачи и все его желания эгоистичны. **Но, как человек может потребовать того, в чем не испытывает ни малейшей нужды? Хотя он слышит, как ему говорят о том, что лишь этого ему недостает, – но если он этого не чувствует, что ему сделать, чтобы ощутить недостаток?**

Для этого мудрецы дали нам совет – «молитва», являющаяся «работой в сердце». Суть в следующем: человек устами произносит, что ему недостает желания отдачи, а сердце говорит, что ему нужно лишь удовлетворять все требования эгоизма, помышляя не о потребностях, а о наполнении. И потому человеку нужна большая работа с собственным сердцем, чтобы он захотел попросить о такой потребности, которая противостоит всему получающему желанию, составляющему саму суть творения. Иногда верх берет сердце, а иногда уста. Таким образом, его уста и сердце неравнозначны. И следует знать, что, в конечном счете, именно сердце господствует в человеке, а не уста.

А потому сказали мудрецы: человек должен работать со своим сердцем, чтобы оно согласилось просить о потребности, и чтобы Творец удовлетворил эту потребность. То есть здесь наполнение называется «потребностью». Когда мы говорим: «Творец

---

397   См. Трактат «Таанит», 2:1.

удовлетворит потребность человека», это значит, что **потребность – и есть наполнение**.

Отсюда понятно, что единственный способ обрести потребность в желании отдачи – это лишь молитва, представляющая собой средство, промежуточное звено между человеком и потребностью. Человек молит Творца дать ему потребность в том, в чем он испытывает нужды. Таким образом, сосуд под названием «потребность» – это недостаток ощущения, когда человек не чувствует нужды в этом. А молитва в том, чтобы Творец дал ему свет, являющийся наполнением его потребности. Следовательно, наполнение – это потребность. А значит, у человека нет иного средства, кроме молитвы к Творцу о том, чтобы Он дал ему потребность. Это и есть связующее звено между сосудом и светом.

Бааль Сулам сказал об этом от имени адмора из Пурсов, объясняя высказывание рабби Шимона: «В особенности должно Писание подстегивать там, где это связано с ущербом для кармана»[398]. «Карман» – это сосуд, в который кладут деньги. То есть «карман» – потребность, а «деньги» – наполнение потребности. Таким образом, если у человека нет «кармана», то есть потребности, это еще хуже, чем отсутствие наполнения. Ведь это означает, что он **«без сознания»**. Следовательно, когда человек не чувствует недостатка из-за того, что лишен сосуда, дающего желания, – он должен особенно подстегивать себя. Чем? Молитвой, являющейся средством, связующим звеном между сосудом и светом – иными словами, между нуждой в потребности и наполнением, означающим, что человек уже ощущает недостаток из-за того, что не может работать ради отдачи.

Теперь разъясним ответ рабби Йоси на вопрос рабби Аха. Почему сказано: «женщина, зачав, рождает мальчика»? Ведь это зависит от беременности, и следовало бы сказать: «женщина, зачав, беременеет мальчиком». А рабби Йоси ответил: женщина, с того дня, как зачала и забеременела, до того дня, когда рожает, ни о чем не говорит, кроме того, будет ли ее плод мальчиком. И мы спросили: чему учит нас то, что она говорит?

---

[398] См. Мидраш «Сифра» на кн. Ваикра, 6:2.

Из того, как мы разъяснили порядок духовной работы, следует, что слова о «зачавшей женщине» относятся к человеку, который хоронит себялюбие в земле, чтобы из него произросло мужское начало. Иными словами, чтобы заслужить желание отдачи. Таким образом, как только человек приступил к работе, намереваясь обрести желание отдачи – что называется, «зачавшая женщина», – сразу же с началом работы в этом направлении он начинает говорить: «Лишь бы мне родить мальчика».

При этом мы должны пройти процесс, чтобы проникнуться отвращением к эгоизму и ощутить степень кроющегося в нем зла. Это значит: мало того, что человек решает не идти больше привычным путем, желая измениться и выйти из рутины, – к тому же он должен сознавать степень того ущерба, который причиняет ему себялюбие. Ведь только если человек видит, что теряет, он может быть уверен, что не передумает на середине пути.

Это похоже на закон о прозелите, пожелавшем принять еврейство. «Сказали мудрецы: когда прозелит хочет принять еврейство, ему говорят: «Что ты увидел? Что побудило тебя к этому? Разве ты не знаешь, что в наше время евреи сокрушены, отвержены, гонимы, преследуемы и испытывают страдания (Раши объяснил: гонимы, унижены и подчинены, подобно перевернутому сосуду[399])?» Если он отвечает: «Я знаю, и я недостоин» – сразу принимают его»[400]. И сказано: «Так делается для того, чтобы потом он не сказал: "Если бы я знал, то не принял бы еврейство"»[401].

Когда человек хочет выйти из себялюбия и приступить к работе на отдачу, он как будто откладывает и оставляет всё, чем жил, – и вступает в ту область, где никогда не был. Поэтому он должен пройти через стадию «зарождения и беременности», пока не сможет обрести новые свойства, чуждые тому духу, который он получал от рождения и до сих пор. Всё, что человек получал от окружающих, с которыми рос и которые воспитывали его своими суждениями и помыслами, – всё базировалось на эгоизме.

---

399 Слова *подчинены* и *перевернутый* являются однокоренными.
400 Трактат «Йевамот», 47:1.
401 Яаков Бен-Ашер, «Арбаа Турим», «Йорэ Деа», 268:5.

Он всегда думал о том, как получить власть над другими, и когда видел возможность обрести эту власть, ему было ясно, что стоит приложить усилия, поскольку это принесет наслаждение его получающему желанию. А большинство поддерживало его в этом. Тем самым человек получал силы для своих стремлений от силы большинства – то есть видел, что все идут этим путем. И тело, само собой, знало, что стоит прилагать усилия, чтобы обрести возможность власти, или почести, или деньги. Всё было направлено в одну сторону, согласно желанию наполнить сосуд человека, которое и зовется себялюбием.

С другой стороны, сейчас, когда он хочет «принять еврейство», то есть выйти из себялюбия, – вместо того чтобы, как раньше, думать о власти над другими, ему говорят, что теперь он должен прилагать все возможные старания, чтобы властвовать над собой, а властвовать над другими запрещено. И если раньше он каждый день подсчитывал, сколько заработал за день, сколько вложил на счет эгоизма, то теперь ему говорят, что вместо этого он должен каждый день подсчитывать, сколько прибыли он заработал, чтобы внести ее на счет любви к ближним.

Отсюда разъясним то, что говорят прозелиту, желающему принять еврейство. Здесь имеется в виду человек, который до сих пор был вне отдачи, как сказано: «Смешались с народами и научились их делам»[402]. Как известно, Зоар говорит, что каждый человек, сам по себе – это маленький мир[403]. Это значит, что в каждого человека включены семьдесят народов мира. Они соответствуют семи свойствам, каждое из которых состоит из десяти, – и потому называются «семьюдесятью народами». И свойство «Исраэля» в человеке находится под властью «народов».

Человек хочет принять на себя бремя Высшего управления и выйти из изгнания, в котором он подчинен им. До сих пор он слушался их: когда они предъявляли ему требования, он был вынужден выполнять их волю и полагал, что так и должно быть. Однако у него пробудилась точка в сердце, и теперь, когда он

---

402   Писания, Псалмы, 106:35.
403   См. Книга Зоар с комментарием «Сулам», гл. «Берешит», ч. 1, п. 121.

хочет работать ради Творца, ему говорят: «До сих пор народы не унижали свойство Исраэля в тебе – а значит, ты еще не испытывал сопротивления со стороны тела. Но теперь, когда ты хочешь стать «Исраэлем», в то время как он еще не вышел из-под их власти, они будут очернять Исраэля в тебе и тело не позволит тебе работать ради отдачи. А потому подумай сперва, хочешь ли ты взять на себя столь большую работу».

Ну а потом и народы мира – то есть тело – покоряются. Однако пока человек не завершил свою работу, он обязан проходить стадию беременности. И потому человеку не сообщают о подлинном смысле отмены себялюбия – эти знания он должен получать понемногу, что и называется «месяцами беременности». Говоря иначе, хотя и сказано: «женщина, зачав, рождает мальчика», но правда кроется в словах рабби Аха – это не соответствует представлениям людей, будто сразу с зачатием, то есть, как только человек решает похоронить свой эгоизм, тотчас «рождается мальчик». Напротив, это зависит от беременности – то есть, хотя человек и согласился похоронить получающее желание, но еще не знает даже, в чем подлинный смысл отмены себялюбия.

Подлинное знание о сущности получающего желания человек не может уяснить в один прием, поскольку это осознание требует подготовки и адаптации, так чтобы человек был в силах отказаться от истинного, вечного наслаждения. Здесь не обойтись без упражнений, посредством которых человек приучает себя с каждым разом в условиях всё большего эгоизма. Иными словами, когда он приступает к работе на отдачу, тогда свыше ему каждый раз дают наслаждение, даже материального характера, чтобы он приучал себя к отказам от удовольствий и получал их только ради отдачи.

Отсюда понятны слова мудрецов: «Нечестивым злое начало кажется тонким волоском, а праведникам – высокой горой»[404]. Мы спросили: разве может реальность быть разной? Однако же поскольку человека хотят подготовить, чтобы он мог получать вечные наслаждения ради отдачи, постольку каждый раз ему

---

404 См. трактат «Сукка», 52:1.

дают больше наслаждений во всем. На этих упражнениях он учится тому, чтобы использовать свои сосуды получения, зовущиеся «получающим желанием», но все равно быть способным получать ради отдачи, а в противном случае отказываться от столь большого наслаждения.

Таким образом, человек обязан пройти через девять месяцев беременности. Благодаря этому он обретает с каждым разом силу, зовущуюся «желанием отдачи». И если видит нечто мешающее этому желанию, то способен отвергнуть помеху – что называется, «рождает мальчика». Рождает, после того как уже завершил процесс «беременности», а не по ходу работы.

Другое дело, когда, едва приступив к работе, человек сразу же хочет видеть обретенную силу отдачи, а иначе сердится и предъявляет претензии: «Я уже начал работать над зачатием – где же плоды, которые я должен обрести?» В ответ объясняет рабби Йоси, что женщина, с того дня, как забеременела, до того дня, когда рожает, ни о чем не говорит, кроме как о своем плоде – будет ли это мальчик. Смысл в том, что хотя она еще не родила, но у нее нет терпения, чтобы ждать, и она хочет родить сразу.

Трепет и радость
Статья 23, 1986

Сказано в Книге Зоар[405]: «Рабби Ицхак открыл речь: «Служите Творцу в трепете и радуйтесь в содрогании»[406]. А также сказано: «Служите Творцу в радости, предстаньте пред Ним с пением»[407]. Эти изречения противоречат друг другу. Однако же так мы учили: «Служите Творцу в трепете». Ведь в любом служении, которое человек желает произвести перед Творцом, вначале должен быть трепет. И благодаря этому трепету человек удостоится впоследствии в радости реализовывать принципы отдачи. Сказано об этом[408]: «Что Творец спрашивает с тебя? Лишь трепета пред Ним», благодаря которому человек удостоится всего».

Следует понять, что такое трепет. Ведь мы видим, что трепет и радость – это две противоположности. Как же может быть, чтобы трепет был причиной радости, как сказано: «Благодаря трепету перед Творцом человек удостоится впоследствии в радости реализовывать принципы отдачи»? Разве они не противоречат друг другу?

А также следует понять, для чего хочет Творец, чтобы перед Ним трепетали. Что Ему это дает? По аналогии, это как если человек войдет в курятник и скажет курам: «Если вы согласитесь трепетать передо мной, я дам вам еду и питье. Всё, чего пожелаете, я дам вам за трепет передо мной». Неужели человеку важно, чтобы куры проявляли к нему уважение?

И тем более, в контексте отношения творений к Творцу: о какой ценности и важности может идти речь, чтобы Творец нуждался в их трепете перед Ним? Да еще настолько, чтобы мудрецы

---

405 Книга Зоар с комментарием «Сулам», гл. «Ахарей мот», п. 2.
406 Писания, Псалмы, 2:11.
407 Писания, Псалмы, 100:2.
408 См. Тора, Дварим, 10:12.

сказали: человеку не нужно заниматься ничем, кроме трепета, как сказано: «Что Творец спрашивает с тебя? Лишь трепета». А также сказано[409]: «Творец сделал так, чтобы пред Ним трепетали». То есть всё, что сделал Творец, Он сделал с тем, чтобы перед Ним трепетали.

Чтобы понять вышесказанное, нужно помнить о цели творения: для чего Творец его создал. Как известно, причина кроется в Его желании доставить благо Своим созданиям. Однако же, чтобы проявить совершенство Своих действий – иными словами, чтобы не было чувства стыда, – Он произвел исправление под названием «сокращение и скрытие», и пока у человека нет сосудов отдачи, творения не могут видеть и ощущать реальность Творца, то есть распознавать Его.

Таким образом, хотя мы произносим каждый день в молитве: «Полна вся земля славы Его»[410], – все равно мы не чувствуем этого, но должны верить выше знания, что это так. Причина в том, что хотя свет абсолютно неизменен, по принципу: «в духовном не бывает исчезновения», – тем не менее, в сосудах есть изменения, и именно сосуды ограничивают свет. Ведь в сосудах различается величина изобилия, на которое они реагируют. И если у человека нет сосудов, которые могут стать облачением для света, тогда никакого света не ощущается в реальности, согласно принципу: «нет света без сосуда». Таким образом, мы должны знать одно: говорить можно о том, что постигается нами в нашем ощущении.

Объясняя сокращение, Бааль Сулам привел в пример человека, который укрывается, чтобы его никто не увидел. Разве можно сказать, что человек, укрывшийся, чтобы другие его не видели, из-за этого не видит сам себя? Так же и Творец сделал сокращение и скрытие, чтобы низшие не видели Его, когда они погружены в себялюбие – в получение ради получения, вызывающее различие свойств между Дающим, Творцом, и получающими, творениями.

---

409 Писания, Коэлет, 3:14.
410 Пророки, Йешаяу, 6:3.

И поскольку получение несвойственно нашему корню, Творцу, постольку, когда человек получает, вследствие этого он испытывает дискомфорт – что называется «хлебом стыда». Поэтому для низших было произведено исправление, и сокращение относится именно к ним. Говоря иначе, низшим нужно сокращение и скрытие, поскольку именно благодаря этому исправлению у них появляется возможность исправить получение, так чтобы оно было ради отдачи. А со стороны Высшего никаких изменений нет – все изменения происходят лишь в рамках подготовки наших сосудов, в мере того, насколько они способны получать ради отдачи.

Соответственно, поскольку благо и наслаждение не светит в месте разлуки, человек не в силах заслужить полной веры, пока не исправит свое получающее желание. Сказано об этом[411]: «Закон таков, что творение не может получать от Творца зло в явном виде. Ведь это нанесет ущерб славе Творца, поскольку творение воспримет Его как действующего во зло. А такое не подобает совершенному Действующему».

Отсюда мы видим необходимость исправления отдачей. Ведь в противном случае, мало того, что мы не можем получить приготовленное для нас благо и наслаждение, к тому же здесь кроется аспект, отдаляющий нас от веры в Творца, – и это хуже всего.

Теперь можно понять, что такое трепет. Мы спросили: разве Творцу нужно, чтобы мы трепетали перед Ним? Согласно приведенным выше объяснениям, трепет означает следующее. Как сказано в комментарии «Сулам», человек трепещет: что если он не сможет преодолеть себялюбие и получить ради отдачи, как до́лжно – а вместо этого получит ради получения. И дело не обязательно в том, что это отдалит его от блага и наслаждения, которое он не сможет получить, – человек трепещет, как бы не отступиться от веры в Творца. Ведь тем самым он может реально угодить во власть эгоизма.

Вот в чем смысл слов: «Творец сделал так, чтобы пред Ним трепетали». Благодаря этому трепету произрастет большое исправление в двух аспектах:

---

[411] Предисловие Книги Зоар с комментарием «Сулам», п. 138.

1. У творений появится вера в Творца.
2. Они смогут получить благо и наслаждение, которое Творец желает им дать.

Таким образом, Творец желает трепета пред Ним, для того чтобы у нас были сосуды, способные получить благо и наслаждение. Благодаря этому у нас будет вера в Него. Сказано об этом в комментарии «Сулам»[412]: трепет – это защита, чтобы мы не отдалились от веры в Творца.

Отсюда понятны слова: «Что Творец спрашивает с тебя? Лишь трепета». Это означает, что Он желает дать нам всё благо, а задерживает дело отличие свойств – ведь свет не может облачиться в сосуды получения. И потому, когда человек трепещет и остерегается, так чтобы его намерение всегда было ради отдачи, тогда Творец может совершать ему отдачу полностью, без всякого дискомфорта под названием «хлеб стыда».

Тем самым становится понятен ответ на заданный нами вопрос: как трепет может быть причиной радости? Исходя из вышесказанного, это просто: благодаря трепету, когда человек проявляет осторожность, чтобы всегда использовать сосуды отдачи, тогда Творец уже может дать ему благо и наслаждение. Ведь у человека есть сосуды отдачи. И тогда, конечно же, у него будет радость от изобилия, полученного им ради отдачи. Таким образом, трепет приводит к радости. Если же у человека нет трепета, он далек от всего.

---

412 См. там же.

Отличие подаяния от подарка
Статья 24, 1986

Сказано: «Ненавидящий подарки жив будет»[413]. Выходит, нельзя получать подарки – иначе это приводит к тому, что противоположно жизни? В таком случае, как же люди получают подарки друг от друга?

А также возникает вопрос в связи со словами Творца к Моше: «Добрый подарок есть в Моей сокровищнице. Имя ему – Суббота, и Я желаю дать ее Исраэлю. Иди же и сообщи им»[414].

Мы видим, как принято в мире: человек может попросить у другого подаяние. Но мы никогда не видим, чтобы человек просил у другого подарок. Например, иногда перед праздником Песах, когда человек должен подготовить для себя пасхальные атрибуты, он идет к сборщику подаяний или к какому-нибудь богачу и просит помощи в покупке праздничных товаров, объясняя стесненное положение, в котором он находится. И получает желаемое.

Однако мы еще не видели, чтобы кто-то зашел к другому и попросил у него подарка. Например, в преддверии Песаха жена просит мужа купить ей кольцо с бриллиантом стоимостью, по меньшей мере, в 200 долларов. Он рассказывает об этом приятелю. А поскольку положение его сейчас стесненное и он не имеет возможности купить приглянувшееся жене кольцо, он хочет, чтобы приятель дал ему деньги в подарок на покупку жене кольца к Песаху.

---

413 Писания, Мишлэй, 15:27.
414 Трактат «Бейца», 16:1.

А также мы не слышали, чтобы в каком-нибудь городе был сборщик подарков наравне со сборщиком подаяний. Напротив, в мире заведено так, что подарки дарят, а не просят. Если кто-то любит другого, у него возникает желание сделать ему приятное, и по этой причине он дарит ему подарок. Но не бывает так, чтобы подарки просили, и чтобы в городе было особое место, где выдают подарки.

Однако же следует понять, почему на самом деле мы не просим подарков, но просим подаяний. В каждом городе организована помощь всем тем, кто в ней нуждается, – чтобы у них были средства к существованию. А сегодня это организовано в каждой стране через ведомство, которое помогает нуждающимся и заботится о них.

Причина очень проста: есть различие между насущным и излишним. Насущное – это то, что человеку необходимо получить для существования. В противном случае, не получив требующуюся помощь, он не проживёт. Сказали об этом мудрецы[415]: «Каждый, кто поддерживает одну душу из Исраэля, как будто поддерживает целый мир». Имеется в виду именно насущное, без чего невозможно существовать. Этим человек не может поступиться, не попросив о помощи, – ведь «всё, что есть у человека, он отдаст за свою душу»[416].

Как следствие, человек не стесняется просить подаяния – ведь речь идет об угрозе для жизни в той или иной степени. А другой – дающий – тоже понимает, что стоит дать человеку то, что он просит. Чем выше угроза для жизни, тем громче требование получающего и тем глубже дающий вникает в его ситуацию. И наоборот, чем ниже угроза для жизни, тем прохладнее дающий относится к ситуации получающего. Но, так или иначе, всё определяется насущными нуждами.

Иначе обстоит дело с излишествами: желающий излишков стесняется просить их. Также и дающий не прислушивается к тому, кто просит лишнего.

---

415   См. трактат «Санэдрин», 37:1.
416   См. Писания, Иов, 2:4.

Отсюда следует проводить различие между подаянием и подарком. В случае подаяния ответ приходит на требование получающего. Иными словами, если получающий просит, тогда ему дают подаяние. Таким образом, подаяние обусловлено побуждением низшего, когда он испытывает недостаток. Видя, что не может прожить без помощи дающего, получающий не стесняется, а идет и принижает себя перед дающим – так как у него нет иного выхода.

С другой стороны, подарок целиком исходит от дающего. Говоря иначе, если дающий испытывает побуждение к действию, чтобы проявить любовь перед тем, кого он любит, тогда он посылает ему подарок. Таким образом, **подарок обусловлен побуждением высшего, дающего, тогда как подаяние обусловлено побуждением получающего**, который должен обратиться к дающему и дать ему понять необходимость требуемого им подаяния. Чем лучше получающий дает понять необходимость в помощи и чем лучше дает понять, что это чрезвычайно насущное дело, тем больше из запрошенного он получает от дающего.

Главная же причина, как мы изучаем, состоит в том, что, когда нам приходится использовать что-либо, чего нет в корне, мы испытываем неудобство. Сказано об этом[417]: «Природа каждой ветви сообразна ее корню. Поэтому всё, что присуще корню, желанно и его ветви – она любит это и жаждет этого. А всего, что не свойственно корню, ветвь тоже избегает – она не выносит этого и ненавидит это».

Поскольку нашему корню не присуще получение, постольку, когда человеку приходится быть получающим, он испытывает стыд – неудобство, вызванное тем, что нашему корню такое не свойственно. В результате, когда человек нуждается в чьей-то насущной помощи, мы говорим: «Ничего не поделаешь, нельзя поступиться жизненно необходимым».

Однако жизненная необходимость подразумевает множество аспектов. В случае насущной нужды мы пересиливаем стыд и

---

[417] Бааль Сулам, «Учение о дести сфирот», часть 1, «Внутреннее созерцание», гл. 4, п. 19.

просим о помощи, но понятие насущного не для всех одинаково – напротив, у каждого своя мерка. Иными словами, что для одного является излишним, то для другого может быть насущным.

А потому трудно определить границу между тем, что называется «излишним», и тем, что называется «насущным». Допустим, человек может прожить без того, чего он хочет, и это излишество, а если прожить без этого нельзя, то насущность. Однако и это не может служить стопроцентным критерием.

Пример мудрецов[418]: «Пришел один человек к рабби Нехемии. Тот спросил: "Что ты обычно ешь?" Человек ответил: «Жирное мясо и выдержанное вино». «Хочешь поесть со мной чечевицы?» – спросил рабби Нехемия. Он накормил человека чечевицей, и тот умер». Отсюда мы видим: хотя жирное мясо и выдержанное вино, по общему мнению, конечно же, являются излишествами, все равно для этого человека они были насущной необходимостью – до такой степени, что из-за этого он умер.

А также сказано[419]: «"По мере его нужды, в чем испытает недостаток"[420]. Сказали мудрецы: "по мере его нужды" – значит, следует содержать человека, но не следует его обогащать. "В чем испытает недостаток" – даже если это конь для езды и раб, чтобы бежал перед ним. Рассказывают, что старец Гилель купил обедневшему отпрыску из хорошей семьи коня для езды и раба, чтобы бежал перед ним. Однажды он не нашел раба, чтобы бежал перед ним, и сам бежал три мили[421]».

Отсюда мы видим: согласно объяснению мудрецов на слова «в чем испытает недостаток», даже конь для езды и бегущий впереди раб – всё входит в рамки недостающего, а не излишнего. Ведь здесь речь идет о принятом Гилелем бедняке из хорошей семьи. А то, что дают бедняку, конечно же, называется «подаянием», то есть насущной необходимостью. Следовательно, даже

---

418 Трактат «Ктубот», 67:2.

419 Там же.

420 Тора, Дварим, 15:8. «Открой ему руку свою и дай ему взаймы по мере его нужды, в чем испытает недостаток».

421 Миля в Древнем Риме – тысяча двойных шагов (1479 м).

ездовой конь и бегущий впереди раб представляют «насущную необходимость». А значит, мы не можем установить предел, на котором заканчивается «насущное» и начинается «излишнее».

Таким образом, в качестве подаяния бедняк может просить то, что для других является «излишеством». Иными словами, как мы уже сказали, бедняк просит подаяния, не испытывая особого стыда, поскольку для него это подаяние насущно необходимо.

Однако нам не следует проводить различие между подаянием и подарком, представляющим «излишество», – ведь это зависит от характера человека. У каждого свои мерки, определяющие, что такое «насущное» и что такое «излишнее». То, без чего можно прожить и чего бедняк не осмелится просить у другого, относится к разряду подарков и достается ему только благодаря побуждению дающего.

Но кто тогда может постановить, относится ли то, что человек просит у другого, к разряду подаяний или подарков? Только Творец знает меру человека – ту, до которой простирается «насущное» и с которой начинается «излишнее».

А теперь поговорим о тех же понятиях в контексте духовной работы. Во время молитвы, когда человек просит Творца помочь ему в работе, надо различать, просит ли он подаяния, то есть насущно необходимого, без чего, говорит он Творцу, его жизнь бессмысленна. Иными словами, человек чувствует себя нагим и лишенным всего: и методики, и принципов ее реализации. Он чувствует, что в нем нет ни искры истины и что все его дела базируются на лицемерии и лжи. Говоря иначе, весь фундамент, на котором он выстраивает свою духовную работу, – суть себялюбие.

Человек чувствует, что с каждым днем отступает назад. Вместо того чтобы продвигаться, он видит обратное: раньше, приступая к духовной работе, он придавал больше важности ей и методике и по этой причине взял ее на себя – так как сознавал, что ему стоит отложить суету этого мира, приобщаясь к Торе и ее принципам. Ведь это сулило ему счастье и смысл в жизни – так что воодушевление его было велико.

Теперь же человек не понимает, откуда он брал силы. Иными словами, теперь если бы кто-то сказал ему: «Оставь всё, отложи суету этого мира и приступи к духовной работе» – в своем нынешнем состоянии он, конечно же, не смог бы прислушаться ни умом, ни сердцем.

Человеку приходится признаться себе, что раньше у него была вера и уверенность, а теперь он далек от всего этого. Раньше всё время, посвященное духовной работе, было призвано приблизить его к истине – к слиянию с Творцом, – и он стремился к этому. Но теперь он откатился на десять ступеней – то есть теперь ему недостает воодушевления от каббалистической методики и осознания ее важности.

И тем более, молитва – у человека нет стремления к ней, поскольку тело говорит ему: «Что она тебе даст? Ведь ты сам видишь, что чем больше хочешь отдать работе, тем ниже опускаешься. И зачем тебе эта работа?» Как же человек может прилагать усилия, видя, что невозможно продвинуться ни шагу вперед?

Поскольку покой доставляет удовольствие, человек способен поступиться им только тогда, когда знает, что получит еще большее удовольствие или что-то более нужное. В таком случае у него есть причина, чтобы отказаться от покоя, – но не просто так, без всякой оплаты. Поэтому, когда человек видит, что вложенные усилия не дали ему ничего из того, что он рассчитывал обрести, – как следствие, он теряет теперь способность к работе и остается без сил.

Глядя на себя, человек представляет, что кто-то сказал бы ему раньше: «Знай, что спустя время – месяцы или годы – ты придешь в отчаяние и не достигнешь никакого продвижения, а наоборот, **с каждым годом будешь опускаться всё ниже по сравнению с тем, что чувствуешь сегодня.** Сейчас ты низок и, как следствие, хочешь приступить к истинной работе, чтобы достичь истинной цели, ради которой создан. Поэтому я говорю тебе: жаль твоих стараний. Я знаю многих людей, которые думали так же, как ты, что достаточно лишь приложить немного усилий, и сразу увидишь плоды – какое-то продвижение в истинной работе».

На это человек ответил бы: «Ты относишься к лазутчикам, которые злословили на землю Исраэля», – в точности как объясняет Книга Зоар[422]: «"И возвратились они, изведав землю"[423]. "Возвратились" – значит вернулись на сторону зла, отойдя от пути истины. То есть сказали: "Что же мы получили? Доныне мы не видели ничего хорошего в мире, трудились над Торой, а дом пуст. Кто же удостоится грядущего мира, и кто сможет войти в него? Не стоило нам так усердствовать". И рассказали Моше, говоря: "Ведь мы старались и учились для того, чтобы познать удел того мира, как ты посоветовал нам. Пускай даже "течет она молоком и медом"[424] – хорош он, высший мир, как мы знаем из Торы, – но кто же может удостоиться ее (этой земли)?"»

То есть теперь, проработав какое-то время, человек говорит, что если бы эти мысли пришли к нему в начале работы, когда он счел своим долгом выйти из обычного состояния, привитого воспитанием, и находиться среди подлинных служителей Творца, – он сказал бы об этих мыслях: «Вы посланы лазутчиками и приходите ко мне, чтобы помешать вступить в землю Исраэля – в духовную работу». И он бы не прислушался к их голосу. Однако теперь человек видит, что сам проникнут этими претензиями и они выглядят уже не доводами лазутчиков, а его собственными доводами. Иными словами, он чувствует, что все его ощущения истинны.

Здесь, как мы уже сказали, возникает вопрос: в чем истина? Был ли человек вначале на более высокой ступени, чем сейчас, спустя несколько лет работы и усилий? И если да, что можно сказать о такой ситуации, когда вся его работа оказалась тщетной? Причем не просто тщетной. Ведь тщета означает, что человек ничего не заработал и находится в том же состоянии, как и до начала духовной работы на отдачу. Однако же здесь дело обстоит не так – напротив, он понес урон и опустился ниже прежнего состояния. Иными словами, ему недостает осознания важности и воодушевления в отношении каббалистической методики и ее принципов,

---

[422] См. Книга Зоар с комментарием «Сулам», гл. «Шлах», пп. 63.

[423] Тора, Бемидбар, 13:25.

[424] Тора, Шмот, 3:8.

недостает энергии и уверенности, которые были у него прежде. Сегодня, глядя на себя, он видит, что его ничто не волнует. Таким образом, на первый взгляд, человек должен признать, что он опустился ниже прежнего состояния времен начала работы.

Но в действительности это не так. Ведь согласно принципу «нет света без сосуда», Творец не удовлетворяет нужды низшего, если у того нет настоящей потребности. А «потребность» необязательно означает, что ему чего-то недостает, то есть что он чего-то лишен.

В пример этому я привел президентские выборы[425]: было два кандидата на президентскую должность, и было несколько активистов, которые работали на выборах. Каждый из них хотел, чтобы в президенты был избран его человек. В итоге кого-то избрали. Теперь произведем разбор неудовлетворенных желаний среди тех, кто не стал президентом. Ведь в конечном счете, президент один, а у всех остальных граждан имеется недостача, поскольку следует признать, что они не президенты. Но, тем не менее, в этой недостаче следует различать степень боли, которую люди испытывают из-за того, что они не президенты.

Простые граждане, хотя и не являются президентами, не чувствуют в этом никакого недостатка. Те, кто продвигал своего кандидата, который не был избран, испытывают страдания от этого недостатка – от того, что президентом стал не тот, на кого они работали. Однако же подлинные страдания испытывает как раз тот человек, который рассчитывал, что его сделают президентом, и вкладывал силы ради победы на выборах, чтобы граждане избрали именно его, – а в итоге был избран его соперник. Этот человек испытывает настоящие страдания, и можно сказать, что у него была настоящая потребность стать президентом, – поскольку он вложил в это силы. И сколько сил было им вложено, такова мера страданий, которые он испытывает.

Отсюда следует, что хотя в начале духовной работы у человека была энергия, уверенность и осознание большой важности методики и молитвы, поскольку тогда духовное влекло его и он

---

425 См. статью №6, «Уверенность», за 1986 год.

чувствовал, что важно служить Творцу, – но это еще не называется «потребностью» в слиянии с Творцом, которую Он удовлетворит. Ведь человек еще не испытывал недостаток и боль от того, что не слит с Творцом, **поскольку еще не вложил в это силы**, так как в то время только приступал к работе.

С другой стороны, спустя долгое время, когда человек вложил силы и не видит удовлетворения своей потребности, тогда в нем проявляется боль и страдания. Ведь он приложил силы и не видит никакого продвижения в своей работе. И тогда одна за другой к человеку приходят мысли: порой в нем вспыхивает отчаяние, порой он укрепляется, а затем снова видит, что упал из своего состояния, – и так неоднократно, пока в нем не накопится настоящая потребность, достигнутая благодаря усилиям в подъемах и падениях. Эти подъемы и падения раз за разом оставляют в человеке чувство боли из-за того, что он еще не достиг слияния с Творцом. И когда чаша усилий наполняется целиком – что называется «сосудом», – тогда к человеку приходит наполнение от Творца, поскольку теперь у него есть «настоящий сосуд».

Таким образом, когда человек видит, что теперь, спустя несколько лет работы, он откатился назад, это производится намеренно, чтобы он испытал боль от того, что лишен слияния с Творцом. А значит, каждый раз человек обязан видеть, как еще и еще приближается к созданию сосуда, зовущегося «настоящей потребностью». **А малая или большая величина этой потребности определяется мерой страданий, которые он испытывает от того, что лишен наполнения, называющегося здесь «слиянием с Творцом»**, – когда всё, чего человек хочет, это доставить удовольствие Творцу. Пока потребность эта не станет полноценной, не может прийти полноценное наполнение. Между тем, известно, что свыше всегда приходит полная мера. Следовательно, ощущение недостатка тоже должно обрести полноту, так чтобы человек ощутил боль и потребность от того, что у него ничего нет. Иными словами, чтобы почувствовал, что у него нет ни методики, ни работы, ни трепета перед Творцом.

Хотя на практике человек реализует принципы отдачи, изучает каббалу, встает в предутренние часы и строго соблюдает даже легкие требования, так что если бы другие люди действовали как он, они считали бы свою работу безукоризненной, однако он чувствует себя абсолютно опустошенным. Ведь он хочет достичь слияния с Творцом, а для этого человеку нужен единый помысел, чтобы все его дела были ради отдачи, – тогда как он видит, что далек от этого.

И тогда он говорит себе: «Что я заработал, изучая каббалистическую методику? Весь мой расчет строился на том, что благодаря этому я достигну слияния с Творцом. Но я не вижу, что хотя бы немного приблизился к этому. Дело обстоит буквально наоборот». В таком случае этот **человек просит не излишнего, а просто насущного,** чтобы ему было чем духовно поддержать себя, не погрязнув в себялюбии. Тем самым человек чувствует, насколько же он лишен духовного.

С другой стороны, у остальных людей нет этого ощущения – что они далеки от духовного. Напротив, мы видим, что если верующие люди могут должным образом молиться каждый день, то чувствуют себя совершенными. А те, кто после рабочего дня еще и учится, уж точно чувствуют себя безупречными и не предъявляют Творцу никаких требований о помощи, чтобы у них были силы идти Его путем. Молятся же они о том, чтобы Творец и дальше помогал им поддерживать заведенный распорядок. Тем самым они уже удовлетворены жизнью.

И тем более, те, для кого изучение Торы является основным занятием, – разумеется, они чувствуют себя совершенными и постоянно славят Творца за то, что дал им разум и желание, дабы не разделять удел праздных[426]. Хотя они и молят Творца помочь им с понятием «лишма», о котором они слышали, но это считается у них излишеством. Ведь основные предписания Торы они выполняют, хоть и недостает работы в намерении лишма. Это верно, что надо действовать с намерением лишма, но это относится к особенным людям. Поэтому даже когда они молят Творца, чтобы удостоил их изучать Тору с намерением лишма, это для них излишество, а не насущная необходимость. Они, слава Богу, чувствуют

---

426 См. трактат «Брахот», 28:2. «Благодарю Тебя, Творец, за то, что назначил мне удел среди обучающихся и не назначил мне удел среди праздных».

себя избранными из народа: прочие погружены в суету, а для них Тора – дело жизни[427].

Отсюда следует то же самое: когда два человека просят о чем-то Творца, сравнивать их следует не по самой молитве, а по ее **причине**. Один хочет этого потому, что желает излишнего – а значит, просит подарка. Однако подарок просить невежливо, и потому его просьбу не могут удовлетворить. Ведь подарков не просят, они исходят только от дающего, когда он испытывает побуждение дать подарок получающему. В результате низший полон возмущения: почему Творец не слышит его молитву. Каждый день он молит о подарках – а его не слышат. Как следствие, он утверждает даже, что Высший неправ.

Однако же Высший утверждает, что неправ низший, поскольку плачет о том, чтобы ему давали подарки. Ведь то, что он считает недостающим, – для него лишь излишества. Поэтому, если он исправит себя и увидит истину, иными словами, если потребует насущного, то есть подаяния, то подаяние действительно дают в ответ на побуждение низшего. Так принято: когда бедняк просит, чем более насущна его просьба, тем охотнее она принимается.

Это и разъясняется выше: мясо и вино могут быть излишествами для любого, но для человека, пришедшего к рабби Нехемии, они были насущной необходимостью. В доказательство этому, когда он дал гостю блюдо из чечевицы, тот умер.

Отсюда понятно, почему, приложив большие усилия, чтобы достичь слияния с Творцом, в итоге человек видит, что стал хуже, чем до того, как приступил к духовной работе по самоисправлению. Произведенные им исправления как будто оказались тщетными и, вместо пользы, вызвали обратный эффект.

Ответ в том, что **на самом деле человек прошел далеко вперед, однако ему следует проводить различие между продвижением к свету и продвижением к сосуду**. По природе своей, человек ценит продвижение к свету, поскольку стремится только к нему. Как следствие, то, что человеку не светит, совершенно

---

427 *Букв.* «Тора как ремесло» – понятие, берущее начало из трактата «Шаббат», 11:1.

его не интересует. Ведь если у него будет большая потребность – что она ему даст? Есть правило: человек стремится к тому, что несет ему удовольствие. Поэтому, желая узнать, продвинулся ли он вперед, человек судит по тому, насколько он близок к свету.

Однако правда в том, что «нет света без сосуда». А значит, сначала человек должен продвигаться к сосуду. Иными словами, здесь имеет место **продвижение в растущей потребности**. В начале работы потребность эта не была раскрыта ему – напротив, он стремился к свету, хотя и тогда испытывал недостачу, поскольку был лишен света.

Это похоже на то, что свойственно людям в жизни. Допустим, человек потерял некую важную вещь, эквивалентную для него заработку за час дневной работы. Например, он зарабатывает восемь долларов в день – и меньше, чем за доллар в час, работать не будет, поскольку отдых для него важнее. Но если он потерял вещь стоимостью в доллар, то может искать ее два часа, пока не найдет. Возникает вопрос: почему в этом случае он работает за полдоллара в час?

Ответ в том, что есть различие между «стимулом к прибыли» и «утратой имеющегося». Когда человек теряет то, что у него было, – ему важна даже малая вещь. Ведь она уже побывала в его владении и потерялась. Другое дело то, чего он не обрел: в этом случае стоит трудиться как раз ради чего-то большого, а иначе человеку важнее отдых.

Так же и у нас: когда у человека было желание достичь слияния с Творцом, эта потребность называется «стимулом к прибыли». Иными словами, человек испытывает недостаток: что если он не получит прибыль? И потому он приступает к работе. Но это еще не настоящая потребность, заслуживающая того, чтобы в нее облачилось высшее изобилие.

С другой стороны, если человек уже вложил несколько лет работы, это похоже на «утрату имеющегося». Говоря иначе, он потерял несколько лет стараний – и ничего не заработал. Такая недостача уже является настоящей потребностью, поскольку она вызывает у человека боль и страдания.

Отсюда мы видим: вкладывая большие старания и рассчитывая на то, что Творец сейчас поможет ему и он обретет слияние с Ним, человек продвигается с растущей потребностью в этом слиянии – ведь он приложил много усилий. А потому, вкладывая силы, человек, наоборот, сразу же видит, что тело, вообще, противится понятию отдачи.

Тогда он начинает сознавать, что ему нужна помощь Творца. И тогда он уже не просит лишнего, а хочет быть простым человеком, который верит в Творца, зовущегося «Добрым и Творящим добро». Он хочет восславить Творца и сказать Ему: «Благословен Тот, по чьему слову возник мир»[428] – как можно проще, без каких-либо высоких постижений и намерений, без всяких затей превознести Творца и воздать Ему благодарность за то, что создал его.

Теперь человек видит, что лишен той страсти к духовной работе, которую испытывал, прежде чем приступить к ней. И происходит это по двум причинам, которые – суть одна.

Причина, по которой человек принял на себя бремя духовной работы, строилась на сосудах получения. В то время тело стремилось получить благо и наслаждение, чувствуя, что духовное позволит больше наслаждаться жизнью. Иными словами, эгоистическому желанию будет что получить – ведь материальные удовольствия не доставляли ему удовлетворения в жизни.

Теперь же, когда человек приступил к работе на отдачу, его тело противится ей. Ведь тело согласно прилагать усилия в том случае, когда может получить выгоду. Но сейчас человек говорит ему: «Реализовывай принципы отдачи, и благодаря этому, посредством особого свойства, которое в них кроется, я смогу не давать тебе никакого удовольствия и вознаграждения за работу». Таким образом, тело слышит, что останется без оплаты для себя, и напротив, в награду человек обретет силы, чтобы не давать ему никакого вознаграждения за работу. По этой причине у человека и нет теперь тех сил, какие были до начала работы на отдачу. В то время тело ожидало наслаждений бо́льших, чем оно получало в материальном, и потому для этого у человека было горючее и не

---

428 Молитва Шахарит.

было никаких препятствий со стороны тела – ведь оно ожидало, что эгоизм заработает сейчас больше удовольствий.

Однако следует знать, что для тела нет другого языка, благодаря которому оно захотело бы вести духовную работу. Сказали об этом мудрецы: «Пускай всегда будет выполнять человек принципы Торы в эгоистическом намерении ло-лишма, и от него придет к альтруистическому намерению лишма»[429]. Таким образом, начало духовной работы человека было абсолютно верным. Необходимо пообещать телу, что его получающее желание не понесет урона, – напротив, благодаря реализации принципов отдачи у этого желания будет настоящее удовлетворение жизнью, и оно как раз почувствует себя счастливейшим из всех в мире.

С другой стороны, после того как человек приступил к духовной работе и начал сознавать, что главное – достичь слияния с Творцом, так чтобы всё делать ради отдачи, тогда тело начинает противиться этой работе. Однако же есть большая польза от этого сопротивления тела: тем самым у человека появляется большая потребность. Иными словами, он испытывает страдания из-за того, что далек от слияния с Творцом. И тогда, чем больше человек сожалеет, тем сильнее нуждается в помощи Творца. Ведь тогда он видит, что своими силами неспособен выйти из себялюбия, но только сам Творец может помочь ему. **И дело тут не в понимании, а в ощущении.** Сказано об этом[430]: «Если Творец не созидает дом, напрасно трудятся его строители».

Следовательно, человек должен верить, что все повороты, приведшие его к текущему состоянию, были нужны для того, чтобы он смог поднять настоящую молитву из глубины сердца. Однако злое начало, по своему обыкновению, несет человеку противоположные суждения. У человека сейчас есть возможность попросить Творца всем сердцем и всей душой. Иными словами, все его помыслы и чувства приходят к решению о том, что только Творец может ему помочь, поскольку сейчас он способен поднять истинную молитву. Но вместо этого злое начало приводит его в

---

429   Трактат «Псахим, 50:2.
430   Писания, Псалмы, 127:1.

отчаяние доводами лазутчиков. Можно сказать об этом: «Прямы пути Творца, праведники пройдут по ним, а преступники оступятся на них»[431]

Отсюда понятен ответ на наш вопрос о словах: «Ненавидящий подарки жив будет». Это не значит, что человек не получит подарков. Однако же он ненавидит подарки, так как хочет работать ради отдачи и потому ненавидит быть получающим. И все же он получает подарки, поскольку таково желание Творца, – что называется: «получает ради отдачи». Ведь человек не побуждает Творца давать ему излишнее, но просит у Него насущного. И неважно, если для другого это является излишеством, поскольку каждый работает согласно своему ощущению, вне всякой зависимости от того, что есть у других. И если потом Творец дает человеку подарок, он получает его ради отдачи.

Таким образом, если человек просит Творца, чтобы Он дал ему сосуды отдачи, дело здесь зависит от натуры человека. Можно сказать, что для одного это «излишнее», а для другого – «насущное».

---

431 Пророки, Ошэйа, 14:10.

Мера выполнения принципов отдачи
Статья 25, 1986

Нам дана возможность выполнять 613 принципов отдачи в действии – пускай даже без намерения. Если человек настраивается лишь на то, что выполняет сейчас один из принципов, заповеданных нам Творцом, этого достаточно, и не надо думать ни о каком намерении, но просто действовать, – этим он уже выполняет то, что на него возложено.

Однако, разумеется, выполнять все принципы отдачи надо согласно условиям, заложенным в каждом из них. Иначе принцип будет выполнен не полностью, что означает недостаток в действии.

Кроме того, практическое выполнение сопряжено с «украшением»[432], как сказали мудрецы о строфе: «Он Творец мой, и прославлю Его»[433]. К тому же следует точно соблюдать множество деталей.

Это относится к практическому выполнению всех принципов, будь то принципы Торы, постановления мудрецов или действия, выполняемые в силу обычаев, как сказали мудрецы: «обычаи Исраэля – это Тора», «обычаи наших праотцев – это Тора»[434].

Согласно мере точного выполнения – насколько мы должны быть осторожны в этом – нам дано правило не есть квасное в Песах. Это пример того, как надо проявлять точность. А на Песах она дана потому, что квасное символизирует злое начало. Как следствие, нам предписано множество ограничений и уточнений – в

---

432 «Украшение» заповедей означает их практическое выполнение на более высоком уровне, с красотой, великолепием.

433 Тора, Шмот, 15:2.

434 См. Дополнения (Тосафо́т) к трактату «Минхот», 20:2.

пример тому, как осторожно надо действовать, чтобы не дойти до настоящего нарушения. Поэтому и даны нам уточнения – чтобы с их помощью мы отстранялись от нарушения как такового, а также выполняли принцип как таковой.

Однако же Бааль Шем Тов сказал: «Не будьте слишком пунктуальны». Иными словами, человек не должен посвящать всё свое чувство и всё время тонкостям. Насколько это возможно, он должен выполнять заповеди во всех деталях и уточнениях, но не преувеличивая. И, может быть, поэтому не каждой раз мы остерегаемся в строгости и точности исполнения так, как на Песах. Ведь, совершая действие, мы должны уделять свои силы также намерению, – иначе на намерение у нас не останется времени.

Таким образом, мы должны думать и о намерении. Сказано об этом: «Я создал злое начало и создал Тору как приправу»[435]. Следовательно, мы должны уделять время и усилия также намерению – иными словами, проверять, насколько злое начало исправляется посредством Торы и ее принципов. То есть человек должен подвергать анализу свое желание, зовущееся «желанием получать»: отступился ли он уже в какой-то мере, чтобы не использовать это желание и отдалиться от него, и насколько он вступил в работу на отдачу. Иными словами, человек должен каждый раз проверять себя, чтобы знать с абсолютной ясностью степень ненависти, которую он приобрел к своим сосудам получения, и стремиться к сосудам отдачи.

Соответственно, когда человек обращается к какому-либо принципу отдачи, прежде всего ему надо знать, что он выполняет ее предельно просто: он не думает сейчас ни о чем, но знает, что через этот принцип выполняет веление Творца. Следует верить, что Творец заповедал нам через Моше выполнять Свои веления. Когда человек выполняет данные нам 613 заповедей, а также постановления мудрецов, а также обычаи Исраэля, которые тоже – Тора, он всё делает с намерением, желая доставить удовольствие Творцу. Свыше дана ему большая привилегия – возможность говорить с Творцом. Поэтому, произнося благословение, человек

---

[435] Трактат «Кидушин», 30:2.

должен знать и осмысливать немного, **Кому** он воздает благословение, **Кому** воздает благодарность.

Он должен представлять себе: если бы ему позволили войти к главному человеку в городе, к которому пускают не всех, с каким ощущением он вошел бы к нему и говорил бы с ним. Или если бы ему позволили войти к главному человеку в стране, какую радость он испытывал бы. А также если представить, что ему позволяют войти и поговорить с главным человеком в мире, который общается лишь с избранными, какую радость он испытывал бы и какое приподнятое состояние духа у него было бы от того, что ему позволили нечто крайне важное, тогда как у других людей нет такой возможности. Мы видим, что в нашем материальном мире это доставляет чувство глубокого удовлетворения жизнью.

Здесь возникает вопрос: почему мы не можем произвести этот расчет и представить важность, которую человек осознаёт, если в материальном мире ему оказывают честь, позволяя поговорить с кем-то очень важным? В духовном, когда мы говорим с Творцом, у нас нет подобного ощущения, чтобы почувствовать, с Кем мы говорим, и сказать себе: «Взгляните, сколько в мире людей, лишенных привилегии говорить с Царем мира, а нам Творец дал мысль и желание, чтобы войти к Нему и говорить с Ним. Разве не обязан человек верить словам мудрецов: «Если бы Творец не помогал ему, сам бы не справился»[436]. А раз так, следует сказать, что сейчас Творец обратился к нам – тем, что помог нам». Почему же мы не испытываем воодушевления от Творца и сердце наше не радуется?

Когда человек произносит слова Торы и молится Творцу или произносит благословение, он должен проводить аналогию, как будто говорит с кем-то почитаемым, с Царем мира. И дай Бог, чтобы это ему помогло. Иными словами, после всех аналогий это еще не похоже на тот случай, когда в материальном мире он говорит с каким-нибудь уважаемым человеком, и на ощущение, которое он испытывает при этом, чувствуя важность происходящего без

---

[436] Трактат «Кидушин», 30:2.

всякой работы. В духовном, напротив, он должен стараться представлять себе различные примеры, пока не ощутит немного важности в том, что обращается к Творцу.

Однако же это очень просто. Ведь в материальном мы видим, как люди почитают кого-то. В результате, когда многие считают кого-то важным, они влияют также на индивидуума, и он решает обслуживать этого человека, переняв от общности осознание его важности.

С другой стороны, когда речь идет о Творце, человек не может видеть, насколько люди в действительности Его ценят. Напротив, здесь всё строится на вере. А когда человек должен верить, для этого уже требуются усилия. Тогда рождаются сомнения, и ему надо решить: да или нет.

Выходит, как бы там ни было, требуется большая духовная работа, когда человеку нужно осознать важность Творца и для этого отказаться от некоторых вещей, которыми тело наслаждается. В таком случае он ощущает боль, отказываясь от своих удовольствий. И всё ради благоволения в глазах Творца, чтобы Он дал человеку возможность войти к Себе и поговорить с Ним, и чтобы позволил ощутить, с Кем он говорит. Иными словами, чтобы Творец раскрылся ему и чтобы не был совсем скрыт.

В отличие от этого, если бы человек мог перенять осознание важности Творца от других людей, как бывает в материальном, тогда от него не требовалось бы никакой работы. Однако в духовном есть особый аспект под названием «Шхина в изгнании», или «Шхина во прахе», и всё это показывает нам умаление, противоположное осознанию важности.

Естественно, что мы не можем перенять от других осознание важности. Ведь мы видим, что общность не сознаёт ценности и важности духовного, так чтобы обретать основу и поддержку и следовать обретённой важности, будучи способным отказываться от жизни этого мира – от «материальной жизни», – дабы принимать на себя служение Творцу ради отдачи, а не для собственной выгоды.

Это из-за того, что человек не видит, чтобы другие ценили духовное настолько, чтобы стоило отказаться от себялюбия. Глядя на тех, кто изучает Тору и соблюдает заповеди, человек не видит у них такой степени важности, благодаря которой они работали бы ради отдачи.

Отсюда само собой понятно, почему он не получает осознание важности духовного так же, как перенимает от общности важность в материальном. Ведь в материальном он видит, как все почитают кого-то. И неважно, кого или что они превозносят, – человек подвержен их влиянию.

С другой стороны, в духовном контексте он не видит кого-либо, пускай даже отдельных людей, которые ценили бы духовное. А раз так, что он может сделать для осознания важности, чтобы ему стоило работать ради отдачи?

Отсюда следует, что от человека требуется большая работа: он должен делать всё возможное, чтобы добывать немного важности. И пускай понимает, что это большая привилегия, поскольку он удостоился сейчас служить Творцу, выполняя Его предписания с предельной простотой – без высоких намерений, когда нужно просто ощущать радость и прилив сил от того, что выполняешь возложенное на тебя Творцом.

Иными словами, пускай думает, что он выполняет сейчас волю Царя и Царь наслаждается этим. Человек должен верить выше знания, что мысли и желания, подвигнувшие его на реализацию принципов Торы, посланы ему Творцом и что они пришли к нему благодаря пробуждению свыше. То есть сейчас Творец зовет его: «Приди ко Мне, Я хочу дать тебе службу в Моем чертоге». Когда человек делает для себя такой расчет, сердце его, конечно же, наполняется воодушевлением и радостью, и он испытывает тогда подъем духа.

Таким образом, неважно, какое действие человек производит, – всё едино, как сказано: «Будь аккуратен в легкой заповеди так же, как в строгой, потому что ты не знаешь, какое вознаграждение за них дается»[437]. Можно сказать, что когда человек реализует веления Творца, неважно, какое из них он выполняет, поскольку он думает лишь о том, как доставить удовольствие Творцу.

Следовательно, человек может извлечь большую радость из малого действия, поскольку главное не в том, насколько велика заповедь, а в том, насколько велика важность заповедавшего ее. Иными словами, насколько человек ценит Царя.

Отдавая себе самоотчет, человек видит, что обязан удовлетворять свое желание, чтобы у него было наполнение. Однако же он может удовлетворять собственное желание – то, чего требует сердце, и это зовется **вожделением**; либо может удовлетворять желания других – то, чего они требуют от него: одеваться определенным образом, жить в квартире согласно их требованиям и т.п., что определяется как **честолюбие**; либо может выполнять желание Творца – то, чего требует Он, и это – **реализация Торы и ее принципов.**

Однако человек может задаться вопросом: «Действительно ли служение Творцу настолько существенно для меня, что я ощущаю его большую важность? Почему сразу после всех расчетов я забываю обо всем, погружаюсь в материальный мир, прерываю всё духовное и тотчас беру на себя выполнение желаний других людей, а не Творца, хотя я утверждал, что воля Творца очень важна для меня – важнее удовлетворения собственных желаний?

Ведь когда я забочусь об удовлетворении собственных желаний, это определяется как **вожделение**. Когда же я стараюсь удовлетворять желания других, это определяется как **честолюбие**. И в обоих случаях мною движет эгоизм. С другой стороны, когда я хочу выполнить желание Царя, это состояние очень важно, поскольку тогда я выхожу из себялюбия, относящегося к "животному" уровню, и становлюсь "**Человеком**" (Адам), как сказали мудрецы[438]: "Вы зоветесь Человеком, а не народы мира"».

В таком случае, что происходит сразу, как только человек выходит из состояния Торы и молитвы? Он полагал, что даже малое

---

437 Трактат «Авот», 2:1.
438 Трактат «Бава мециа», 114:2.

духовное действие очень важно для него – настолько, что испытывал большую радость от того, что удостоился войти в духовное владение. Какой же глупец захочет выйти из состояния душевного удовлетворения и подъема духа, когда человек чувствует себя счастливейшим из людей, поскольку у него есть огромная привилегия – выйти из своей животной категории, в которой он пребывал все время.

Но вдруг человека зовут предстать пред Царем и поговорить с Ним. Тогда он смотрит на себя – на того, кто все время был погружен в вожделения этого мира, подобно всем животным, а теперь видит, что стал настоящим мужчиной. С острой критикой он смотрит на окружающих, которые крайне низки – до такой степени, что тяжко стоять рядом и говорить с ними, поскольку ему трудно принижать себя для разговора с людьми, лишенными духа святости и прогруженными в себялюбие. Человеку трудно выносить их.

А после всего этого, спустя какое-то время – может быть, даже через мгновение после критики, которой он подверг окружающих, – человек полностью забывает о своем духовном мире, в котором пребывал, и погружается в материальный мир со всеми его животными вожделениями. Он не помнит даже времени выхода – того момента, когда вышел из духовного состояния в материальное, в котором и пребывает сейчас.

В таком случае возникает вопрос: когда человек пребывал в духовном состоянии и радовался ему, было ли это ложью или всего лишь сном? Или, наоборот, прежнее состояние – это его истинное состояние, а сейчас, когда он чувствует себя погруженным в животные вожделения, – это и есть сон?

Истина в том, что человек должен верить: когда Творец слегка раскрывается ему, он начинает ощущать важность Царя и тогда, само собой, тянется и аннулируется, «как свеча перед факелом»[439]. И если он продолжает ценить тот призыв, который услышал свыше, то насколько ему удается ценить его, настолько в нем растет

---

[439] См. трактат «Псахим», 8:1.

устремление к духовному, и он начинает ощущать, как выходит из материального мира и вступает в мир, который весь благо.

Если же человек забывает ценить этот призыв, зовущий его к Царю и к разговору с Ним, и, напротив, начинает наслаждаться, внося имеющееся удовольствие в свои сосуды получения и не воздавая осмотрительно хвалу и благодарность за то, что Творец приблизил его к Себе, тогда его сразу же выставляют наружу из царского чертога.

И происходит это столь быстро, что у человека нет времени почувствовать, что его выбросили. Лишь спустя какое-то время он сознаёт и видит, что выброшен. А когда его выбрасывали из царского чертога, он оставался без сознания и потому не мог почувствовать тот момент, когда это случилось.

Как известно, и в материальном мире если человек упал с верхнего этажа на землю, то когда его спрашивают: «Как это случилось?», он говорит, что ничего не помнит. Он только видит сейчас, что находится в больнице, но не помнит ничего. Кто поднял его с земли, кто привез его в больницу – всё это было в беспамятстве.

Так же и в духовном: выброшенный из царского чертога, человек не помнит, кто его выбросил, то есть по какой причине он упал из своего состояния, в котором ощущал полное совершенство и был полон радости от текущего момента. А также, упав из своего высокого состояния на землю, человек не помнит происшедшего, чтобы сказать: «До сих пор я был в порядке и только что упал». Тот момент, когда он упал из своего состояния, человек не в силах припомнить. Лишь спустя какое-то время он открывает глаза и замечает, что находится сейчас в материальном мире.

Очнуться, прийти в сознание и увидеть, что он находится сейчас вне чертога, человек может спустя несколько часов или даже спустя несколько дней – когда внезапно замечает, что погружен в вожделения этого мира и что когда-то у него было состояние подъема.

Теперь вернемся к тому, с чего начали, – к важности действий по реализации принципов и слов Торы и молитвы с предельной простотой, без всяких намерений, лишь для изучения Торы. Ведь вся она – имена Творца, вне зависимости от того, понимает ли человек, какая связь есть у него при учебе.

Иными словами, человек не задается вопросом: «О чем это нам говорит?» Ведь каждое изучаемое им слово несет большую пользу его душе. И хотя он не понимает этого – должен верить верой мудрецов, которые дали нам эти инструкции.

При молитве человек также должен знать и верить, что каждое изречение мудрецов, предназначенное нам, задано духом отдачи. А потому надо ценить каждое слово – ведь человек удостоился того, что Творец дал ему мысль и желание выполнять Его веления. И надо воздавать Творцу благодарность за это. В своей духовной работе человек должен верить: другие лишены такой привилегии, а его Творец избрал, чтобы предоставить ему возможность служить себе.

Здесь человеку надо отдавать себе отчет в том, что Царь зовет его и дает ему каплю понимания необходимости, по меньшей мере, выполнять Его веления, чтобы у человека был малый контакт с Ним. Пускай же по мере сил представляет себе важность Царя и из этого извлекает радость и подъем духа. Это истинный путь.

Таким образом, мы должны верить в важность Творца, хотя тело еще не воодушевилось настолько, как если бы служило царю из плоти и крови. Ведь в таком случае многие ценят царя, и человек подвержен их влиянию. С другой стороны, в духовном человек не может видеть, что многие ценят Творца и стоит отменять себя перед Ним. Это скрыто от нас. Напротив, мы должны верить, что это так. И это называется «правой линией». Пускай без всяких намерений, даже если человек действует с самым малым пониманием – это должно быть важно для него, как если бы он выполнял ответственное поручение.

Об этом и сказали мудрецы: «Будь аккуратен в легкой заповеди так же, как в строгой, потому что ты не знаешь, какое вознаграждение за них дается». Иными словами, на службе у Царя нам неважно, посредством какого поручения мы доставляем Ему удовольствие. У меня есть лишь одна мысль: пускай то, что я делаю, принесет удовольствие Творцу.

В таком случае, какая разница, важна эта работа или нет. Ведь я не делаю никаких расчетов на себя. Напротив, поручение может быть не таким уж важным, и немногие стремятся получить его, и потому человек хочет это сделать – ведь это нужнее важной работы, на которую претендуют многие.

Однако здесь возникает вопрос: почему человек не может сразу в начале работы ощутить свет Торы? Почему вместо этого он должен верить, что в ней кроется свет, недоступный его взору? Ведь конечно же, было бы лучше, если бы всем была раскрыта ее важность. Тогда у всех была бы возможность выполнять принципы Торы.

Почему же на Тору и ее принципы было наложено сокрытие и утаение – в такой степени, что каждый должен работать, прилагать усилия и производить всевозможные действия, которые позволят ему прийти к выводу о том, что весь материальный мир не стоит Торы? Сказали об этом мудрецы[440]: «Час покаяния и добрых дел в этом мире стоит больше, чем вся жизнь в мире грядущем. А час удовольствия в грядущем мире стоит больше, чем вся жизнь в этом мире».

Нам дано это сокрытие, чтобы у человека была возможность для **работы по своему выбору** – чтобы он мог выполнять Тору ради Творца, то есть ради отдачи. В противном случае, если бы кроющийся в Торе свет был раскрыт, человек действовал бы только эгоистически. И тогда у него не было бы никакой возможности поверять себя: нацелено ли его намерение на отдачу или на личную выгоду.

В отличие от этого, поскольку нам дано выполнять Тору в период сокрытия, постольку человек может реализовывать ее с предельной простотой. Его расчет таков: «Если мое намерение – на отдачу, какая мне разница, что́ я при этом ощущаю». Таким образом, если человек хочет достичь чего-то, он должен принять на себя выполнение Торы и ее принципов с предельной простотой.

---

440 Трактат «Авот», 4:22.

Близкий путь и дальний путь
Статья 26, 1986

Сказано в Торе[441]: «Не повел их Творец через землю филистимлян, поскольку путь этот близок – чтобы народ не передумал при виде войны и не вернулся в Египет». Выходит, близкий путь нехорош. А о втором Песахе сказано[442]: «Говори сыновьям Исраэля так: всякий человек, который будет нечист, прикоснувшись к усопшему, или будет в дальнем пути, – пускай принесет пасхальную жертву Творцу во второй месяц». Значит, если человек в дальнем пути, он не может принести пасхальную жертву в назначенное время.

Итак, глава «Бешалах» говорит, что близкий путь нехорош: «не повел их, поскольку путь этот близок» – а дальний путь лучше. Но в другой главе сказано, что если человек находится в дальнем пути, его жертва откладывается на второй Песах. Значит, дальний путь хуже близкого.

Прежде всего, мы должны знать, что, говоря о «путях», Тора, разумеется, подразумевает близкий путь и дальний путь к полной реализации цели творения. В таком случае трудно понять, как можно говорить, что близкий путь нехорош? Тора приводит этому обоснование: «чтобы при виде войны народ не вернулся в Египет». Но ведь «близкий» – значит близкий к Творцу. А раз этот путь близок к Творцу, как можно говорить, что они «передумают и вернутся в Египет»? Наоборот, логично было бы, если бы народ передумал на дальнем от Творца пути. Тогда можно было бы сказать: «чтобы не передумал народ при виде войны и не вернулся в Египет».

---

441 Тора, Шмот, 13:17.
442 Тора, Бемидбар, 9:10-11.

Тора говорит[443]: «Если слишком долог будет для тебя путь, так что не сможешь вынести его, потому что далеко будет от тебя то место, которое изберет Творец, чтобы утвердить там Свое имя...» Объясняя это, Бааль Сулам спросил, что означает приведенное Торой обоснование: «если слишком долог будет для тебя путь, так что не сможешь вынести его»? И сказал: человек должен принять на себя бремя духовной работы, «как бык под ярмом и как осел под поклажей»[444]. Если же он не может выдержать это, поскольку ему трудно нести груз, то об этом сказано: «не сможешь вынести его», и потому будет далек твой путь.

В отличие от этого, если бы человек принял на себя бремя духовной работы, то увидел бы, что всё близко к нему. Однако человек видит, что далеко от него «то место, которое изберет Творец, чтобы утвердить там Свое имя», – место, избранное Творцом, чтобы водворить Его имя. Сказано об этом: «сделают Мне храм, и водворюсь среди них»[445]. Это место слишком далеко от человека, чтобы он мог создать в сердце место для водворения Шхины. Человек далек от того, чтобы понять подобное – так чтобы он был в силах создать место для водворения Шхины в своем сердце. И причина в том, что он не может это вынести – не хочет взять на себя принятый путь, «как бык под ярмом и как осел под поклажей».

Отсюда следует, что человек должен прилагать все свои силы только к этому – постоянно искать способы, как принять на себя этот груз. Ему надо фокусировать на этом все свои дела. То есть что бы человек ни делал на духовном пути, он должен желать, чтобы эти действия позволили ему принять бремя духовной работы не ради награды – ведь это место, которое избрал Творец, чтобы утвердить там Свое имя.

Как известно, «Его имя» – это Малхут, зовущаяся Шхиной. Книга Зоар объясняет: «Он – обитающий (Шохен), а она – обитель

---

443 Тора, Дварим, 14:24.
444 Трактат «Авода зара», 5:2.
445 Тора, Шмот, 25:8.

(Шхина)»[446]. Как сказал Бааль Сулам, **место, где раскрыт Творец, называется обителью**, а Творец тогда – Обитающий. Но зовется Он так в месте, где есть тот, кто Его постигает. В таком случае, сказал Бааль Сулам, Обитающий и обитель – суть не две вещи, а одна. Иными словами, **Обитающий – это свет без сосуда, а обитель – место, где раскрывается Творец.** Таким образом, что есть в месте, где раскрывается Творец? Только Он, и ничто иное. Однако же, как сказано, есть понятия свет и сосуд – иными словами, есть сосуд, постигающий свет.

Следовательно, что это за место, которое Творец избрал, чтобы утвердить там Свое имя? Согласно науке каббала, мы должны исправить свои сосуды получения, чтобы доставить удовольствие Творцу. Суть здесь – в подобии по свойствам, благодаря которому в этом месте раскрывается имя Творца.

Тогда как можно сказать о близком пути: «не повел их Творец, поскольку путь этот близок»? Разве дальний путь не означает, что дело откладывается на более поздний срок, как сказано о втором Песахе? А также сказано: «Если слишком долог будет для тебя путь, так что не сможешь вынести его...» Бааль Сулам объяснил: удаление проистекает из той причины, что человек «не может вынести его», то есть вынести бремя духовной работы. В таком случае, как такое возможно, чтобы дальний путь был лучше ближнего?

Сказал рабби Йеошуа Бен Ханания: «Как-то раз я шел по дороге и увидел мальчика, сидевшего на перепутье. Я спросил его: "Сынок, какой путь ведет в город?" Он ответил: "Этот долог и короток, а этот короток и долог". Отправившись по короткому и долгому пути, на подходах к городу я увидел, что его окружают сады и цитрусовые плантации. Тогда я вернулся назад и обратился к мальчику: "Сынок, разве ты не сказал мне, что это короткий путь?" Он ответил: "Рабби, разве я не сказал тебе, что он короток и долог?"»[447]. Отсюда следует, что путь может быть близким и далеким, а также далеким и близким.

---

446 См. Предисловие Книги Зоар с комментарием «Сулам», п. 228. «Зеир Анпин зовется обитающим (Шохен), а Нуква – обителью (Шхина)».

447 См. трактат «Эрувин», 53:2.

Сказано в Торе: «Эта заповедь, которую я предписываю тебе сегодня, не недоступна она для тебя и не далека она, но очень близок к тебе этот принцип: в твоих устах и в твоем сердце, чтобы исполнять его»[448]. Отсюда следует, что «близкий» путь хорош – как сказано: «в твоем сердце, чтобы исполнять его», а не так, как в главе «Бешалах».

Чтобы понять это, следует дать разъяснения в соответствии с порядком начала работы. Есть работа в действии, и есть также работа в намерении – иными словами, над намерением человек тоже должен работать. Это значит, что при реализации принципов Торы человек должен держать верное направление: с каким намерением он выполняет принцип отдачи? Какая причина побуждает его к этому?

Ведь действия надо направлять так, чтобы они совершались не ради награды. Между тем, человек рождается с сосудами получения, в которых как раз нет возможности произвести какое-либо действие без оплаты – без вознаграждения за работу. Это заложено в нашей природе: мы и пальцем не пошевельнем, если не увидим, что оно того стоит и что нас ожидает большее наслаждение, когда мы отказываемся от покоя.

Говоря иначе, мы отказываемся от своего текущего состояния, чтобы получить больше удовольствия, чем у нас есть сейчас, пока мы не оставили его, чтобы сделать что-то другое. И это, конечно же, важно: ведь сделав сейчас что-то новое, человек получит больше удовольствия.

Следовательно, человек обязан реализовывать принципы Торы не потому, что Творец желает, чтобы мы выполняли их, и мы хотим выполнять Его волю, доставляя Ему удовольствие своим послушанием. Ведь Он обещает нам большую награду за то, что мы будем послушны, и поэтому мы стараемся выполнять Его требования – так как смотрим на хорошее вознаграждение, которое Он заплатит нам за нашу работу.

---

448 Тора, Дварим, 30:11, 30:14.

В пример можно привести людей, работающих на фабрике у хозяина. Они трудятся по восемь часов, и благодаря их работе хозяин зарабатывает деньги. В таком случае, он испытывает удовольствие от того, что у него есть работники, выполняющие его волю.

Малая часть работников обращается к хозяину с предложением. Они видят, что он попал в неприятную ситуацию, пообещав кому-то доставить определенное количество продукции в указанный срок. А также они видят, что при темпах восьмичасовой работы он не сможет выполнить заключенный договор и поставить заказчику весь товар в назначенное время.

В этих обстоятельствах они согласны отработать дополнительные часы. Правда, им надо возвращаться домой сразу после восьмичасового рабочего дня, поскольку они заботятся о детях, а у одного из них к тому же приболела жена. Поэтому сразу после работы они стараются попасть домой. И все же, видя неприятности хозяина, они готовы отработать у него дополнительные часы.

Хозяин, разумеется, слышит в этом свидетельство преданности своих работников. Они не могут вынести его несчастья и потому готовы отработать дополнительные часы, так как знают, что хозяин в беде. Ведь он обязан выполнить договор, пообещав покупателю доставить определенное количество товара в определенный срок, – а при восьмичасовом рабочем дне у него нет возможности выполнить обещанное.

Как следствие, чувства, которые они испытывают в своем сердце к работодателю, не дают им покоя и требуют сделать для него что-то. Поэтому они согласны приложить старания свыше своих сил. Пускай рабочий день кончился, пускай у них многодетные семьи, а тот, у кого приболела жена, обязан работать также в домашнем хозяйстве – все равно совесть не позволяет им оставить хозяина в беде. Поэтому они пришли к нему и говорят: «Мы решили отработать для вас дополнительные часы».

Когда хозяин слышит о преданности своих работников, ему открывается нечто новое. До того, как они пришли к нему, чтобы выразить участие в его беде, он думал, что ни у кого из них нет никакого внутреннего сочувствия и совести, а если они работают у него, а не у других, то потому, что он платит более высокую зарплату, за которую они и трудятся. Но теперь он видит другое: оказывается, его суждение о работниках было ошибочным.

Но затем они говорят ему: «Только вы должны знать: мы хотим, чтобы за дополнительные часы работы в ночное время вы заплатили нам вдвое больше, чем платите за обычный рабочий день».

Тогда хозяин снова начинает раздумывать: «Желая отработать дополнительные часы, действительно ли они, как и говорят, хотят выручить меня из беды? Или, наоборот, видя, что я в беде, они требуют от меня большую сумму за дополнительные часы, поскольку знают, что у меня нет выхода, и потому дают понять, что я должен дать им сколько они хотят?» То есть они рассказывают хозяину о тяжелом положении, в котором он оказался, чтобы он знал, что им это известно, и, соответственно, хотят надавить на него, чтобы он заплатил им за дополнительные часы столько, сколько они требуют.

Отсюда мы можем получить пример нашей работы над реализацией принципов Торы, требующей проводить различие между действием и намерением.

Действие означает, что человек намеревается выполнять то, что предписано нам Творцом через Моше, – реализовывать принципы Торы во всех деталях и тонкостях, с намерением, чтобы реализуемый нами принцип был призван выполнить Его волю, поскольку Он пожелал, чтобы мы выполняли принципы Торы.

Таким образом, строя намерение, мы должны устремляться к тому, чтобы наши дела были призваны выполнять предписанное Им. Тем самым человек направляет действие так, чтобы оно было правильным, как Творец сказал нам через Моше, по примеру правил трубления в шофа́р[449]: кто трубит, чтобы научиться, или трубит для песни, а не ради самого предписания, тот не выполняет то, что на него возложено[450].

---

449   Шофар – рог, из которого трубят в праздник Рош а-шана и в некоторые другие даты.
450   См. «Шульхан арух», «Орах хаим», 589:8.

Следовательно, когда говорят: «Выполнение принципов Торы требует намерения»[451], это означает, что человек должен строить намерение так, чтобы осуществить свое действие из желания реализовать веление Творца. И, конечно же, действие должно соответствовать законам, в которых мудрецы установили меру выполнения принципов Торы – каким образом и в какой форме следует их реализовывать.

Например, есть несколько правил относительно того, каким должен быть шатер на праздник Суккот. Если не соблюдать их, действие будет неполным. То же касается изучения Торы, а также запрещающих принципов, на которые есть множество правил. Если не соблюдать заложенные в них законы, то действия по их реализации будут ущербны. И даже если человек выполняет всё по правилам, в любом случае он должен выстраивать намерение, чтобы выполнить принцип Торы потому, что Творец предписал нам это через Моше.

И всё это является **«практическим выполнением принципов Торы»**, а не намерением. Ведь всё, о чем человек помышляет, – это выполнить действие, предписанное нам Творцом. Все усилия, которые мы прикладываем к реализации принципов Торы, сходны с усилиями всех других людей в мире, работающих и прилагающих старания, чтобы получить оплату, и не более.

Здесь требуется особое внимание. Ведь когда мы говорим, что вся наша работа состоит в выполнении принципов Торы, это значит, что усилия прикладываются к действию, и нельзя сказать, что мы работаем над оплатой. Другое дело – получать оплату за усилия. Не бывает такого, чтобы человек затруднялся с получением оплаты, поскольку мы прикладываем усилия и отказываемся от многого по той лишь причине, что смотрим на оплату. Только она обязывает нас тяжело работать, не считаясь с качеством работы и ее временем. Всё определяет только вознаграждение.

В таком случае следует понять, почему мы говорим, что есть работа над намерением, то есть над оплатой. О какой работе здесь может идти речь? Однако же дело в том что, когда человек

---

[451] См. «Шульхан арух», «Орах хаим», 60:4.

реализует принципы Торы, желая, чтобы в оплату Творец дал ему мысль и желание работать не ради вознаграждения, – на такую оплату тело не согласно. Ведь в мире заведено получать плату за работу. Иными словами, работа состоит в отказе от благ, которыми человек наслаждается, взамен чего он получит удовольствия, превышающие те, от которых отказался. Например, отказываясь от покоя, а порой от сна и т.п., он получает взамен бо́льшие и более насущные удовольствия.

Другое дело, когда человек отказывается от наслаждений, но принудительно. Иными словами, тело не согласно, а он хочет, чтобы взамен тело согласилось поступиться всевозможными удовольствиями. В таком случае работа состоит в действиях на отдачу, и оплатой также будет намерение только на отдачу без всякого получения взамен. Над этим намерением, то есть над этой оплатой человеку требуется большая работа.

И она тяжелее работы над действием, хотя для намерения на оплату не нужны какие-то другие действия в другое время. Напротив, человеку достаточно действия, которое он совершает, и времени, которое он этому уделяет, и ему не требуются другие дела, а требуется просто мысль и намерение. Намерение, устремленное на то, **чтобы его мысль и желание соответствовали действию.**

Иными словами, если человек совершает действие потому, что так предписал Творец, то и намерение его тоже должно быть выстроено так, чтобы он желал выполнить веление Творца только ради Него, без всякой оплаты в ответ. От человека требуется лишь, чтобы, совершая действие и выполняя волю Творца, он в то же время намеревался сделать это не потому, что смотрит на оплату и она обязывает его работать днем и ночью. То есть человек выполняет принцип «обучайся этому денно и нощно»[452] не потому, что смотрит на оплату и это обязывает его работать днем и ночью, а из желания доставить удовольствие Творцу – по этой причине он вкладывает силы в работу.

---

452 Пророки, Йеошуа, 1:8.

В вышеприведенном примере работники согласились отработать у хозяина дополнительные ночные часы, но потребовали оплату вдвое выше той, которую получают за обычную работу. Отсюда мы видим, какое расстояние лежит между работой ради вознаграждения и работой не ради награды. Никто не скажет, что работники преданы хозяину и потому согласны работать у него днем и ночью. Наоборот, о них следует сказать, что поскольку хозяин нуждается в их работе, постольку они используют его, желая, чтобы он заплатил им вдвое больше.

Так же и в духовной работе. Пускай даже это работа в ло-лишма и к практике добавить нечего – дело здесь в намерении. Иными словами, с каким намерением люди работают: на благо себе или на благо Творцу?

Это большая и трудная работа – чтобы тело согласилось трудиться на благо Творца. Я должен сказать телу, на что надеюсь и какую награду хочу получить от Творца. «Я заставляю тебя так тяжело работать, чтобы Творец дал мне оплату, благодаря которой ты не сможешь мешать мне, когда я хочу всё делать ради отдачи».

Само собой, тело кричит во весь голос, делая всё возможное, чтобы не потерять власть. И потому оно не позволяет производить даже простые действия, так как боится, что благодаря им, человек придет к намерению лишма, полностью ради отдачи, и у него не останется ни одной части, способной получить что-то ради себялюбия.

Поэтому мы видим: когда люди хотят реализовывать принципы Торы ради отдачи, всякая малая вещь стоит им больших усилий. Ведь тело при каждом действии боится: если человек придет к намерению лишма, то и вся власть эгоизма над ним исчезнет. Это и означает, что есть работа также над оплатой. Иными словами, у человека есть работа – какую оплату выбрать за старания по реализации принципов Торы: оплату, относящуюся к себялюбию, или оплату, призванную «ради одного лишь Творца»[453], когда он не хочет отдавать эгоизму ни одной части в своей работе и

---

[453] Тора, Шмот, 22:19. «Да будет истреблен жертвующий богам – кроме одного лишь Творца».

постоянно ждет: «Когда я заслужу, чтобы у меня было одно лишь желание доставить удовольствие Творцу?»

Теперь можно понять ответ на наш вопрос: каким образом близкий путь может быть нехорош, как сказано: «не повел их Творец, поскольку путь этот близок»? Понять это можно из того, что мальчик ответил рабби Йеошуа Бен Ханании: есть путь дальний и короткий, а также есть путь короткий и долгий – то есть близкий, но далекий. Это значит, что **хотя он близок, но далек от цели.**

Как известно, Рамбам говорит, что нельзя раскрывать суть понятия лишма: «Сказали мудрецы: «Пускай всегда будет выполнять человек принципы Торы хотя бы в эгоистическом намерении ло-лишма, и от него придет к намерению на отдачу лишма»[454]. Поэтому, когда обучают «детей», «женщин» и «простолюдинов» в целом, то учат их работать лишь из трепета и ради награды. Пока не поумнеют и не наберутся мудрости, раскрывают им эту тайну понемногу и приучают их к этому мягко – пока не постигнут Его, не познают Его и не станут служить Ему из любви»[455].

Из слов Рамбама следует, что близкий путь близок к сердцу человека – к намерению получить оплату. Таким образом, близким он называется именно потому, что близок сердцу.

И есть еще одно объяснение «близкого пути». Человек видит с каждым разом, что приближается к цели, а цель для него – оплата. И он надеется, что когда у него соберется определенная сумма усилий в реализации принципов Торы, он сразу получит вознаграждение за свою работу. Ведь известно, что оплата производится только в конце[456].

Поэтому человек верит, что по завершении работы в этом мире он получит оплату в мире грядущем. А кроме того, есть заповеди с оплатой в этом мире, как сказано: «Вот вещи, плоды которых человек ест в этом мире, а основная награда хранится для него в мире грядущем»[457].

---

454 Трактат «Псахим, 50:2.
455 Рамбам, «Мишне Тора», «Законы возвращения», 10:9.
456 См. трактат «Бава мециа», 65:1.
457 Напр., трактат «Кидушин», 39:2.

В результате каждый день человек чувствует, что у него есть что-то на руках – оплата за рабочий день. Дни складываются в год, год прибавляется к году. Например, человек начинает выполнять заповеди с тринадцатилетия, когда они становятся обязательными, и, достигнув двадцати лет, рад, что, слава Богу, на его счету уже записано семь лет работы. А когда достигает тридцати лет, конечно же, он очень рад, поскольку в его учетной книге записаны уже семнадцать трудовых лет. Таким образом, в процессе работы он каждый раз может радоваться, поскольку его оплата прибавляется день ото дня. А значит, эта работа **близка его сердцу**, поскольку он уверен в своем растущем вознаграждении. И потому путь этот называется «близким» – так как он по сердцу человеку.

Если человек видит продвижение на своем пути, тогда этот путь ему по сердцу, поскольку у него есть ориентиры. Ведь с точки зрения сделанных дел, он видит, что каждый день набирает определенное количество рабочих часов в выполнении принципов Торы, и всё записывается в его книжку, как сказано: «Всё дано под залог и сеть раскинута над всеми живущими, лавка открыта и торговец дает в долг, книжка раскрыта и рука записывает»[458]. Как следствие, человек уверен, что обладает большим достоянием – оплатой, накопившейся у него от ежедневной работы из года в год. И потому путь этот зовется «близким». А также он зовется «коротким», поскольку человеку не требуется много времени, чтобы понять: стоит идти этим путем, так как он близок его сердцу и потому короток.

Однако же это долгий путь. Иными словами, путь к истине – когда Тора и ее принципы подведут человека к тому, чтобы его намерение целиком стало альтруистичным, – очень далек. Ведь путь этот противоположен пути слияния с Творцом, которое полностью направлено на отдачу. Здесь человек пускается в тот путь, на котором его намерение целиком обращено лишь на оплату. Однако

---

[458] Трактат «Авот», 3:19. «Всё дано под залог и сеть раскинута над всеми живущими, лавка открыта, и торговец дает в долг, книжка раскрыта, и рука записывает, и каждый желающий взять взаймы пусть придет и возьмет. А сборщики налогов обходят непрестанно, ежедневно, и взимают с человека с его ведома и без его ведома, и есть им на что опереться. А суд есть суд истинный, и всё готово к трапезе».

цель, которой он должен достичь, вкладывая усилия в Тору и ее принципы, иная – они должны привести его к альтруистическому намерению. Сказали об этом мудрецы: «Я создал злое начало и создал Тору как приправу»[459]. То есть человек должен видеть, что посредством Торы и ее принципов будет исправлено зло в нем – эгоистическое намерение, – так чтобы он был способен всё делать на благо Творцу, а не для собственной пользы. О собственной же пользе сказали мудрецы, объясняя строфу: «если человек умрет в шатре»[460]: «Тора воплощается лишь в том, кто умерщвляет себя ради нее»[461], а не ради личной выгоды.

Это и называется «близким и далеким путем». Он близок сердцу по двум вышеуказанным причинам, но далек от истины. Говорит об этом Рамбам[462]: «Кто работает из любви, тот выполняет принципы Торы и следует путями мудрости не из-за чего-либо мирского, не из страха перед невзгодами и не для того, чтобы унаследовать благо. Напротив, он претворяет истину, потому что это истина».

Из слов Рамбама следует, что близкий путь, о котором говорилось выше, далек от истины. Согласно этому можно объяснить слова: «Не повел их Творец через землю филистимлян, поскольку путь этот близок – чтобы народ не передумал при виде войны и не вернулся в Египет». «При виде войны» – это значит: благодаря тому, что будут работать в намерении ло-лишма, этот путь даст им подсветку, подсказывающую, что они должны прийти к лишма. Но поскольку начало работы будет в ло-лишма, они не захотят вести войну со злым началом, так как испугаются – иными словами, упадут со своей ступени работы над принципами Торы.

И это дальний путь. А Творец хотел сразу пойти с ними до горы Синай и дать им Тору. И потому Он сразу сказал им, что они должны идти дальним путем. Иными словами, хотя эта работа далека от сердца, но близка к истине, и благодаря этому они будут способны получить Тору в противостоянии у горы Синай.

---

459   Трактат «Кидушин», 30:2.
460   Тора, Бемидбар, 19:14.
461   Трактат «Брахот», 63:2.
462   Рамбам, «Мишне Тора», «Законы возвращения», 10:3.

Отсюда мы можем трактовать «долгий и короткий путь» как дальний и близкий. Смысл в том, что он далек от сердца. Иными словами, требуется долгое время, чтобы дать сердцу понять, пока оно действительно не сможет понять, что стоит работать ради истинной цели, то есть реализовывать принципы отдачи по-настоящему – в силу того, что Творец предписал нам реализовывать Тору и ее принципы и мы хотим выполнять это, чтобы Ему было приятно от того, что мы выполняем Его волю.

Таким образом, фактор и причина реализации принципов Торы – это Творец, а не человек. Иными словами, важность Творца обязывает человека, придавая ему желание служить Творцу и доставлять Ему удовольствие. Это и есть «дальний путь», поскольку он далек от сердца, но близок к истине. Благодаря тому, что человеку раскрывают истину, он становится ближе к ее достижению.

С другой стороны, «близкий и дальний путь» – то есть короткий и долгий – близок сердцу. Ведь тело желает наслаждений, и он обещает ему, что благодаря усилиям по выполнению заповедей оно получит оплату. Таким образом, тело является причиной выполнения принципов Торы. Иными словами, если бы человек мог получить большее наслаждение из другого источника, то зачем ему работать там, где зарплата мала? Как следствие, путь этот называется близким и коротким – ведь на нем не требуется много времени, чтобы дать телу понять, что ему надо принять на себя бремя Торы и ее принципов.

Говорит об этом Бааль Сулам[463]:

«1. Страшится Творца и выполняет Его предписания, чтобы жили его сыновья, и чтобы беречься от наказания телесного или денежного, то есть боится наказаний в этом мире.

2. Страшится также наказаний ада.

Оба этих страха – не настоящий трепет, поскольку человек страшится не за предписания Творца, а за личную выгоду. Таким образом, личная выгода является корнем, а страх – это ветвь, следствие личной выгоды».

---

[463] Предисловие Книги Зоар с комментарием «Сулам», п. 191.

Соответственно, путь этот называется долгим и коротким, дальним и близким – вследствие сказанного в главе «Бешалах»: «Не повел их Творец через землю филистимлян, поскольку путь этот близок».

Однако же в другой главе сказано, что если человек в дальнем пути, его жертва откладывается на второй Песах. Мы задали вопрос: выходит, дальний путь не хорош и потому его жертва откладывается на второй срок? Объяснить это следует аналогичным образом: когда человек идет близким его сердцу путем, он чувствует себя близким к духовному более, чем другие, идущие дальним путем. Ведь каждый день он чувствует, как растет счет выполненных им заповедей.

В таком случае человеку незачем исправлять себя, чтобы стать ближе к духовному. Ведь он воочию видит и не должен верить выше знания, что поднимается по духовным ступеням, выполняя Тору и ее принципы во всех деталях и тонкостях. Духовность его, само собой, прибавляется день ото дня, он чувствует себя абсолютным праведником и, глядя на себя, недоумевает, как можно выполнить слова мудрецов: «Всячески смиряй свой дух»[464].

Таким образом, из того состояния, в котором человек находится с практической точки зрения, нет шансов на то, что он сможет принести жертву Творцу, то есть слиться с Ним по свойствам, – поскольку человек не чувствует себя погрязшим в личной выгоде.

Если же человек чувствует себя далеким от Творца, то есть видит, что всё еще погружен в личную выгоду, и взывает к Творцу, чтобы Он вывел его из личной выгоды и направил на благо Себе, тогда ему есть исправление, то есть он получает отсрочку на второй Песах и затем приносит жертву. Иными словами, тогда человек приближается к Творцу[465].

Отсюда следует, что в служении Творцу есть два вида людей:

1. Те, кто пока еще относится к намерению ло-лишма.
2. Те, кто уже относится к намерению лишма.

---

464 Трактат «Авот», 4:4.
465 На иврите слова *жертва* и *приближение* являются однокоренными.

Это два разных вида, которые не могут понять друг друга. И это называется: «долгий и короткий путь», «дальний и близкий путь».

Творец и Исраэль в изгнании
Статья 27, 1986

О строфе «также Я накажу вас всемеро за ваши грехи»[466] сказано в Книге Зоар[467]: «Высшая любовь Творца к Исраэлю – по примеру царя, у которого был единственный сын, грешивший перед ним. Однажды он согрешил перед царем. Сказал царь: "Всё это время я наказывал тебя, но ты не принимал это. Отныне, смотри же, что я сделаю тебе. Если я изгоню тебя из моей земли, может случиться, что нападут на тебя дикие медведи или дикие волки, или убийцы – и изведут тебя из мира. Что же мне сделать? Вместо этого я и ты уйдем из земли". Таким образом, слова "также Я" означают: Я и вы уйдем из земли – то есть уйдем в изгнание. "Я накажу вас" уходом в изгнание. А если скажете, что Я оставил вас, – "также Я" с вами».

Следует понять смысл ухода народа Исраэля за пределы земли – что называется «изгнанием среди народов». Что это значит в контексте духовной работы? Что называется «землей Исраэля» и что такое «уход из нее»? Почему за прегрешения наказывают человека, давая ему изгнание, чтобы он пребывал среди народов мира? Какой от этого прок и какую пользу это несет на путях духовной работы? Иными словами, какое исправление кроется в том, что они уходят в изгнание под власть народов мира?

А также следует понять, как можно говорить о том, что Творец тоже уходит в изгнание из земли с народом Исраэля? Ведь «вся земля полна славы Его»[468], как сказано: «царство Его над всем

---

466 Тора, Ваикра, 26:28.
467 Книга Зоар с комментарием «Сулам», гл. «Бехукотай», п. 49-50.
468 Пророки, Йешаяу, 6:3.

властвует»[469], и даже силы скверны поддерживаются Им. Как же можно говорить, что Творец уходит в изгнание с народом Исраэля и как будто не находится на земле Исраэля?

Чтобы понять это в контексте духовной работы, сначала мы должны знать, что означают понятия **«земля Исраэля»** и **«за пределами земли»** и почему уход из земли за ее пределы называется **изгнанием среди народов**. В связи с этим следует понимать: изгнание – это, конечно же, исправление прегрешений. Иными словами, посредством того, что сыновья Исраэля будут терпеть изгнание, его страдания побудят их раскаяться и тогда мы сможем вернуть их в землю Исраэля. Однако сказано: «смешались они с народами и научились их делам»[470]. В таком случае какие страдания они испытывают в изгнании, чтобы это стало причиной их раскаяния и возвращения в землю Исраэля? Говоря иначе, что хорошего человек может знать о земле Исраэля, чтобы захотеть этого, и чтобы эта земля стала причиной, по которой он будет вынужден раскаяться и вернуться вследствие любви к ней?

Известно, что земля Исраэля называется «Малхут», «чистой Шхиной» и «собранием Исраэля» – то есть она представляет общность всех душ. Это значит, что она должна получить благо и наслаждение, заложенное в замысле творения – доставить благо созданиям Творца. Иными словами, души получат благо и наслаждение.

Порядок нисхождения таков: из мира Бесконечности в мир сокращения, затем в линию, на которую облачаются пять парцуфим мира Адам Кадмон, затем в пять парцуфим мира Ацилут. После этого Малхут мира Ацилут создала три мира БЕА[471]. А потом был сотворен Адам Ришон и внешний уровень его тела. Он был сделан из Бины Малхут мира Асия, как сказано: «Затем у него были света НаРаН из миров БЕА, а затем у него были света НаРаН из мира Ацилут»[472].

---

469   Писания, Псалмы, 103:19.
470   Писания, Псалмы, 106:35.
471   Миры Брия, Ецира и Асия.
472   См. Бааль Сулам, «Учение о десяти сфирот», ч. 16, «Внутренний свет», п. 43.

Итак, земля Исраэля называется «Малхут мира Ацилут», а о мире Ацилут сказано: «не водворится у Тебя зло»[473]. Это означает, что там зла нет вовсе. Только в мирах БЕА производится анализ добра и зла, тогда как в Ацилут раскрыто благо и наслаждение, которое Творец задумал дать душам. Объясняя строфу «вначале создал Творец»[474], сказали об этом мудрецы: «начало – это не что иное, как Исраэль»[475]. То есть всё для Исраэля, для душ Исраэля.

После того как Адам Ришон согрешил с Древом познания[476], его изгнали из мира Ацилут и он опустился в миры БЕА. Тогда он начал раскаиваться и исправлять то, в чем согрешил, и благодаря этому снова вступил в райский сад, то есть в Ацилут. Исправление это состояло в том, что его изгнали из райского сада, как сказано[477]: «Сказал Творец: «Теперь как бы не простер он руку, и не взял также от Древа жизни, и не поел, и не стал жить вечно». И выслал его Творец из райского сада, чтобы возделывал землю, из которой он взят».

Бааль Сулам объяснил тот страх, из-за которого Адама выдворили из райского сада, о чем сказано: «Как бы не простер он руку, и не взял также от Древа жизни, и не поел, и не стал жить вечно». Поскольку Адам согрешил с Древом познания, если он получает наказание, то есть испытывает страдания от наказания, которое ему дали, тогда эти страдания побуждают его раскаяться и исправить прегрешение и вызванный им изъян.

Если же он не получает наказания и не испытывает страданий от прегрешения, которое совершил, разумеется, он не понимает, что надо раскаяться в этом. Пишет об этом Зоар[478]: «Заплакал рабби

---

473 Писания, Псалмы, 5:5.
474 Тора, Берешит, 1:1.
475 Мидраш «Раба», Ваикра, 36:4.
476 См. Тора, Берешит, 3.
477 Тора, Берешит, 3:22-23.
478 Предисловие Книги Зоар с комментарием «Сулам», п. 192. «Заплакал рабби Шимон и сказал: «Горе, если скажу, и горе, если не скажу. Если скажу, нечестивцы узнают, как работать на своего господина. А если не скажу, товарищи утратят это достояние».

Шимон и сказал: «Горе, если скажу, и горе, если не скажу. Если скажу, нечестивцы узнают, как работать на своего господина».

Бааль Сулам объясняет[479]: «Тем самым он намекает, что не может в этом месте полностью раскрыть смысл своих слов, поскольку боится, как бы не навредить нечестивцам. Ведь он собирается раскрыть здесь, как приобщиться к Древу жизни и никогда не прикасаться к Древу смерти. Этого заслуживают лишь те, кто уже исправил прегрешение, связанное с Древом познания добра и зла. А нечестивцам, еще не исправившим прегрешения с Древом познания добра и зла, нельзя это знать, поскольку сперва они должны потрудиться в выполнении всех видов работ, пока не исправят прегрешение с Древом познания. Об этом и сказано: «Как бы не простер он руку, и не взял также от Древа жизни, и не поел, и не стал жить вечно». После того как Адам согрешил с Древом познания, он был изгнан из райского сада из-за опасения, что приобщится к Древу жизни и будет жить вечно. Таким образом, ущерб, причиненный им Древу познания, навсегда останется неисправленным».

Следовательно, **выдворение Адама из земли Исраэля** означает выдворение из Малхут (царства) отдачи, в которой он находился. Причина в том, что он не может ощутить важность духовного – того, что у него было, пока его не выдворили оттуда. И он **вступил в изгнание**, как сказано: «смешались они с народами и научились их делам». Это означает, что они упали под гнет идолопоклонников. Иными словами, все те вожделения, которые бытуют в народах мира, властвуют над народом Исраэля, ушедшим в изгнание. В таком случае у них нет никакого отношения к духовному, а остается лишь то, что они привыкли выполнять в силу привычки. Это они делают, однако сверх этого не помышляют о том, что им есть что исправлять.

Таким образом, в изгнании есть два аспекта:

1. Они ушли в изгнание под власть народов. Раньше, когда они были в земле Исраэля, то есть в царстве отдачи, каждый день они думали и помышляли о том, как выйти из себялюбия и достичь

---

479 Там же.

любви к Творцу. А прегрешив, они ушли в изгнание. Объяснить это можно в контексте работы индивидуума – ведь, как известно, частное и целое равны. То есть если человек, будучи в земле Исраэля, прегрешил – получил какую-то подсветку свыше и воспользовался этим для собственной пользы, решив, что теперь, ощущая немного вкуса в реализации принципов отдачи, он не нуждается в вере выше знания, – это называется **«прегрешением»,** поскольку он подорвал веру выше знания. Поэтому его изгнали из земли Исраэля, и он падает под власть вожделений народов мира.

Оказавшись в изгнании, человек сразу же страдает забытьем и не помнит, что был когда-то в земле Исраэля – в состоянии царства отдачи, помышляя лишь о том, как достичь слияния с Творцом. И он хочет всю жизнь продолжать так, как сейчас, когда он думает лишь о том, как удовлетворять нужды, требуемые телом себе на пользу, и ничто другое его не интересует.

Спустя какое-то время – а с каждым ведется свой расчет (то есть, когда свыше судят человека, у каждого есть особый счет, на какое время его оставляют в изгнании, пока он не получит пробуждение свыше) – он получает пробуждение свыше, начинает ощущать, что находится в изгнании, и вспоминать, как он упал «с высокой крыши в глубокую яму»[480].

Он вспоминает, что, будучи в земле Исраэля, считал весь мир чем-то излишним и все время думал: «Для чего Творец создал нечестивцев в мире? Какое наслаждение эти нечестивцы могут принести на благо Творцу?» А теперь он смотрит на себя, пребывающего в изгнании: что он может дать Творцу, чтобы вызвать наверху удовольствие? И начинает испытывать страдания от того, что опустился со ступени Человека на уровень животного. Иными словами, он видит, что теперь стремится к животным вожделениям, – чего с ним не было, пока его не выбросили из земли Исраэля.

И человек устремляется к Творцу, желая, чтобы Он приблизил его, снова ввел его в землю Исраэля, вывел его из животных

---

480 Выражение из трактата «Хагига», 5:2.

вожделений и дал ему удовольствия от человеческой пищи – от действий на отдачу, а не так чтобы его пропитанием была животная пища. Сказали об этом мудрецы[481]: «Когда Творец сказал Адаму: «терние и волчец произрастит она тебе»[482], – глаза его наполнились слезами. И он сказал: «Неужели я и мой осел будем есть из одной кормушки?» Когда же Творец сказал ему: «в поте лица своего будешь есть хлеб»[483], – сразу успокоился».

Выходит так, как будто Творец дал ему это знание, сказав: «терние и волчец произрастит она тебе». А пока Творец не сказал ему этого, он не видел, что его пропитание – лишь «терние и волчец», то есть лишь животная пища. Объяснить это можно вышеуказанным образом: к человеку пришло пробуждение свыше, и он вспомнил, что́ с ним было до прегрешения, на каких высоких ступенях он находился, – а с уходом из райского сада всё словно забылось.

Это означает, что Творец «сказал ему» – то есть получив от Творца пробуждение свыше, Адам вспомнил, что́ с ним было. И тогда начал ощущать страдания от того, что его выбросили из райского сада, и начал плакать: почему он находится на той же ступени, что и животное. Иными словами, его пропитание поступает лишь от того, что относится к себялюбию, и это называется «животной пищей». Поэтому «глаза его наполнились слезами, и он сказал: "Неужели я и мой осел будем есть из одной кормушки?"». Говоря иначе, неужели его еда – то, что его питает, – будет подобна животной пище, и он сможет извлекать удовольствие только из вещей, относящихся к себялюбию?

«Когда же Творец сказал ему: "в поте лица своего будешь есть хлеб", – сразу успокоился». Раши объяснил: «в поте лица своего» – «после того как много потрудишься над этим». Следует объяснить, что это за труды. Согласно науке каббала, если человек уже ощущает себя на ступени, подобной животному, в таком случае это ощущение должно дойти до уровня страданий, так

---

481 Трактат «Псахим», 118:1.
482 Тора, Берешит, 3:18.
483 Тора, Берешит, 3:19.

чтобы он пролил слезы о своем убогом и низком состоянии, – как сказали мудрецы: «глаза его наполнились слезами».

В результате страдания от того, что он чувствует себя подобным животному, придают ему сил, благодаря чему он хочет приложить большие старания, чтобы выйти из эгоизма, представляющего категорию животного, и заслужить человеческую пищу, которая означает, что теперь он уже способен наслаждаться действиями на отдачу.

Таким образом, в понятии изгнания следует выделить два аспекта:

1. Человек находится в изгнании, но не знает об этом. Напротив, ему хорошо и так, в текущем состоянии. Однако он ищет количественных добавок: больше денег, больше уважения и т.п. Знание же о том, что когда-то он находился на человеческой ступени под названием «земля Исраэля», представляющей «царство отдачи», – уже забыто его сердцем. Да и вообще, ему и в голову не приходит, что надо сменить пропитание, поскольку средства к существованию, которые он получает в эгоистические сосуды, зовутся «животной пищей» и их надо поменять, так чтобы у него появились мысли об отдаче.

Таким образом, человек питается лишь тем, что поступает в эгоистические сосуды, – и этот источник пропитания он менять не хочет. Вместо этого ему хочется менять то, что наполняет его сосуды себялюбия. Например, он хочет сменить квартиру, поскольку уже не извлекает удовольствия из нынешней и хочет другую. Ведь новой квартирой он сможет наслаждаться. Так же он меняет мебель, поскольку она не доставляет ему удовольствия, тогда как благодаря новой мебели его эгоистическому желанию будет чем насладиться. И тому подобное.

2. Однако он не хочет сменить свой **источник пропитания**, то есть решить для себя, что его пропитание будет поступать из источника, дающего удовольствие только сосудам отдачи. Это вообще не приходит ему на ум. Ведь известно, что получающий неспособен понять, как можно извлекать пропитание из отдачи. А дающий, наоборот, видя, что занимается получением, стыдится перед

самим собой делать подобные вещи, низменные в его глазах. Однако же в действительности, надо сменить источник пропитания. Ведь есть пропитание, дающееся эгоистическим сосудам, и оно поступает от сил скверны, – и есть пропитание, приходящее в сосуды отдачи из чистых миров.

Как следствие, согласно двум этим аспектам изгнания, возникает вопрос: кто побудит человека ощутить все-таки, что он находится в изгнании, вследствие чего он испытает страдания, желая выйти из него, как казано о египетском изгнании[484]: «И застенали сыновья Исраэля от работы, и возопили, и поднялся вопль их от работы к Творцу»? Следует сказать, что пробуждение это приходит от Творца. Чтобы они не остались в изгнании, то есть **в состоянии забытья**, Творец посылает пробуждение.

Таким образом, когда они чувствуют, что есть духовное, но оно умалено, об этом болит их сердце: почему Шхина в изгнании и почему у духовного вкус праха? Ведь когда они хотят работать ради отдачи, они не могут ценить эту работу как должно, чувствуя, что это работа духа, а не людей, подобных животным.

Наоборот, когда человек работает себе на пользу, он чувствует вкус в работе, а когда работает на Творца, не чувствует никакого вкуса. Иными словами, если, выполняя действие, он видит, что его эгоистическому желанию есть что получить, – награда подсвечивает ему во время работы и потому он чувствует в ней вкус. Но если, действуя, человек меняет намерение и решает, что действие это призвано не ради награды, – тотчас ощущает свою слабость: он неспособен прилагать усилия, и работа сразу же замедляется.

Таким образом, Творец как будто обращается к человеку и говорит: «Взгляни на свое низменное состояние: ты поистине подобен животному». И он начинает испытывать страдания от того, что лишен какого бы то ни было человеческого ощущения. Это больно ему, и он испытывает страдания и боль от того, что пребывает в изгнании под властью народов мира. Иными словами, он

---

484 Тора, Шмот, 2:23.

чувствует сейчас, что у него есть дурные вожделения, соответствующие семидесяти народам.

А прежде, чем это раскрылось ему, и он ощутил свою низменность, он жил в мире, полном благ, не чувствуя никакого изъяна из-за того, что находится в низменном состоянии. Он не ощущал это как низменность. Наоборот, он вел себя подобно остальным людям, все устремления которых сводятся к вожделениям, уважению, деньгам и т.п.

Однако сейчас, когда к нему пришло раскрытие от Творца и он видит, что подобен животному, а не человеку, – он испытывает страдания. Ведь если бы он мог выйти из изгнания, то радовался бы этому раскрытию. Однако, видя, что пребывает в изгнании, он не видит возможности выйти из него. В результате эти страдания расшатывают человека – он не знает, что делать. С одной стороны, он видит сейчас, что ему открылась истина – к какого рода людям он относится. Ведь есть люди, относящиеся к животному уровню, и есть люди, относящиеся к человеческому уровню. А если точнее, следует выделить три типа:

1. Есть люди, не имеющие никакого отношения к отдаче.
2. Есть люди, выполняющие принципы Торы, но ради награды.
3. Есть люди, работающие не ради награды.

Таким образом, с одной стороны, человек сейчас может быть счастлив тому, что видит истину: к какому типу людей он принадлежит и какой ступени должен стараться достичь. Но вместе с тем он испытывает сейчас боль и страдания от того, что видит, насколько он далек от слияния с Творцом. Иными словами, ему видно, что он неспособен ничего сделать ради Творца, но хочет за все свои дела получать награду. Что же касается желания на отдачу, он не видит, что у него будет возможность выйти из этого собственными силами.

Следовательно, человек стремится к тому состоянию, в котором он относился ко второму типу людей. Тогда у него были силы для работы, потому что ему подсвечивала награда. И, по его мнению, тогда он был близок к Творцу: постоянно говорил с Творцом, просил у Него вознаграждения за свою работу и чувствовал себя совершенным, ни в чем не испытывая недостатка, поскольку был уверен в оплате – ведь он выполнял веления Творца. А Творец, конечно же, видит, что немногие люди желают выполнять Его веления. И если человек действительно старается это делать, Творец непременно примет его во внимание и даст ему за это большую оплату.

Само собой, после такого расчета человек чувствует себя витающим в облаках. Глядя на весь мир, такие люди думают, что, конечно же, мир существует благодаря тому, что они соблюдают Тору, как сказали мудрецы: «Мир не может устоять без Торы»[485]. Выходит, тогда он поистине находился среди счастливейших в мире людей.

Теперь же человек вышел из второго состояния, и Творец высветил ему истину: главное в духовной работе – намерение доставить Ему удовольствие, а не личная выгода. Но человек видит, насколько он далек от истины, и ощущает обратное. Он думает иначе: «Вот если бы вместо намерения ло-лишма у меня было хорошее ощущение от того, что я лажу с Творцом: стараюсь прислушиваться к Нему насколько возможно, зовусь «служителем Творца», и, разумеется, всё обещанное нам Творцом вознаграждение уготовлено для меня – чего же мне еще недостает. И тем более, как только я пойду в намерении ради отдачи, сразу же достигну подъема».

Однако это не так. Сейчас, когда человек ощутил истину – то, что главное – работать во благо Творца, – он думает: «Разумеется, я должен радоваться тому, что встал на истинный путь, который поведет меня к сближению с Творцом. В таком случае мне бы следовало постоянно испытывать подъем духа и сказать: я вижу, что Творец жалеет меня и не дает мне трудиться впустую – напротив, все мои усилия теперь будут призваны к тому, чтобы достичь цели – слияния с Ним».

Однако человек чувствует себя сейчас в противоположном состоянии: у него нет той радости, которая была, когда он работал

---

485   Мидраш «Танхума», Дварим, 28:3.

ради награды. Потому как он видит, что теперь у него нет подмоги от тела – ведь он говорит телу: «Знай, что отныне и далее я не дам тебе никакой прибыли в работе, поскольку ты работаешь не для личной выгоды. Напротив, я хочу работать только на благо Творца». В таком случае тело не согласно давать силы для работы. И, как следствие, человек находится сейчас в низменном состоянии.

С другой стороны, прежде чем ему раскрылась истина, он постоянно испытывал подъем духа, поскольку видел, что с каждым днем добавляет дела и награда ему обеспечена.

Однако же теперь настал час истины: человек может поднять настоящую молитву к Творцу, чтобы Он вывел его из изгнания. Ведь прежде, чем человек получил раскрытие свыше, показавшее, что он пребывает в изгнании под властью эгоизма, не было возможности, чтобы Творец вывел его из изгнания, так как он еще не видел, что находится в изгнании под властью народов мира – что называется «желанием получать ради получения». А потому он не испытывал потребности в том, чтобы Творец удовлетворил его желание – вывел его и изгнания.

Таким образом, Творец дал человеку сосуд – потребность, а затем Он дает ему свет. Оба они приходят свыше: и свет, и сосуд.

Отсюда мы сможем объяснить слова Зоара о том, что говорит Творец прегрешившим сыновьям Исраэля: «Я накажу вас уходом в изгнание. А если скажете, что Я оставил вас, – «также Я» с вами». Мы спросили: как такое может быть, чтобы Творец ушел за пределы земли Исраэля в изгнание? Ведь «вся земля полна славы Его». Как же можно сказать, что Он уходит за ее пределы? А также мы спросили: что дает нам это наказание – уход в изгнание? Ведь, разумеется, всё, что Творец делает, – лишь на благо человеку. В таком случае, что человек выигрывает, уходя в изгнание под власть народов мира?

Исходя из вышесказанного, слова «вся земля полна славы Его» означают, что, с точки зрения Творца, в мире нет никаких изменений. Сказано об этом: «таков Ты до сотворения мира, и таков Ты после его сотворения»[486]. А все изменения происходят согласно уровню готовности получающих: насколько они способны направлять свою работу лишь на отдачу Творцу, настолько снимается сокращение и раскрывается свет, утаенный для низших. И тем самым низшие получают благо и наслаждение.

Это означает, что «народ Исраэля находится на своей земле», то есть ощущает, что Творец – это **земля Исраэля**. Говоря иначе, когда «народ Исраэля» находится на «земле Исраэля», тогда Творец называется по тому действию, через которое Он предъявляет Себя творениям, чтобы они узнали и познали Его, когда они подготовлены к этому. Если же они прегрешают и могут нанести ущерб – получить высшее изобилие и передать его эгоистическим силам, – тогда необходимо «вывести их из земли Исраэля». Иными словами, снова возникает сокращение, и свет уходит.

Это и означает, что они ушли из земли Исраэля, где находится место Малхут (царства) отдачи, зовущейся «Шхиной». Они уходят в изгнание под власть народов мира.

А исправление – выход из изгнания – состоит в следующем:

1. Прежде всего, не портить изобилие.
2. Во время изгнания Творец не оставляет их.

Как мы разъяснили выше, иногда человек пребывает в изгнании, но не знает, что это изгнание и что надо бежать из этого места, то есть из состояния, в котором он находится и получает пропитание. Место это называется «себялюбием». Однако если человек и испытывает страдания, то лишь потому, что не может удовлетворить требования народов мира, предъявляемые ему в силу их власти над ним. Иными словами, он не может наполниться всеми наслаждениями, относящимися к себялюбию.

Говорит об этом Зоар: «Если я изгоню тебя из земли, может случиться, что нападут на тебя дикие медведи или дикие волки, или убийцы – и изведут тебя из мира». То есть полностью изведут тебя из духовного мира, и ты останешься в одном лишь материальном мире, представляющем собой эгоизм.

---

[486] Из утренней молитвы Шахарит.

А потому, чтобы сыновья Исраэля не пропали в изгнании, Творец также уходит с ними – то есть **проявляется им в виде изгнания**. Ведь Творец зовется по действию, которое Он совершает. И поскольку сейчас Он посылает им категорию изгнания – так чтобы они ощутили себя в изгнании, – это значит, что Он уходит с ними в изгнание. Это ощущение Он посылает им, чтобы они не потерялись в изгнании окончательно, не чувствуя, что их выбросили из земли Исраэля и что они находятся сейчас под властью народов мира.

Теперь понятен ответ на заданный нами вопрос: какое исправление кроется в том, что Творец вывел их из земли Исраэля?

1. Чтобы не испортили то, чего достигли, – подобно тому, кто знает Господина и намеревается восстать. Иными словами, человек знает Творца, но не может пребывать в состоянии, устремленном только на отдачу.

2. Пребывая в изгнании, они почувствуют необходимость находиться в состоянии одной лишь отдачи, благодаря чему заслужат слияния с Творцом. То есть беды изгнания вернут их к Источнику.

Возвращаясь к вопросу о том, как понять, что «Творец ушел в изгнание»: поскольку Творец послал им вкус изгнания, это означает, что Он ушел из категории «доброй и желанной земли»[487] и дает им ту категорию, которая им во благо.

---

487 Из благословений после еды.

Нет собрания меньше десяти
Статья 28, 1986

Сказано в Книге Зоар[488]: «Рабби Эльазар открыл речь: «"Почему пришел Я – и нет ни человека?"[489] Насколько же любим Исраэль Творцом, что в любом месте, где они находятся, Творец пребывает среди них.

"Пусть сделают Мне Храм, и Я водворюсь среди них"[490] – потому что любой дом собраний в мире называется Храмом. "И Я водворюсь среди них" – потому что Шхина[491] заранее находится в доме собраний. Счастлив человек, оказавшийся среди десяти первых в доме собрания, потому что благодаря им восполняется собрание, включающее не менее десяти человек. Надо, чтобы десять человек находились в доме собраний одновременно, а не приходили по частям. Ведь все десятеро подобны органам одного тела, и в них пребывает Шхина. Ибо Творец создал человека единовременно, поместив в нем все органы вместе. Сказано об этом: "Он сделал тебя и упрочил тебя"[492]».

Следует разобраться в этих словах:

1. Что значит: «В любом месте, где находится Исраэль, Творец пребывает среди них»? Выходит, не требуется какое-то особое место. Но затем сказано: «Пусть сделают Мне Храм, и Я водворюсь среди них» – то есть именно в доме собраний.

---

488   Книга Зоар с комментарием «Сулам», гл. «Насо», п. 105-106.
489   Пророки, Йешаяу, 50:2.
490   Тора, Шмот, 25:8.
491   На иврите слова́ *Шхина* (שכינה) и *водворюсь* (ושכנתי) являются однокоренными.
492   Тора, Дварим, 32:6.

2. Из слов «пусть сделают Мне Храм, и Я водворюсь среди них» следует, что сначала нужна некая подготовка, создание Храма, и затем Он водворится – а не просто так.

3. В чем смысл вопроса: «Почему пришел Я – и нет ни человека?» Если Шхина заранее находится в доме собраний – само собой, пока еще никого нет.

4. Трудно понять слова: «Надо, чтобы десять человек находились в доме собраний одновременно, а не приходили по частям». Разве можно сказать, чтобы каждый, кто приходит в дом собраний, стоял снаружи и не входил, пока не соберутся десять человек, и затем они войдут все одновременно? Возможно ли такое? Мы никогда этого не видели. А раз так, что значит «не приходить по частям».

Чтобы понять эти слова, разъясним их в контексте духовной работы: с чего начинается порядок работы на отдачу не ради награды. Прежде всего, надо помнить о двух понятиях: «дающий» и «получающий». Это проистекает из желания Творца доставить благо Своим созданиям, вследствие чего Он сотворил их, чтобы они получали благо и наслаждение, которые Он желает им дать. Этот получающий – созданный Творцом сосуд, в который они получат благо и усладу, – называется «желанием получать удовольствие и наслаждение». Насколько он стремится к этому, настолько способен наслаждаться этим. Иными словами, сосуд, в который получают наслаждение, называется «стремлением».

И сосуды эти мы относим к Творцу. Сосуд, впервые получивший от Творца, называется «Малхут», или «четвертой стадией» – что означает **стремление получать благо и наслаждение**. Это «сосуд прямого света», который использовался до Сокращения, и зовется также «Малхут мира Бесконечности».

А затем было произведено исправление, чтобы не было чувства стыда. Ведь в созданной Творцом природе есть правило: ветвь желает уподобиться своему корню. Почему природа такова – мы не вправе спрашивать, поскольку о Творце Зоар говорит так:

«Мыслью не понять Его вовсе»[493]. Это значит, что низшие не могут постичь помыслы Творца.

Мы же говорим только о принципе: «Из Твоих действий познаем Тебя»[494]. Иными словами, речь идет только о проявляющихся перед нами действиях – о том, что мы видим и о чем можем рассуждать, но не о том, что предшествовало раскрывшемуся нам действию. Поэтому мы начинаем разговор с первой связи Творца с творениями – с Его желания доставить им благо. Нет возможности говорить о том, что было ранее, поскольку мы не постигаем Его самого и, как следствие, лишь видим, что, согласно природе, ветвь желает уподобиться своему корню.

Таким образом, получающий желает уподобиться корню по свойствам, а если остается получающим, то испытывает дискомфорт. И потому, чтобы исправить это, было произведено Сокращение: не желая получать ради получения, он будет получать, только если способен сделать это ради отдачи. Вследствие этого мы можем получать изобилие не с сосудом получающего желания, но именно с новым сосудом под названием «отраженный свет». Смысл в следующем: «прямой свет» – это изобилие, которое Творец дает низшим, а «отраженный свет» – это, наоборот, то, что низшие хотят дать Творцу.

Поэтому прямой свет идет «сверху вниз». Иными словами, Высший – Дающий, Творец – совершает отдачу низшим. А отраженный свет идет «снизу вверх». Иными словами, низший – получающий – хочет совершать отдачу Творцу. Этот сосуд – намерение ради отдачи – мы относим к низшему, так как он сделал это, чтобы исправить себя, поскольку хочет уподобиться своему корню. Наука каббала объясняет, что в мире Бесконечности Малхут получала свет в сосуд прямого света, то есть в сосуд, созданный Высшим, – тогда как сосуд отраженного света должен создать низший.

Вследствие этого исправления, требующего получать только в сосуды отраженного света, возникли миры и множество ступеней.

---

493 См. «Исправления по Зоару», Предисловие, 17:1.
494 См. порядок благословений в канун Судного дня, Песнь единства.

Поскольку сосуд этот происходит от низшего, завершить его можно не за один раз, а последовательно, по мере сил, которые есть у низших. Как следствие, поскольку возникло множество сосудов, постольку и света́ делятся на множество ступеней. Другое дело, когда свет светил в сосуде, получавшем ради получения, который мы относим к Творцу: этот сосуд Творец создал сразу в полном виде, и, естественным образом, тогда был простой единый свет, не дифференцированный по ступеням.

Сказано об этом в книге «Древо жизни»: «Знай, что прежде, чем были созданы создания и сотворены творения, простой высший свет наполнял всю реальность. Всё было одним простым светом, абсолютно ровным, и именно он называется Бесконечностью»[495]. Причина, как уже сказано, в том, что поскольку этот сосуд мы относим к Творцу и он был полностью завершен, постольку они получали единый свет, не дифференцированный по ступеням.

В отличие от этого, сосуд, который мы относим к низшим, не может завершиться за один раз. А вся работа, в которой мы должны усердствовать, призвана лишь для одной вещи и не более – создать сосуд под названием «отраженный свет». Смысл его в том, что низший хочет получать благо и наслаждение от Творца лишь потому, что желает совершать отдачу Ему. Это и называется «отраженный свет». И когда низший сознаёт, что у него нет никакого желания и стремления получать для себя, но он желает доставить удовольствие Творцу, тогда он делает расчет, проверяя, что он может дать Творцу, так чтобы тот насладился этим.

И тогда он видит, что может дать лишь одну вещь, которой Творец насладится. Ведь цель творения состоит в том, чтобы доставить благо Его созданиям, – то есть Творец желает дать творениям благо и наслаждение. А потому он решает: «Я хочу получать благо и наслаждение, так как желаю доставить удовольствие Творцу». И, конечно же, чем больше изобилия он может получить, испытывая от этого максимальное удовольствие, тем более наслаждается этим Творец.

---

495 См. Хаим Виталь, «Древо жизни», 1:2.

В пример можно привести человека, пригласившего к себе важную персону. Он трудился вместе с домочадцами весь день и всю ночь, чтобы важный гость насладился угощением. Эта трапеза стоила человеку больших усилий, и он сделал всё, чтобы гость получил удовольствие. В конце трапезы он спрашивает гостя: «Что вы скажете о нашем угощении? Доводилось ли вам когда-то отведать нечто подобное?»

Гость отвечает: «Скажу вам правду: мне неважно, чтó я ем. Я никогда не принимал в расчет удовольствие, которое можно извлечь из еды. Поэтому я не обратил бы внимание, если бы вы сделали трапезу попроще. Ведь я слышу от вас, что вы вложили в нее много труда». Само собой, услышав это, какое удовольствие может испытать хозяин, приготовивший для гостя большую трапезу?

Отсюда мораль: если человек получает благо и наслаждение от Творца из желания доставить Ему удовольствие тем, что он помогает Ему претворять в жизнь цель творения – Его желание доставить благо Своим созданиям, – и говорит при этом, что ему ничуть не приятно полученное от Творца благо и наслаждение, – в таком случае какое удовольствие человек доставляет Творцу, говоря, что в Его благе и наслаждении он не чувствует никакого вкуса и ему все равно?

Следовательно, если человек может каждый раз стараться повысить важность того, что получает от Творца, и оценить подарок Царя, – как следствие, он может сказать Творцу: «Я получаю от Тебя большое наслаждение, так как знаю, что только этим могу доставить Тебе удовольствие. Вот почему я хочу получать больше наслаждений».

Однако следует помнить, что после прегрешения Адам Ришон с Древом познания человек оказался в категории «праха»[496], став получающим ради получения. Это проистекло из нечистых миров АБЕА, как сказано в «Предисловии к Книге Зоар»[497]. И на человека возложено получать силы свыше посредством каббалистической

---

496 См. Тора, Берешит, 3:19. «Прах ты, и в прах возвратишься».
497 См. Бааль Сулам, «Предисловие к Книге Зоар», п. 25.

методики, чтобы обрести желание отдачи, представляющее категорию «Исраэль» (ישראל), что значит: **«прямо к Высшему»** (ישר-אל). В таком случае все его помыслы и желания призваны лишь доставить удовольствие Творцу. Если же у человека еще нет этого желания, то он пребывает в изгнании среди народов мира, принуждающих его работать лишь для себялюбия, – что называется: «получать ради получения». И это относится к силам скверны, а не к отдаче. Сказано об этом: «Будьте чисты, ибо Я чист»[498]. Иными словами, как Творец устремлен лишь на отдачу, так и вы всеми своими намерениями будьте только ради отдачи.

И наоборот, когда намерение человека не устремлено на отдачу, это означает противоположность категории Исраэль – что называется: **«прямо к народам мира»**, поскольку они противоположны по свойствам Творцу, желание которого обращено лишь на отдачу.

С другой стороны, если в этом месте властвует категория Исраэль (**«прямо к Высшему»**), представляющая подобие Творцу по свойствам, и другой власти там нет – тогда в этом месте водворяется Шхина, как сказано: «Везде, где Я упомяну Свое Имя, – приду к тебе и благословлю тебя»[499]. Иными словами, Творец говорит: «Если Я могу сказать, что в этом месте властвует только Мое Имя и на него не распространяется власть творения, поскольку низший желает лишь совершать отдачу Мне, тогда Я «приду к тебе и благословлю тебя» – то есть на это место Я водворю Свою Шхину (Свое присутствие)».

Отсюда понятен ответ на наш вопрос по Зоару о том, что везде, где находится Исраэль, Творец пребывает среди них: выходит, не требуется какое-то особое место. Но затем сказано: «Пусть сделают Мне Храм, и Я водворюсь среди них» – то есть именно в месте Храма, а не в любом месте.

Объясним: «в любом месте, где они находятся» – то есть везде, где **Исраэль**, что значит **«прямо к Высшему»**, находятся в подобии свойств Высшему. Как Творец дает милосердие, так и они

---

498   Тора, Ваикра, 19:2.
499   Тора, Шмот, 20:20.

желают лишь совершать отдачу Ему. Поскольку тогда имеется подобие свойств – в той же мере снимается Сокращение, и, как следствие, в этом месте пребывает Шхина.

Это и называется: «пусть сделают Мне Храм» – как сказано: «Будьте чисты, ибо Я чист». Таким образом, категория «Исраэль» и категория «сделают Мне Храм» – это одно и то же. Ведь создание Храма требует большой подготовки и работы, чтобы сделать это «место», представляющее собой желание. Как сказал Бааль Сулам, «местом» в духовном называется желание. Иными словами, чистое желание, призванное доставить удовольствие Творцу, называется «Исраэль» – **«прямо к Высшему»**.

Теперь разъясним третий вопрос о словах: «Почему пришел Я – и нет ни человека?» Ведь если он говорит, что Шхина заранее приходит в дом собраний, – само собой, там пока еще никого нет. В таком случае что значит: «Почему нет ни человека»?

Однако же сперва нужно понять, что значит «человек»[500]. Сказано о нем: «Счастлив человек, не ходивший по совету нечестивых»[501]. Иными словами, есть категория «человека» и категория «животного». «Животным» зовется тот, кто погружен в себялюбие и поступает по-животному. Таким образом, слова́ «почему пришел Я» означают: заранее предстал перед вами. Однако и это требует пояснения: как можно сказать, что Творец заранее пришел в дом собраний? Ведь «вся земля полна славы Его»[502]. В таком случае как понять, что Творец приходит в дом собраний раньше молящихся людей?

Объяснить это следует согласно прямому толкованию Бааль Сулама на слова: «Прежде чем воззовут, Я отвечу»[503]. Смысл в том, что когда человек идет молиться, это происходит потому, что Творец дал ему такую мысль и такое желание. Соответственно, слова́ «Я заранее пришел в дом собраний» означают: «Я дал ему желание прийти в дом собраний, чтобы быть человеком,

---

500 В данном случае на иврите используется слово איש (иш), а не אדם (адам).
501 Писания, Псалмы, 1:1.
502 Пророки, Йешаяу, 6:3.
503 Пророки, Йешаяу, 65:24.

а в итоге Я нахожу его в доме собраний молящимся эгоистически, подобно животному». Таким образом, словá «почему пришел Я» означают: «Почему Я дал ему желание пойти в дом собраний, чтобы молиться об отдаче, относящейся к категории Храма, и чтобы быть Исраэлем, – а в итоге «нет ни человека»? Напротив, Я вижу, что все молятся о животных нуждах».

Теперь разъясним наш вопрос о словах: «Надо, чтобы десять человек находились в доме собраний одновременно, а не приходили по частям». Мы спросили: означает ли это, что никто не должен входить в дом собраний, пока не соберутся десять человек, – и тогда они войдут все вместе? Разве мы видели нечто подобное? Книга Зоар приводит в подтверждение слова о том, что «Творец создал человека единовременно». И само это подтверждение тоже следует понять.

Чтобы объяснить это, прежде всего надо понять, почему в доме собраний должно быть именно десять человек – а иначе, выходит, что Шхина не может там пребывать. Зоар приводит обоснование: «нет собрания меньше десяти»[504]. И это тоже надо понять: почему именно десять, а не больше и не меньше? Иными словами, если там есть девять человек, они не называются собранием. А если есть одиннадцать, это ничего не добавляет – как сказано о правилах свидетельства: «двое как сто, и сто как двое»[505]. Но именно десять – как сказали мудрецы: «Где есть десятеро, там пребывает Шхина»[506].

Известно, что Малхут называется «десятой». Известно также, что получающий сосуд тоже называется по имени Малхут – десятой сферы, получающей высшее изобилие. Она зовется «желанием получать», и все творения происходят только от нее. А потому нет собрания меньше десяти: ведь поскольку все материальные ветви происходят из высших корней, постольку, согласно принципу «нет света, в котором не было бы десяти сфирот», собрание

---

[504] Книга Зоар с комментарием «Сулам», гл. «Насо», п. 107.
[505] Трактат «Шавуот», 42:1.
[506] Трактат «Санэдрин», 39:1.

в материальном не считается чем-то важным, если в нем нет десяти человек, по примеру духовных ступеней.

Теперь можно разобраться в понятии «десятеро», о котором Творец спрашивает: «Почему пришел Я – и нет ни человека?». Как мы уже сказали, речь идет о «человеке», а не «животном», что указывает на высшую Малхут, десятую сферу. Таким образом, надо молиться об изгнанной Шхине, которая в Зоаре зовется «Шхиною во прахе». В таком случае, если Творец не находит там десятерых, это означает: «Я заранее дал вам желание и побуждение прийти в дом собрания и поднять молитву об изгнанной Шхине, зовущейся «десятой» и представляющей десятую сферу, – и не нахожу того, кто молился бы за нее. Наоборот, Я нахожу, что все молятся о вещах, относящихся к животным, а не к людям».

Аналогичным образом следует объяснить слова: «Надо, чтобы все собрались одновременно, а не приходили по частям». Смысл в следующем: нужно принять высшую Малхут единовременно, а не говорить: «Сегодня я хочу взять на себя немного духовной работы – лишь пока нахожусь в доме собраний. А потом, когда уйду домой, я хочу наслаждаться эгоистически».

Тем самым человек говорит, что согласен уделить немного своего времени работе на отдачу, но не посвятить всё свое время одной лишь отдаче. Между тем, принимая на себя груз духовной работы, человек должен просить Творца, чтобы это осталось навсегда, а не только на то время, пока он находится в доме собраний. Вот что означают слова о том, что десятеро должны находиться в доме собраний одновременно, а не приходить по частям. То есть пускай человек не говорит: «Сейчас я приму на себя немного груза духовной работы, а потом еще намного». Наоборот, весь груз духовной работы надо принять единовременно – раз и на всю жизнь, – а не чуть-чуть сегодня и чуть-чуть завтра.

Соответственно, если груз духовной работы принимается полностью, то, пускай потом человек и опускается со своей ступени, но поскольку он принял этот груз полностью, по принципу «десятеро одновременно», то есть на всю свою жизнь, постольку «грошик за грошиком добавляются к большому счету»[507], пока он не заслуживает категории веры – высшей Малхут на постоянной основе.

С другой стороны, если человек принял на себя груз духовной работы лишь немного, то есть принял высшую Малхут только на время, а не насовсем, – в этом нет полноты. А раз так, каким образом его усилия будут собираться друг с другом в большой счет, пока он не заслужит постоянной веры? Следовательно, принимая на себя груз духовной работы, человек должен удостоверяться в том, что делает это полностью. Об этом и сказано: «чтобы находились в доме собраний одновременно» – то есть «раз и навсегда». Иными словами, он хочет принять духовную работу навеки.

---

507   См. трактат «Бава батра», 9:2.

Разница между намерениями лишма и ло-лишма

Статья 29, 1986

Люди, выполняющие принципы Торы, делятся на четыре типа.

Тип первый. Порой человек соблюдает субботу потому, что его обязывает к этому хозяин на работе. Допустим, у хозяина есть работник, нарушающий субботу, и он говорит этому работнику: «Если ты не прекратишь ее нарушать, я тебя уволю». В таком случае работник должен сказать, что будет соблюдать субботу, – иначе его уволят. Если другой работы нет, он обещает хозяину, что будет соблюдать субботу. Таким образом, он соблюдает субботу по принуждению хозяина.

Возникает вопрос: чью субботу человек соблюдает? Ту субботу, которую заповедал Творец? Следовательно, он выполняет веление Творца? Или же он выполняет веление хозяина, предписавшего ему соблюдать субботу? Ведь иначе у него не будет заработка. Но, согласно букве закона, он считается «соблюдающим субботу».

То же касается и остальных принципов Торы. Приведем другой пример: отец говорит сыну, что тот обязан выполнять принципы Торы, а иначе лишится его поддержки. Ведь отец знает, что без его поддержки у сына не будет средств к существованию. При этом отец, конечно же, обязан заботиться о том, чтобы сын выполнял принципы Торы. Здесь тоже возникает вопрос: чьи веления выполняет сын? Веления Творца, предписавшего выполнять принципы Торы? Или же он выполняет веления своего отца?

Однако, так или иначе, он относится к людям, которые соблюдают Тору.

Сказал об этом Рамбам[508]: «Кто увещевает другого, пускай сначала не говорит с ним жестко. Это относится к принципам, определяющим отношения между людьми. Однако, что касается отношений человека с Творцом, если втайне человек не передумал, его стыдят публично, разглашают его вину, бранят в лицо, позорят и проклинают, пока не встанет на правильный путь».

И здесь тоже возникает вопрос: чьи веления человек выполняет? Веления Творца или людей, которые его бранят? Однако же и здесь, в конечном счете, он считается «соблюдающим принципы Торы». Иными словами, если судить по самому действию, то к нему нечего добавить. Вопрос же стоит только о намерении: какая причина обязывает человека соблюдать принципы Торы?

Таков первый тип этого соблюдения.

Тип второй. Человек выполняет принципы Торы в силу воспитания, поскольку родился в ортодоксальной среде. Либо родился в другой среде, а затем попал в ортодоксальную, и она повлияла на него так, чтобы он выполнял принципы Торы. Причина, по которой он их выполняет, состоит в том, что ему дали понять: благодаря этому он обретет жизнь в этом мире, а также жизнь в мире грядущем.

А потом человек увидел, как уважают и ценят людей, тщательно выполняющих принципы Торы. Он видит, как относятся к тем, кто более ревностно молится и уделяет больше времени изучению Торы. Уважение, которым они пользуются, придает ему силы и импульс, становясь горючим, так что он тоже начинает ревностнее молиться и скрупулезнее выполнять каждый принцип и каждый жест. А также благодаря этому у него есть силы, чтобы уделять больше времени изучению Торы.

Таков второй тип соблюдения принципов Торы: человек хочет делать это по собственному выбору, понимая, что получит от Творца награду за выполнение Его велений. А вдобавок человек присоединяет другой мотив к причине, обязывающей его выполнять принципы Торы, – уважение, которое он видит по отношению

---

508 Рамбам, Мишне Тора, «Книга знания», «Законы поведения», 6:10, 6:12.

к тем, кто делает это усерднее других. Или же, помимо уважения к педантам, есть другие стимулы, которыми окружение обязует его больше работать: возможно, деньги и т.п. Неважно, что именно, но у него появляется дополнительная причина, по которой он должен выполнять принципы Торы.

Таким образом, с одной стороны, этот тип выше первого – ведь в данном случае человек выполняет веления Творца, поскольку верит в Него, тогда как человек первого типа не верит в Творца, а принципы Торы выполняет в силу знания – он знает о наказании. Например, хозяин хочет уволить его, и по этой причине человек принимает на себя соблюдение принципов Торы.

В отличие от этого, человека второго типа воспитали так, чтобы он верил в Творца и выполнял принципы Торы, поскольку Он предписал нам это. В таком случае награда и наказание не относятся к категории знания – напротив, человек должен верить в награду и наказание, в то, что Творец платит вознаграждение, как сказано[509]: «Верен твой Хозяин и оплатит тебе твои труды. И знай, что праведники будут вознаграждены в будущем». Таким образом, человек должен верить в награду и наказание.

С другой стороны, человеку первого типа не нужно верить в награду и наказание – напротив, они раскрыты взору. Иными словами, если он не послушается хозяина и не будет выполнять принципы Торы, то, безусловно, получит наказание: его уволят с работы, и он останется без заработка.

То же касается и слов Рамбама о том, что такого человека надо позорить и т.п. В этом случае он тоже не должен верить в награду и наказание, поскольку страдает от преследований, призванных к тому, чтобы он принял на себя выполнение принципов Торы. Это тоже другая категория, поскольку, фактически, человек выполняет веление хозяина, а не веление Творца. Поэтому он относится только к первому типу служения Творцу.

В отличие от этого, человек второго типа выполняет веления Творца, но только в сочетании с другим фактором – то есть

---

509 Трактат «Авот», 2:18.

учитывает еще одну причину, придающую ему топливо для выполнения принципов Торы: почести, либо деньги, либо прочие вещи. Иными словами, у него есть дополнительные резоны, по которым он выполняет принципы Торы. Сказали об этом мудрецы[510]: «Всякий, кто сочетает духовную работу с чем-то другим, искореняется из мира, как сказано: «Кроме одного лишь Творца»[511]».

Следует объяснить, что значит сочетать с духовной работой что-то другое. Согласно нашей методике, смысл в следующем: если человек принимает в расчет еще одну причину, обязующую его к выполнению принципов Торы, то он «искореняется из мира», поскольку причиной и фактором выполнения принципов Торы должен быть «один лишь Творец». То есть человек должен выполнять принципы Торы по велению Творца, не примешивая к этому еще какую-то причину.

Таким образом, главный недостаток подобного действия состоит в том, что человек подрывает намерение лишма. Ведь он должен соблюдать принципы Торы потому, что работает и выполняет веления Творца. Поскольку человек служит Творцу, постольку потом он просит Его заплатить вознаграждение за свою работу. И тогда человеку говорят: «Ты же работал и на других. Ведь были и другие, которые обязывали тебя работать на них. Так иди к ним, и пускай они заплатят тебе за работу, которую ты для них проделал».

В пример можно привести водителя, который работал в одной автобусной компании, а зарплату просит в другой. Но там не хотят выдавать ему зарплату, поскольку он работал не на них. Так же и здесь: человек требует, чтобы Творец выплатил ему вознаграждение за его работу, – и тогда ему говорят: «Ты ведь работал на людей, чтобы получить от них уважение или деньги и т.п. Так иди к ним, пускай они тебе заплатят». И действительно, они платят человеку согласно его трудам – уважают его и т.д.

---

510   Трактат «Сукка», 45:2.
511   Тора, Шмот, 22:19. «Да будет истреблен жертвующий богам – кроме одного лишь Творца».

В таком случае человек сочетает с Творцом что-то другое – иными словами, люди тоже обязуют его к работе. Тем самым он подрывает намерение лишма. Как следствие, это считается лишь вторым типом, и работа человека пока еще не чистосердечна, не совершенна и не чиста.

Тип третий. Человек работает только на Творца, а не на людей. Работает скромно, так что никто не знает, сколько он молится и сколько времени учится. В таком случае нельзя сказать, что в чем-то работа человека предназначена для окружающих, чтобы они отплатили ему за нее чем-либо. Напротив, он работает на одного лишь Творца – то есть все причины, обязующие его к выполнению принципов Торы, сводятся к тому, что он хочет выполнять желание Творца.

Однако же при этом человек работает ради вознаграждения – как сказал Рамбам: «Чтобы его не постигли бедствия, и чтобы получить награду в этом мире»[512]. Иными словами, чтобы Творец дал ему здоровье, заработок, хороших детей и т.п. Или же чтобы дал ему мир грядущий. Такова причина, придающая человеку топливо, чтобы он мог вести духовную работу. И потому это считается **работой в намерении лишма**. Ведь причина, побуждающая человека выполнять принципы Торы, – один лишь Творец. Он работает только на Творца и не сочетает это ни с чем другим.

Говоря иначе, у человека нет какого-то другого мотива для выполнения принципов Торы. И это уже относится к третьему типу, поскольку у него нет ни малейшего желания работать на кого-либо, кроме Творца. Однако причина, обязующая его выполнять веления Творца, проистекает из трепета, из страха перед наказанием, либо из любви – то есть из любви к вознаграждению.

Сказано об этом[513]: «Бывает, человек трепещет перед Творцом за своих сыновей, чтобы они жили и не умерли, либо трепещет перед телесным или денежным наказанием – и потому постоянно пребывает в трепете перед Ним. Получается, трепет, испытываемый им перед Творцом, человек не берет в основу, поскольку

---

512 См. Рамбам, «Мишне Тора», «Законы возвращения», 10:8.
513 Предисловие Книги Зоар с комментарием «Сулам», п. 190.

основа для него – собственная польза, а трепет – ее порождение. А бывает, человек трепещет перед Творцом из-за боязни наказания будущего мира и наказания ада. Два этих вида трепета – перед наказанием этого мира и перед наказанием мира грядущего – не являются основой и корнем трепета».

Как следствие, поскольку они не главное в трепете перед Творцом, мы относим это к **третьему типу**. И соответственно, **это называется работой в намерении лишма, так как человек работал на Творца и ни на кого больше.** Он не стал работать также на кого-то еще, чтобы другие дали ему уважение и тому подобное. Напротив, он предъявляет требование Творцу: «Я работал только на Тебя, и никто не знает, как я выполнял принципы Торы, поскольку я работал скромно. А значит, по закону, Ты должен оплатить мне мою работу».

Согласно этому следует объяснить слова мудрецов: «Кто дает монету на благотворительность, чтобы жили его сыновья, тот полный праведник»[514]. Причина та же – поскольку он выполняет веление Творца. Раз Творец предписал нам давать на благотворительность, то человек дает. Выходит, в таком даянии нет никакого недостатка – ведь человек выполняет принцип Торы с намерением лишма, ради Творца, и никто другой не обязует его к подаянию. Человек просит оплату у Творца, чтобы Он заплатил за выполнение принципа Торы и за усилия, приложенные для Него, а не для кого-то другого. Это отличается от второго типа, когда в деле участвуют и другие – внешние люди, тоже подвигающие человека к тщательному соблюдению принципов Торы.

Об этом и сказано: «Кто говорит: «Эта монета на благотворительность – для того, чтобы жили мои сыновья, или чтобы я обрел будущий мир», тот полный праведник»[515]. А Раши объяснил: «"полный праведник" именно в этом. Они не сказали, что человек действует с намерением ло-лишма. Напротив, он выполняет веление Творца, предписавшего давать на благотворительность,

---

514 См. трактат «Псахим», 8:1-2.
515 Там же.

даже если имеет при этом в виду самонаслаждение – заслужить тем самым будущий мир, или чтобы жили его сыновья»[516].

Отсюда следует, что хотя человек просит оплату за выполнение принципа Торы – чтобы жили его сыновья или чтобы получить в награду за это будущий мир, – он праведник. Причем желание обрести будущий мир – это тоже желание награды, аналогичное тому, чтобы жили его сыновья. Об этом говорит Зоар, как сказано выше: хочет ли человек за выполнение принципов Торы оплату в этом мире или в мире грядущем – это не главное в трепете. Ведь мотивом к действию является личная выгода, а не Творец. И все равно сказали мудрецы: «это полный праведник». Как объясняет Раши: поскольку человек выполняет веление Творца, предписавшего давать на благотворительность, даже если имеет в виду самонаслаждение, называется «полным праведником».

Как мы объяснили, поскольку человек работает по велению Творца, предписавшего выполнять принципы Торы, и никто другой не обязует его к этому, его намерение называется «лишма», согласно трактовке Раши. Выше мы привели в пример человека, который работал на одного, а оплату просит у другого. Это, конечно же, называется «ло-лишма». Ведь он одновременно работал на других, что означает намерение ло-лишма. И это – **второй тип.**

(Я слышал, что некоторые хотят найти оправдание словам мудрецов: «Кто говорит: "Эта монета на благотворительность – для того, чтобы жили мои сыновья", тот полный праведник». Ведь тем самым человек ставит условия при выполнении принципов Торы. Поэтому они хотят сказать, что сначала это было записано аббревиатурой צ"ג, а потом, когда писали развернуто, вывели из аббревиатуры выражение полный праведник (צדיק גמור). Однако же ошиблись в толковании, поскольку аббревиатура צ"ג означает большое подаяние (צדקה גדולה), а не полный праведник. Но это, видимо, не так, поскольку нельзя объяснить тем самым второй мотив: «или чтобы я обрел будущий мир». Ведь желая будущего

---

516   Комментарий Раши к трактату «Псахим».

мира, человек тоже имеет в виду самонаслаждение – так же, как желая, «чтобы жили его сыновья».)

Третий же тип означает, что человек работает в силу веления Творца. Он предписал нам через Моше выполнять принципы Торы, и мы просим у Него оплату, поскольку работали только для Него – в силу Его веления, а не других факторов. И потому это называется «лишма». Но это только третий тип.

Тип четвертый. Человек выполняет принципы Торы не ради награды. Сказали об этом мудрецы[517]: «Антигон из Сохо получил Тору от Шимона-праведника. Он говорил: "Не будьте как те рабы, которые служат господину ради награды, а будьте как те рабы, которые служат господину не ради награды. И пусть пребудет на вас трепет перед Творцом"».

Следовательно, именно намерение не ради награды называется «ради Творца», о чем говорят заключительные слова: «пусть пребудет на вас трепет перед Творцом». Отсюда следует, что истинный трепет перед Творцом – именно в намерении лишма, без всякой награды. Иными словами, человек не имеет в виду самонаслаждение, но намеревается лишь доставить удовольствие Творцу. Это называется чистым намерением лишма, без всякой примеси самонаслаждения. И это **четвертый тип**.

Однако есть известный вопрос: разве у Творца имеется потребность и Ему нужно, чтобы творения работали только для Него и ни в чем для себя самих – лишь бы полностью служить Ему без всякой примеси самонаслаждения? Если же они хотят тоже наслаждаться своей работой, то она негодна и не принимается наверху как выполнение принципов Торы, достойное предстать перед Царем? Какая разница Творцу, если человек тоже немного насладится работой?

Ответ известен: нужно подобие свойств, чтобы не было чувства стыда. Ведь таково правило: ветвь желает уподобиться своему корню. Творец является Дающим, и потому, когда человек должен получить что-то от кого-то, он чувствует в этом дискомфорт.

---

517 Трактат «Авот», 1:3.

Выходит, сокращение и скрытие, произведенные на наши сосуды получения, чтобы мы не работали ради награды, призваны нам во благо. Иначе не было бы никакой возможности для выбора. Иными словами, человек никогда не смог бы выполнять принципы Торы ради отдачи – поскольку не в его силах было бы преодолеть наслаждение, ощущаемое в принципах Торы, если бы не сокращение и скрытие. Ведь, как известно, чем больше наслаждение, тем труднее от него отказаться.

А потому нам даны материальные наслаждения, в которых кроется лишь тончайший свет, называемый в Зоаре «тонкой подсветкой» и упавший в силы скверны при разбиении сосудов. А также после прегрешения Адам Ришон с Древом познания к ним добавились чистые искры. И за этими наслаждениями гонятся все создания, пытаясь их достичь. Все войны, убийства, кражи и т.д., которые есть в мире, вызваны тем, что каждый стремится получить наслаждение.

Нам предназначено преодолевать эти удовольствия, получая всё ради Творца. Но человек видит, как трудно выходить из себялюбия и отказываться от малых услад. А потому, если бы не было сокращения и было раскрыто настоящее наслаждение, кроющееся в Торе и ее принципах, – разумеется, у человека не было бы никакой возможности отказаться от удовольствий, решив, что он выполняет Тору и ее принципы из желания доставить удовольствие Творцу.

Однако человек не может согласиться на это и выполнять Тору и ее принципы без всякого удовольствия и наслаждения. Ведь такова наша природа – мы родились с сосудом под названием «желание получать удовольствие и наслаждение». Как же можно работать без всякой оплаты?

Однако же нам предоставлена одна возможность, позволяющая работать без всякой оплаты. Пускай даже мы не ощущаем больше вкуса в Торе и ее принципах по причине Сокращения, но есть одно средство – работать в величии Творца, считая для себя огромной привилегией служение Царю.

Это как раз заложено в нашей природе: малый склоняется перед великим, и у него есть силы и топливо для работы ради того, кто признан поколением и считается важным и почитаемым в мире. В мере этой важности человек испытывает удовольствие от того, что служит ему. И такое удовольствие можно получать. Ведь если человек получает удовольствие от отдачи, это не «отдача ради получения».

«Дающим ради получения» считается как раз тот, кто желает оплаты за свою службу кому-либо. Например, человек работает на заводе и знает, что хозяину приятно, когда работники обеспечивают производительность. Чем больше обычного чья-то выработка, тем приятнее хозяину. А потому человек старается выдавать больше продукции, чем другие, чтобы хозяину было приятно. Но потом он хочет, чтобы хозяин оплатил старания доставить ему удовольствие. В таком случае, с одной стороны, человек дает, а с другой, хочет оплаты. Это называется «отдачей ради вознаграждения».

Другое дело если человек, состоящий на службе у царя, говорит ему: «Я не хочу никакой оплаты за службу, поскольку наслаждаюсь ею самой и не испытываю недостатка ни в каком вознаграждении. Ведь я чувствую: всё, что ты дашь мне за мою службу тебе, нанесет ей урон. Наоборот, я хочу одной лишь службы. Не давай мне никакой оплаты. В этом мое наслаждение, поскольку для меня большая честь – право служить царю».

Разумеется, он не может сказать, что отдает ради получения. Ведь он не желает за это никакой оплаты. Почему не желает? Потому что испытывает большое наслаждение от службы царю. Таким образом, это называется: отдавать ради отдачи кому-то важному. А важность царя измеряется для человека степенью наслаждения от службы ему. И чем важнее царь, тем больше наслаждение. Ведь не одно и то же – служить величайшему человеку в городе, или величайшему человеку в стране, или величайшему человеку в мире.

И это называется **«истинной отдачей»** – когда человек испытывает наслаждение от самой отдачи. Ведь в основе своей отдача была обусловлена подобием свойств: как Творец является Дающим, так и творения хотят быть дающими. И, конечно же, следует сказать, что Творец испытывает удовольствие от того, что Он дает.

Таким образом, если творение совершает отдачу Творцу и не испытывает удовольствия, – безусловно, здесь пока еще нет подобия свойств. Ведь Творец испытывает удовольствие, когда совершает отдачу низшим. Иными словами, действие по отдаче доставляет удовольствие. Если же человек должен получить что-либо за то, что делает, – это изъян в действии, свидетельствующий о его неполноте. Чтобы достичь полноты, надо добавить что-то – получить немного в оплату за действие, тогда как само по себе оно не столь важно.

Истина в том, что если человек хочет сделать что-то ради отдачи Творцу, он должен стараться испытать как можно больше удовольствия. Ведь наслаждение от действия по отдаче придает ему ценность. Из любых действий, которые человек хочет выполнить, он прежде всего отдает предпочтение наиболее важным для себя. А при выборе самого важного он руководствуется тем, что доставит ему наибольшее наслаждение.

Таким образом, если человек хочет придать важность действию ради Творца, он может сделать это, только получив максимум наслаждения. Иными словами, если человек может стараться, испытывая большое наслаждение, то знает, что он доставляет сейчас большое удовольствие Творцу – тем, что совершает Ему отдачу, выполняя Его предписания.

У человека есть желание порадовать Творца, но он не знает, что́ Ему дать, так чтобы Он получил удовольствие. Однако же Творец открыл нам, что Он дает нам Тору и ее принципы и, если мы выполняем их, Он испытывает удовольствие. Поэтому, конечно же, мы рады, так как знаем теперь, что́ можно сделать для Него. И мы видим, что нам дано благословение, которое мы произносим, выполняя принципы Торы: «Благословен Ты, Творец, дающий Тору»[518].

---

[518] Благословение, которое произносят перед чтением отрывков из Торы и в других случаях.

Мы благодарим Творца за то, что Он нам дал. Возьмем, к примеру, предписание о шатре[519]: все мы рады тому, что Он указывает нам, чтó сделать, чтобы доставить Ему удовольствие, и нам не надо искать вещи, которые Его порадуют. Однако же вопрос в том, как мы можем усилить свое наслаждение, выполняя принципы Торы?

Ответ: у нас есть лишь один способ – **стараться осознать величие Творца. Иными словами, выполняя принципы Торы, мы хотим в оплату ощутить величие Творца**. Все наши молитвы должны быть призваны к тому, чтобы поднять Шхину из праха, – поскольку Творец скрыт от нас вследствие сделанного Сокращения, и мы неспособны ценить Его важность и величие.

Поэтому мы молим Творца, чтобы Он снял с нас Свое сокрытие и возвысил Тору. Сказано в молитве[520]: «Дай славу Своему народу». Это означает: дай славу Творца Своему народу, чтобы они ощутили славу Царя.

А потому человек должен прикладывать старания и не во время учебы забывать о цели – так чтобы она всегда стояла перед ним: он хочет, чтобы учеба придавала ему осознание величия и важности Творца. А также, реализуя принципы Торы, человек должен не забывать о намерении: благодаря выполнению принципов Торы Творец снимет с него сокрытие, царящее над духовным, и он получит ощущение величия Творца.

Однако выполнять принципы Торы с намерением заслужить тем самым сближением с Творцом, дабы постичь Его величие и суметь доставить Ему удовольствие в силу Его важности, так чтобы это было наградой для человека, и он не стремился ни к какой другой оплате за свое служение, – это трудная работа. И тело не согласно работать с таким намерением.

Сказано в Книге Зоар[521]: «Доблестные люди блуждают из города в город, и их не щадят. Большой сброд предает их проклятию

---

519 Имеется в виду предписание жить в шатрах на праздник Суккот. См. Тора, Ваикра, 23:42.
520 Молитва восемнадцати благословений на Рош а-шана.
521 Книга Зоар с комментарием «Сулам», гл. «Насо», п. 103-104.

в своей среде, и во многих местах выделяют им лишь самую малость, так чтобы не могли подняться из состояния упадка даже на краткое время. Все мудрецы и доблестные, богобоязненные люди испытывают горести в тяготах и скорби, и презираемы, словно псы. «Сыны, сравнимые с чистейшим золотом, стали как глиняные кувшины»[522], выставленные на всеобщее обозрение. А те, кто относится к большому сброду, богаты, безмятежны, веселы, вовсе не знают ни горя, ни печали. Это грабители, взяточники, и они же – судьи, вожди народа и т.д.»

Из слов Зоара мы видим, что он проводит разделение: с одной стороны, мудрецы и доблестные, богобоязненные люди – с другой, судьи и вожди народа, представляющие большой сброд[523]. При этом мудрецы и доблестные, богобоязненные люди испытывают горести и тяготы, тогда как судьи и вожди народа богаты, безмятежны и веселы. Почему? Потому что они относятся к большому сброду.

Следует разобраться в том, что такое «большой сброд» (эрев рав). Ведь поскольку они относятся к этой категории, постольку веселы, безмятежны и т.д. Как мы знаем, в споре с Яаковом Эсав сказал: «У меня есть многое (рав)»[524]. А Яаков ответил: «У меня есть всё»[525]. И надо понять, в чем разница между **многим** и **всем**.

Известно, что сфира Йесод (букв. «основа») называется «всё» и является категорией праведника[526]. Сказано об этом[527]: «Тебе, Творец, принадлежит величие, и могущество (Гвура), и великолепие (Тиферет), и вечность (Нецах), и красота (Ход)»[528]. Ибо «всё» – это Йесод, основа. И праведник, зовущийся «основой», только отдает. Сфира Йесод отдает Малхут, как известно из Зоара. Таким

---

522 См. Писания, «Эйха», 4:2.

523 Большой сброд, или великое смешение – смешанные эгоистические силы, вышедшие с народом Исраэля из Египта. См. Тора, Шмот, 12:38.

524 Тора, Берешит, 33:9.

525 Тора, Берешит, 33:11.

526 См. Писания, Мишлэй, 10:25. «Праведник – основа мира».

527 Писания, Диврей а-ямим, I, 29:11.

528 Здесь перечисляются сверху вниз четыре сфирот, лежащие над Йесодом: Гвура, Тиферет, Нецах и Ход.

образом, уровень Йесода – это праведник, который ничего не берет для себя и все дела которого, наоборот, призваны только ради отдачи.

И, разумеется, когда человек приступает к работе, чтобы стать праведником, то есть не получать никакой оплаты для себя и всё делать только для того, чтобы доставлять удовольствие Творцу, тогда тело не согласно и строит ему помехи. Оно делает всё, что в его силах, чтобы помешать человеку в его работе. В таком случае человек этот постоянно испытывает страдания, и нет ему покоя от состояния, в котором он пребывает. Ведь он видит, что еще не достиг отдачи Творцу и не в силах совершать все свои дела с намерением на отдачу.

И потому человек постоянно страдает – из-за страданий Шхины, которая пребывает в изгнании. Ему больно: почему он в силах работать эгоистически, а если не видит никаких выгод для своего эгоистического желания, то небрежен в своей работе?

Как следствие, спустя некоторое время, вложив старания в работу и желая увидеть, что он немного приблизился к Творцу, человек раз за разом осознаёт истину о себе: на самом деле он далек от слияния с Творцом. Иными словами, что касается подобия свойств по принципу «Как Он милосерден, так и ты милосерден»[529] – дела обстоят с точностью наоборот. Раньше он думал, что хочет доставить удовольствие Творцу, так чтобы и ему самому досталось немного, и надеялся получить оплату за свою работу – как оплату этого мира, так и оплату мира грядущего. Теперь же он видит: у него нет никаких сил, чтобы действовать на благо Творца, – напротив, всё ради получения для себя, а вовсе не ради отдачи.

Тем самым человек видит сейчас, что он хуже, чем был в начале работы. Приступая к работе, он относился к третьему типу из перечисленных выше и испытывал радость и умиротворение, поскольку знал и верил, что с каждым днем его имущество пополняется до больших размеров. Ведь он ежедневно совершал добрые дела, и потому на его счет поступала оплата за каждое из них. Эта вера, само собой, придавала человеку радость и

---

529 См. трактат «Шаббат», 133:2.

умиротворение, так как он видел, что продвигается в работе и его имущество разрастается день ото дня.

С другой стороны, теперь, когда человек перешел из третьего типа и приступил к работе четвертого типа – не ради награды, – он испытывает горести и тяготы, поскольку поверяет себя сосудом отдачи: сколько он уже обрел от этого сосуда.

И тогда человек обнаруживает обратное. Ежедневно вкладывая силы и желая сблизиться с Творцом, так чтобы у него было желание отдачи, он видит, что в действительности с каждым днем всё больше отдаляется от Творца.

Сказал Бааль Сулам: почему человек видит, как отдаляется? Ведь каждый день он совершает добрые дела, и, по идее, они должны были приближать его? Сказали об этом мудрецы: «Я создал злое начало и создал Тору как приправу»[530]. В таком случае почему человек, приступивший к работе на отдачу, видит, что с каждым днем он становится хуже? И сказал Бааль Сулам: это не так. На самом деле человек не откатывается каждый день вспять, как ему кажется. Напротив, каждый день он идет вперед. А себя видит всё более скверным потому, что сначала должен человек увидеть ложь и зло, а затем сможет исправить их.

К примеру, человек собирается заделать дыру с трещиной в здании и полагает, что ее размер – 20 сантиметров. Он работает, прикладывает усилия и в итоге обнаруживает, что ему надо заделать еще 20 сантиметров. Таким образом, пока человек не видит реального изъяна, он работает тщетно – то есть ничего не исправляет.

Мораль: полагая, что зло в нем составляет, допустим, один килограмм, человек хочет исправить его и приступает к делу. Однако затем он обнаруживает еще килограмм зла. Выходит, он еще ничего не исправил. С другой стороны, если он видит всю меру зла в себе и исправляет его, тогда это называется «полным исправлением».

---

530   Трактат «Кидушин», 30:2.

Поэтому сказал Бааль Сулам, что, каждый день работая на отдачу, человек всё больше приближается к истине – видит размеры зла в себе. В темном доме не видно грязи и мусора, но если внести туда свет, грязь и мусор становятся видны.

Аналогично, когда человек начинает реализовывать принципы Торы на пути отдачи, это с каждым разом дает ему всё больше света, чтобы увидеть истину – каковы размеры зла в нем. Таким образом, с каждым днем он продвигается вперед, пока не раскрывает в себе зло в полной мере. Тогда он начинает исправлять себя, происходит полное исправление, и человек может потом внести в свои сосуды благо и наслаждение, которые Творец задумал дать Своим созданиям. Сказано об этом, что цель творения – доставить благо созданиям Творца.

Проиллюстрировать это можно на исходе из Египта. Как сказал Ари, в то время народ Исраэля пребывал в 49 вратах скверны, пока не раскрылся им Творец и не вызволил их. В связи с этим все задаются вопросом: можно ли говорить такое о народе Исраэля, который слышал от Моше и Аарона о миссии Творца, пославшего их, чтобы вывести собратьев из Египта? Как объясняет Ари, **суть египетского изгнания в том, что изгнана была важность духовного**. А Моше и Аарон пообещали народу Исраэля, что, выйдя из изгнания, он вступит в духовное. Сказано об этом: «Я Творец ваш, который вывел вас из земли египетской, чтобы быть вам Всесильным»[531].

В таком случае, по логике вещей, с каждым днем они должны были восходить по духовным ступеням. В особенности, при виде десяти египетских казней. И все же Ари говорит, что при исходе их Египта народ Исраэля пребывал в 49 вратах скверны.

Однако же, как сказано выше, с каждым днем они **поднимались по ступеням истины**, приближаясь к тому, чтобы увидеть размеры зла в своих сосудах получения. Когда пришли Моше и Аарон, чтобы сказать им, что надо выйти из египетского изгнания, которое представляет эгоистические силы, подпитывающиеся от духовного, как сказал Ари, народ Исраэля начал отдаляться

---

531   Тора, Бемидбар, 15:41.

от них, и тогда эгоизм Египта начал сражаться с ним всей своей мощью.

Иными словами, клипа́ Египта давала народу Исраэля понять, что не стоит выходить из себялюбия. А о работе на отдачу ему давали понять, что это трудно и что нет смысла работать задаром. «Так или иначе, вы этого не достигнете, потому что для этого нужны особые силы». И сколько бы народ Исраэля ни укреплялся от Моше и Аарона, египетская клипа ослабляла его.

До такой степени, что раз за разом ему приходилось преодолевать приходившие на ум доводы египтян, которые давали понять, что это не их доводы, **так чтобы народ Исраэля думал, что мысли эти – его собственные**. Сказано об этом: «Как бы человек ни возвышался над другими, его начало возвышается над ним»[532].

Смысл в следующем: по мере их духовного укрепления настолько же вырастали и силы эгоизма напротив них. Согласно силе их желания сбежать – в той же мере вторая сторона обязана прилагать больше сил, чтобы удержать их в своей власти и предотвратить побег.

Таким образом, на самом деле народ Исраэля с каждым днем всё настойчивее приближался к духовному. В подтверждение тому: если сказано, что он пребывал в 49 вратах скверны, причина в том, что он уже поднялся через 49 врат отдачи и потому необходима была также противоположность духовного – 49 врат скверны.

Однако пока человек не закончил работу и не вышел из-под власти эгоизма, он не видит, насколько вступил в духовное. Напротив, каждый раз он видит лишь, что отдалился еще больше, поскольку противоположность духовного раскрывает кроющееся в нем зло. А пока нет света отдачи, человек неспособен разглядеть свое зло в его подлинном виде. Лишь когда есть свет, можно увидеть грязь в доме.

Отсюда следует, что человек не может знать, какое состояние для него хорошо. Возможно, он ощущает себя в падении, видя,

---

532   Трактат «Сукка», 52:1.

что полностью лишен устремления к отдаче и что сейчас он стремится к себялюбию, скажем, больше, чем вчера. В таком случае, само собой, ему представляется, что во вчерашнем состоянии, глядя на людей, заботящихся о материальных нуждах и удовлетворении своих эгоистичных желаний, он держался от них подальше, не в силах видеть, как взрослые, разумные люди унижают себя, оказываясь в столь презренном состоянии. Теперь же человек видит, что он один из них и нисколько не стыдится ощущать свою низость. Напротив, это для него обычная вещь, как будто он никогда и не помышлял о духовном.

Чтобы лучше понять это, приведем пример. Иногда под утро, когда человек должен встать и его будит будильник или кто-то другой, он чувствует, что должен встать для работы на Творца, проникается ее важностью и потому тотчас живо встает. Осознание важности служения Творцу придает ему сил, чтобы быстро встать.

Тогда, конечно же, человек находится в состоянии подъема. Иными словами, не материальное придает ему силы для работы, а духовное – он чувствует, что сейчас у него будет связь с Творцом, какая угодно, и этого ему достаточно, чтобы получить силы для работы. Тогда человек не помышляет ни о чем, кроме Творца, и чувствует, что сейчас он, что называется, жив. И, само собой, он ощущает себя на подъеме.

По правде, человек не может определить свое состояние, когда чувствует, что далек от духовного. Иными словами, если он хочет идти путями отдачи, то должен понимать, что свыше ему послали особое средство – опустили из прежнего состояния, чтобы он действительно задумался о цели: чего хотят от человека и чего человек хочет о Творца. В отличие от этого, когда он находится на подъеме, то есть хочет выполнять принципы Торы, тогда ему нет никакой надобности заботиться о духовном – напротив, он хотел бы оставаться в таком состоянии всю жизнь, поскольку так ему хорошо.

Таким образом, полученное падение идет человеку на пользу. Это особое средство: его опустили из прежнего состояния, в котором он думал, что уже обрел немного совершенства. Это заметно по тому, что он был согласен оставаться в текущем состоянии всю жизнь.

С другой стороны, теперь, видя, что он далек от духовного, человек задумывается: «Чего на самом деле от меня хотят? Что на меня возложено? Какой цели я должен достичь?» Он видит, что у него совсем нет сил для работы, и обнаруживает себя «подвершенным меж небом и землей». И укрепиться он способен лишь тем, что только Творец может ему помочь, тогда как сам он потерян.

Сказано об этом[533]: «надеющиеся на Творца обновят силы». «Надеющиеся на Творца» – это люди, которые видят, что нет никого иного в мире, кто способен помогать им с каждым разом набираться новых сил. Следовательно, это падение – как раз подъем. Иными словами, когда они испытывают его, это позволяет им подняться ступенью выше. Ведь нет света без сосуда.

Таким образом, когда человек думал, что он на подъеме, у него не было никакой потребности, чтобы Творец внес в нее что-то. Ведь его сосуд был полон, и там не оставалось места для чего-либо еще. С другой стороны, теперь человек ощущает себя в падении, а потому начинает видеть свои недостатки и основные причины, мешающие ему достичь слияния с Творцом. И тогда он знает, какой помощи просить у Творца. Ведь он видит тогда истину, подлинную помеху.

Следовательно, человек не может сказать, что Творец отдалил его от духовной работы и что в подтверждение тому он находится в состоянии падения. Иными словами, что Творец отстранил его от работы и не желает, чтобы он работал на Него. Это неверно. Наоборот, Творец желает приблизить человека, а когда он чувствовал себя на подъеме, это было невозможно, поскольку у него не было сосудов.

Чтобы дать человеку сосуды, Творцу необходимо вывести его из текущего состояния и ввести в другое, в котором он сам ощутит недостаток. И тогда Творец может оказать ему помощь свыше, как

---

[533] Пророки, Йешаяу, 40:31.

сказали мудрецы: «Кто пришел очиститься, тому помогают»[534]. И спрашивает Зоар: «Чем ему помогают? Чистой душой»[535]. Иными словами, человеку дают почувствовать, что душа – это «часть Творца свыше»[536]. Тогда он вступает в духовное и может идти со ступени на ступень, пока не восполнит свою душу тем, чего недостает ей для исправления.

Отсюда следует:

Первый тип: причина, ведущая к выполнению принципов Торы, – **окружающие люди**.

Второй тип: **Творец в сочетании с окружающими людьми** – вот факторы, обязующие человека к выполнению принципов Торы.

Третий тип: **только Творец** обязует к выполнению принципов Торы. Окружающие не обязуют к этому, но **сам человек тоже** является фактором.

Четвертый тип: **только Творец** является фактором выполнения принципов Торы, **и нет никакого другого участника**, обязующего к этому. Это называется: «ради одного лишь Творца»[537]. И это называется «большой сброд в духовном».

---

534 Трактат «Йома», 38:2.
535 Книга Зоар с комментарием «Сулам», гл. «Ноах», п. 63.
536 Писания, Иов, 31:2.
537 Тора, Шмот, 22:19.

Клипа предшествует плоду
Статья 30, 1986

Сказано в Книге Зоар[538]: «Разве Творец желал дать первенство Исраэлю незаконным путем[539]? Эсав являлся свойством клипы и другой стороны. Известно, что клипа (оболочка) предшествует сердцевине, и потому он вышел первым. После того как вышла клипа и устранилась, раскрылась сердцевина. Первая крайняя плоть, Эсав, находилась снаружи, и потому он вышел первым. Союз обрезания, который ценнее всего, – то есть Яаков – раскрылся потом. И потому ранний выход Эсава не считается первенством, так как он является клипой и крайней плотью, и не идет ни в какое сравнение с сердцевиной и союзом обрезания. А первым он вышел по той же причине – так как клипа предшествует плоду».

Следует понять, для чего Книге Зоар объяснять это. Ведь мудрецы уже ответили на этот вопрос[540]: «Сказал рабби Ицхак: следовало бы начать Тору со слов "месяц этот для вас"[541], поскольку это первое предписание, заповеданное народу Исраэля. Почему же она начинается со слов "Вначале..."[542]? Потому что тем самым "могущество Своих дел показал Он Своему народу, дав ему наследие народов"[543]. И если скажут народы мира Исраэлю: "Вы разбойники, захватившие земли семи народов", те ответят: "Вся земля принадлежит Творцу. Он создал ее и дал тем, кто был Ему угоден.

---

538 Книга Зоар с комментарием «Сулам», гл. «Балак», п. 15.

539 Речь идет о продаже Эсавом своего первородства Яакову (Исраэлю). См. Тора, Берешит, 25:31-34.

540 Комментарий Раши к Торе, гл. «Берешит», 1.

541 Тора, Шмот, 12:2. «Месяц этот для вас – начало месяцев».

542 Тора, Берешит, 1:1. «Вначале сотворил Творец небеса и землю».

543 Писания, Псалмы, 111:6.

По Своей воле дал ее им – и по Своей воле забрал ее у них и дал нам"».

А значит, так же обстоят дела и с первенством: сначала Творец дал его Эсаву, а затем взял у Эсава и дал Яакову. И нельзя сказать, что первенство и земля – разные вещи, поскольку землю можно продать или подарить, тогда как первенство – это свершившийся факт: родившийся первым зовется «первенцем», и этого не изменишь. Однако же мы же видим: первенство тоже можно продать, и, уже само собой, его можно взять у одного и дать другому. Иначе каким образом Яаков мог купить первенство у Эсава, как сказано: «продал свое первородство Яакову»[544].

Отсюда видно, что первенство, подобно земле, подлежит передаче. В таком случае, что говорит нам объяснение о том, что клипа предшествует плоду и потому родившийся первым не считается первенцем?

Чтобы понять это, сначала надо выяснить, что такое клипа, что такое сердцевина, что такое крайняя плоть, которой назван Эсав, и что такое союз, которым назван Яаков. Прежде всего, разберемся, в чем заключается цель творения, и тогда мы сможем прояснить, что главное и что второстепенное, чтобы понять, что такое плод и клипа (оболочка), которая обязательно предшествует ему, и почему это необходимо, так что иначе и быть не может.

Известно, что цель творения – доставить благо созданиям Творца. Поэтому Творец создал творение как сущее из ничего, чтобы это творение смогло получить благо и наслаждение, которое Он хочет ему дать. И творение это называется «желанием получать ради получения». Таким образом, речь идет лишь о том, что обладает желанием получать. Иначе это не считается «творением», о котором можно было бы говорить. Ведь творение – это сосуд, и «нет света без сосуда». Иными словами, **о свете мы можем говорить, только когда он облачен в сосуд**.

Однако этот сосуд, называемый «желанием получать благо и наслаждение», не получал, после того как было произведено

---

544   Тора, Берешит, 25:33.

исправление, зовущееся «подобием свойств», – чтобы не было чувства стыда. Известно, что стыд возникает, когда человек должен получить что-то. Объясняя слова «когда возвышается (керум – כְּרוּם) людская низость»[545], мудрецы сказали, что, когда человек должен получить что-то от других, он меняется в лице (ке-крум – כְּכְרוּם). Поэтому было произведено, исправление, зовущееся «Сокращением и скрытием», – чтобы получать какое бы то ни было наслаждение только с намерением ради отдачи.

Таким образом, следует выделить две вещи. Главное – это сосуд, зовущийся «желанием получать благо и наслаждение». Если нет этого желания, то не о чем говорить. Однако из этого свойства произошла другая сторона и эгоистичные силы (клипот). Последовательное нисхождение миров принесло нам корень, и из этой точки проистекло затем явное распространение со всем его злом. Иными словами, как сказал Ари: Сокращение – корень свойства суда. Смысл в следующем: Сокращение было произведено, чтобы не получать ради получения – но только ради отдачи. Как разъясняется в «Учении о десяти сфирот»[546], порядок таков, что сначала сокращение было добровольным – то есть еще не было запрета на получение. Потом возник запрет на получение, но еще не было того, кто пожелает получать ради получения. Иными словами, не было того, кто пожелает нарушить условие Сокращения. Однако посредством Второго сокращения родилось нечто новое – то есть уже возник некто желающий получать ради получения. Но клипот еще не было.

После разбиения сосудов, произошедшего в мире Некудим, родились клипот, но они еще не были организованы в структуру и в этом состоянии называются «вав и точка». В них еще не было строения миров. Только после прегрешения Адам Ришон с Древом познания, когда облачения упали в клипот, те получили структуру четырех миров по примеру духовного. И зовутся они «четырьмя нечистыми мирами АБЕА».

---

545   Писания, Псалмы, 12:9.
546   См. Бааль Сулам, «Учение о десяти сфирот», часть 1.

Об этом говорится в «Предисловии к Книге Зоар»[547]: «Знай, что наша работа в течение семидесяти лет жизни делится на четыре периода.

В первый период надо обрести чрезмерное получающее желание без ограничений, во всей его испорченности, из-под власти системы четырех нечистых миров АБЕА. Ведь если в нас не будет этого испорченного получающего желания, мы никак не сможем исправить его. А потому недостаточно той меры получающего желания, что отпечатано в теле с рождения, но необходима также система нечистых клипот сроком не менее чем на тринадцать лет. Иными словами, клипот должны властвовать над человеком и давать ему от своих светов, которые всё больше усиливают его получающее желание. Ведь наполняя получающее желание, клипот тем самым лишь расширяют его требования. И если человек не преодолевает этого посредством каббалистической методики, чтобы очистить получающее желание и обратить его в отдачу, то желание это расширяется на протяжении его жизни.

Второй период длится с тринадцати лет и далее. Тогда дается сила точке в сердце человека, представляющей обратную сторону чистой души. Она облачена в его эгоистическое желание с рождения, но начинает пробуждаться только после тринадцати лет. Тогда человек начинает подпадать под воздействие системы чистых миров – в мере занятий каббалистической методикой. Главная задача в этот период – обрести и увеличить духовное желание получать. И потому эта ступень, приходящая после тринадцати лет, считается духовной. Такова «чистая служанка, прислуживающая своей госпоже»[548], – чистая Шхина. Эта служанка приводит человека к намерению лишма, и он заслуживает водворения Шхины.

---

547 Бааль Сулам, «Предисловие к Книге Зоар», п. 29-31.
548 См. Бааль Сулам, «Предисловие к Учению о десяти сфирот», пп. 31-35, а также Бааль Сулам, «Зов Машиаха».

А конечная ступень в этой периодизации – когда человек полюбит Творца с большой страстью, как сказал поэт: «Лишь вспомню о Нем, не дает мне уснуть»[549]».

Отсюда можно понять, что такое духовное и что такое клипа. Духовное разъясняется из слов «посвященное Творцу»[550], означающих, что это не принадлежит нам, то есть не относится к нашему владению, но мы посвящаем это Творцу. Смысл в том, что человек выводит что-либо из владения «простонародья» и вносит в духовное владение. Однако нельзя было бы сказать, что он вносит что-либо в духовное владение, если бы ранее это не было в его владении. Только в таком случае можно сказать, что он выводит это из своего владения и вносит в духовное владение.

Поэтому сначала человеку необходимо находиться во власти клипот до тринадцати лет. Тогда он чувствует, что у него есть свое владение, поскольку клипа, то есть эгоистическое желание, представляет собой отличие по свойствам, отделяющее его от Творца. Находясь под властью клипы до тринадцатилетия, человек обретает сосуды получения, и это позволяет ему чувствовать себя хозяином, который может делать что пожелает, поскольку он не ощущает никакого другого владения, кроме собственного.

Поэтому, когда по истечении тринадцати лет человеку говорят: «Настало время, сейчас ты должен отменить свое владение и признать, что нет другого владения, кроме владения Творца», – тогда он начинает раздумывать и прикидывать: «Для чего я должен отменить свое владение и признать, что только Творец – Хозяин, а я Его раб? И у меня нет никакой собственности, но, как сказали мудрецы: «Что обрел раб, то обрел его господин»[551]. То есть я должен служить Творцу, доставляя Ему удовольствие».

Тогда тело человека – желание получить – предъявляет сильный довод: «Прежде всего, мне нужно поверить, что у Творца есть связь с творениями. А затем мне нужно увидеть, что стóит верить в то, что Творец – Хозяин. Иначе для чего мне отменять

---

549 Молитвы о прощении (Слихóт) на второй из десяти дней раскаяния, 54.
550 Выражение, неоднократно встречающееся в Танахе.
551 См. напр. Книга Зоар с комментарием «Сулам», гл. «Толдот», п. 139.

свое владение и заботиться лишь о том, чтобы Творец был доволен? Какой мне от этого прок?»

Однако же, поверив, человек понимает, что у Творца есть связь с творениями. Иными словами, он верит, что Творец желает лишь доставить благо Своим творениям. Что же человек должен видеть в этом состоянии? Лишь то, как Творец обслуживает его, и не более. Говоря иначе, Творец – раб, а человек – хозяин и господин в доме, и на Творца возложено обслуживать его, как раб обслуживает своего господина.

Однако человеку говорят, что он должен знать истину: Творец – Хозяин, а мы, творения, ни на что в мире не влияем. Принимаем ли мы Его власть над нами или не желаем ее принимать – ничего не поможет. Он делает что пожелает, а творения обязаны поневоле принимать Его приказы, как сказали мудрецы: «Взимают с человека с его ведома и без его ведома»[552].

Таким образом, пускай даже человек несогласен с тем, что ему говорят, его нежелание поверить не меняет реальность: Творец является Хозяином и делает то, что пожелает. Человек же неспособен видеть истину и потому не хочет верить. Но когда человек не верит в это, он не может принять на себя обязанность быть рабом Творца, то есть верить, что Творец – Господин, а мы Его рабы. Это как раз относится к верующим.

Однако вера бывает ненастоящей. Есть тип людей, которые верят, что Творец всесилен и создал мир с целью доставить благо Своим творениям. Они верят также, что Творец предписал нам через Моше выполнять Тору и ее принципы, которые Он нам дал. **Но во всё это они могут верить только в призме выгоды**: «Он заплатит нам за то, что мы прикладываем старания в соблюдении принципов Торы». И есть у них на что опереться – ведь сказали мудрецы[553]: «Если ты много изучал Тору, тебе дают большую

---

552 Трактат «Авот», 3:19. «Всё дано под залог и сеть раскинута над всеми живущими, лавка открыта, и торговец дает в долг, книжка раскрыта, и рука записывает, и каждый желающий взять взаймы пусть придет и возьмет. А сборщики налогов обходят непрестанно, ежедневно, и взимают с человека с его ведома и без его ведома, и есть им на что опереться. А суд есть суд истинный, и всё готово к трапезе».

553 Трактат «Авот», 2:18.

награду. Верен твой Хозяин и оплатит тебе твои труды. И знай, что праведники будут вознаграждены в будущем».

Отсюда видно, что бывает вера в Творца и в Его Тору, когда люди выполняют легкие предписания так же, как строгие, – но всё это измеряется выгодой, намерением получить оплату, которое называется «ло-лишма».

Однако же следует помнить слова мудрецов о том, что от эгоистического намерения ло-лишма мы приходим к альтруистическому намерению лишма[554]. А раз так, это уже считается духовной ступенью.

Но когда человеку говорят спустя тринадцать лет: «Настало время, сейчас ты должен отменить собственное владение и признать, что нет в мире иного владения и что ты не более чем раб, который служит Творцу не ради награды», – тогда тело сопротивляется этому. И тогда начинается основная работа, так как это против нашей природы. А потому человек должен поверить выше знания и сказать своему телу: «Тебе следует знать, что ты неспособно работать ради того, чтобы доставлять удовольствие Творцу без всякой оплаты, поскольку ты родилось в эгоистической природе». И природа эта необходима. Ведь лишь это и есть всё творение. Как известно, только получающее желание – потребность и стремление получать наслаждение – зовется «сущим из ничего».

Таким образом, мы называемся «созданиями» именно по получающему желанию, и его можно называть «творением». Желание это находится на всех ступенях духовных миров. Но в духовном это получающее желание исправлено намерением ради отдачи.

Следовательно, главное – это желание получать. А различие между духовным и скверной, между жизнью и смертью – только в намерении.

Объяснение: если получение осуществляется ради отдачи, это «духовное», поскольку это представляет подобие по свойствам. А подобие свойств называется «слиянием», как сказали мудрецы,

---

554   См. трактат «Псахим», 50:2.

объясняя слова «слиться с Ним»[555]: «Слейся с Ним по свойствам. Как Он милосерден, так и ты милосерден»[556]. Тем самым человек приобщается к Источнику жизни, и тогда жизнь проистекает к нему свыше.

Если же он не может сопроводить действие намерением ради отдачи, то отличается от Творца по свойствам. Ведь Творец – Дающий, а творения хотят получать и, как следствие, отделяются от Источника жизни. Тогда, само собой, у них нет ничего, кроме смерти. И это называется «клипой», хотя и берет начало из основы творения. Иначе, если бы не было желания получать, не о ком было бы говорить. Но вместе с тем, если оно не исправляется отдачей, то зовется «клипой», «другой стороной», «ангелом смерти» и т.д.

Из порядка исправлений мы видим, что, прежде всего, должно быть желание и стремление получать наслаждение. А далее, как нам говорят, следует знать, что нельзя получать с эгоистическим намерением. И хотя есть сильное желание наслаждаться, все равно необходимо преодолевать это вожделение и внутренне работать таким образом, чтобы человек хотел насладиться только при условии, если, получая, сможет выстроить намерение, исходя лишь из одной причины – поскольку Творец хочет, чтобы он получил это наслаждение. На этой основе человек получает его, поскольку хочет порадовать Творца.

Ведь собственное владение он уже отменил. Иными словами, он ничего не хочет получать в сосуд, зовущийся «себялюбием». Но поскольку Творец желает, чтобы он получал, постольку человек говорит: «Сейчас я хочу получить удовольствие и наслаждение, потому что таково желание Творца, и я хочу выполнить Его волю». Поэтому он получает сейчас благо и наслаждение.

Однако человеку надо еще достичь этой ступени, на которой он хочет лишь доставить удовольствие Творцу. Здесь-то и начинается настоящая работа.

---

555 Тора, Дварим, 11:22.
556 См. трактат «Шаббат», 133:2.

Дело в том, что в духовной работе следует различать две категории. В действии человеку трудно отказываться от наслаждений. И неважно, от какого именно из них. Возьмем, к примеру, наслаждение от отдыха. Когда в материальном мире человек должен ходить на работу, чтобы получать материальное вознаграждение, он идет работать на стройку или на завод, и, разумеется, ему трудно поступиться удовольствием от отдыха. Но поскольку он будет больше страдать, если останется без еды, постольку он поступается удовольствием от отдыха и прикладывает усилия, так как благодаря этому достигнет большего наслаждения.

Чем же оно больше? Тем, что здесь человек выигрывает вдвойне:

- он избегает страданий от того, что ему нечего есть;
- он избегает страданий стыда от того, что ему нечего надеть.

Кроме того, человек получит наслаждение от еды и удовольствие от респектабельной одежды.

Другое дело, когда он поступается удовольствием от отдыха, но не испытывает страданий от того, что лишен покоя. Хотя можно сказать, что, отказываясь от сна, человек испытывает страдания, а кроме того, ему недостает удовольствия от сна. А также, когда человек работает, можно сказать, что он не только отказал себе в удовольствии отдохнуть, но к тому же страдает от необходимости двигаться. В особенности, на физической работе он испытывает страдания, когда трудится. Но страдания эти не похожи на мучения, которые он испытывает, когда голоден или когда должен находиться среди людей, отмечающих радостное событие – свадьбу и т.п., – и ему нечего надеть. Поэтому человеку легче поступиться отдыхом, взяв на себя усилия и труд. И мы видим, как принято в мире: люди поступаются покоем и идут на работу. Следовательно, страдания от лишений тяжелее.

То же самое происходит, когда человеку говорят: «Откажись от покоя и начни работать над принципами Торы». Тогда, как и в материальной сфере, он сразу же задается вопросом: «Если я поступлюсь отдыхом, каким будет мое вознаграждение? Я хочу видеть выгоду». На это Рамбам отвечает[557]: награда тебе будет в этом мире и в мире грядущем, ты спасешься от бедствий и от всего дурного». Тогда человек может поверить в то, что ему говорят, и практически выполнять принципы Торы ради Творца. Иными словами, выполняя принципы Торы, он выстраивает намерение на то, что Творец предписал нам их через Моше и мы получим награду за свою работу и старания. Отказываясь от множества наслаждений, запрещенных нам Торой, взамен мы получаем вознаграждение – подобно тому, как работаем на каком-нибудь заводе или на стройке, поскольку получаем за это оплату. То же самое и в духовном: мы работаем на хозяина. Только это не хозяин завода – напротив, мы верим, что это Хозяин всего мира и у Него мы на службе. «Откажитесь от работы в малой компании с маленькой зарплатой, – говорят нам, – и работайте на большого босса, владеющего всем миром».

Однако тогда возникает вопрос: почему не все приходят работать на Властелина мира?

Ответ прост: потому что не видят оплату на месте, но должны верить в вознаграждение, которое мы получим по завершении работы. В результате не все способны поверить в награду. Как следствие, поскольку оплата под сомнением и надо верить, что в конечном итоге мы ее получим, – немногие устремляются за ней. А так как в мире принято работать за верное, а не сомнительное вознаграждение, есть большая разница между материальным и в духовным. И все же надо понимать: вся разница в том, что здесь, в духовном, награда вручается не на месте, но требует веры. В этом кроется всё различие.

Однако же мы видим, что приходят люди и хотят выполнять принципы Торы, хотя до того всю жизнь прожили в светском окружении. Они приходят и говорят, что хотят вернуться. А когда их спрашивают, по какой причине они хотят изменить привычный путь, они отвечают, что не находят смысла в жизни, то есть в себялюбии.

---

557 См. Рамбам, «Мишне Тора», «Законы возвращения» (в конце).

Человеку нечего получать и вкладывать в свои эгоистические желания, нечего давать им, и потому он хочет выполнять принципы Торы, так как слышал, что это может доставлять удовольствие, – и тогда ему будет чем насладить свой эгоизм.

Таким образом, пока человек видит возможность удовлетворять получающее желание материальными удовольствиями, у него нет нужды менять свой путь. Но бывает, он слышит о том, что есть понятие веры и есть управляющий миром Властелин, который создал этот мир не просто так, а с определенной целью – «доставить благо Своим творениям». И может быть так, что человек не испытывает удовлетворения от материальных удовольствий, поскольку не ощущает в них смысла, вкуса жизни, ради которого стоило бы жить в мире и страдать. Ведь каждый страдает согласно своей ступени. И потому, когда человек слышит о некоем месте, где что-то действительно светит в жизни, – он может выйти из материальных наслаждений. Правда, они не требуют веры, как сказано выше, тогда как духовное для него под сомнением, и ему остается лишь верить, что конец – делу венец, иными словами, что в конечном итоге он получит оплату. Однако поскольку материальные удовольствия не приносят человеку удовлетворения, он может перейти к духовному и выполнять принципы Торы.

С другой стороны, когда человек погружен в материальные вожделения и находит в них удовлетворение, пускай временное, а затем видит, что удовлетворение исчезло, – он как дитя в руках идолопоклонников, и у него нет сил, чтобы выйти из-под их власти.

Но даже после того, как такие люди взяли на себя выполнение принципов Торы, иногда в них пробуждается страсть к материальным усладам, и тогда им трудно продолжать работу. Однако же следует знать: если в них проснулись материальные желания и они начинают ощущать в них вкус, которого раньше не было, и даже если люди, с рождения получавшие религиозное воспитание и с юности соблюдавшие принципы Торы, приступив к работе на отдачу, ощущают в материальном больше вкуса, чем до того, – сказали об этом мудрецы[558]: «Со дня разрушения Храма был забран вкус плотских удовольствий и отдан преступникам».

«Со дня разрушения Храма» – с того времени, как духовное в сердце человека разрушилось. «...Был забран вкус плотских удовольствий» – это общее название всех наслаждений. «...И отдан преступникам» – это удивительно: почему преступники заслуживают больше наслаждаться материальным, чем те, кто преступником не является? Как будто за их преступления им полагается награда – ощущать больше вкуса и наслаждений, чем другие.

Чтобы понять это, надо взглянуть на общепринятые отношения. Например, если работодатель может нанять человека за пониженную плату, он не даст ему больше. Каждый старается взять работника, который будет делать всё, что от него требуется, за меньшую плату. Не бывает так, чтобы хозяин платил работнику больше, чем тот требует.

В отношении духовной работы это означает следующее. Когда злое начало предлагает человеку преступить принцип Торы, человек спрашивает: «Что ты дашь мне взамен?» Тогда злое начало говорит: «За то, что ты меня послушаешь, я дам тебе, скажем, двести грамм наслаждений». «За двести грамм наслаждений, – отвечает человек, – я не хочу нарушать предписание Творца». Тогда злое начало обязано добавить ему еще сто грамм – так что в итоге человек уже не сможет отказаться от таких наслаждений и будет вынужден послушаться его.

Таким образом, **насколько тяжким человек считает преступление, настолько ему трудно нарушить принцип Торы**. И раз уж ему трудно нарушить предписание Творца, то здесь действует правило: за трудную работу надо хорошо заплатить. А значит, чем труднее человеку совершить преступление, тем более высокая оплата требуется от злого начала – большее удовольствие за нарушение. И наоборот, когда нетрудно нарушить предписание Творца, злое начало не обязано давать человеку большое удовольствие.

---

558 Трактат «Санэдрин», 75:1.

Соответственно, светские люди, вообще не выполняющие принципов Торы, не чувствуют в этом какого-либо нарушения, как сказали мудрецы[559]: «Если человек совершил нарушение и повторил его, это стало для него дозволенным». В таком случае злому началу не нужно придавать им вкус от нарушения – ведь для них подобные нарушения не настолько тяжелы, чтобы за них понадобилась оплата. И потому они не ощущают в этом большого вкуса – так как эгоизм всегда находит желающих работать на него, и, само собой, не должен платить им большими удовольствиями.

Другое дело люди, не желающие совершать нарушений. Когда человек, действуя, чувствует, что идёт на преступление, ему трудно это сделать. Как следствие, злое начало обязано дать им почувствовать большой вкус в нарушении – иначе они не послушаются его и не выполнят его приказов. И потому оно обязано платить им большими удовольствиями.

Исходя из этого можно объяснить слова: «со дня разрушения Храма» – то есть, когда нет духовности, отдачи в сердце человека, «был забран общий вкус» наслаждений, зовущийся «плотскими удовольствиями», и «отдан преступникам». Это значит: всё то время, пока человек чувствует, что совершает преступление, он ощущает вкус. Но «если совершил нарушение и повторил его, это стало для него дозволенным». То есть злое начало уже не даёт ему удовольствий – ведь человек и так работает без всякой оплаты, поскольку ему совсем не трудно совершать нарушения.

Следовательно, религиозные люди сильно ошибаются, полагая, что светские люди чувствуют вкус в материальных удовольствиях. Напротив, они служат злому началу без всякого вознаграждения, поскольку сама их жизненная установка противопоставлена религии. У них нет тех удовольствий, которые приписывают им религиозные, так как злое начало не даёт вознаграждения даром.

Поэтому неудивительно, когда человек видит, что, приступив к работе на отдачу, он испытывает более сильное стремление к материальным усладам. Это не потому, что он в падении.

---

559   Трактат «Йома», 86:2.

Наоборот, поскольку сейчас он хочет не получать эгоистически, а только отдавать, постольку злое начало, создавая помехи его работе на отдачу, придает ему большой вкус в материальных удовольствиях – чтобы человек послушался его и не смог преодолеть свое эгоистическое желание.

В отличие от этого, прежде чем приступить к работе на отдачу, человек вращался среди материальных услад, не испытывая ни особого стремления к ним, ни большого удовольствия от них. Теперь же, с началом работы на отдачу, если он не ощутит в них большого вкуса, злому началу, безусловно, нечего будет делать – само собой, человек не станет его слушаться. Таким образом, чем дальше человек от себялюбия, тем больший вкус он ощущает в материальных усладах, поскольку иначе не будет слушаться злого начала.

Следовательно, человек не должен пугаться того, что по ходу работы в нем возникает устремление к материальным усладам, хотя раньше он не испытывал подобных вожделений. Ведь теперь он должен раз за разом исправлять сосуды получения, и чем больше наслаждение, тем больше его желание. Исправляя желание, то есть преодолевая его, человек с каждым разом выявляет желание, зовущееся «сосудом», – выявляет, извлекая его из клипот и внося в духовное. Как следствие, каждый раз ему дают всё большее вожделение.

Однако каждый раз человек должен молиться о том, чтобы свыше ему дали силы, и он сумел превозмочь этот сосуд желания. Это называется **исправлением сосудов, лежащих в корне его души**. Их исправление начинается с материальных сосудов, или получающих желаний, а в итоге человек приходит к исправлению духовных сосудов, или получающих желаний. И на каждое из них он должен просить Творца, чтобы Он дал ему силу экрана (масáх). Об этой помощи, дающейся свыше, сказали мудрецы: «Кто пришел очиститься, тому помогают»[560].

Теперь разъясним вопросы, которые мы задали.

---

560   Трактат «Йома», 38:2.

1. Книга Зоар говорит о первенстве, отданном Яакову, хотя Эсав родился первым. И объясняет, что Эсав – это клипа, и потому он вышел первым, а затем вышел Яаков, поскольку таков порядок: «клипа предшествует плоду». Мы задались вопросом: ведь уже есть простое объяснение Раши к началу главы «Берешит»: «"Могущество Своих дел показал Он Своему народу". И если скажут народы мира Исраэлю: "Вы разбойники", те ответят: "Вся земля принадлежит Творцу. Он создал ее и дал тем, кто был Ему угоден. По Своей воле дал ее им – и по Своей воле забрал ее у них и дал нам"». В таком случае, зачем Зоар добавляет еще одно объяснение?

2. Почему клипа обязательно должно предшествовать плоду?

Исходя из вышесказанного, это просто. Творец создал мир, и всё творение – это лишь сосуд. Известно, что свет не является творением, он «сущее из сущего». А потому нельзя сказать, что Творцу надо было в первую очередь создать исправление творения, – прежде чем появилось то, что надо исправить. Суть в следующем: сначала Он создал сосуд, зовущийся «желанием получать», а затем на этот сосуд появилось исправление, зовущееся «Сокращением и скрытием». И тогда, после этого, к низшим проистекла категория «народов мира» – желание получать ради получения, представляющее собой неисправленный сосуд. А неисправленный сосуд зовется «клипой».

Следовательно, не может быть иначе, поскольку невозможно исправить то, что еще не возникло в мире. Таким образом, когда говорят: «Он создал ее», это значит, что Он сотворил мир согласно заведенному порядку: сначала возникает недостаток, а затем его можно исправить. Поэтому, сообразно с правилом корня и ветви (причины и следствия), сначала должен появиться получающий ради получения – противоположность Творцу, отличие по свойствам, категория «народов мира». Сказано об этом в Книге Зоар: «Всё хорошее, что делают народы мира, – делают для себя»[561]. Это значит, что «клипа предшествует плоду». Иными словами, клипой называется то, что не пригодно для употребления в пищу,

---

561 См. «Исправления по Зоару», 22:1.

так как после исправления Сокращением изобилие не приходит в получающие сосуды.

Однако потом происходит исправление «ради отдачи», представляющее свойство Яакова. И это называется «плод», так как получающее желание исправлено теперь намерением доставить удовольствие Творцу и уже есть возможность есть плоды, поскольку имеется подобие свойств между светом и сосудом. Тогда сосуд обретает плоды. В отличие от этого, о другой стороне сказано в Зоаре: «Другой бог бесплоден и не приносит плодов»[562]. Вот почему сказано, что Яаков зовется «союзом». Заключение союза означает подобие свойств. Сказано об этом: «Знак вечного союза между Мною и сыновьями Исраэля, знак навеки»[563].

Таким образом, объяснение рабби Ицхака о «могуществе дел Творца», совпадает с объяснением о порядке сотворения мира: «клипа предшествует плоду». Согласно причинно-следственной связи, сначала надо создать клипу, эгоистическое желание, а затем приходит исправление под названием «Исраэль», или «Яаков». Следовательно, Творец «забрал ее у них и дал нам» с целью исправления, поскольку таков его порядок.

---

562 См. Книга Зоар с комментарием «Сулам», гл. «Мишпатим», п. 166.
563 См. Тора, Шмот, 31:13-17.

Время зарождения и вскармливания
Статья 31, 1986

Зарождение (ибу́р), вскармливание (йеника́) и зрелость (мо́хин) – три ступени духовного развития. После того как человек уже вступил в духовное, он начинает постигать их. Они называются: нэфеш в зарождении, руах во вскармливании и нэшама в зрелости.

Однако и во время подготовки к работе, еще до того, как человек заслужил постоянное пребывание в духовном мире, эти стадии тоже имеют место.

Зарождение – это период, когда человек устраняет[564] свое Я на какое-то время и решает: «Сейчас я не хочу помышлять о чем-либо для собственной пользы и не хочу использовать свой разум, хотя это для меня самое важное. Ведь я абсолютно неспособен делать то, чего не понимаю. То есть я могу делать всё, но должен понимать, насколько это выгодно. «И все же, – говорит он, – сейчас я способен на какое-то время постановить для себя и на текущий момент принять решение о том, чтобы не пользоваться своим разумом, но верить выше знания верой мудрецов, что **есть Покровитель, присматривающий за каждым в мире посредством частного управления**».

Но почему я должен верить в это и не могу ощутить, что это так? Рассуждая логически, если бы я ощущал реальность Творца, то, конечно же, мог бы работать на Него и стремился бы служить Ему. Так зачем же мне это сокрытие? Что выигрывает Творец, скрыв себя от творений?»

---

564 На иврите слова́ зарождение (עיבור) и устраняет, удаляет (מעביר) являются однокоренными.

Это человек тоже никак не объясняет. Напротив, и на этот вопрос он отвечает тем, что идет выше знания: «Если бы Творец знал, что без Его сокрытия творениям было бы лучше, разумеется, Он не скрывал бы себя».

Таким образом, на все трудные вопросы, возникающие в его разуме, человек отвечает, что идет сейчас выше знания, с закрытыми глазами, одной лишь верой. Бааль Сулам, комментируя строфу «Куш побежит, протягивая руки к Творцу»[565], сказал об этом: если человек может сказать, что его трудные вопросы (кушиёт) – это ответы, если ему не нужно объяснения, но от самого вопроса он получает ответ, то есть если, задавшись трудным вопросом, человек решает, что теперь может идти выше знания, тогда он «протягивает руки к Творцу». Иными словами, тогда его руки – его сосуды получения – достигают успеха[566]. И тогда человек целостен с Творцом.

Поэтому начальный этап вступления в духовную работу называется зарождением. Иными словами, человек отменяет свое Я и вступает в зарождение в материнской утробе, как сказано: «Слушай, сын мой, наставление своего отца и не оставляй свою мать»[567]. Это проистекает из слов: «если призовешь разум»[568]. То есть человек отменяет себялюбие, зовущееся «Малхут», которое исконно является желанием получать ради получения, и вступает в категорию сосудов отдачи, зовущуюся «Биной» (букв. разум).

Человек должен верить, что прежде, чем он родился, иными словами, прежде чем душа спустилась в тело, она была слита с Творцом. И сейчас он стремится назад к слиянию, каким оно было до нисхождения. Это и называется «зарождением» – человек полностью отменяет свое я. И, хотя сердце говорит ему, что он согласен на самоотмену только сейчас, а потом передумает, на это можно ответить: «Не волнуйся о завтрашнем дне». Причем

---

565   Писания, Псалмы, 68:32.

566   В оригинале приводится выражение, буквально звучащее как: «рука преуспеет» – см. Тора, Ваикра, 25:47.

567   См. Писания, Мишлэй, 1:8. «Слушай, сын мой, наставление своего отца и не оставляй учения своей матери».

568   Писания, Мишлэй, 2:3. Можно прочесть также как: «Мать призовет разум».

«завтрашний день» необязательно наступит завтра – сегодня и завтра могут пониматься как настоящее и будущее, а разница во времени может составлять даже час.

Сказали об этом мудрецы: «Каждому, кто обеспечен едой на сегодня и беспокоится о пропитании на завтра, недостает веры»[569]. Следует объяснить это: имеется в виду, что если у человека есть пища на сегодня, то есть если сейчас он готов принять на себя веру выше знания, но только задумывается о том, что будет потом, – значит, в нем уже есть впечатления (решимот) от тех состояний, когда он думал, что навсегда останется на подъеме, а затем снова падал вниз, на помойку, куда выкидывают весь мусор.

Во время подъема человек считал себялюбие всего лишь мусором, который стоит выбросить на помойку. Иными словами, он чувствовал, что эгоистическое желание – это отходы. Теперь же, во время падения, он сам опускается на помойку, чтобы получать оттуда пропитание. Подобно кошкам, которые роются в мусоре в поисках еды, чтобы прокормить себя, – так и он во время падения похож на них, а не на изнеженных людей, всегда тщательно выбирающих, что сто́ит съесть, а что – нет.

Сказано об этом: «Поднимающий из праха бедняка, из сора возвышающий нищего»[570]. Когда человек может отменить себя на малое время, он говорит: «Я хочу сейчас отменить себя перед духовным». Иными словами, вместо того чтобы помышлять о себялюбии, он хочет сейчас доставить удовольствие Творцу.

И человек верит выше знания, что, хотя он еще ничего не чувствует, но Творец «слышит молитву всех уст»[571] и перед Ним большой и малый равны. Он может спасти величайшего из великих – и так же может помочь ничтожнейшему из малых.

Это и называется «зарождением», когда человек переходит[572] из своего Я во владение Творца. Но временно. Он действительно

---

569   См. трактат «Сота», 48:2.

570   Писания, Псалмы, 113:7.

571   Из молитвы Шахарит.

572   Здесь тоже слова́ *зарождение* (עיבור) и *переходит* (עוב) являются однокоренными.

хочет отменить себя навсегда, однако не может поверить, что сейчас так и произойдет. Ведь уже много раз он думал, что это случится, но потом срывался со своей ступени и падал на свалку.

И все же человек не должен беспокоиться о пропитании на завтра. Разумеется, потом он упадет со своей ступени из-за недостатка веры. Но надо верить, что «спасение приходит от Творца в мгновение ока»[573]. И поскольку человек в данный момент отменяет себя, желая остаться в этом состоянии навсегда, постольку он находится в процессе зарождения.

На самом же деле человек должен верить: если он хочет сейчас приступить к духовной работе, отменяя свое Я, то это призыв свыше. Ведь это вызвано не его собственной мудростью.

И тому есть подтверждение. До призыва свыше у него было много трудных вопросов, и каждый раз, когда он хотел что-то сделать ради отдачи, тело оказывало сопротивление, так что он не мог понять, есть ли в мире человек, действительно способный отменить свое я перед Творцом и не заботиться вовсе о собственной пользе. Его постоянно угнетал некий страх самоотмены перед Творцом. Теперь же человек видит, что все мысли и сомнения сгорели дотла, и испытывает большое наслаждение, если может отменить себя перед Творцом. Ведь он видит сейчас, что все его суждения ничего не стоят. Хотя раньше он думал, что никто в мире не сможет убедить его в необходимости самоотмены перед Творцом, и считал это трудной работой, которую не каждый способен потянуть, – теперь человек видит: ничто не помешает ему слиться с Творцом и отменить себя перед Ним. Ведь здесь действует подсветка свыше, и потому перед ним отступили все препятствия, приводившие доводы лазутчиков[574]. Все они исчезли из поля зрения.

---

573 Мидраш «Лэках тов», Свиток Эстер, 4:17.

574 Когда евреи, бежавшие из египетского рабства, подошли к земле Израиля, Моше послал на разведку двенадцать лазутчиков. Вернувшись, десять из них заявили, что земля эта действительно «течет молоком и медом, но могуч народ, населяющий ее» (см. Тора, Бемидбар, 13:27-28). Услышав их, народ Израиля испугался и возроптал, результатом чего стали 40-летние скитания в пустыне.

Сказано об этом: «Дуновение прошло по нему – и нет его, и его место больше не узнает его»[575]. «Дуновение прошло по нему»: когда человек получает дух свыше, все препятствия исчезают и даже его место неразличимо. То есть во время подъема, когда человек получает дух свыше, он не понимает, как в нем может быть место, где нечестивцам удалось бы добиться чего-то своими доводами.

Во время зарождения возможен выкидыш, когда плод рождается до истечения этого периода исправлений. В материальном какая-либо слабость при беременности приводит к выкидышу, в результате которого плод выходит наружу преждевременно и тогда, будучи не в состоянии существовать, умирает. Так же и в духовном: если из-за какой-либо слабости человек выпадает из зарождения наружу, на воздух этого мира, все помыслы, что есть в этом мире, проникают в его разум, все желания этого мира прилипают к нему, и это означает, что плод мертв.

Сказано об этом[576]: «В женщине должно быть свойство дверей, чтобы, закрывая их, задерживать плод внутри, дабы не вышел наружу, пока полностью не сформируется. А также в ней должна быть сила, формирующая плод».

Бааль Сулам объясняет там[577], что в процессе зарождения действуют две силы.

1) Формирующая сила. Форма плода – малое, младенческое состояние (катну́т), для достижения которого существует свой порядок. Ведь оно тоже является подготовкой к взрослому состоянию (гадлу́т), и если на ступени нет младенческого состояния, то нет и взрослого. Пока человек находится в младенческом состоянии, он еще не достиг совершенства. А везде, где духовное ущербно, есть зацепка для эгоистических сил, которые могут повредить стадию зарождения, так чтобы она не достигла

---

575 Писания, Псалмы, 103:16.
576 См. Бааль Сулам, «Учение о десяти сфирот», ч. 9, п. 83. В оригинале – цитата из Ари, «Введение во Врата», 6, ч. 1, п. 8.
577 Там же, в комментарии «Внутренний свет».

полноты. Тем самым плод приходит к выкидышу – рождается до того, как завершится его зарождение.

2) Сдерживающая сила. В зарождении есть 25 парцуфим – НаРаН-ХаЙ, – в каждом из которых тоже есть НаРаНхаЙ. Поэтому нужна сдерживающая сила, так чтобы даже младенческое состояние было совершенным. Это плод получает через мать: хотя сам он лишен сосудов, чтобы получить взрослое состояние с намерением ради отдачи, тем не менее, **отменяя себя перед матерью, он может перенимать взрослое состояние от ее сосудов**. Это называется: «плод – часть матери»[578], «он ест то же, что ест мать[579]». Иными словами, у него нет выбора: что ест его мать – что ей известно как пригодное в пищу – то же ест и он. Таким образом, он снял[580] с себя выбор: что хорошо и что плохо. Вместо этого всё происходит за счет матери. Это и называется: «часть матери». Смысл в том, что сам он не принимается в расчет.

Там[581] говорится о высших светах – и то же самое происходит во время подготовки, когда человек хочет войти в духовный мир. Тогда действует тот же порядок. Ведь как в духовном есть множество стадий, и зарождение завершается не в один прием, но сказано, что там требуется девять месяцев, пока человек не обретет 25 парцуфим, – так и период подготовки тоже подразделяется на множество стадий, пока человек не достигнет полного зарождения. Поэтому есть много подъемов и падений, и порой зарождение срывается, что также называется «выкидышем», и тогда нужно заново начинать порядок работы.

Теперь разъясним, что такое формирующая сила, которая действует во время подготовки. Форма плода – младенческое состояние. Это означает, что только в сосудах отдачи, когда человек занимается по каббалистической методике, он может устремляться к тому, чтобы всё делать с альтруистическим намерением.

---

578 См. напр. трактат «Йевамот», 78:1.

579 См. напр. трактат «Нида», 30:2. «Ест от того, что ест его мать».

580 Здесь тоже слова́ *зарождение* (עיבור) и *снял, удалил* (העביר) являются однокоренными.

581 В «Учении о десяти сфирот» (см. выше).

Иными словами, он реализует сейчас принципы Торы потому, что верит в Творца и Его величие. И решает для себя: отныне и далее он будет наслаждаться лишь тем, что у него есть желание служить Царю. Для него это будет, словно он заработал огромное богатство. Как будто весь мир смотрит на него и завидует тому, что он заслужил подъем на высокие ступени, чего не заслужил никто другой. И, само собой, он весел и радостен и не ощущает в мире ничего дурного, а напротив, живет в мире, который весь – благо. Всё его наслаждение и всё, что для него важно, кроется в том, что он отдает. Иными словами, он хочет совершать отдачу Творцу и весь день проводит с одной мыслью: «Что я могу сделать, чтобы порадовать этим Творца?»

С одной стороны, мы говорим, что человек должен работать не ради награды, а ради одного лишь Творца. С другой стороны, мы говорим, что человек должен получать удовольствие и представлять себе способы его получения. Иными словами, он должен представлять себе величие и важность, как при почитании царя из плоти и крови или великих мира сего, видя уважение к ним со стороны общества. Затем ему надо поучиться у людей тому, как получать удовольствие от служения великим, и использовать это для осознания величия Творца. Ведь и на службе Творцу ему необходимо испытывать такое же удовольствие, какое испытывают они, служа великим.

Иначе, если человек не испытывает большого удовольствия, реализуя принципы Торы, это признак того, что он не придает Творцу той важности, какую придают они, получая удовольствие и наслаждение на службе великим мира сего.

Соответственно, обращаясь к Творцу, человек должен сперва обрисовать себе ситуацию: «К Кому я обращаюсь – насколько Он велик и важен? С какой уважительностью, с каким благоговением я обращаюсь к Нему? А Он слушает и смотрит на меня, когда я говорю с Ним».

Например, когда мы едим какое-нибудь пирожное или плод и тому подобное, как известно, надо верить, что Творец создал всё это, и получать удовольствие от того, что Он приготовил для нас возможность наслаждаться. В ответ мы обращаемся к Нему и воздаем Ему благодарность: «Благодарим и восхваляем Тебя за это удовольствие. "Благословен Ты, Творец, создавший плод дерева"[582]».

Тогда человек должен проверить свои слова, с которыми он обратился сейчас к Творцу: насколько он испытывал при этом благоговение и что чувствует после этого, то есть какое впечатление это в нем оставило, какой подъем духа придало? Ведь если он в самом деле верит, что говорил с Царем, тогда – где волнение и радость? Сказано об этом: «Если отец Я, где почтение ко Мне? И если господин Я – где трепет предо Мной?»[583]

Если углубиться в детали, в этом действии есть два аспекта:

1) Человек наслаждается плодом, который ест. Подобные удовольствия относятся к животному желанию получать. Ведь животные тоже наслаждаются едой, питьем и тому подобным. Для таких наслаждений человек не нужен, и потому они называются «животными».

2) Однако в благословении и благодарности, которые он воздал за это Творцу, есть несколько граней. В итоге, второй аспект этого действия – удовольствие от обращения к Творцу с благодарностью – относится именно к человеку и не свойственен животным. И здесь кроется множество деталей восприятия, поскольку действие это относится к человеку, а в человеке проявляется много ступеней.

Например, в человеке проявляется степень веры: насколько он верит в то, что Творец дает ему все наслаждения. Далее, в нем проявляется обращение к Творцу: насколько он верит в то, что говорит с Творцом. Далее, в нем проявляется, насколько он верит в величие и важность Творца. В этом люди, конечно же, отличаются друг от друга. А также в человеке проявляется его собственное состояние на текущий момент. Ведь он находится в движении и, естественным образом, может испытывать подъемы и падения.

---

582   Слова из молитвы перед едой.
583   Пророки, Малахи, 1:6.

Таким образом, в одном человеке проявляются разные состояния, как сказано: «Я дам тебе ходить между этими стоящими»[584].

Отсюда следует, что в желании наслаждений, относящемся к животной категории, как правило, нечего выделить, поскольку речь идет об удовольствиях в целом, – тогда как в наслаждениях, свойственных человеку, можно распознать множество аспектов. Следовательно, основа наслаждений человека относится уже не к сосудам получения, а к свойству отдачи, поскольку всякое его удовольствие базируется на Творце. Иными словами, горючее, придающее человеку сосуды для работы, целиком зависит от осознания величия Творца, а не от степени наслаждения. То есть степень наслаждения человека зависит от того, насколько он оценивает величие Творца.

Это называется наслаждением, приходящим к человеку не напрямую. Напрямую он хочет совершать отдачу Царю, и чем больше представляет себе величие Царя, тем больше рад тому, что доставляет удовольствие великому Властелину. А не напрямую человек получает от этого наслаждение. Только таким образом разрешено наслаждаться, поскольку, служа Царю, человек не строит намерение на самонаслаждение, но важность Царя обязует его служить Ему.

Таким образом, намерение человека – доставить удовольствие Царю, порадовать Его. Само собой, вследствие этого человек тоже наслаждается. И такое наслаждение разрешено, поскольку при его получении нет стыда, или «хлеба стыда». Ведь человек наслаждается отдачей, а не тем, что напрямую получает от Творца.

Если же человек наслаждается тем, что дает ему Творец, то наслаждение приходит прямиком от Дающего в качестве светов. Это называется светом хохма́, который приходит к получающему напрямую. Иными словами, получающий наслаждается тем, что получает. И это уже требует исправления – намерения ради отдачи.

---

584 Пророки, Захария, 3:7.

С другой стороны, если человек наслаждается тем, что совершает отдачу Творцу и служит Ему, такое наслаждение приходит не напрямую. Ведь человек намеревается доставить удовольствие Царю и не помышляет о том, чтобы насладиться этим. Сказано об этом: «Служите Творцу в радости»[585]. Иными словами, человек должен быть рад от того, что служит Творцу.

Если же он работает без радости – это от недостатка веры в величие и важность Царя. Иначе обязательно возникает радость и подъем духа, без всякой подготовки к этому.

Иными словами, человек должен следить не за тем, чтобы испытывать радость от работы, а за тем, чтобы готовить себя к осознанию, Кому он служит и насколько Он важен. А радость – это уже следствие. Говоря иначе, если человек не испытывает радости в работе, значит он не имеет представления о важности Творца. И тогда ему надо исправить себя в том, что касается веры.

Итак, человек не должен работать над тем, чтобы испытывать радость в служении Творцу, но должен прикладывать усилия, чтобы осознать важность и величие Творца. Что бы он ни делал, будь то учеба или реализация принципов Торы, **в награду за свои усилия он хочет заслужить осознание величия и важности Творца**. Само собой, в мере этого осознания человек, естественным образом тянется к самоотмене перед Творцом, обретая желание и стремление служить Ему.

Всё, о чем мы говорили до сих пор, называется зарождением, поскольку человек должен верить, что всё приходит от Творца и это Творец дал ему сейчас мысль и желание отменить себя перед Ним.

В такое время человек должен найти место для мысленной оценки ситуации – как он воодушевляется от этого пробуждения – и произвести критический разбор. Тогда, конечно же, он найдет там недостатки, требующие исправления. Однако при виде того, чего там недостает, человек не может испытывать радость. Ведь всякий недостаток вызывает в нем страдания. Как же он может

---

[585] Писания, Псалмы, 100:2.

радоваться? А с другой стороны, негоже настолько погружаться в недостатки – согласно принципу: «Где имеется духовный изъян, там есть зацепка для эгоистических сил». В таком случае человек может упасть со своей ступени и ослабеть от этого в работе.

А потому человек должен видеть себя совершенным: в нем нет никаких недостатков. Оценивая себя, он признаёт, что счастлив в своей жизни и ему есть откуда черпать удовольствие. Ведь он видит множество таких же, как он, людей, лишенных той жизни, которой он наслаждается. Если бы они испытали наслаждение, которое испытывает он, все завидовали бы ему.

К примеру, люди сидят в тюрьме, и ни одному из них не позволяют выйти за ее стены, чтобы вдохнуть воздух снаружи. Но один человек понравился начальнику тюрьмы, и тот втайне от всех позволяет ему выходить на волю на час в день. В это время человек навещает домашних, а затем возвращается в тюрьму. И как же он счастлив. Во-первых, он счастлив от того, что посещает свой дом. Во-вторых, когда он смотрит на остальных заключенных, которые лишены такой свободы, сидят в заточении и не видят ни проблеска света снаружи, – какое же наслаждение он получает от этого.

Таким образом, помимо собственного наслаждения, которое получает он сам, человек также извлекает наслаждение из того, что вне его. Иными словами, он наслаждается, видя, что у него есть то, чего нет у других. Это наслаждение приходит извне: глядя на других, человек видит, как они страдают, не получая никаких отпусков, и наслаждается тем, что у него отпуска есть.

Итак, следует выделить здесь два аспекта:

- Удовольствие, которое человек получает, наслаждаясь сам.
- Удовольствие, которое человек получает от того, что имеет что-то, чего нет у других. Это называется получать наслаждение извне.

Мораль: мы сидим в тюрьме, как сказано: «Сидящие во тьме и мраке, окованные страданием и железом... Он выведет их из тьмы и мрака»[586]. Мы преступили, и нас поместили в тюрьму, где сидят все узники, преступившие перед Царем и не видящие никакого света все дни своей жизни. Иными словами, их приговорили к пожизненному заключению.

И они оторваны от родителей, зовущихся «праотцами мира». Сказали об этом мудрецы[587]: «Когда мои дела сравнятся с делами моих праотцев?» Это значит: если есть связь с праотцами, то есть если человек знает их добрые дела, тогда можно сказать, что он просит: «Когда мои дела сравнятся с делами моих праотцев» – так чтобы он тоже был способен совершать добрые дела, подобно им. Однако существует понятие преступления, как сказано: «Из-за наших преступлений мы были изгнаны из нашей земли»[588] – нас поместили в тюрьму, и у нас нет никакой связи с праотцами. Иными словами, мы не знаем, что у нас были праотцы, слитые с Творцом. У нас нет никакого понятия о том, что духовное имеет к нам отношение, не говоря уже о том, чтобы мы хотели совершать дела, благодаря которым сможем слиться с Творцом.

В результате люди, осужденные на пожизненное заключение, не видят света все дни жизни, мирятся со своим состоянием и привыкают наслаждаться лишь тем, что начальник тюрьмы по своему усмотрению дает им для пропитания. Вследствие этой привычки они забывают о том, что когда-то жили вне тюремных стен, наслаждались жизнью, которую выбирали себе сами, и не были вынуждены получать пропитание на тюремных условиях. Всё это забыто ими.

Мораль: человек должен радоваться тому, что начальник тюрьмы любит его и поэтому предоставляет ему каждый день немного свободы, чтобы выйти из темницы и насладиться тем, чем наслаждаются честные люди. Сейчас он, словно бы как человек, никогда не преступавший перед Царем, идет домой, общается со своей семьей, с любимыми и близкими. Но затем снова обязан вернуться в тюрьму.

---

586 Писания, Псалмы, 107:10, 107:14.
587 Тана Девей Элияу, Раба, 25.
588 Из молитвы Мусаф на три паломнических праздника.

И так происходит каждый день: у человека возникает мысль и желание прийти в группу, обратиться к Творцу, немного поучиться и слегка ощутить духовную жизнь. Наконец-то он верит в это, и его вера – суть слабое ощущение духовных свойств благодаря получаемой им издалека подсветке.

Правда, человек еще далек от подобия свойств. И поскольку он преступник из-за себялюбия, то есть отличия по свойствам – по приговору, он должен навеки сидеть в тюрьме. А «тюрьма» – это место, где нет духовной жизни, место для нечестивцев, которые преступили перед Царем.

Однако же он понравился начальнику тюрьмы, и тот дает ему мысль и желание насладиться человеческой жизнью – той ступенью, о которой сказано: «вы – Человек»[589], «вы зоветесь Человеком, а народы мира не зовутся Человеком»[590]. Ведь вы наслаждаетесь человеческой пищей – духовной жизнью, и у вас есть контакт с Царем всех царей, то есть в определенное время вы чувствуете, что обращаетесь к Нему.

Человек представляет себе, что понравился начальнику тюрьмы и тот дает ему отпуск на время. И хотя он знает, что потом наступит падение и он будет вынужден вернуться в темницу, все равно, даже находясь в тюрьме, он тоже может радоваться, поскольку знает из прошлого, что бывают подъемы и падения. Поэтому, даже когда его возвращают в заключение, он все-таки знает, что иногда может понравиться начальнику тюрьмы и тот снова предоставит ему отпуск на короткое время, за которое он сможет повидать друзей и пытаться добиться, чтобы его освободили насовсем.

Смысл в следующем: даже в падении к человеку иногда приходят мысли о том, что он уже привык к тому, что его выводят из помыслов и желаний нечестивцев, погруженных в себялюбие. И затем, получив, как он верит, призыв свыше, он оказывается во власти мыслей и желаний периода падения. Тогда человек чувствует, что у него никогда не будет никакой возможности выйти

---

589   Пророки, Йехезкель, 34:31.
590   Трактат «Бава мециа», 114:2.

из эгоизма. Ведь он видит, что тело сопротивляется и каждый раз это сопротивление принимает разные формы. И хотя доводы тела всегда разные, общее в них то, что все они дают ему понять, что трудно и нереально человеку в этом мире освободиться от них.

И все же он видит: когда приходит к нему пробуждение свыше, он забывает все доводы. Они сгорают, как будто их никогда и не было в мире, и человек хочет сейчас только одного – отменить себя перед Творцом. И теперь он ощущает в этом как раз вкус наслаждения.

Поэтому, когда у человека есть немного за что держаться в духовном, пускай самую малость, он уже может пребывать в радости и совершенстве – по двум причинам:

1. Он вышел на свободу и временно наслаждается отпуском из тюрьмы, то есть реализацией принципов отдачи.
2. Он наслаждается, видя, что все сидят в тюрьме, и смотрит на них с жалостью. Порой он хочет попросить для них милости, чтобы Творец позволил им выйти из заключения.

Отсюда понятно, что во время зарождения, когда он формируется лишь силой малого состояния (катнýт) и едва может выполнять принципы Торы, хоть с каким-то намерением, – человек должен верить, что в этом кроется большая важность, поскольку Творец дал ему возможность выйти из общности людей мира, у которых нет никакой связи с духовным, и все устремления которых обращены лишь к животным наслаждениям. Иными словами, чем живут и питаются животные, тем довольствуются и они. А в отношении духовного они кичатся тем, что не настолько глупы, как верующие, которые говорят о существовании духовной жизни. Напротив, они твердо и ясно знают, что правда на их стороне, и говорят себе: «Мы умнейшие люди поколения, так как не верим в духовное, а целью своей жизни ставим только материальное».

Они знают на все сто процентов, что нет никакой духовности в мире, – до такой степени, что хотят повлиять на верующих, чтобы и те тоже знали: согласно ясной логике, в мире есть только материальная жизнь – в точности как и у животных.

Мало того, некоторые умники, исходя из того, что вся жизнь в мире подобна животной, пришли к выводу о том, что нельзя употреблять животных в пищу, поскольку нет у человека более высокой цели, чем у животного мира. «А раз так, почему же мы едим их? Ведь мы все вместе стоим на одном уровне, и цель у нас одна».

Отсюда следует, с одной стороны, что человек должен ценить саму мысль и желание совершать простые действия без всякого понимания и логики, полностью выше знания, и должен верить, что это желание выполнять принципы Торы тоже дал ему Творец, поскольку он понравился Ему, хотя человек и не знает, чем он достойнее других людей. Их Творец оставил в материальной жизни, а его вывел из общности, как в примере с тюрьмой. Это должно доставлять человеку чувство радости и совершенства. И поскольку он ощущает совершенство, постольку может воздать за это большую благодарность Творцу. Сказал об этом Бааль Сулам: **насколько человек воздает благодарность Творцу за то, что тот немного приближает его, в той же мере он всегда получает помощь свыше**.

Причину можно объяснить так: если человек понимает, что надо благодарить Творца, это не значит, что Творец нуждается в благодарности, какую воздают между людьми. Дело в другом: понимая, что нужно поблагодарить Творца, человек задумывается: «В какой мере я должен воздать Ему благодарность?»

Ведь есть правило: «мера подарка определяет меру благодарности». Например, если человеку негде было заработать себе на пропитание, и кто-то помог ему, приложив старания и отыскав для него работу, – разумеется, его благодарность очень велика.

Но, допустим, человек совершил какое-то преступление против государства, и судья приговорил его к двадцати годам заключения. Тогда он вынужден оставить семью, сыновей и дочерей, которых надо выдать замуж. К тому же он только что начал новый бизнес – открыл завод, на который должен нанять сотню рабочих, но нашел пока только пятьдесят. И теперь из-за преступления, на котором его поймало государство, он должен отправиться в тюрьму на двадцать лет. Человек переживает: что будет со всеми его планами и с семьей, пока он изолирован от мира? И решает, что лучше уж смерть, чем такая жизнь – сидеть в тюрьме и переживать обо всем.

Но вот, приходит к нему некто и дает советы, благодаря которым он выходит на свободу, оправданный по всем статьям. Тогда, разумеется, человек начинает думать: «Что я могу дать тому, кто спас мне жизнь?» И, само собой, у него сейчас одна забота: «Как мне обратиться к нему и открыть сердце? Как показать, что я прославляю его всем своим существом?» Сказано об этом: «все кости мои скажут»[591] – славя и воспевая этого человека.

Таким образом, когда человек должен воздать кому-то благодарность, он задумывается, насколько велика помощь, которую тот ему оказал, – чтобы понять, как отблагодарить его. Соответственно, благодарность, воздаваемая человеком Творцу, зависит от степени важности, которую он придает тому, что Творец на одно мгновение вывел его из тюрьмы к новому зарождению, позволив вдохнуть немного воздуха духовного мира.

Отсюда следует: **человек получает падение потому, что не оценил по достоинству сближение с Творцом**. И поскольку не смог оценить, это привело к потере. Сказали об этом мудрецы: «Кто глупец? Кто теряет то, что ему дают»[592]. У человека нет разума, чтобы оценить степень приближения к принципам отдачи. В действительности, он должен верить, что даже крохотная часть принципов Торы тоже очень важна, хотя он еще не чувствует ее важности.

Таким образом, вера относится к тому, чего человек еще не может ощутить и постичь. Тогда он должен верить, согласно словам мудрецов, что это так. Иными словами, это так, как сказали мудрецы, а не как ощущаем мы. Ведь наши ощущения еще не настолько развиты, чтобы мы могли испытывать чувства, приходящие, когда мы знаем, что говорим с Царем. Это просто: если человек знает, что обращается к Царю, тогда у него нет никакой необходимости готовить себя к тому, чтобы осознать важность

---

591 Писания, Псалмы, 35:10.
592 См. трактат «Хагига», 4:1.

Царя. Ведь это естественно, и над этим не требуется работать без нужды.

Следовательно, почему человек не взволнован, когда воздает благодарность и произносит слова Торы, веря, что это учение Творца? Причина в том, что его вера пока еще не полноценна, чтобы уподобиться ясному знанию. В его вере еще есть изъян.

И потому человек должен работать, веря, что обращается к великому Царю. А чувство приходит без работы. **Чувство – это лишь следствие** чего-то нового, на что человек реагирует. Таким образом, **главное – работать над верой, чтобы поверить в величие Царя**.

Книга Зоар говорит об этом в нескольких местах: человек должен молиться о Шхине в изгнании, или Шхине во прахе. Иными словами, мы не сознаём важности того, Кому молимся или к Кому обращаемся и воздаем благодарность. А также мы не строим расчет, чтобы ценить Того, чьи принципы мы выполняем. Всё это и называется: «Шхина в изгнании».

И, само собой, мы не в силах ощутить вкус в выполнении принципов Торы, поскольку есть правило: маловажные вещи не впечатляют человека настолько, чтобы привести его в волнение.

Отсюда следует, что человек должен служить Творцу с радостью. Иными словами, в каком бы состоянии он ни находился, пускай даже в самом низком, когда он полностью лишен жизненных сил, выполняя принципы Торы, – он должен представить себе, что реализует сейчас принцип веры выше знания. То есть хотя тело показывает человеку его низость, все равно он способен укрепиться и решить для себя: «Если я могу выполнять принципы Торы без всякого намерения, это очень важно». Ведь в действительности человек выполняет всё на практике, но ему недостает намерения. И если бы у него было также правильное намерение, тогда тело было бы удовлетворено, и он почувствовал бы себя полноценным человеком.

Однако сейчас тело не может наслаждаться принципами Торы. Чего же здесь недостает? Только наслаждения тела. И поскольку человек хочет работать ради Творца, постольку именно сейчас, когда тело лишено наслаждения, он может больше работать ради отдачи. Если он верит выше знания, что это так, подобное преодоление называется «пробуждением снизу». И затем человек обязательно должен получить жизненные силы, поскольку сейчас он по-настоящему слит с Творцом и хочет служить Ему без всякого вознаграждения.

Если же человек не может идти выше знания, то к нему приходят два стражника и заключают его в тюрьму вместе со всеми, кто преступил перед Царем. Эти два стражника – разум и сердце. Тогда его приговаривают к определенному сроку, а затем выпускают ненадолго на свободу и смотрят, как он себя поведет. Так происходит, пока не сжалятся над ним свыше и не выпустят его на свободу из тюрьмы.

Следовательно, необходимы две вещи:

- формирующая сила, то есть малое состояние;
- сдерживающая сила, чтобы предотвратить выкидыш, то есть не испортить зарождение.

Формирующая сила нужна, поскольку существует правило: нет света без сосуда. Иными словами, нет наполнения без потребности. Поэтому если нет малого состояния (катнут), никогда не будет и взрослого состояния (гадлут).

Однако нужны силы, чтобы держаться, когда человек испытывает потребность. Ведь потребность означает боль от того, что он лишен совершенства. Известно, что трудно выносить страдания, и если человек не видит им конца, то бежит с поля боя. А значит, нужно дать ему ощущение совершенства, чтобы он мог держаться и не бежал от борьбы со злым началом. Но нельзя потчевать его ложью, чтобы человек обманул себя и решил, что он совершенен, – «ибо изрекающий ложь не утвердится пред моими глазами»[593].

Поэтому человеку говорят: «Ты же видишь, что все сидят в тюрьме, не помня даже, что у них есть родители и друзья – люди, выполняющие принципы Торы, их товарищи по духу. Позабыв обо всем,

---

593 Писания, Псалмы, 101:7.

они думают, что в мире есть лишь те люди, что сидят в заключении. И начальник тюрьмы властвует над ними – иными словами, они подвластны злому началу. А если кто-то идет против их мнения, таких людей считают самоубийцами – ведь они оставляют материальную жизнь с ее тюремными наслаждениями и ищут чего-то выше знания, веря, что есть наслаждение еще большее, чем те, которые можно получить от материальной жизни».

Тогда человек отдает себе самоотчет и видит, что удостоился многого – он понравился Творцу, и тот вывел его, пускай на время, из материальной жизни, дав подышать немного воздухом духовного. Как же счастлив должен быть человек в то время, когда смотрит на других и на себя. И конечно же, это совершенство истинно. Ведь по материальной жизни мы знаем, сколько радости доставляет человеку временный отпуск из заточения, когда он видит, что понравился начальнику тюрьмы, а остальные заключенные не удостоились этого.

Но вдобавок к тому, что это совершенство истинно, человек должен приложить большие усилия, чтобы придать ему важность. Выполняя духовную работу, мы повышаем ее важность тем, что ценим даже малую ступень отдачи. И благодаря этому потом заслуживаем повышения важности до такой степени, что человек сможет сказать: «У меня нет никакой возможности по-настоящему оценить важность служения Царю». Это и называется зарождением.

При зарождении пробуждение приходит от Высшего. Но в период подготовки, прежде чем человек удостоился войти в царский чертог и обрести там света́ НаРаНХаЙ дэ-нэфеш, происходит множество подъемов и падений. Однако всё это относится к стадии зарождения, поскольку всё вызвано пробуждением со стороны Высшего.

А вскармливание в период подготовки означает, что человек пробуждается сам и хочет, с помощью книг и их авторов, кормиться чем-то духовным, чтобы оживить дух жизни в отдаче. И потому, реализуя принципы каббалистической методики, он стремится извлечь из них свет Торы, который возвращает его к Источнику.

Сказали об этом мудрецы: «Я создал злое начало и создал Тору как приправу»[594].

Однако, чтобы извлечь свет Торы, надо обладать верой, как сказано в «Предисловии к Книге Зоар»[595]. Дело в том, что когда человек верит в Творца и Его Тору, он хочет слиться с Ним, но видит, что неспособен по причине зла в себе – эгоистического желания, свойство которого приводит к отдалению от Творца. А потому и вера его непостоянна. Сказано об этом[596], что вера не может пребывать в человеке постоянно, так как пока у него нет трепета, то есть пока он не испытывает постоянного страха перед тем, что не сумеет выстроить намерение на отдачу, но захочет получать ради получения, отличаясь по свойствам от Творца, – свет веры не может пребывать в нем постоянно.

Отсюда следует, что вера не может быть постоянной, если у человека нет слияния – подобия свойств с Творцом. Но как человеку обрести эту силу, чтобы преодолеть свою природу, целиком противоположную по свойствам Творцу? На это сказали мудрецы: «Пускай человек всегда выполняет Тору, хотя бы в эгоистическом намерении ло-лишма – и от него придет к альтруистическому намерению лишма[597], ибо кроющийся в ней свет возвращает его к Источнику[598]». Таким образом, кроющийся в Торе свет – вот что возвращает человека к Источнику. Но только в случае, если он действительно хочет, чтобы свет Торы вернул его к Источнику, так чтобы он мог направлять все свои дела на отдачу Творцу. Тогда благодаря тому, что свет вернет его к Источнику, и он обретет слияние, – человек заслужит постоянной веры.

Другое дело если человек не беспокоится о том, что у него есть лишь частичная вера, изучает Тору лишь с тем, чтобы извлечь из этого удовольствие для сосудов получения, и не заботится о сосудах отдачи. У такого человека нет никакой нужды в свете Торы, который придаст ему особое свойство и вернет к Источнику, то

---

594 Трактат «Кидушин», 30:2.
595 См. Бааль Сулам, «Предисловие к Книге Зоар», п. 58.
596 См. Предисловие Книги Зоар с комментарием «Сулам», п. 189 и далее.
597 Трактат «Псахим, 50:2.
598 См. Мидраш «Раба», Эйха, Введение, 2.

есть даст ему силы исправить свои дела, направив их лишь на то, чтобы доставить удовольствие Творцу, – что и называется «слиянием», посредством которого человек обретет постоянную веру.

Если человек не испытывает недостатка в постоянной вере и не нуждается в слиянии, а света, кроющегося в Торе, ждет потому, что этот свет приходит от Высшего, неся в себе благо и наслаждение, – значит он стремится к свету не за помощью, чтобы обратить свои сосуды получения в сосуды отдачи, но хочет, чтобы свет произвел действие, обратное своему предназначению.

Ведь свет, согласно своему назначению, должен приходить, чтобы вернуть человека к Источнику, к добру, как сказано: «Преисполнено сердце мое добром. Говорю я: деяния мои – Царю»[599]. Иными словами, «добром» называется то, благодаря чему человек обретает сосуды отдачи.

Он же хочет света, чтобы насладиться им, то есть чтобы этот свет увеличил его сосуды получения. Это как раз противоположно тому, что свет должен дать. Человек хочет получить от него что-то – и потому свет к нему не придет.

Бааль Сулам пишет[600]: «Человеку нечего ждать, что реализация принципов Торы в намерении ло-лишма приведет его к намерению лишма, пока он душой не узнает, что заслужил должной веры в Творца и Его Тору, потому что тогда свет, кроющийся в Торе, возвратит его к Источнику, и человек удостоится дня Творца, который весь – свет. Ведь вера очищает глаза человека, чтобы они наслаждались светом Творца, пока кроющийся в Торе свет не вернет его к Источнику… А глаза не имеющих веры слепнут при свете Творца[601]».

Надо объяснить слова о том, что свет веры раскрывается тем, у кого есть вера. Исходя из вышесказанного, у тех, кто заслужил постоянную веру, уже есть всё благо. Однако Бааль Сулам

---

599 Писания, Псалмы, 45:2.
600 Бааль Сулам, «Предисловие к Учению о десяти сфирот», п. 15.
601 См. Пророки, Амос, 5:18. «Горе тем, кто жаждет дня Творца. Зачем он вам, день Творца? Это мрак, а не свет».

приводит слова «дает мудрость мудрецам»[602] и ставит вопрос многих: разве не следовало сказать: «дает мудрость глупцам»? И объясняет: поскольку нет света без сосуда, постольку невозможно дать мудрость глупцам – ведь они не испытывают в ней нужды. А потому «дает мудрость мудрецам» – тем, у кого есть желание стать мудрым. Иными словами, у кого есть сосуд, тот может получить наполнение, поскольку нет наполнения без потребности в нем.

Соответственно, и касательно веры надо дать аналогичное объяснение. Кто испытывает нужду в вере, поскольку видит, что у него есть лишь частичная вера[603], и стремится к полной вере, тот уже считается «обладающим верой». Это значит: у него есть желание и потребность в свете веры. Таким людям, ищущим веру, – им-то и раскрывается свет Торы. И об этом сказано, что «вера очищает глаза человека, чтобы они наслаждались светом Творца, пока кроющийся в Торе свет не вернет его к Источнику».

Таким образом, «зарождение» означает, что человек получает пробуждение свыше. И как в материальном зарождение зависит от родителей, так и здесь зарождение кроется в призыве свыше, когда человека зовут вернуться к Источнику. Тогда к нему приходят другие мысли, а все желания, которые были у него до этого призыва свыше, сгорают и теряют свое значение.

А «вскармливание» означает, что человек сам начинает искать, какое «кормление» он получит от книг и их авторов, и хочет впитать от них свет Торы, чтобы иметь возможность слиться с Творцом и обрести полную веру.

---

602 Писания, Даниэль, 2:21.
603 См. Бааль Сулам, «Предисловие к Учению о десяти сфирот», п. 14.

Что означает в молитве «выпрямить ноги и покрыть голову»

Статья 32, 1986

Сказано в Книге Зоар[604]: «Кто стоит в молитве, тот должен выпрямить ноги, и должен покрыть голову, как стоящий пред Царем, и должен закрыть глаза, чтобы не смотреть на Шхину». Далее Зоар спрашивает[605]: «Кто смотрит на Шхину, когда молится, как может он смотреть на Шхину?» И отвечает: «Однако он должен знать, что, конечно же, Шхина стоит перед ним во время молитвы, и потому запрещено ему открывать глаза».

Следует понять, на что указывает выпрямление ног. Судя по всему, оно является условием молитвы и намекает на что-то важное. Что же это такое? А также следует понять, что означает необходимость покрыть голову во время молитвы. На что это указывает?

А также, что значит закрыть глаза? Читая строфы «Слушай, Исраэль», мы закрываем глаза. Здесь же сказано, что и в молитве надо закрывать глаза. А раз так, следует знать, на что указывают эти слова. А также следует понять ответ Зоара на вопрос о том, как человек может смотреть на Шхину.

Зоар объясняет: «Он должен знать, что, конечно же, Шхина стоит перед ним во время молитвы». Однако это объяснение непонятно: в чем связь между закрытыми глазами и знанием, что Шхина стоит перед ним?

---

604 Книга Зоар с комментарием «Сулам», гл. «Веэтханан», п. 10.
605 Книга Зоар с комментарием «Сулам», гл. «Веэтханан», п. 11.

Чтобы понять всё это, надо вернуться к теме творения в целом: в чем его цель и какой ступени творение должно достичь.

Известно, что цель творения – доставить благо созданиям Творца. Здесь возникает известный вопрос: почему благо и наслаждение не проявлены для каждого из созданий? Напротив, мы видим обратное: во всем мире люди терпят беды и страдания, прежде чем достичь хотя бы малости наслаждений. Как правило, отдавая себе в этом отчет, человек приходит к выводу, о котором сказали мудрецы: лучше бы ему не родиться, чем родиться. Вот их слова: «Желательнее человеку не быть сотворенным, чем быть им»[606].

Ответ известен: чтобы не было стыда, или «хлеба стыда», нам дано исправление под названием «подобие свойств». Это означает, что все удовольствия и наслаждения человек должен получать с намерением ради отдачи. А чтобы человек мог приучить себя получать наслаждения ради отдачи, было необходимо Сокращение и скрытие, так чтобы не видеть сразу тех огромных наслаждений, что облачены в Тору и ее принципы.

У нас есть возможность учиться порядку работы ради отдачи на материальных вещах, в которых кроются лишь малые наслаждения, называемые в Зоаре «тонким свечением»[607], что означает очень слабый свет. Духовные искры упали в эгоистические желания, чтобы те могли существовать. И на этом свете, заключенном в материальных наслаждениях, мы можем учиться тому, как получать их ради отдачи. Ведь на малых наслаждениях легче учиться и приучать себя к тому, чтобы получать их только ради отдачи. Иными словами, легче решить для себя: «Если я не могу выстроить намерение ради отдачи, то отказываюсь от них и не

---

606 Трактат «Эрувин», 13:2. «Разделились школа Шаммая и школа Гилеля. Эти говорят: желательнее человеку не быть сотворенным, чем быть им. А те говорят: желательнее человеку быть сотворенным, чем не быть им. Проголосовали и постановили: желательнее человеку не быть сотворенным, чем быть им. Теперь же, раз сотворен, пускай выверяет свои дела».

607 См. напр. Предисловие Книги Зоар с комментарием «Сулам», п. 23: «Другая сторона может существовать лишь за счет того, что духовное светит ей тонким свечением». Книга Зоар с комментарием «Сулам», гл. «Берешит», ч. 2, п. 40: «Внешняя часть внешней Малхут светит им тонким свечением».

хочу получать эти наслаждения, поскольку из-за них я отделяюсь от Творца».

Известно, что Творец целиком обращен на отдачу, тогда как низший хочет именно получать. Как следствие, между ними нет подобия свойств. И потому, в то время как человек хочет слиться с Творцом, это действие в целях получения отделяет его от ощущения Творца – по причине Сокращения и скрытия, произведенных для того, чтобы у него была возможность приучиться выполнять действия, направляя их на отдачу. С другой стороны, если бы управление Творца было явным, то благо и наслаждение были бы раскрыты и у человека не было бы никакой возможности преодолевать свои сосуды получения.

Отсюда понятны слова мудрецов о том, что во время молитвы человек должен выпрямить ноги. Известно, что понятие ноги (раглáим — רגליים) происходит от понятия **лазутчики** (мераглим - מרגלים). Иными словами, в человеке возникает довод лазутчиков[608], увидевших, что не стоит приступать к работе, чтобы достичь земли Исраэля. И тому две причины.

1. Что выиграет эгоистическое желание, если человек пойдет по пути, ведущему к одному лишь Царю? То есть он будет вкладывать усилия в работу для Творца, а получающее желание останется не в прибыли, а в убытке. Выиграет от этого желание отдачи. Что же достанется желанию получать, основе творения?

2. Даже если допустить, что действительно стоит служить Царю и это доставляет человеку большое наслаждение, – однако же, наверняка не каждый пригоден для такого. Ведь здесь, несомненно, действуют особые критерии, которым отвечают лишь те, кто родился с большими дарованиями, отважные люди, способные преодолеть все препятствия, возникающие, когда мы хотим приблизиться к духовному.

---

608 Когда евреи, бежавшие из египетского рабства, подошли к земле Израиля, Моше послал на разведку двенадцать лазутчиков. Вернувшись, десять из них заявили, что земля эта действительно «течет молоком и медом, но могуч народ, населяющий ее» (см. Тора, Бемидбар, 13:27-28). Услышав их, народ Израиля испугался и возроптал, результатом чего стали 40-летние скитания в пустыне.

Нам же достаточно находиться на одном уровне со всем народом Израиля. Зачем нам искать ступени, более высокие, чем у общности? Я не должен быть исключением, мне достаточно возможности соблюдать принципы Торы в простом виде, без всяких намерений. И, разумеется, работа эта будет легче, поскольку она ближе к нашим сосудам получения.

Зачем мне смотреть на горстку людей, утверждающих, что главное для человека – работать ради Творца? Само собой, все работают ради Творца. Так что я буду как один из них.

Вот что такое «лазутчики». И об этом сказано, что во время молитвы надо выпрямить ноги. Смысл в том, что человек должен решить для себя: пускай лазутчики показывают ему, что лишь горстка людей считает необходимым идти этим путем, – только этот путь истинен, в отличие от остальных, хотя они и кажутся таковыми.

Сказали об этом мудрецы: «Пускай всегда будет выполнять человек принципы Торы хотя бы в эгоистическом намерении ло-лишма, и от него придет к намерению на отдачу лишма»[609]. Безусловно, эти слова мудрецов – истина. И этим путем человек должен стараться идти по дороге, ведущей прямо к намерению ради Творца – к полной истине. Иными словами, когда лазутчики говорят человеку, что он поступает неправильно, он должен ответить: «Я иду сейчас просить Творца, чтобы Он помог мне идти моим путем, который я сейчас выбрал, и только его считать прямым». Вот что значит выпрямить ноги во время молитвы.

Таким образом, человек идет к Творцу с молитвой о том, чего ему недостает. Ведь если он не испытывает недостатка, ему не о чем просить и молиться. В чем же мой недостаток? В том, что я вижу, что лазутчики не дают мне покоя, и не хочу идти их путем. Я вижу, что все мои мысли и желания обращены лишь на собственную выгоду, а сделать что-то ради Творца я не в силах.

Чего же мне сейчас недостает? Чего я должен просить у Творца? Только сосуда, зовущегося «желанием». **Мне недостает**

---

[609] Трактат «Псахим», 50:2.

потребности, то есть желания – чтобы я хотел служить Царю и стремился лишь к этому, не заботясь об остальных вещах, которые не касаются духовой работы.

Однако же истинная причина, по которой человек не стремится служить Царю, в другом. Это проистекает не из того, что он не хочет служить Ему. Но, как сказал Бааль Сулам, причина в том, что он не верит, что стоит перед Царем. Когда же человек чувствует, что стоит перед Царем, выбор его сводится на нет, и он меркнет, «как свеча перед факелом»[610].

Таким образом, **основные старания в работе человек должен прилагать к тому лишь, чтобы обрести веру, то есть ощутить реальность Творца**. Сказали об этом мудрецы: «око зоркое и ухо чуткое»[611]. Сокрытие царит над человеком, и пока он не вышел из себялюбия, находится под Сокращением, произведенным для того, чтобы над местом получения пребывала беспросветная тьма – что называется, «пространство, не заполненное высшим светом».

И потому человек просит Творца открыть ему глаза, чтобы он почувствовал, что стоит перед Ним. И всё это ему нужно не потому, что он хочет насладиться тем, что стоит перед Творцом, а потому, что он хочет совершать отдачу Творцу, но не в силах сделать что-то, так как еще не ощущает величия Творца. Для него Шхина лежит во прахе. Иными словами, когда у него возникает мысль сделать что-то ради Творца, не помышляя о собственной пользе, тогда «мир темнеет в его глазах»[612] – ему кажется, что он покинул этот мир и умер.

Это значит: человек начинает чувствовать, что вся его реальность пропадает и он уже не принимается в расчет. Как следствие, едва вступив в это состояние, человек хочет бежать из него, поскольку ощущает вызванный им дискомфорт. И тогда у него нет возможности продолжать этот путь. Ведь человек понимает так, что если

---

610 См. трактат «Псахим», 8:1.
611 Трактат «Авот», 2:1. «Знай, что́ над тобой: око зоркое и ухо чуткое, и все твои дела записываются в книгу».
612 См. трактат «Санэдрин», 22:1.

он встал на путь, призванный ради одного лишь Творца, то, разумеется, он должен быть счастлив и полон жизни. Но внезапно он видит обратное. И действительно, здесь возникает вопрос: почему это так?

Ответ следующий: когда человек испытывает подобные ощущения в этом состоянии, тогда он может почувствовать, что такое «Шхина во прахе». Иными словами, в своих ощущениях он опустился так низко, что унижен в прах. А потом, уже зная, что такое «Шхина во прахе», он может обратиться с молитвой к Творцу и совершать добрые дела, чтобы Творец поднял Шхину из праха.

Говоря иначе: вместо того чтобы ощущать вкус праха, принимая на себя груз духовной работы для одного лишь Творца, а не для собственной выгоды, человек просит Творца снять с него сокрытие, так чтобы он увидел, что Шхина – это «земля жизни»[613]. Когда мы хотим всё делать ради Творца, а не ради собственной пользы, именно благодаря этому мы обретаем **настоящую жизнь**. В этом смысл слов **«земля жизни»** – из этой земли произрастает жизнь для всех. С другой стороны, земля эгоистических сил зовется «землей, поедающей живущих на ней»[614].

Известно, что получение ведет к отделению от духовного. Поэтому «нечестивцы при жизни зовутся мертвыми»[615]. И наоборот, отдача называется «слиянием», как сказано[616]: «Вы, слитые с Творцом вашим, живы вы все сегодня». Таким образом, когда человек хочет, чтобы Творец открыл его глаза, дабы обрести веру, то есть ощутить Его реальность, это не значит, что он стремится к наслаждению от того, что стоит перед Царем. Напротив, он стремится не быть нечестивцем, не желающим выполнять принцип любви к Творцу. И хотя не может быть любви без наслаждения, дело в том, что человек желает ее напрямую, а не напрямую приходит нечто иное.

---

613 См. Писания, Псалмы, 116:9.

614 Тора, Бемидбар, 13:32. «И распускали между сыновьями Исраэля худую молву о земле, которую обозрели, говоря: "Земля, которую мы проходили, – это земля, поедающая живущих на ней"».

615 Мидраш Раба, Коэлет, 9.

616 Тора, Дварим, 4:4.

Например, человек желает любить своих детей, потому что хочет получать от этого наслаждение. Вообще, нельзя сказать, что он любит что-либо и не ощущает в этом наслаждения, поскольку если человек испытывает страдания, это уже не любовь. Правда, порой мы видим, что люди рады страданиям, поскольку благодаря этому они что-то выигрывают. Например, человек, который ложится в больницу на операцию и платит много денег хирургу, не любит это, но рад тому, что благодаря этому обретет нечто важное – свою жизнь.

А раз так, нельзя сказать, что человек желает любить своих детей и работать ради них, чтобы получить наслаждение. Напротив, в данном случае желание любить – суть естественная любовь, не имеющая никакого отношения к наслаждению. Однако от того, что он их любит, он также получает наслаждение. Таким образом, наслаждение, проистекающее из любви к детям, приходит не напрямую.

Аналогично, когда человек просит Творца приблизить его и дать ему свет веры, чтобы он ощутил Его реальность, – само собой, тогда он отменяет себя перед Творцом и, конечно же, испытывает наслаждение. Но не это он имеет в виду. Напротив, намерение его иное: он хочет, чтобы Творец приблизил его, так как видит себя нечестивцем и ничего не может сделать не ради собственной пользы. Поэтому он действительно хочет выйти из себялюбия.

Таким образом, намерение человека в том, чтобы выбраться из эгоизма, а не в том, что он хочет получить еще большее наслаждение, как если бы у него не было особых материальных удовольствий и потому он ставил бы себе целью доставить больше наслаждения своему эгоистическому желанию, то есть хотел бы принести больше выгоды своему себялюбию. Разумеется, нет. Наоборот, он хочет полностью выйти из эгоизма.

Однако же причина, по которой человек хочет просить Творца, чтобы тот вывел его из эгоизма и дал ему свет веры, состоит лишь в том, что он обязан выполнять принципы Торы, поскольку Творец предписал нам выполнять Его волю. Человек видит, что на самом деле он непричастен к отдаче Творцу – напротив, все его заботы порождены лишь себялюбием. И это побуждает его попросить о чем-то, что даст ему возможность быть дающим, а не одним из «народов мира».

Однако следует помнить, что невозможно ощущать реальность Творца, не испытывая наслаждения. Только наслаждение это приходит к человеку не напрямую. Иными словами, он не имел этого в виду, а пришло оно само собой. Ведь естественно, когда человек чувствует, что стоит перед Царем, он сознаёт важность Царя и в этой мере наполняется наслаждением.

Следовательно, не может быть, чтобы человек стоял перед Царем, чувствуя, что хочет отменить себя по отношению к Нему, и вместе с тем испытывал дискомфорт от этого желания самоотмены. А значит, если, приступая к работе на отдачу, человек чувствует, что самоотмена перед Творцом доставляет ему дискомфорт, он должен решить для себя, что дело не в свойствах Царя, а ощущение это пришло к нему, чтобы он узнал, что такое «Шхина в изгнании», или «Шхина во прахе».

Тогда наступает подходящее время для молитвы Творцу, чтобы Он приблизил его, поскольку иначе человек видит, что у него нет никакой возможности своими силами войти в духовное. Ведь он чувствует, что все органы тела сопротивляются служению Царю и отмене собственной реальности, в результате которой он будет стремиться к одной лишь работе на Царя. Тогда у человека появляется потребность, и никто в мире не в силах ему помочь. Только сам Творец может помочь ему.

В этой потребности следует распознать несколько аспектов, чтобы человек был достоин наполнения, когда обращается к Творцу с молитвой о помощи.

1. Человеку чего-то недостает, но он не ощущает этого недостатка. Возьмем, к примеру, главу семьи из шести душ: его друзья живут такой же большой семьей в трех комнатах, а он – в двухкомнатной квартире. При этом он довольствуется малым и не ощущает недостатка в еще одной комнате. Естественно, не ощущая недостатка, он не прикладывает стараний, чтобы увеличить жилплощадь. Соответственно, при таком недостатке нет места для молитвы и, само собой, нет

места для ответа на нее – в силу принципа: «нет света без сосуда, так как нет наполнения без потребности».

2. Человек ощущает недостаток в чем-либо и прикладывает старания, чтобы обрести недостающее. Однако, затратив какое-то время на удовлетворение этой нужды и поняв, что не так-то просто достичь желаемого, он приходит в отчаяние и начинает убеждать себя, что не обязан находиться в рядах выдающихся людей и ему достаточно того, что есть. Природа человека такова, что лень помогает ему во многом оправдать недостаток усилий. Как следствие, он успокаивается и не испытывает никаких забот, поскольку теперь уже ничего не хочет.

Но поскольку до того, как прийти к полному отчаянию, человек приложил большие усилия, чтобы достичь желаемого, постольку раз за разом его посещают мысли о том, чего ему недостало, когда он надеялся получить наполнение. И в мере вложенных сил наполнение само побуждает его теперь заново приступить к работе.

Тогда человек приходит к такому состоянию, в котором просит Творца забрать у него все мысли, побуждающие испытывать недостаток и прикладывать усилия. Он молит Творца о том, чтобы никакая потребность не приходила ему на ум. Все его ожидания сводятся к одному: если он достигнет этого – ему, что называется, будет хорошо, поскольку он не будет испытывать никакого недостатка.

Таким образом, наполнение, которого человек ожидает, состоит в том, чтобы не чувствовать недостатка. Это его наполнит, и этого он ждет сейчас, желая наслаждаться отсутствием потребности и не надеясь на удовлетворение своих нужд. Всё его наполнение в том, чтобы не чувствовать недостающего. Этого он ждет теперь, и это будет для него лучшим состоянием в жизни.

Если придет товарищ и спросит: «Испытываешь ли ты недостаток в чем-либо? Я постараюсь удовлетворить твое желание» – человек ответит: «Поверь, мне сейчас ничего не нужно. Я хочу только покоя, чтобы ни о чем не беспокоиться. И хотя мне стыдно признаться – ведь ты, конечно, пришел, чтобы сделать мне приятное, – и все же открою тебе правду: ты тоже нарушаешь мой покой, поскольку я должен ломать голову, как с тобой говорить. Так что скажу откровенно: иди себе с миром. И сделай одолжение, передай всем нашим приятелям, чтобы не приходили с визитами, если видят, что меня нет поблизости. Ведь единственное, от чего мне хорошо в жизни, – это покой от всех забот».

И разумеется, когда человек молит Творца удовлетворить такую потребность – разве может он получить наполнение в ответ на подобную молитву, основанную на отчаянии и лени? Ведь он хочет, чтобы Творец помог ему, предоставив возможность лениться. Как следствие, такая потребность не будет удовлетворена, поскольку из подобных наполнений ничего не выстроить. Все молитвы должны быть обращены только на созидание, а не наоборот. Нам нужно просить об исправлении мира, а из лени ничего не построишь.

3. Человек ощущает недостаток в чем-либо, и все мысли, вызванные ленью и отчаянием, не могут удовлетворить его потребность. Поэтому он пытается найти способы, как достичь желаемого. В таком случае он просит об этом Творца потому, что желает миру созидания. И он видит, что состояние, в котором он находится, тоже созидательно. Однако все постройки, которые он возводит, подобны домам, которые дети строят из кубиков. Потом они разбирают их и строят заново, каждый раз наслаждаясь этим.

Аналогичным образом человек смотрит на материальную жизнь: как из детских построек не будет миру созидания, так и из материальных наслаждений не будет миру созидания. Ведь мир, конечно же, сотворен с определенной целью, а не создан для маленьких детей. Как же человек может согласиться на то, чтобы оставаться в их обществе?

А дети смеются над ним, из-за того, что он не хочет с ними играть, и не понимают, почему. «Наверняка, – думают они, – он не чувствует жизни и не знает, что жизнью, которую мы ведем, можно наслаждаться. Он не от мира сего, как будто хочет оставить жизнь, уйти в пустыню и жить там, подобно пустынным животным».

А человек не может ответить им ничего, потому что у него нет с ними общего языка. Но, так или иначе, он страдает от своей потребности – от желания достичь духовной жизни.

Следовательно, только в третьем случае можно сказать, что его просьба является молитвой. Ведь человек требует наполнения, которое позволит ему исправить мир и принять цель творения, состоящую в том, чтобы доставить благо созданиям Творца. И он верит, что всё сокрытие в мире вызвано тем, что у нас нет сосудов, подходящих для высшего изобилия, – сосудов отдачи.

Поэтому человек просит Творца, чтобы Он дал ему сосуды отдачи. А достичь этого можно, ощутив величие и важность Царя. С другой стороны, когда Шхина пребывает в изгнании и когда мы ощущаем вкус праха в работе на отдачу – как можно продолжать эту работу? И потому такая молитва принимается.

Отсюда можно разъяснить слова Зоара. Мы спросили: что подразумевается под необходимостью покрыть голову и закрыть глаза, словно стоишь перед Царем? Известно, что головой называется разум человека. Глаза тоже относятся к категории разума, как сказано: «глаза общества»[617] – что означает: мудрые в обществе.

А покрывать голову и закрывать глаза – значит не обращать внимания на то, что говорит тебе разум. Когда человек стоит в молитве, он должен верить, как будто стоит перед Царем. И хотя он не ощущает Царя – должен молиться, чтобы Творец дал ему силу веры, и он почувствовал, что стоит перед Царем. То есть человек хочет такую силу веры, чтобы она была подобна знанию, и чтобы тело воодушевилось его верой, как будто он видит Царя и вдохновляется от Него. О такой вере он молится.

Об этом и сказано, что нельзя открывать глаза во время молитвы, потому что запрещено смотреть на Шхину. «Как может он смотреть на Шхину?» – спрашивает Книга Зоар. И отвечает: «Однако он должен знать, что, конечно же, Шхина стоит перед ним во время молитвы, и потому запрещено ему открывать глаза».

---

617 См. напр. Тора, Ваикра, 4:13, Бемидбар, 15:24.

Мы спросили, что означает этот ответ. Дело в том, что **вера человека должна быть в точности такой, как будто он видит Шхину**. Иначе, если его вера не достигла такого уровня, она не является «истинной верой». И о такой вере человек должен молиться. Иными словами, вера должна действовать в нем так, как будто он видит всё воочию.

Заповеди, которыми человек пренебрегает

Статья 33, 1986

Сказано в Торе[618]: «И будет: за то, что будете слушаться этих законов, и хранить, и исполнять их, сохранит Творец для тебя союз и милость, о которых клялся твоим праотцам». Раши объясняет: «Если будете слушаться легких принципов Торы, которыми человек пренебрегает, Творец выполнит Свое обещание»[619].

Следует понять это условие, поставленное Творцом: «Если будете слушаться легких принципов Торы, Я выполню обещания, данные праотцам». А в противном случае не может их выполнить. Разумеется, условия, соблюдения которых желает Творец, не похожи на условия царя из плоти и крови, идущие на пользу дающему. Здесь они, безусловно, идут на пользу творениям. Ведь иначе творения не могут получить обещанное Им. А раз так, следует понять, в чем состоит условие легких принципов Торы.

Чтобы понять это условие, прежде всего нужно понять, в чем заключается обещание, данное Творцом праотцам. Речь, безусловно, идет не о материальных вещах. Конечно же, обещание состояло в том, что Творец даст народу Исраэля достичь цели творения, суть которой – доставить благо Его созданиям, так чтобы души постигли свой корень – пять частей души, называющиеся НаРаНХаЙ.

Для того чтобы души обрели уготованное им и, получая благо и наслаждение, не испытывали стыда, нам дана работа, называемая «работой на отдачу». Прежде всего, человек обязан приучить себя к этой работе. И чтобы имелась возможность выбора, то есть чтобы человек мог выбирать, с каким намерением он выполняет

---

618   Тора, Дварим, 7:12.
619   Комментарий Раши к Торе.

принципы отдачи, – необходимо было произвести сокращение и скрытие. Тогда и появилось место для выбора.

С другой стороны, если бы было раскрыто наслаждение, человек вынужден был бы выполнять принципы отдачи эгоистически. И чтобы ни он делал, всё было бы призвано удовлетворять его себялюбие. В таком случае нельзя было бы сказать, что он всё делает ради отдачи, поскольку наслаждение при раскрытии света превышает все материальные наслаждения.

В материальном мире действует правило: чем меньше наслаждение, тем меньше работы требуется, чтобы поступиться им. При этом нельзя сказать, что человек получает наслаждение чисто альтруистически, если он не может им поступиться. Иными словами, человек должен быть уверен в себе: если он неспособен выстроить намерение ради отдачи, то готов отказаться от наслаждения. И соответственно, чем меньше наслаждение, тем легче им поступиться.

Поэтому от нас скрыт вкус принципов отдачи, и нам дан вкус материальных наслаждений. И мы должны верить словам Книги Зоар о том, что любое материальное наслаждение – это лишь «тонкое свечение»[620], очень слабый свет в сравнении со светом наслаждения, облаченным в принципы отдачи. А потому действительность устроена так, что человек упражняется на материальных наслаждениях и затем лишь может выйти из-под Сокращения и скрытия – в мере того, насколько способен сделать выбор и решить для себя, что он получает это наслаждение только потому, что хочет совершать отдачу.

После этого, если человек выдерживает испытание и получает малую ступень, которой достиг в духовной работе, ему дают бо́льшую ступень, чтобы выстроить на нее намерение ради отдачи. Так он идет от ступени к ступени, пока не постигает весь свой НаРаНХаЙ, относящийся к корню его души. Суть этих светов НаРаНХаЙ, которые человек постигает, – 613 путей Торы, то есть

---

620   См. напр. Предисловие Книги Зоар с комментарием «Сулам», п. 23: «Другая сторона может существовать лишь за счет того, что духовное светит ей тонким свечением». Книга Зоар с комментарием «Сулам», гл. «Берешит», ч. 2, п. 40: «Внешняя часть внешней Малхут светит им тонким свечением».

613 принципов Торы и семь принципов мудрецов, составляющие, по гематрии[621], 620 имен. Это дано человеку для постижения.

Сказано в книге «Плод мудрости»[622]: «Книга «Древо жизни» говорит, что миры были созданы лишь затем, чтобы раскрыть имена Творца[623]. Таким образом, поскольку душа спустилась, дабы облачиться в эту грязную материю, она больше не могла вернуться к слиянию со своим корнем – с собственным миром, где она пребывала в своем корне до прихода в этот мир. Теперь она обязана повысить свой уровень в 620 раз по сравнению с тем, какой она ранее была в корне. В этом всё совершенство, весь НаРаНХаЙ до света йехида. И потому йехида зовется Кетером, указывая тем самым на число 620».

Отсюда можно понять, в чем заключается обещание, данное Творцом праотцам, и как можно достичь столь высокого совершенства. В этом вопросе есть два аспекта:

1. Необходимость в этом большом совершенстве. Ведь известно, что нет света без сосуда, то есть нет наполнения без потребности. В таком случае, возникает вопрос: каким образом можно почувствовать, что нам недостает постичь НаРаНХаЙ? Как мы объяснили, все материальные наслаждения, за которыми стремится весь мир, – не более чем крохотная искра в сравнении с духовным наслаждением. И, разумеется, когда человек получит даже малое духовное свечение, он ощутит в этом огромное удовольствие. Кто же подскажет ему тогда, что он всё еще нуждается в большем и должен достичь света йехида, а до тех пор еще нельзя считать, что он пришел к своему совершенству? Кто известит человека об этом?

2. Как человек сможет преодолеть такие большие наслаждения и решить для себя: «Если я неспособен получать эти наслаждения с намерением ради отдачи, то отказываюсь от них»? Откуда он получит такие силы? Разве мы не видим, как трудно

---

621 Гематрия – численное значение букв в слове, математическая запись духовных состояний.

622 Бааль Сулам, «Плод мудрости», том 2, п. 65.

623 См. Ари, «Древо жизни», 1:1.

преодолевать даже материальные наслаждения, представляющие лишь тонкую подсветку, искры, упавшие в эгоизм. Как трудно решить для себя, что я отказываюсь от них, если не могу выстроить намерение на отдачу. Мы видим, что материальные наслаждения делятся на большие и малые, – и тем более, если речь идет о духовном, где есть множество ступеней и деталей восприятия, возникает вопрос: откуда человеку взять столь большие силы для преодоления?

Итак, имеются два вопроса:

1. Где человеку взять потребность в большем?
2. Где ему взять силы, чтобы суметь отказаться от наслаждений и обрести уверенность, что если он принимает их, то лишь затем, чтобы доставить удовольствие Творцу?

Начнем с высказывания мудрецов[624]: «Сказал рабби Шимон Бен-Леви: злое начало берет верх над человеком каждый день, желая погубить его, как сказано: «Грешник наблюдает за праведником, желая погубить его»[625] и, если бы Творец не помогал ему, сам бы не справился. Сказано об этом: «Творец не оставит его в руках злого начала»[626]».

В связи с этим мы задали два вопроса:

1. Если человеку дали злое начало, то почему не в его силах справиться с ним без помощи Творца? Разве наличие свободного выбора не означает, что человек способен на преодоление? Здесь же получается так, что у человека нет выбора, чтобы он мог преодолеть злое начало. Напротив, ему не обойтись без помощи Творца – а собственными силами он справиться не может. Возникает вопрос: почему Творец не дал человеку силы, чтобы он мог преодолеть злое начало?
2. Если человек не в силах справиться, почему сказано, что Творец помогает ему? Выходит, человек обязан начать

---

624 Трактат «Кидушин», 30:2.
625 Писания, Псалмы, 37:32.
626 Писания, Псалмы, 37:33: «Творец не оставит его (*праведника*) в руке его (*нечестивого*) и не (*даст*) обвинить его на суде его».

преодоление, а когда увидит, что он неспособен на это, тогда Творец окажет ему помощь. Почему же Творец не помогает ему сразу, как только к нему приходит злое начало? Что добавляет тот факт, что человек начинает работу? Ведь, так или иначе, не в его силах справиться с ней.

Раз так, почему Творец должен ждать, пока человек не приступит к работе, и лишь затем приходит помощь? В чем польза от потери времени, когда Творец дожидается, чтобы человек начал работу? Кто выигрывает от этой потери времени? Разве Творец не должен был оказать помощь сразу, как только к человеку пришло злое начало, пока он еще не приступил к работе? Зачем Творцу ждать до тех пор, когда человек начнет работать, и лишь потом помогать ему?

Однако же, как уже говорилось в предыдущих статьях, дело в том, что Сокращение и скрытие были предназначены для исправления мира. Иначе у человека не было бы никакой возможности даже приступить к работе по преодолению эгоизма. Ведь в человеке, по природе, властвует эгоистическое желание, и это сама основа творения. А всё последующее – лишь исправление, призванное исправить эгоизм.

Таким образом, получающее желание является основой, а всё прочее, что приходит потом, призвано лишь исправить его. Следовательно, желание это остается, но к нему прибавляются исправления. И кто получает все эти исправления? Разумеется, не кто иной, как желание получать.

Известно, что даже когда речь идет о ступени, характеризующейся желанием отдавать, смысл в том, мы не используем имеющееся на этой ступени желание получать, а преодолеваем свое желание и реализуем желание отдачи. Соответственно, исправления, которые человек должен произвести, относятся только к его сосуду получения и призваны снабдить его намерением ради отдачи. И чем больше наслаждение, тем труднее отказаться от него и решить для себя, что если я не могу выстроить намерение на отдачу, то не желаю получать это наслаждение.

А потому следует исправить две вещи.

Одна из них – толща (авиют) получающего желания, чтобы оно не было слишком большим и не лишало низшего возможности преодолеть его. Поэтому сначала необходимо дать человеку желание поменьше. Затем, когда видно, что он может преодолеть малое наслаждение, ему дают наслаждение побольше. Если видят, что с этим наслаждением человек тоже может справиться, то дают еще большее и так далее.

Но как выстраивается такой порядок?

Для этого человеку дали работу в вере выше знания. И работа эта кажется человеку легкой – в смысле «легкомысленной». Иными словами, он не питает к ней уважения, и когда прибегает к вере, это состояние представляется ему низким. По его разумению, такая работа подходит женщинам и детям, но не людям мыслящим и проницательным.

Такие люди должны осмысливать всё, что происходит в мире перед их взором, так чтобы это было им по вкусу и по духу. Если же они должны сделать что-то, видя, что это им не на пользу, – разве могут они согласиться на такие действия, свойственные глупцам, не умеющим критически оценивать ни свои мысли, ни свои дела.

И потому они всегда стараются избегать подобного. Если же иногда такому человеку случается вступить в работу выше знания, по безвыходности, когда логика бессильна, – все равно он постоянно дожидается: «Когда я смогу избавиться от этого?» Ведь негоже нам пребывать в подвешенном состоянии, когда разум не видит пользы от каждого действия в достижении желаемого. А желает человек подняться уровнем выше обычных людей.

Глядя на то, как остальные соблюдают принципы Торы без всякого критического разбора, человек думает, что их воодушевление и пунктуальность в деталях проистекает из недостатка в самоотчете. Как следствие, они способны действовать с закрытыми глазами. «Если бы у них было хоть немного ума, они тоже были бы как я. Ведь я, выполняя принципы Торы, вижу, что работа эта не по мне. Но другого выхода нет, иначе у меня не будет никакой связи с традициями. А потому я всё делаю поневоле и без желания.

Как следствие, забыв, что иду выше знания, я способен всё делать как остальные. Но когда ко мне приходят мысли о том, на каком фундаменте базируются все мои традиции, и я должен ответить телу, что всё строится на принципе «подвесил землю в пустоте»[627], тогда я не могу преодолеть себя и признать, что, в основе своей, духовная работа строится именно на вере выше знания и что именно сейчас я могу реализовать принцип веры, поскольку вижу, что у меня нет никакой основы».

Как правило, человек падает и лежит под тяжестью этих вопросов.

На самом деле это вопрос Фараона, царя египетского, который сказал: «Кто такой Творец, чтобы я послушался Его?»[628] И потому человек решает, что путь веры, данный Творцом, чтобы мы работали таким образом, никогда не приведет к цели. «Если бы Творец прислушался ко мне, то должен был бы устроить так, чтобы мы работали на основе знания, а не веры. Тогда, конечно же, многие присоединилась бы к соблюдению принципов Торы. А на пути веры, пускай даже многие приступают к этой работе, но они бегут с поля боя».

Сказал Бааль Сулам, что Творец избрал, чтобы мы шли путем веры не потому, что уровень человека низок и вести его можно только таким путем. Напротив, это наиболее подходящий путь, и потому Творец избрал его, чтобы люди приняли на себя такой порядок работы и благодаря этому обрели возможность достичь цели. А цель состоит в том, чтобы доставить благо Его созданиям, – так чтобы они получали благо и наслаждение, а также пребывали в полном слиянии, то есть были подобны Творцу по свойствам. И пускай творения не понимают этого, но это истина.

Отсюда следует, что хотя вера кажется нам чем-то низким и легким, то есть легкомысленным, не имеющим значения, – все равно она и есть тот путь, на котором мы можем достичь цели.

Отсюда понятны слова Раши: «Если будете слушаться легких принципов Торы, которыми человек пренебрегает...» Он имеет в виду, что человек пренебрегает верой, и если этого вы послушаетесь,

---

627 Писания, Иов, 26:7.
628 Тора, Шмот, 5:2.

то у вас будут сосуды, благодаря которым вы сможете достичь цели.

И тогда, объясняет Раши, «Творец выполнит Свое обещание». Это значит, что поставленное Творцом условие не преследует Его пользу – в отличие от царя из плоти и крови, который, давая что-то, ставит условия, идущие на пользу дающему. В случае с Творцом, условие реализации легких принципов Торы, наоборот, направлено на пользу человеку. Именно благодаря этому человек может достичь совершенства и заслужить то, что уготовано ему в замысле творения.

Теперь разъясним наши вопросы:

1. Почему Творец не помогает человеку, когда его одолевает злое начало, но ждет, пока человек не приступит к работе по преодолению, и лишь потом приходит на помощь, как сказали мудрецы: «Если бы Творец не помогал ему, сам бы не справился»? Например, когда человек несет тяжелую ношу и, теряя силы, просит о помощи, люди подходят и помогают ему. Когда же он не просит, никто не придет ему на помощь. Так происходит в отношениях между людьми. Но Творцу-то зачем дожидаться, пока человек приступит к работе и призовет Его на помощь, если Он знает, что в одиночку человек неспособен победить злое начало, так как Он не дал ему для этого сил?

2. По какой причине Творец не дал человеку силы, чтобы он мог справиться сам, но как будто сказал ему: «Я дал тебе свободу воли, чтобы победить злое начало»? Само собой, следовало бы сказать, что Творец дал ему силы для преодоления злого начала. Но вместе с тем сказано, что без помощи Творца человек неспособен победить его. Выходит, одно противоречит другому.

Разберем два этих вопроса вместе с двумя предыдущими:

1. Когда человек достигает самой малой духовной ступени, он ощущает в этом удовольствие, превышающее все материальные наслаждения. Как сказал Ари, мы находим большой вкус в материальных усладах, за которыми, как мы видим,

стремится весь мир, получая от них удовлетворение в жизни. И всё кроющееся в них наслаждение проистекает из духовного. Вследствие разбиения сосудов и прегрешения Адам Ришон с Древом познания духовные искры упали в эгоизм. Этот свет называется в Книге Зоар «тонким свечением», которое спустилось, чтобы поддерживать существование эгоизма. Отсюда и проистекают все материальные наслаждения. С другой стороны, от самой малой духовной ступени отдачи, где есть настоящий свет, человек, конечно же, получит удовлетворение, не испытывая никакой нужды в более высоком состоянии. А раз так, кто скажет ему, что он нуждается в большем?

2. Откуда человеку взять такие большие силы, чтобы он мог получать большие наслаждения с намерением ради отдачи, а иначе был бы готов отказаться от них?

Как уже сказано, нет света без сосуда, то есть нет наполнения без потребности. А потому человек обязан приступить к работе. Когда он хочет преодолеть злое начало и не может, тогда у него появляется потребность. Видя, что неспособен на преодоление, человек просит помощи у Творца, и тогда Творец может дать ему наполнение, поскольку у него уже есть сосуд, способный получить это наполнение.

Причина, по которой Творец не дал человеку силы для самостоятельного преодоления, в том, что, получив какое-то наполнение, человек довольствуется имеющимся. В таком случае он не испытывает нужды в том, чтобы обрести НаРаНХай души. А помощь Творца действует по принципу: «кто пришел очиститься, тому помогают»[629]. И спрашивает Зоар: «Чем ему помогают? Чистой душой»[630]. «Заслужил большего – дают ему душу (нэфеш). Заслужил большего – дают ему дух (руах)…»[631]

---

629   Трактат «Йома», 38:2.
630   Книга Зоар с комментарием «Сулам», гл. «Ноах», п. 63.
631   См. Книга Зоар с комментарием «Сулам», гл. «Мишпатим», п. 11-12: «Когда рождается человек, дают ему душу (нэфеш), со стороны чистоты, со стороны тех, кто происходит из мира Асия. Заслужил большего – дают ему дух (руах) из мира Ецира. Заслужил большего – дают ему душу (нэшама) со стороны престола, т.е. из мира Брия. Заслужил

Таким образом, благодаря помощи свыше человек испытывает нужду в том, чтобы привлекать свои света́ НаРаНХаЙ. Иными словами, каждый раз, когда он хочет преодолеть свое злое начало и не может этого сделать, Творец помогает ему чистой душой. С другой стороны, если бы человек мог справиться сам, откуда у него появилось бы желание и нужда просить Творца о ступени более высокой, чем та, на которой он находится?

Теперь же, когда человек обращается к Творцу за помощью, он просит не ступеней, а просто просит не находиться под властью зла. Таким образом, обращаясь к Творцу за помощью, человек хочет, чтобы у него были силы выстраивать намерение на отдачу, и чтобы он не находился во владении другой стороны. Он хочет лишь быть в духовном владении, так чтобы всё его желание сводилось к отдаче Творцу. Только этого ему недостает, и не нужно ему никаких высоких степеней – но просто-напросто служить Творцу, а не себе. Он просит у Творца эту силу, и Творец помогает ему, как говорит Зоар, чистой душой. Каждая такая помощь оказывается посредством души, которую Творец дает человеку. И потому благодаря этому он проходит ступень за ступенью, пока не достигает совершенства своей души, называющегося НаРаНХаЙ.

Отсюда можно понять слова мудрецов: «Злое начало берет верх над человеком каждый день...» Возникает вопрос: для чего нужно это ежедневное усиление злого начала, если человек уже получил помощь от Творца и победил его? Для чего оно должно снова подступать к человеку? С какой целью оно приходит каждый день?

Как уже сказано, благодаря помощи от Творца человек получает душу. Таким образом, **с каждым преодолением, когда человек хочет справиться и стать чище, он обретает тем самым душу**. Выходит, эти преодоления приводят к тому, что человек может обрести НаРаНХаЙ своей души.

большего – дают ему душу (нэфеш) через мир Ацилут. Заслужил большего – дают ему дух Ацилута со стороны срединного столпа, и зовется он сыном Творцу».

Второй вопрос: откуда человеку брать силы для преодоления? Оно осуществляется не своими силами – это помощь, которую дает Творец, чтобы человек мог преодолеть злое начало. Следовательно, одна вещь приводит к исправлению двух.

Судьи и стражи
Статья 34, 1986

Сказано: «Судей и стражей поставь себе во всех своих вратах, которые Творец дал тебе»[632]. Понимать это следует согласно тому правилу, что Тора вечна и относится ко всем поколениям. Раз так, нужно разъяснить эту строфу применительно и к нашему поколению. А потому каждое слово, само по себе, нуждается в разъяснении.

1. Что такое «судья»?
2. Что такое «страж»?
3. «Поставь себе» – сказано в единственном числе. Иными словами, каждый должен поставить судей и стражей. Возможно ли, чтобы каждому надо было сделать это?
4. «Во всех своих вратах»: нужно понять, что такое в нашем поколении «врата»? А также в чем смысл того, что именно «во всех вратах»? Выходит, как только найдутся какие-либо врата, сразу же надо постараться поставить там судей и стражей?
5. А главное, на что указывают слова: «которые Творец дал тебе»? Что здесь имеется в виду? Разве есть кто-то другой, кроме Творца, дающий что-либо народу Исраэля?

Чтобы понять эти вопросы, надо предварить их тем, что говорилось в предыдущих статьях:

1. Цель творения со стороны Творца.
2. Цель нашей работы по реализации принципов Торы. Иными словами, какой ступени мы должны достичь посредством этой работы.

---

[632] Тора, Дварим, 16:18.

Известно, что цель творения – доставить благо созданиям Творца, так чтобы они получили от Него благо и наслаждение согласно Его возможностям, без всяких ограничений. Но поскольку Творец пожелал, чтобы Его деяния были совершенны, то есть не вызывали чувства стыда, постольку было произведено Сокращение и скрытие. Иными словами, нет никакого раскрытия света в сосудах с эгоистическим намерением. Лишь после того, как сосуд – желание наслаждений – исправляется альтруистическим намерением, тогда, в той мере, насколько он может выстроить это намерение, раскрывается изобилие. А до тех пор создания видят противоположность раскрытия, ощущая лишь скрытие и утаение.

Таким образом, здесь, после Сокращения, и начинается работа низших, цель которой должна состоять в том, чтобы у всех наших помыслов и желаний было одно намерение – на отдачу.

Однако возникает вопрос: как такое возможно? Ведь человек изначально «рождается диким осленком»[633]. Откуда ему взять силы, чтобы он мог выйти из своей природы, с которой был создан?

Для этого нам дана работа по реализации принципов Торы, по ходу которой человек должен строить намерение на то, что это придаст ему сил и он сможет согласиться сейчас обратить все свои устремления и чаяния в противоположность – чтобы они были направлены лишь на то, как и чем он может доставить удовольствие Творцу.

До того, как приступил к работе на отдачу, человек полагал, что, соблюдая принципы Торы, достигнет успеха и сможет ублажить тело. Иными словами, благодаря этому его тело обретет и этот мир, и мир грядущий. Таким был его фундамент, на котором он построил себе основу, и основа эта стала для него причиной, обязующей к соблюдению принципов Торы во всех деталях и тонкостях. Как следствие, у человека были силы, чтобы преодолевать леность тела и брать верх ради вознаграждения.

---

633 Писания, Иов, 11:12.

Так же бывает с людьми, которые работают в материальном мире, чтобы обеспечить себе пропитание. Материальной работе тело тоже сопротивляется, поскольку предпочитает покой. Однако, когда человек видит материальное вознаграждение в пользу своего тела, у него есть силы для преодоления. Так и здесь: когда оплатой за работу служит вознаграждение, идущее на пользу тела, у человека тоже есть силы, чтобы преодолевать все препятствия, которые перед ним стоят. Ведь награда, на которую он надеется, призвана только для его собственных нужд, – и этому тело не сопротивляется.

Иными словами, хотя тело наслаждается покоем, ему говорят: «Поступись наслаждением от отдыха – и посредством работы ты получишь больше удовольствия». Или же ему говорят: «Удовольствия, которые ты получишь, отказавшись от покоя, нужнее того, которое ты извлекаешь из отдыха, поскольку благодаря этим наслаждениям ты сможешь жить, а иначе у тебя не будет права на существование». В ответ на все эти доводы у тела есть силы для преодоления, чтобы поступаться малыми удовольствиями ради награды, превышающей его работу. Эта награда оплачивает человеку все уступки, которых он требует от тела, чтобы ему стало лучше, чем сейчас, до того, как он поступился удовольствиями.

Другое дело, когда телу говорят: «Работай на отдачу. Реализуя принципы Торы, ты сможешь доставить радость Творцу». Тем самым человеку говорят: «Откажись от своего себялюбия – и в награду Творец получит удовольствие от твоей работы по реализации принципов Торы». Тогда тело сразу же выдвигает претензии: «Кто?» и «Что?»[634]. Иными словами: «Что я выгадаю от того, что Творец получит удовольствие от моей работы? Как можно работать без вознаграждения?» Таков аргумент «Кто?», когда тело не желает работать. Оно говорит: «Я готово работать, как все, но не на таких условиях. Ведь если я откажусь от своего себялюбия и всё буду делать ради удовольствия Творца, в чем будет мой выигрыш от этой работы?»

---

634 Вопрос Фараона: «Кто такой Творец, чтобы я слушался Его?» (Тора Шмот, 5:2) и вопрос сыновей: «Что для вас эта работа?» (Тора, Шмот, 12:26).

Когда же человек преодолевает все доводы тела, полагая, что уже в силах идти против его природы, и чувствует, что сможет сейчас сосредоточить все свои мысли только на намерении ради отдачи, – внезапно тело предъявляет ему новые аргументы: «Ты, со своей стороны, прав в том, что хочешь работать ради Творца, а не ради награды, как общепринято. Но это было бы хорошо, если, вложив определенное время, ты получил бы свыше силы, которые позволили бы тебе идти духовным путем. Однако ты видишь, что приложил большие усилия и не сдвинулся ни на волос. А раз так, ты и сам видишь, что неспособен идти этим путем. Так что жаль твоих напрасных стараний. Сворачивай-ка ты с этого пути и беги с поля боя».

Если человек преодолевает все эти доводы тела, то оно раскрывает ему новые, на которые у него уже нет никакого ответа. Тем самым тело хочет отстранить человека от всей его работы. Оно говорит ему: «Известно, что когда человек начинает изучать какую-нибудь науку, то понемногу продвигается. Если он даровит – продвигается быстрее, а если менее даровит, то медленно. Когда же человек видит, что вовсе не продвигается в этой науке, ему говорят: «Она не для тебя. Лучше уж тебе выучиться какой-нибудь профессии. Ты не годишься для изучения наук». Мы видим, что так принято в мире, и это благоразумно.

Вот и здесь, – утверждает тело, – ты же видишь по усилиям, вложенным в работу на отдачу: мало того, что ты не продвинулся вперед ни на шаг, – дело обстоит даже наоборот». Иными словами, до того, как приступил к работе на отдачу, человек не был настолько погружен в себялюбие. Теперь же, приложив старания, чтобы преодолеть свой эгоизм, он получил еще большее желание и чувствует себя еще более погруженным в себялюбие.

Таким образом, в этой работе обнаруживается, что мы идем назад, а не вперед. Человек ясно видит это в знании и ощущении. Иными словами, прежде чем попытаться преодолеть свой эгоизм, он думал, что это пустяк – отказаться от себялюбия, чтобы обрести духовный мир. Ведь он всегда думал о том, как найти путь, которым можно будет пойти и достичь чего-то духовного. Но никогда он не думал, что заботиться надо о том, как выйти из себялюбия. Об этом, казалось ему, конечно же, и помышлять-то не стоит. Напротив, все его заботы были о том, чтобы отыскать верную дорогу, ведущую человека в царский чертог, и заслужить ту цель, ради которой человек создан.

Теперь же он пришел к тому, чего и представить себе не мог: эгоизм стал камнем преткновения, мешающим достичь истины. Человек всегда думал, что готов пожертвовать собой ради истины, а теперь видит, что откатился на десять ступеней вспять и не готов поступиться ничем из своего эгоизма ради духовного.

Когда тело предъявляет человеку такие доводы, он «лежит под грузом»[635] – приходит в состояние отчаяния и лени и хочет сбежать с поля боя, поскольку видит сейчас, что все аргументы тела справедливы.

Однако же истина в том, о чем мы говорили много раз. Бааль Сулам объяснил, что такое продвижение к истине. Прежде чем приступить к работе на отдачу, человек был далек от истины – от ощущения всей меры собственного зла. Но потом, работая над преодолением эгоизма, он продвигается к истине – иными словами, видит раз за разом, что погружен во зло с головы до пят.

Однако следует понять, зачем нам всё это. Почему, прежде чем приступить к работе на отдачу, человек не ощущал зло в большой мере, а когда вкладывает силы в преодоление, зло в нем становится более ощутимым? Почему всё то, что человеку придется раскрыть потом, не было раскрыто ему сразу, но раскрывается постепенно, шаг за шагом, каждый раз понемногу?

Дело в том, что преодоление ведется поэтапно. Например, человек, тренирующийся поднимать тяжести, начинает, скажем, с пятидесяти килограммов, а затем прибавляет еще и еще за счет тренировок. Так же происходит и в духовной работе. Вот почему в начале человеку не дают почувствовать сильный вкус эгоизма – ведь он, конечно же, не сможет его преодолеть. Вместо этого ему добавляют вкус эгоизма по мере его работы. Иными словами, видя, насколько человек способен к преодолению, в той же мере

---

[635] Тора, Шмот, 23:5.

ему добавляют вкус эгоистических удовольствий, чтобы он мог превозмогать их. Отсюда понятны слова мудрецов: «Как бы человек ни возвышался над другими, его начало возвышается над ним»[636].

Возникает вопрос: почему это так? Исходя из вышесказанного, ответ прост. Так заведено и в материальном: мы идем от легкого к трудному. Соответственно, пока человек не приступил к работе по преодолению, ему не раскрывают сильного эгоизма, с которым он не сможет справиться. Ведь он еще не начал работать в преодолении. Как следствие, он не ощущает большого вкуса в себялюбии.

Однако, когда человек приступает к преодолению, ему дают ощутить больше наслаждения и важности в эгоизме, так чтобы ему было что превозмогать. А когда он в какой-то степени преодолевает себялюбие, ему дают еще больше почувствовать важность эгоизма. Так человек последовательно приучает себя к тому, как преодолевать наслаждения, чтобы он мог сказать, что всё получает исключительно ради отдачи.

Таким образом, с каждым разом человеку становится всё труднее превозмогать себялюбие, поскольку каждый раз его получающему желанию придают больше важности, чтобы у человека была возможность работать на преодоление.

Однако нужно понять, почему свыше необходимо посылать всё большее ощущение важности и наслаждения, чтобы человеку было трудно справиться с ним. Если поразмыслить над этим преодолением материального, лучше бы человеку не посылали большую важность эгоизма. Напротив, пускай бы той важности, которую он придавал себялюбию в начале работы, было достаточно ему, чтобы преодолеть материальное, и он мог бы сразу вступить в духовную работу. Зачем человеку эта работа впустую, когда он преодолевает себялюбие на материальном уровне? Правда, с каждым разом он достигает всё большего преодоления, но для чего он должен работать с себялюбием в применении к материальному?

---

636   Трактат «Сукка», 52:1.

Однако же речь идет о большом исправлении. Ведь известно, что всё множество материальных удовольствий, которые мы ощущаем, – это лишь «тонкое свечение»[637] по сравнению с тем, что кроется в духовных наслаждениях. Отсюда следует, что даже после того, как человек уже прошел экзамен на преодоление материальных удовольствий и может получать их только ради отдачи, испытания этого достаточно лишь для малых услад, которые он способен превозмогать и получать, только выстроив альтруистическое намерение, – но не для больших наслаждений. **И невозможно дать человеку духовные наслаждения – ведь он, несомненно, получит их эгоистически.**

Поэтому человеку необходимо проводить сперва работу с материальными удовольствиями, когда ему раз за разом дают ощутить в эгоизме больше вкуса, чем в начале работы. Ведь прежде, чем начать работу, он ощущал стабильный вкус, приданный материальным удовольствиям. Когда же человек приступает к работе на отдачу, желая достичь духовного, тогда ему добавляют больше вкуса в материальных удовольствиях – намеренно, чтобы он приучался преодолевать наслаждения, бо́льшие, чем те, что кроются в обычных материальных усладах. **Это и есть подготовка – работая в преодолении, закаляться перед большими наслаждениями духовного мира.**

Отсюда видно, что тем, кто хочет вести духовную работу, дают добавки – добавляют им больше вкуса в себялюбии, чего нет у тех людей, которые не заинтересованы идти путями отдачи. Об этом и сказали мудрецы: «Как бы человек ни возвышался над другими, его начало возвышается над ним». Делается это для того, чтобы человек приучался к работе по преодолению. **Ведь для многочисленных наслаждений духовного мира ему не хватит того, что он приучился преодолевать материальные удовольствия в их постоянной форме. Напротив, раз за разом человеку добавляют больше вкуса и важности в эгоизме, чтобы он приучался к большему преодолению.**

---

[637] См. напр. Предисловие Книги Зоар с комментарием «Сулам», п. 23: «Другая сторона может существовать лишь за счет того, что духовное светит ей тонким свечением». Книга Зоар с комментарием «Сулам», гл. «Берешит», ч. 2, п. 40: «Внешняя часть внешней Малхут светит им тонким свечением».

Отсюда понятно то, что мы спросили о словах: «Судей и стражей поставь себе во всех своих вратах». Что это значит в наше время – поставить судей и стражей? Когда хочет человек вступить в духовную работу, следует выделить два этапа:

1. **Потенциал.** Сначала человек составляет себе план: что он должен делать и чего не должен. Иными словами, он проясняет добро и зло. И поскольку делает это в потенциале – зовется «судьей», постановляющим, как следует действовать.

2. А затем надо привести в исполнение то, что было заложено в потенциале. И выполняет это уже «страж».

А поскольку работа эта не ограничивается одним днем, но ежедневно должен человек прикладывать в ней усилия, постольку сказано во множественном числе: «судьи и стражи».

С другой стороны, «поставь себе» сказано в единственном числе – как указание на то, что эта работа возложена на каждого.

Понятие «врата», следует понимать просто: «вратами» называется место входа. Смысл в том, что, когда человек хочет вступить в духовную работу, он всегда должен выстраивать ее порядок согласно двум аспектам: в **потенциале** и в **действии**. Иными словами, в категориях **судей** и **стражей**.

Что же касается слов «во всех своих вратах», их следует объяснить согласно двум видам существования, которые мы видим в этом мире:

1. Материальная жизнь.
2. Духовная жизнь.

Отсюда следует, что есть два типа врат:

1. Врата, подобные тюремным воротам, как сказано: «Сидящие во тьме и мраке, окованные страданием и железом»[638]. Книга «Крепость Давида» поясняет: «Люди, сидящие во тьме, скованные мучительными узами и железными оковами»[639].

---

638 Писания, Псалмы, 107:10.
639 Давид Альтшулер, «Крепость Давида», комментарий к Псалмам.

2. Врата, подобные царским, как сказано: «Мордехай сидел у царских врат»[640].

У каждых врат есть стражники, стоящие на страже. Но действуют они противоположно друг другу. Тюремные стражники надзирают, чтобы никто из заключенных не вышел из тюрьмы, тогда как стражники, сидящие у царских врат, следят, чтобы в них никто не вошел.

Смысл в том, что люди, погруженные в себялюбие, ничего не понимающие и не чувствующие, помимо материальных удовольствий, подобны тюремным заключенным, и стражники не позволяют им выйти. Какой же силой они удерживают их, не давая выхода? В тот момент, когда стражники видят, что человек хочет выйти из эгоизма и вступить в работу на отдачу, они добавляют ему больше эгоистических удовольствий и тем самым сковывают его железными оковами, чтобы он не захотел выйти оттуда.

После всех преодолений, когда стражники видят, что заключенные хотят сбежать из эгоизма и вступить в любовь к Творцу, им сразу добавляют больше вкуса и больше важности в эгоизме – настолько, что человек никогда и не думал, что оставаться в себялюбии столь выгодно, как он ощущает сейчас, обнаруживая, что эгоизм совсем не так прост. Об этом и сказано: «Как бы человек ни возвышался над другими, его начало возвышается над ним». В этом сила стражников, следящих, чтобы никто не сбежал из тюрьмы.

С другой стороны, задача стражников, стоящих на страже у царских врат, заключается в том, чтобы никому не давать войти в них. Какая же сила позволяет брать верх над теми людьми, которые хотят войти в царские чертоги? Сказано об этом[641]: «В пример можно привести царя, пожелавшего собрать всех наиболее преданных своих приверженцев в стране и ввести их в работу внутри своего дворца. Что же он сделал: разослал по стране открытый приказ, чтобы каждый желающий, от мала до велика, пришел к нему заниматься внутренними работами во дворце. Однако

---

640 Писания, Свиток Эстер, 2:19.
641 Бааль Сулам, «Предисловие к Учению о десяти сфирот», п. 133.

поставил из своих рабов многочисленных стражников на входе во дворец и на всех ведущих к нему путях, приказав им хитростью вводить в заблуждение всех, кто приближается к дворцу. Разумеется, все жители страны кинулись к царскому дворцу, но были сбиты хитростью усердных стражников. И многие из них превозмогли тех стражников вплоть до того, что смогли приблизиться ко входу во дворец. Однако стражники у входа были самыми усердными и любого, кто приближался к воротам, отвлекали и сбивали с большим коварством, пока не возвращался он так же, как пришел. И снова приходили они и возвращались. И лишь герои среди них, чья мера терпения устояла, победили тех стражников, и, растворив ворота, удостоились тотчас узреть лик царя, который назначил каждого на подходящую ему должность».

Таким образом, стражники, стоящие у царских врат, сбивают человека всевозможными доводами о том, что «это не для тебя» – вступить в чертоги Царя. Каждому они придумывают резоны, чтобы эти люди поняли, что им не стоит трудиться задаром. А главное, у них есть сила, чтобы различными аргументами отстранять и уводить людей от сражения за духовную работу.

В этом смысл слов «во всех своих вратах» – речь идет о вратах тюрьмы и вратах Царя.

Теперь разъясним конец строфы: «…которые Творец дал тебе». Мы спросили: что это значит для нас? Ведь известно, что всё идет от Творца. Однако же, как мы объяснили выше, у человека, желающего спастись от всех доводов стражников, есть лишь одно средство – **вера выше знания**. То есть стражники правы во всем, что они говорят, но Творец «жалостлив и милосерден»[642], Он «слышит молитву всех уст»[643] и дает силы, чтобы преодолевать любые препятствия.

Однако есть правило, согласно которому человек должен сказать: «Если не я для себя – кто для меня?»[644] Иными словами,

---

642   Тора, Шмот, 34:6.
643   Из молитвы Шахарит.
644   Трактат «Авот», 1:14. «Если не я для себя – кто для меня? Когда я для себя самого – что я? И если не сейчас, то когда?»

человек не должен ждать, пока Творец поможет ему в преодолении, но должен справляться сам и делать всё, что в его силах. Просить же надо лишь о том, чтобы Творец помогал ему в преодолении – именно помогал. Если человек старается сделать всё возможное, то должен просить Творца, чтобы его старания принесли плоды. Но рассчитывать следует не на то, что Творец поработает за человека, а на то, что Творец поможет человеку в работе и ему удастся обрести благо.

Таким образом, человек выполняет работу, а Творец лишь помогает ему. И человек производит для себя расчет: почему он заслужил сближения с Творцом более, чем другие? Потому что другие люди не были способны прилагать столько усилий в работе выше знания, невзирая на все доводы тела, как это делал он, раз за разом преодолевая себялюбие и никогда не обращая внимания на помыслы отчаяния, которыми тело хотело сбить его с пути. Тогда человек может сказать: «Сила моя и крепость руки моей доставили мне это богатство»[645].

И в таком случае человек должен знать то, о чем сказано: «...которые Творец дал тебе». То есть это не более чем подарок Творца. Иными словами, если ты был в силах поставить судей и стражей во всех своих вратах, – это был лишь дар Творца.

---

645 Тора, Дварим, 8:17.

Пятнадцатое Ава
Статья 35, 1986

Говорит Мишна: «Сказал рабби Шимон Бен Гамлиэль: не было столь добрых дней для Исраэля, как Пятнадцатое ава и Судный день, когда дочери Иерусалима выходили в белых одеждах, взятых в долг, дабы не стыдить тех, у кого их не было. Дочери Иерусалима выходили и плясали в виноградниках. И говорили: "Юноша, подними глаза и взгляни, что ты выбираешь себе. Не смотри на красу – смотри на семью"»[646]. И далее: «Тот, у кого не было жены, отправлялся туда. Красавицы среди них говорили: "Обратите свои взоры на красу, ведь жену берут ради красы". Знатные среди них говорили: "Обратите свои взоры на семейство, ведь жену берут ради детей"»[647]. Книга «Эйн Яаков» добавляет: «Богатые среди них говорили: "Обратите свои взоры на тех, кто владеет богатством"»[648]. «Неприглядные среди них говорили: "Возьмите это ради Творца, только украсьте нас золотом"»[649].

Следует разобраться, что это за добрые дни для дочерей Иерусалима, выходивших плясать в виноградниках и говоривших с юношами о сватовстве. Скромно ли это? Ведь получается, что добрые для Исраэля дни приводили к тому, что дочери Иерусалима выходили плясать в виноградниках. И нужно понять, как одно связано с другим.

Известно, что Малхут зовется «дочерью». Сказано об этом: «Отец создал дочь»[650]. В Малхут мы выделяем четыре категории: Хохма, Бина, Зеир Анпин и Малхут. Это четыре ступени авиюта – «толщи» желания.

---

646 Трактат «Таанит», 26:2.
647 Трактат «Таанит», 31:1.
648 Рабби Яаков Ибн-Хабиб, «Источник Яакова», часть 2, гл. 4.
649 Трактат «Таанит», 31:1.
650 Книга Зоар с комментарием «Сулам», гл. Пинхас, п. 35/4.

Первая ступень – Хохма – зовется **«красотой»**, а также «красивыми глазами».

Вторая ступень – Бина – зовется **«матерью сыновей»**. Она породила ЗОН[651]. Бине свойственно желать подобия по свойствам, чтобы уподобиться Дающему. Поэтому достоинство Бины в том, что мы относим ее к Кетеру, – ведь она желает уподобиться Кетеру, Дающему.

Третья ступень – Зеир Анпин – называется **«богатым»**. Сказано об этом[652]: «"Богатый не больше"[653] – это центральный столп, Зеир Анпин, чтобы не давал больше десяти. "Богатый не больше" – это центральный столп, который, по сути своей, склоняется вправо, к хасадим, и не нуждается в хохме, и потому называется богатым».

Четвертая ступень – Малхут – зовется **«бедной и нищей»**. Сказано об этом[654]: «У нее нет ничего своего, но лишь то, что дает ей муж, Зеир Анпин». Известно, что Малхут зовется также **«верой»** – как сказано об Аврааме: «И поверил он Творцу, и Он вменил ему это в **праведность**»[655]. По тому же принципу дают подаяние[656] бедному и не требуют ничего взамен. Такова ступень веры выше знания, когда человек не требуют ничего взамен, всё устремляя к одному лишь Творцу. Выходит, вера как будто «нищая», подобно бедняку, ничего не возвращающему за подаяние, которое ему дают.

Исходя из этого, разъясним слова мудрецов о дочерях Иерусалима. Известно, что **«добрыми днями»** называются периоды подъема миров и их проявления. Тогда наступает время для раскрытий, «дочери Иерусалима выходят» из скрытия на свет, и каждая сфира демонстрирует свою важность.

---

651 ЗОН – Зеир Анпин и Нуква (Малхут).

652 Книга Зоар с комментарием «Сулам», гл. «Ки-тиса», п. 4.

653 Тора, Шмот, 30:15. «Богатый не больше и бедный не меньше половины шекеля должны давать в приношение Творцу для выкупа ваших душ».

654 Книга Зоар с комментарием «Сулам», гл. Шмот», п. 79.

655 Тора, Берешит, 15:6.

656 *Праведность и подаяние – одно слово:* צדקה.

Известно, что есть четыре стадии распространения прямого света. Это значит, что и в самой Малхут – в желании получать, представляющем Малхут относительно прямого света и, по своей природе, **получающем ради получения**, – имеются четыре ступени. Сказано об этом[657]: «Пять уровней получения в четвертой стадии называются по именам сфирот КаХаБ-ТуМ[658], потому что до сокращения, когда четвертая стадия еще была сосудом получения для десяти сфирот, включенных в высший свет по принципу «Он един и Имя Его едино»[659], ее облачение на десять сфирот происходило по тем же стадиям. Каждая из пяти стадий в ней облачала соответствующую ей категорию в десяти сфирот высшего света».

Стадии эти раскрываются в «добрые дни» – когда каждая сфира проявляет свое достоинство. И порядок таков: **первая ступень**, зовущаяся **Хохмой**, обращается к «юноше» – к тому, кто достоин быть избранным[660] из народа, и раскрывает свое достоинство – кроющуюся в ней **красоту**. Хохма называется «красивыми глазами», как сказано: «глаза общества»[661], – что означает: мудрые в обществе[662]. Поэтому ступень Хохма зовется **«красавицами»**. И потому сказано: «жену берут ради красы». Касательно сосуда получения в целом: желание Творца доставить благо Своим творениям создало сосуд получения блага и наслаждения, предназначенный для света хохма. Соответственно, «женой» называется **сосуд получения, рассчитанный только на свет хохма**.

«**Знатные** среди них»: у «знатности» есть высокий корень. К примеру, о ком-то говорят: «Это внук выдающегося человека». То есть его корень очень высок. Аналогично, сфира **Бина, вторая ступень,** демонстрирует свое достоинство – стремление к подобию свойств, посредством которого можно слиться с Корнем – с Дающим, Кетером[663]. Таким образом, сфира Бина показывает, что она

---

657 Бааль Сулам, «Введение в науку каббала», п. 20.
658 КаХаБ-ТуМ – Кетер, Хохма, Бина, Тиферет и Малхут.
659 См. Пророки, Зехарья, 14:9. «Творец един, и Имя Его едино».
660 *Юноша и избранный* – одно слово: בחור.
661 См. напр. Тора, Ваикра, 4:13, Бемидбар, 15:24.
662 Ивр. *хохма* – букв. *мудрость*.
663 Ивр. Кетер – букв. *венец*.

слита с Корнем. И это называется «знатным происхождением»: когда она родит сыновей, в их природе будет заложено то же свойство, которое есть у нее, – подобие Корню. Об этом и сказано: «Знатные среди них говорили: "Жену берут ради детей"».

Смысл в следующем: нужно стараться, чтобы сосуд получения, зовущийся «женой», родил сыновей, и чтобы эти сыновья были важны. Об этом и сказано: «Обратите свои взоры на семейство». Имеется в виду знатное происхождение. Итак, Бина демонстрирует свое достоинство – у нее есть слияние с Корнем, **подобие ему по свойствам**. А корнем Бины является Кетер – желание нести благо и совершать отдачу. Таким образом, ее достоинство состоит в том, что она порождает силу отдачи для сыновей, которые родятся потом.

«**Богатые** среди них говорили: "Обратите свои взоры на тех, кто владеет богатством"». **Третья ступень** – это Зеир Анпин, который зовется **богатым**. Поскольку у него есть свет хасадим, он считается богачом, который рад своему уделу и не нуждается в свете хохма. Правда, у него есть также подсветка хохмы, но он склоняется к хасадим. Этим он похож на Бину, являющуюся источником света хасадим, которая происходит из Корня, то есть Кетера, и желает уподобиться ему. Однако у Зеир Анпина есть и подсветка хохмы.

Вот о чем говорит Зоар[664]: «"Богатый не больше" – это центральный столп, Зеир Анпин, чтобы не давал больше десяти. "Богатый не больше" – это центральный столп, который, по сути своей, **склоняется вправо, к хасадим, и не нуждается в хохме, и потому называется богатым**. Сказано ему, чтобы не давал больше десяти» – а напротив, чтобы брал свет хасадим с подсветкой хохмы.

И об этом сказано: «богатые среди них» – то есть третья ступень, Зеир Анпин, **свет хасадим с подсветкой хохмы**. Зеир Анпин зовется **богатым**, и эта сфира в Малхут демонстрирует кроющееся в ней достоинство, как сказано: «Обратите свои взоры на тех, кто владеет богатством».

---

664 Книга Зоар с комментарием «Сулам», гл. «Ки-тиса», п. 4.

А «**неприглядные** среди них» – это **сама Малхут**, четвертая ступень четвертой ступени. На нее было произведено Сокращение, и потому она зовется **бедной и нищей**, как сказано в Книге Зоар: «У нее нет ничего своего, но лишь то, что дает ей муж». Известно, «царство небес»[665] надо принимать **выше знания** – что называется **верой**. Надо верить в Творца, хотя тело предъявляет множество вопросов, доводов и претензий. На это следует сказать: «Глаза у них – а не видят, уши у них – а не слышат»[666]. Всё следует принимать выше резонов и знания. Более того, делать это надо в категории **праведности**, как сказано об Аврааме: «И поверил он Творцу, и Он вменил ему это в праведность».

Когда бедняку дают подаяние, от него не требуют ничего взамен – ведь ему нечем отплатить, у него есть лишь то, что ему дают. Так же следует принимать бремя «царства небес», духовной работы – ничего не получая взамен и всё устремляя к одному лишь Творцу, как будто Ему нечем отплатить человеку за эту работу.

Почему, на самом деле, вера должна быть именно такой? Причина известна: на получающие сосуды было произведено сокращение, чтобы создать место для работы, которая позволит прийти к подобию свойств – к слиянию. Именно в этих сосудах, отменяя эгоистические желания, мы обретаем сосуды отдачи, благодаря которым человек может выстраивать альтруистическое намерение. В этих сосудах светит всё то благо и наслаждение, которое Творец пожелал дать Своим творениям.

Однако в глазах творений, которые созданы с получающими сосудами и которым говорят, что надо работать выше знания, работа эта предстает незначительной, маловажной. Ведь рассудительному человеку не пристало совершать действия, с которыми разум не согласен.

Бааль Сулам объяснил это на примере из Торы[667]: «Сказал ему Творец: "Что у тебя в руке?" Моше ответил: "Посох". И сказал Творец: "Брось его на землю". Моше бросил его на землю, и тот

---

665   Царство и Малхут – одно слово: מלכות.
666   Писания, Псалмы, 115:5.
667   Тора, Шмот, 4:2-3.

превратился в змея. И побежал Моше от него». Сказал Бааль Сулам: руки Моше – это категория **веры**. И по важности она находится **внизу**[668], так как человек **стремится лишь к знанию**. Порой он видит, что, рассуждая логически, у него нет никакой возможности достичь желаемого. Аргументирует он это тем, что уже вложил в работу большие усилия, чтобы всё делать ради отдачи, и не сдвинулся ни на волос. В таком случае тело говорит человеку: «Это приведет тебя в отчаяние. Не думай, что сможешь когда-нибудь добиться успеха. Так что оставь-ка ты этот путь».

В ответ сказал ему Творец: «Брось его на землю» – то есть так ты сделаешь перед народом Исраэля. Здесь следует знать, что под «Фараоном» и «Египтом»[669] подразумеваются соответствующие категории в сердце Исраэля. «...И тот превратился в змея» – то есть, как только мы оставляем веру, опуская вниз ее важность, – сразу падаем в эгоизм. Ведь именно посредством веры выше знания можно обрести всё совершенство.

Таким образом, основная работа ведется в то время, когда у человека нет никакой рассудочной основы, чтобы он мог отстраиваться на этом фундаменте. Для веры в его разуме нет ни малейшей опоры. Поэтому, когда человек не видит личной выгоды, он сразу теряет силы для работы и становится как бревно, лишенное всяких желаний и сил.

И именно тогда человек способен увидеть истину – есть ли у него вера выше знания, чтобы он мог ответить телу, которое предъявляет ему справедливые и разумные доводы. Оно говорит: «Неужели тебе мало этого, чтобы увидеть правду, состоящую в том, что нет никакой возможности продвигаться твоим путем? Скажи мне, сколько еще фактов тебе недостает, чтобы послушаться меня, капитулировать и признать: "Сейчас я пришел к моменту истины: путь работы только ради отдачи – это не для меня. Кому он подходит, я не знаю. Но знаю, что не мне.

---

668   *Посох и внизу* – одно слово: מטה.

669   Диалог о посохе происходил перед исходом из Египта, когда Моше усомнился в том, что народ послушает его.

И пускай мудрецы говорят другое[670]: 'Каждый обязан сказать себе: для меня создан мир'. Но что же мне делать, если я вижу реальную ситуацию: не в моих силах осуществить такое – решить для себя, что я обязан всё делать ради отдачи"».

Вот почему работа в вере оказывается маловажной.

Исходя из этого, объясним то, что говорили «неприглядные среди них: "Возьмите это ради Творца, только украсьте нас золотом"». **Четвертая ступень** в Малхут зовется **бедной и нищей**. Работа эта отвратительна для человека, так как здесь не найти ни духовной красоты, ни духовной знатности, ни духовного богатства. Напротив, здесь кроется лишь то, чего разум и логика не могут вынести. Это похоже на нечто уродливое, от чего человек держится подальше, как сказано[671]: «Отдаляйся от уродливого и ему подобного».

Что же неприглядные могут сказать юношам, желающим быть избранными из народа? «Возьмите это ради Творца». Иными словами, мы не можем пообещать вам какую-либо личную выгоду, но если вы хотите быть **избранными из народа**, то обязаны принять это только ради отдачи. Если вы способны согласиться с этими условиями, то можете взять нас – а иначе не о чем говорить.

Однако и это не еще не всё – кроме того, мы хотим, чтобы вы украсили нас золотом. Раши объяснил: «украсьте нас золотом» – то есть после женитьбы дайте нам украшения и красивые одежды. А Бааль Сулам сказал: хотя человек согласен взять это на себя ради отдачи и, пускай даже она уродлива, он не смотрит ни на что, следуя принципу «невеста какая она есть»[672], – тем не менее, она требует, чтобы потом он привлек к ней свет Торы. Иными словами, чтобы постарался ощутить вкусы Торы и ее принципов. А иначе она не согласна, ведь «кто не знает указаний Господина – как будет служить Ему?»[673] Об этом и сказано: «только украсьте

---

[670] Трактат «Санэдрин», 37:1.
[671] Трактат «Хулин», 44:2.
[672] Трактат «Ктубот», 17:1.
[673] Книга Зоар, «Раая меимна», 82:2.

нас золотом». То есть хотя вера лежит выше знания, но потом надо привлечь свет Торы.

Отсюда мы видим две вещи, противоположные друг другу:

- с одной стороны, вера должна быть выше знания, без всякой основы;
- с другой стороны, надо ощутить вкусы Торы и ее принципов.

Аналогичным образом Бааль Сулам объяснил слова благословения: «Ты создал в нем необходимые отверстия и полости, и если откроется одна из них или закупорится одно из них, человек не сможет существовать и стоять пред Тобой». Бааль Сулам сказал, что **закупорка требуется для веры**, которая должна оставаться непонятной. С другой стороны, нельзя закупоривать вкусы Торы и ее принципов. Вера пускай остается выше знания, а вкусы Торы и ее принципов будут раскрыты.

Подготовка к покаянию
Статья 36, 1986

Известно: чего бы мы ни желали, надо подготовить средства, чтобы достичь этого. Что же должен подготовить человек, чтобы получить прощение[674]?

В материальном мире мы видим, что человек извиняется перед другим, только если своими действиями нанес ему какой-либо вред, будь то материальный ущерб, оскорбление или телесные страдания – травма и т.п. Тогда можно сказать, что один просит у другого прощения за то, что причинил ему.

Здесь следует выделить два аспекта:

1. Если человек ничего не сделал другому и просит у него прощения, тот смотрит на него как на ненормального. Представим себе ситуацию: если бы мы увидели, как некто идет по улице, извиняясь перед каждым встречным, – что бы мы сказали о нем? Разумеется, что он сошел с ума. Ведь прощения следует просить только за какую-либо провинность.

2. Если человек нанес другому очень большой урон и просит у него прощения как за какую-то малость, – конечно же, прощения он не получит. Ведь он совершил большое нарушение, а прощения просит, как будто сделал что-то незначительное. Само собой, и речи быть не может, что его простят. Наоборот, человек измеряет степень ущерба, нанесенного другому, и в этой мере прилагает усилия, чтобы тот согласился его простить.

Мы наблюдаем это в материальном укладе жизни – так люди поступают, когда просят прощения друг у друга. И на примере отношений между людьми нам надо научиться такому же порядку в отношениях между человеком и Творцом. Это значит, что, когда

---

[674] Речь идет о покаянных молитвах, которые принято читать в месяц элуль.

человек собирается просить у Творца прощения за свои провинности, здесь тоже имеют место два вышеуказанных аспекта.

1. Человек просит прощения не просто так, а лишь за тот вред, который нанес другому. В противном случае он выглядит ненормальным либо же своей просьбой о прощении насмехается над другим.

2. Просить прощения следует в мере того урона, который нанесен другому. Соответственно, когда человек просит у Творца прощения за то, что провинился перед Ним и нанес ущерб Его славе, тогда он должен обдумать свою вину перед Творцом. Ведь если человек просит прощения, не чувствуя за собой никакой вины, то он как будто насмехается – кричит, плачет и просит Творца простить его, в то время как сам не чувствует, что нанес какой-то урон славе Царя.

О причине, по которой человек не чувствует своей вины, сказали мудрецы[675]: «Если человек совершил нарушение и повторил его, это стало для него дозволенным». Вот почему он не чувствует своих провинностей, когда собирается просить прощения у Творца.

Таким образом, согласно второму условию – оценить степень вины, – сначала человеку нужно отдать себе отчет в размере урона, нанесенного им славе Царя. Иначе не имеет смысла просить прощения. Человек должен приложить старания, насколько это возможно, чтобы попросить прощения за свои провинности согласно их весу, в равнозначной степени.

Сказали мудрецы[676], что нечестивцам злое начало кажется тонким волоском, а праведникам – высокой горой. Возникает вопрос: что стоит за этими представлениями? Они сказали: «кажется» – но какова истина?

Дело в следующем: когда человек не обращает внимания на то, перед кем он провинился, и не чувствует важности и величия Творца, – ему недостает веры. «Но ведь я тоже отношусь к

---

675 Трактат «Йома», 86:2.
676 См. трактат «Сукка», 52:1.

Исраэль», – задумывается он в элуль, испокон веков считающийся в народе месяцем милосердия. Каждый, кто относится к Исраэлю, знает, что это время просить у Творца прощения за грехи народа. Тогда трубят в рог, чтобы сердце человека прониклось думами о покаянии за грехи. И человек верит, что, конечно же, он тоже провинился и должен просить прощения у Творца.

Но какова степень урона, нанесенного им Царю? Этого человек не в силах ощутить. Лишь в той мере, насколько человек верит в величие Творца, он может представить себе величину урона, который нанес своими провинностями.

Так же и все те, кто просит прощения без всякой подготовки к этому. Они подобны человеку, извиняющемуся перед кем-то, кому он причинил зло: хотя сделанное им требует настоящего раскаяния, он просит прощения как за какой-то пустяк. Само собой, подобная просьба не имеет реальной ценности, какая требуется в случае настоящей вины.

Отсюда следует, что прежде, чем просить прощения, человек должен отдать себе отчет в главной своей провинности. А затем он может взвесить последствия, к которым она привела. И человек должен знать: главная провинность, которая наносит урон и влечет за собой все прочие провинности, состоит в том, что он не старается обрести постоянную веру, и если у него есть лишь частичная вера, он уже довольствуется этим.

Сказано об этом[677] что, если бы у человека была постоянная вера, она не давала бы ему согрешить. Иными словами, он просит прощения у Творца, так как видит: истинная причина всех провинностей заключается в том, что ему недостает постоянной веры. И потому он просит Творца дать ему эту силу – возможность, чтобы вера всегда была утверждена в его сердце. Тогда, само собой, он не будет совершать провинности и наносить урон славе Творца. Ведь человек делает это, потому что не ощущает Его величия и потому что не знает, как ценить славу Творца и не вредить ей.

---

[677] См. Бааль Сулам, «Предисловие к Учению о десяти сфирот», п. 14.

Как следствие, человек просит прощения у Творца, чтобы тот помог ему и дал ему силы принять на себя бремя духовной работы выше знания. Иными словами, чтобы у него были силы для преодоления и укрепления в вере в Творца. Тогда человек будет знать, как вести себя в отношениях с Творцом с долей трепета и уважения.

Это значит, что, разбираясь в ситуации, человек увидит, что недостает ему лишь одного – отдать себе отчет, в чем разница между понятиями «Исраэль» и «народы мира». Как правило, человек не обращает на это внимания – не смотрит на себя самого: в чем именно он представляет категорию «Исраэль», а не «народы мира». И следует знать, что главное отличие состоит в вере: «Исраэль» верит в Творца, а у «народов мира» нет веры в Творца.

Когда человек уже знает об этом различии, он должен проверить себя: какова степень его веры в Творца. Иными словами, как сказано[678], до какой степени он готов на уступки ради своей веры в Творца. И тогда человек сможет увидеть истину: готов ли он действовать исключительно на благо Творца, а не для собственной пользы, или же он готов действовать ради Творца только в малых дозах, так чтобы ни в коем случае не ущемлять себялюбие, – а иначе не в силах сделать ничего.

Итак, в это время человек может видеть истину – какова на самом деле степень его веры в Творца. И отсюда он может видеть, что все провинности проистекают лишь из этой причины. Благодаря этому человек получает нужную подготовку и когда просит Творца простить его провинности, может оценить подлинную меру урона, который он нанес славе Царя. Тогда человек знает, чего просить у Творца, то есть какие провинности он совершил. И должен исправить их, чтобы не провиниться снова.

Отсюда понятны слова Торы[679]: «Эта заповедь, которую я предписываю тебе сегодня, не безответна она для тебя и не далека она, не на небесах она, и не за морем она, но очень близок к тебе этот принцип: в твоих устах и в твоем сердце, чтобы исполнять его».

---

678 Там же.
679 Тора, Дварим, 30:11-14.

О какой заповеди здесь идет речь? А также, надо понять, что значит: «не безответна она для тебя». Суть в том, что главная заповедь – это принцип веры. То есть нужно верить в Творца, а потом уже мы можем выполнять Его принципы. Когда дело доходит до принципа веры, здесь-то и проявляются все обвинители и все помехи. И тело начинает задавать многочисленные вопросы – как свои собственные, так и те вопросы о вере, которые оно слышит от других людей.

Они приходят к человеку, когда он хочет взять на себя бремя духовной работы, «как бык под ярмом и как осел под поклажей»[680] – всё принимая выше знания. Тело вдруг становится сообразительным, пускается в изыскания и задается вопросами: «Кто?» и «Что?»[681], ни под каким видом не позволяя человеку принять на себя принцип веры. Эти претензии столь сильны, что человек неспособен давать на них ответы. Тогда он приходит в смятение от того, что не в силах преодолеть доводы тела в рамках их логики. Вопросы тела поистине безответны.

Об этом и сказано: «эта заповедь», то есть принцип веры, «не безответна она для тебя». Иными словами, ты не должен отвечать телу на вопросы, которые оно задает из своего разумения, – поскольку принцип веры строится как раз выше разума. Внешний разум, данный человеку, не может его постичь. И потому ты не должен отвечать телу на его безответные вопросы.

Человек должен верить, что все задаваемые телом вопросы предназначены не для того, чтобы на них отвечать. Наоборот, вопросы эти приходят к человеку, чтобы у него была возможность верить выше знания. Иначе, если бы тело понимало своим разумом, что человек хочет работать ради отдачи, это укладывалось бы в голове и называлось бы «знанием», а не «верой». Если же человек делает что-то именно там, куда его разум не дотягивается, то базируется только на вере.

---

680 Трактат «Авода зара», 5:2.
681 Вопрос Фараона: «Кто такой Творец, чтобы я слушался Его?» (Тора Шмот, 5:2) и вопрос сыновей: «Что для вас эта работа?» (Тора, Шмот, 12:26).

Отсюда следует, что человеку не нужны бо́льшие способности, чтобы отвечать телу на его вопросы. Ведь все ответы лежат выше знания – в «вере». Об этом и сказано: «не на небесах она и не за морем», чтобы требовать больших ухищрений. Напротив, принцип этот предельно прост. Он «в твоих устах и в твоем сердце, чтобы исполнять его». Иными словами, было бы желание в сердце – и мы можем справиться.

Однако необходимо разъяснить понятие «выше знания», поскольку в нем имеется множество аспектов. Бааль Сулам сказал, что человек должен представлять себе, как он выполнял бы принципы Торы, если бы разум обязывал его к тому, что это целесообразно. Говоря иначе, если бы он ощущал вкус, заложенный в каждом принципе отдачи.

Человек должен верить в это. Ведь мы видим, что в каждом материальном удовольствии – будь то еда, или питье, или честолюбие и т.д. – есть свой вкус. И так же мы должны верить, что особый вкус заложен в каждом принципе отдачи. Соответственно, если бы человек ощущал смену вкусов, выполняя принципы Торы, – какое воодушевление, какой подъем духа он испытывал бы во время работы. Тогда разум обязывал бы его представлять такую картину, которая подобает служителю Творца. А при взгляде на все те вещи, которые мешают духовной работе, они представали бы взору человека пустячной шелухой, на которую и смотреть-то не стоит.

Так вот, эту картину, которую человек представляет в знании, он должен обрисовать себе выше знания. Иными словами, хотя человек не чувствует, чтобы разум обязывал его к чему-либо, все равно он работает точно так же, как если бы у него были сильные резоны и сильное ощущение. Действуя таким образом, он, что называется, «работает выше знания».

И напротив, пока человек чувствует, что, если бы у него был резон, он служил бы Творцу с бо́льшим рвением и прилежанием, – он всё еще работает в разуме. Ведь еще сохраняется различие между категориями «знание» и «выше знания». Именно тогда, когда человек не ощущает этого различия, он идет «выше знания».

Международная академия каббалы

https://www.kabbalah.info/rus/

Учебно-образовательный интернет-ресурс – неограниченный источник получения достоверной информации о науке каббала. Сайт дает доступ к уникальному контенту: библиотеке каббалистических первоисточников, к широкому спектру передач и лекций на телеканале Каббала ТВ, включая прямую трансляцию уроков основателя и главы Международной академии каббалы Михаэля Лайтмана для всех, кто занимается углубленным изучением науки каббала и исследованием каббалистических первоисточников.

Обучающая платформа Международной академии каббалы

https://kabacademy.com/

Миллионы учеников во всем мире изучают науку каббала. Выберите удобный для вас способ обучения на сайте.
Наша онлайн-платформа позволит вам познакомиться с уникальными каббалистическими источниками, пройти обучение у лучших преподавателей академии, общаться в онлайн-сообществе, получить индивидуальное сопровождение помощника-тьютора.

Интернет-магазин каббалистической книги

Россия, страны СНГ и Балтии:
https://kbooks.ru

Америка, Австралия, Азия
https://www.kabbalahbooks.info/

Европа, Африка, Ближний Восток
https://books.kab.co.il/ru/https://books.kab.co.il/ru/

16+

РАБАШ
СБОРНИК ТРУДОВ
ТОМ 2
Смысловой перевод

Ступени лестницы
1986

Под редакцией М. Лайтмана,
основателя и главы
Международной академии каббалы

ISBN 978-5-91072-112-2

Перевод: О. Ицексон.
Дизайн: А. Мохин.
Верстка: С. Добродуб.
Выпускающий редактор: С. Добродуб.

Подписано в печать 20.08.2021. Формат 60х90/16
Бумага офсетная 80 г/м2. Печать офсетная. Печ. л. 25,5.
Тираж 500 экз.

Отпечатано с электронного оригинал-макета, предоставленного издательством
в АО «Т8 Издательские Технологии»
г. Москва, Волгоградский пр., д. 42, корп.5, «Технополис Москва»
email: infot8@t8print.ru www.t8print.com

www.ingramcontent.com/pod-product-compliance
Lightning Source LLC
LaVergne TN
LVHW012031070526
838202LV00056B/5469